21世纪应用型人才培养"十三五"规划教材

精品课程配套教材

"双创"型人才培养优秀教材

U0600012

报关业务操作

BAOGUAN YEWU CAOZUO

主 编 李 丽 高 岩 张文军

副主编 左瑞瑞

辽宁大学出版社

图书在版编目（CIP）数据

报关业务操作 / 李丽，高岩，张文军主编. — 沈阳：
辽宁大学出版社，2018.1
21 世纪应用型人才培养"十三五"规划教材　精品课
程配套教材　"双创"型人才培养优秀教材
ISBN 978-7-5610-9031-2

Ⅰ. ①报…　Ⅱ. ①李… ②高… ③张…　Ⅲ. ①进出口
贸易—海关手续—中国—高等学校—教材　Ⅳ.
①F752.5

中国版本图书馆 CIP 数据核字（2018）第 009800 号

报关业务操作

BAOGUAN YEWU CAOZUO

出　版　者：辽宁大学出版社有限责任公司
　　　　　　（地址：沈阳市皇姑区崇山中路 66 号　　邮政编码：110036）
印　刷　者：三河市鑫鑫科达彩色印刷包装有限公司
发　行　者：辽宁大学出版社有限责任公司
幅面尺寸：185mm×260mm
印　　张：19.5
字　　数：480 千字
出版时间：2018 年 1 月第 1 版
印刷时间：2018 年 1 月第 1 次印刷
责任编辑：胡家诗
封面设计：唐　韵
责任校对：齐　悦

书　　号：ISBN 978-7-5610-9031-2
定　　价：39.50 元

联系电话：024-86864613
邮购热线：024-86830665
网　　址：http://press.lnu.edu.cn
电子邮件：lnupress@vip.163.com

精品课程配套教材
"双创"型人才培养优秀教材 编写委员会

主任：王汝志

副主任：

程宁	黄群瑛	王伟	张志宏	徐晓舟	张惠芳	石惠惠	刘雯	吴诚
张逸舟	王品	石俊	岳斯玮	扬城强	康厚泽	邓瑞瑞	刘博	程贺
徐晓晗	夏松	张新丰	何周亮	刘国军	胡延华	胡致杰	史萍萍	郑涛
崔山美	朱接文	傅娣	宋晓霞	林友谅	李源晖	王金良	陈丽佳	刘俐伶
张元越	翁宗祥	石丹萍	李明相	唐俊奇	郑艳	梁瑞明	高国生	张永宏
包耀东	袁新	胡忠德	张建武	徐艳华	李白	许艳春	解俊霞	周万洋
刘庆玲	何洪磊	冯雪燕	吴晓燕	张厚	张鹏	曹泰松	王殿君	贺健琪
王瑞星	范洪军	王久霞	张兴龙	李荣	张程薇	李垒	刘洪	王平
白而力	安永红	汤慧	吕华	庄倩玮	肖星野	孙翠华		

委员：

郝自勉	邓光明	柴彬彬	李博	王晓晶	周慧玲	张璐	耿文凤	申志强
康俊	李建清	周奇衡	吴国庆	唐建强	段晓霞	叶小菊	厉骁	蒙萌光子
唐晨光	王军	胡徐胜	张林	朱宏安	袁剑霖	和健	李坤	王梦林
高贺云	叶政	李冰	陈金山	赵玉田	许建	张利	杨丽	宋建跃
陈勇强	倪文彬	陈炳炎	樊匀浩	陈英	叶惠仙	王艺光	高雷玮	韩永胜
李芳	李力	唐克岩	曹浩	邹涛	李新萌	边振兴	郭玮	雷芳
黄鹏	黄佳溶	周士印	郑薇	赖华强	刘艳春	姜蕾	许涓	侯经文
董小宝	符海青	蒋伟	宋铁山	宋世坤	管威	姚俊红	何杨英	任东峰
谭吉玉	耿秀萍	王贵用	孙俊	李传民	姜健	刘雯	李云	赵进
孙道层	龚洁薇	陈乐群	王道乾	李建美	张琦	孙炬仁	韩子刚	韩阳
朱涛	李文胜	熊晓亮	尹君驰	李顺庆	朱海艳	陈勇平	伍建海	李坤
汤池明	赵凯	蔡锦松	陈军民	周金羊	王东亮	鲍青山	武永宁	段渊
肖炜	张建云	陈国华	李自强	林民山	张玉贤	何勇亭	王湘蓉	吴静
张华	王永泰	赵平	杨颖	董新玲	杜玉霞	钟冉	钱伶俐	邹巧燕
庄英强	肖慧霞	曹志鹏	杨茜云	戴霞	郑小平	翟彤	闫铁成	刘映吟
蒋岚	谢敏	李丛军	张素中	马莉丽	李希峰	贺维	王淼	赖茂涛
史亚奇	徐志	吴国华	李杰	陈凤榕	胡大威	姜营	蔡友	张兵
葛君梅	张海玲	王强	李凯	陈成	陈青	汪欲胜	闫付海	罗茜
柯晶莹	杨雪飞	徐一楠	王彪	张萍	杨骏	邢博川	刘焱	贾秀华
刘雨涛	王粉清	刘作新	张国君	王廷章	易芳	孔丽	史安玲	袁学军
徐田蓉	郑春晓	李青阳	范玲俐	张波	刘坤军	刘占军	周万才	谭超
黄志东	柯春媛	黄开兴	王哲	汪志祥	刘军文	刘丽鸿	陈滨	付蕾
王艳芹	张焕琪	肖杨	张朝昌	肖凤华	安耀	刘岩	沈树明	刘纯超
余燕	孙文琳	宋娟	罗晓双	张慧	孙宗耀	韩超	李珊珊	任春茹
韩东红	吴可灿	张运平	王莉	张瑞	刘银连	曹晖	许康平	高德昊
宋汪洋	张勤	吴佩飞	王财莉	张	王锋	汤澜	李承高	唐建忠

前　言

报关是货物进出口的法定必经环节，随着我国进出口业务的快速发展，报关业务量越来越大，一些先进技术和管理手段在报关行业得以运用，报关行业也得到快速的发展，报关人才需求量迅速扩大。为了满足报关人才培养的需要，我们团队编写了《报关业务操作》教材。

教材内容紧扣海关通关改革新政策和报关行业发展新形势，内容安排突破以往传统的"章""节"编写模式，以够用、实用为教材编写的基本原则和出发点，建立了"以工作任务为引领，以工作项目为导向，以典型案例为引导"的教材体系。本教材的特色如下：

1. 能力本位，思路新颖

本教材根据"任务引领，项目导向"的编写思路，先按照实际报关业务的工作任务设计编写项目，每个项目再按实际工作流程设计教材内容的框架，最后按每个工作步骤所需要的技能来编写实际操作所涉及的相关知识，并以"必需"、"够用"为原则。

2. 校企合作，实用性强

本教材以海关通关要求为基础，结合中国电子口岸系统操作程序，以多家合作企业实际报关案例和 QP 系统实操流程为切入点，归纳出进出口企业、报关行、货代企业等报关单位的报关业务操作规程，提高了教材的实用性。

3. 图文并茂，易学够用

本教材大部分项目都配备了 QP 系统操作流程图和知识点归纳比较表，让学生更容易理解教材内容，完整地体验报关工作的程序、内容和方法，有助于提高学生的抽象思维能力和解决具体问题的能力，以及电子报关各子系统的实操能力。

4. 手段多样，资源丰富

本教材给教师提供了多样的教学辅助手段，在编写中配备了"项目导入""小思考"、"实例解析"和"单元练习"等，并配备了授课 PPT、习题答案等配套教学资源，力求使教师在授课时能方便地使用本教材。

本书由李丽、高岩、张文军担任主编；由左瑞瑞担任副主编。具体分工如下：由李丽编写项目一、项目三、项目四；由高岩编写项目二、项目五；由张文军编写项目六、项目七；由左瑞瑞编写项目八、项目九。最后由李丽负责全书的总纂工作。

本教材可以作为院校报关与国际货运专业、国际贸易实务专业、国际商务专业、物流管理专业及其他相关专业的教学用书，也可作为报关人员的业务参考书，对外贸企业单位从事报关业务的操作人员也有较好的参考价值。

编　者

2018 年 1 月

目　录

项目一　报关业务认知 ……………………………………………………………… 1

　　任务一　报关认知 …………………………………………………………… 1

　　任务二　海关认知 …………………………………………………………… 8

　　任务三　报关单位认知 ……………………………………………………… 12

　　任务四　对外贸易管制认知 ………………………………………………… 21

项目二　进出口商品编码查询 ……………………………………………………… 30

　　任务一　"HS"认知 ………………………………………………………… 31

　　任务二　归类总规则的运用 ………………………………………………… 44

　　任务三　预归类申请 ………………………………………………………… 49

项目三　进出口税费核算 …………………………………………………………… 55

　　任务一　完税价格审定 ……………………………………………………… 55

　　任务二　货物原产地确认 …………………………………………………… 62

　　任务三　适用税率确定 ……………………………………………………… 70

　　任务四　进出口税费计算 …………………………………………………… 75

　　任务五　税费缴纳与退补 …………………………………………………… 87

项目四　报关单缮制 ………………………………………………………………… 98

　　任务一　报关单证认知 ……………………………………………………… 98

　　任务二　报关单填写 ………………………………………………………… 101

　　任务三　报关单审核 ………………………………………………………… 125

　　任务四　QP 系统操作 ……………………………………………………… 129

　　任务五　报关单修改与撤销 ………………………………………………… 145

项目五　一般进出口货物报关作业 ………………………………………………… 151

　　任务一　一般进出口货物认知 ……………………………………………… 151

任务二　进出口申报 ·· 153

任务三　配合查验 ··· 159

任务四　缴纳税费 ··· 161

任务五　放行与结关 ·· 161

项目六　保税货物报关作业 ·· 167

任务一　保税货物认知 ·· 167

任务二　电子手册管理下的保税加工货物报关 ····································· 175

任务三　电子账册管理下的保税加工货物报关 ····································· 191

任务四　出口加工区货物报关 ·· 208

任务五　保税物流货物报关 ·· 220

项目七　特定减免税货物报关作业 ··· 241

任务一　特定减免税货物认知 ·· 241

任务二　减免税证明申领 ··· 247

任务三　进口报关 ··· 248

任务四　后续处理与监管 ··· 249

任务五　"减免税申报"系统操作 ··· 259

项目八　暂准进出境货物报关作业 ··· 268

任务一　暂准进出境货物认知 ·· 269

任务二　ATA 单证册下暂准进出境货物报关 ······································· 270

任务三　非 ATA 单证册下暂时进出境展览品报关 ································ 278

项目九　其他进出境货物报关作业 ··· 284

任务一　进出境快件报关 ··· 284

任务二　转关运输货物报关 ·· 292

任务三　无代价抵偿货物报关 ·· 297

参考文献 ·· 303

报关业务认知

学习目标

【知识目标】

- 掌握报关、报关单位等基本概念，熟悉报关的分类和内容；了解海关任务、海关权力、海关管理制度与组织机构。
- 熟悉海关对报关单位的分类管理、报关单位注册登记制度。
- 了解我国对外贸易管制的基本框架和法律体系，掌握进出口许可证件管理的报关规范。

【技能目标】

- 能够办理报关单位的注册登记手续。
- 能够根据案例情境判断海关对报关单位的管理措施。
- 能够借助工具书确定限制类进出口货物所需要的监管证件。

项目导入

李敏是我校报关与国际货运专业 2017 年应届毕业生，顺利进入深圳市×××报关公司从事报关岗位的工作，实习期为 2017 年 3 月 20 日至 2017 年 6 月 20 日。实习期满后，由于李敏工作认真负责，积极上进，成为了该公司的一名正式员工。2017 年 8 月 12 日，深圳市×××报关公司收到深圳市×××科技股份有限公司出口一批硬盘驱动器的报关委托，预计出口时间为 9 月初。

工作任务：

（1）查找硬盘驱动器的商品编码，确认有无出口管制措施。

（2）审核深圳市×××科技股份有限公司是否提供了充足的报关资料，资料上的数据是否相互一致。

思考：

李敏实习期满后是不是就成为一名报关员，能不能马上从事报关工作？

任务一 报关认知

一、报关的含义

报关是指进出口货物收发货人、进出境运输工具负责人、进出境物品所有人或其代理人向海关办理货物、物品或运输工具进出境手续及相关海关事务的过程，包括向海关申报、交验单据证件，并接受海关的监管和检查等。

报关是履行海关进出境手续的必要环节之一。要履行进出口货物的报关手续，必须先经海关批准成为报关单位；报关业务应由报关单位指派专人即报关从业人员办理；报关从业人员必须在海关备案方可从事报关工作。

报关与通关的关系：

通关是指进出境运输工具的负责人、进出口货物的收发货人及其代理人以及进出境物品的所有人依法接受海关监管，海关对其申报的单证、运输工具、货物以及物品进行审核、查验、征缴税费，决定予以放行的全过程。

● 共同点：都是对运输工具、货物、物品的进出境而言。

● 区别：报关仅指报关人办理进出境手续及相关手续；通关则是从海关管理的角度，还包括海关对进出境运输工具、货物、物品依法进行监督管理，核准其进出境的管理过程。

二、报关的分类

一是按报关对象分：对运输工具的报关、货物报关、物品报关。

二是按报关目的分：进境报关、出境报关和转关报关。

三是按报关实施者（行为）性质分：自理报关和代理报关。

1. 自理报关：进出口货物收发货人自行办理报关业务。

2. 代理报关：报关企业接受进出口货物收发货人的委托，代理其办理报关业务的行为。代理报关又分为直接代理和间接代理两种。目前，我国报关企业大都采取直接代理形式代理报关，间接代理报关只适用于经营快件业务的国际货物运输代理企业。

表 1-1　直接代理和间接代理报关的区别

代理方式	行为属性	法律责任
直接代理	以委托人的名义报关，递交给海关的报关单上的申报单位是报关企业，收发货人为委托人	法律后果直接作用于委托人
间接代理	以报关企业自己的名义报关，报关单上的申报单位和收发货人均是报关企业自己	法律后果直接作用于报关企业

四是按进出口货物报关形式分：纸质报关单报关和电子报关单报关。

电子报关是一种新型、现代化的报关方式，是指进出口货物的收发货人或其代理人，按照《中华人民共和国海关进出口货物报关单填制规范》有关要求，利用现代通信和网络技术，通过微机、网络或终端向海关传递规定格式的电子数据报关单，并根据海关计算机系统反馈的审核及处理结果，办理海关手续的报关方式。

《海关法》规定："办理进出口货物的海关申报手续，应当采用纸质报关单或电子数据报关单的形式"，这一规定确定了电子报关的法律地位，使电子数据报关单和纸质报关单具有同等的法律效力。

现阶段，纸质报关单和电子数据报关单均为法定报关方式。但随着计算机技术和网络技术的发展，全面推行电子报关并实行无纸化通关是报关方式的发展方向。

电子报关的常见申报方式有 3 种类型：

1. 终端申报方式：进出口货物收发货人或其代理人使用连接海关计算机系统的电脑终端

录入报关单内容，直接向海关发送报关单电子数据。

2. EDI 申报方式：进出口货物收发货人或其代理人在微机中安装 EDI 申报系统，在该系统中录入报关单内容，由计算机转换成标准格式的数据报文向海关计算机系统发送报关单电子数据。

3. 网上申报方式：进出口货物收发货人或其代理人在微机中安装"中国电子口岸"系统（简称 QP 系统），登录"中国电子口岸"客户端，在系统中录入报关单内容，通过"中国电子口岸"向海关计算机系统发送报关单电子数据。

目前，报关单位主要采用 QP 系统进行电子申报。

三、报关的范围

按照相关法律规定，所有进出境运输工具、货物、物品都需要办理报关手续。报关的具体范围如下：

（一）进出境运输工具

进出境运输工具是指用以载运人员、货物、物品进出境，并在国际运营的各种境内或境外船舶、车辆、航空器和驮畜等。

（二）进出境货物

进出境货物是指一般进出口货物，保税货物，暂准进出境货物，特定减免税货物，过境、转运和通运货物及其他进出境货物。另外，一些特殊形态的货物，如以货品为载体的软件等也属报关的范围。

（三）进出境物品

进出境物品是指进出境的行李物品、邮递物品和其他物品。以进出境人员携带、托运等方式进出境的物品为行李物品；以邮递方式进出境的物品为邮递物品；其他物品主要包括享有外交特权和豁免权的外国机构或者人员的公务用品或自用物品等。

物品与货物的区别：

- 物品具有非贸易性。
- 物品适用的税率与货物适用的税率不一样。
- 进出境物品的进境应以自用合理数量为原则。

四、报关的基本内容

（一）进出境运输工具报关

根据我国海关法律规定，所有进出我国关境的运输工具必须经由设有海关的港口、车站、机场、国界孔道、国际邮件互换局（交换站）及其他可办理海关业务的场所申报进出境。进出境申报是运输工具报关的主要内容，进出境运输工具负责人或其代理人在运输工具进入或驶离我国关境时均应如实向海关申报运输工具所载旅客人数、进出口货物数量、装卸时间等基本情况。

1. 运输工具申报的基本内容

（1）进出境的时间、航次（车次）、停靠地点等。

（2）进出境时所载运货物的情况，包括过境货物、转运货物、通运货物、溢短卸（装）货物的基本情况。

（3）运输工具服务人员名单及其自用物品、货币等情况。

（4）运输工具所载旅客情况。

（5）运输工具所载邮递物品、行李物品的情况。

（6）其他需要向海关申报清楚的情况，如由于不可抗力原因，运输工具被迫在未设关地点停泊、降落或者抛掷、起卸货物和物品等情况。

（7）此外，运输工具报关时还需要提交运输工具从事国际合法性运输必备的相关证明文件，如船舶国籍证明、吨税证书、海关监管簿、签证簿等，必要时还需要出具保证书或缴纳保证金。

2. 运输工具舱单申报

我国海关将运输工具舱单申报作为进出境运输工具报关的一个重要事项。

进出境运输工具舱单，指反映进出境运输工具所载货物、物品及旅客信息的载体，包括原始舱单、预配舱单和装载舱单。

原始舱单：指舱单传输人向海关传输的反映进境运输工具装载货物、物品或乘载信息的舱单。

预配舱单：指反映出境运输工具预计转载货物、物品或乘载旅客信息的舱单。

装载舱单：指反映出境运输工具实际配载货物、物品或载有旅客信息的舱单。进出境运输工具载有货物、物品的，舱单内容应当包括总提（运）单及其项下的分提（运）单信息。

进出境舱单申报的内容如表1-1所示。进境原始舱单申报流程和出境预配舱单申报流程一样，如图1-1所示。装载舱单申报流程如图1-2所示。

表1-2　运输工具舱单申报的主要内容

进出境	具体内容
进境舱单	进境运输工具载有货物、物品的，舱单传输人应当在下列时限向海关传输原始舱单主要数据：集装箱船舶装船的24小时以前，非集装箱船舶抵达境内第一目的港的24小时以前。舱单传输人应当在进境货物、物品运抵目的港以前向海关传输原始舱单其他数据。 海关接受原始舱单主要数据传输后，收货人、受委托报关企业方可向海关办理货物、物品的申报手续。 海关发现原始舱单中列有我国禁止进境的货物、物品，可以通知运输工具负责人不得装载进境。对决定不准予卸载货物、物品或者下客的，应当以电子数据方式通知舱单传输人，并告知不准予卸载货物、物品或者下客的理由。海关因故无法以电子数据方式通知的，应当派员实地办理相关手续。 货部门或者海关监管场所经营人应当在进境运输工具卸载货物、物品完毕后的6小时以内以电子数据方式向海关提交理货报告。需要二次理货的，经海关同意，可以在进境运输工具卸载货物、物品完毕后的24小时以内以电子数据方式向海关提交理货报告。 海关将原始舱单与理货报告进行核对，对二者不相符的，以电子数据方式通知运输工具负责人。运输工具负责人应当在卸载货物、物品完毕后的48小时以内向海关报告不相符的原因。 原始舱单中未列名的进境货物、物品，海关可以责令原运输工具负责人直接退运。 进境货物、物品需要分拨的，舱单传输人应当以电子数据方式向海关提出分拨货物、物品申请，经海关同意后方可分拨。分拨货物、物品运抵海关监管场所时，海关监管场所经营人应当以电子数据方式向海关提交分拨货物、物品运抵报告。在分拨货物、物品拆分完毕后的2小时以内，理货部门或者海关监管场所经营人应当以电子数据方式向海关提交分拨货物、物品理货报告。 物品需要疏港分流的，海关监管场所经营人应当以电子数据方式向海关提出疏港分流申请，经海关同意后方可疏港分流。疏港分流完毕后，海关监管场所经营人应当以电子数据方式向海关提交疏港分流货物、物品运抵报告。 进口货物、物品和分拨货物、物品提交理货报告后；疏港分流货物、物品提交运抵报告后，海关即可办理货物、物品的查验、放行手续。

续表

进出境	具体内容
出境舱单	以集装箱运输的货物、物品，出口货物发货人应当在货物、物品装箱以前向海关传输装箱清单电子数据。 　　出境运输工具预计载有货物、物品的，舱单传输人应当在办理货物、物品申报手续以前向海关传输预配舱单主要数据。 　　出境货物、物品运抵海关监管场所时，海关监管场所经营人应当以电子数据方式向海关提交运抵报告。运抵报告提交后，海关即可办理货物、物品的查验、放行手续。 　　舱单传输人应当在运输工具开始装载货物、物品的30分钟以前向海关传输装载舱单电子数据。装载舱单中所列货物、物品应当已经海关放行。 　　海关接受装（乘）载舱单电子数据传输后，对决定不准予装载货物、物品的，应当以电子数据方式通知舱单传输人，并告知不准予装载货物、物品的理由。海关因故无法以电子数据方式通知的，应当派员实地办理本条第一款规定的相关手续。 　　运输工具负责人应当在运输工具驶离设立海关的地点的2小时以前将驶离时间通知海关。对临时追加的运输工具，运输工具负责人应当在运输工具驶离设立海关的地点以前将驶离时间通知海关。运输工具负责人应当在货物、物品装载完毕后向海关提交结关申请，经海关办结手续后，出境运输工具方可离境。 　　出境运输工具驶离装货港的6小时以内，海关监管场所经营人或者理货部门应当以电子数据方式向海关提交理货报告。 　　海关应当将装载舱单与理货报告进行核对，对二者不相符的，以电子数据方式通知运输工具负责人。运输工具负责人应当在装载货物、物品完毕后的48小时以内向海关报告不相符的原因。

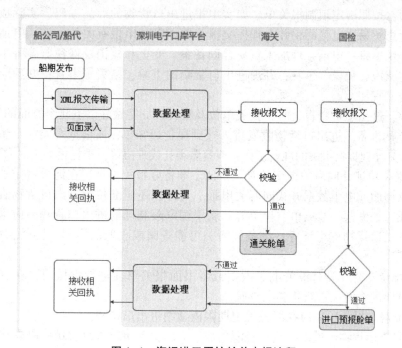

图1-1　海运进口原始舱单申报流程

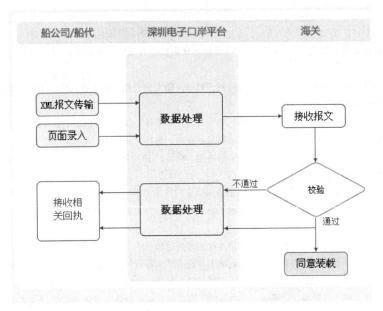

图 1-2 装载舱单申报流程

（二）进出境货物报关

根据海关规定，进出境货物的报关业务应由在海关备案过的报关员办理。进出境货物的报关业务包括：按照规定填制报关单，如实申报进出口货物的商品编码、实际成交价格、原产地及相应优惠贸易协定代码，并办理提交报关单证等与申报有关的事宜；申请办理缴纳税费和退税、补税事宜；申请办理加工贸易合同备案、变更和核销及保税监管等事宜；申请办理进出口货物减税、免税等事宜；办理进出口货物的查验、结关等事宜；办理应当由报关单位办理的其他事宜。

一般来说，进出境货物报关时，报关单位及报关人员要做好以下几个方面的工作：

1. 报关前的准备。进出口货物收发货人接到提货通知单，或根据合同规定备齐出口货物后，做好向海关办理货物报关的准备工作，或签署委托代理协议，委托报关企业向海关报关。

2. 准备报关单证并向海关提交各有关单证。准备好报关单证，在海关规定的报关地点和报关时限内以书面或电子数据方式向海关申报。另外，还应准备与进出口货物直接相关的商业和货运单证，如发票、装箱单、提单等。属于国家限制性的进出口货物，应准备特殊管制的证件，如进出口货物许可证等。准备好海关可能查阅或收取的资料、证件，如贸易合同、原产地证明等。

3. 配合查验。经海关对报关电子数据或者书面报关单证进行审核后，在有需要的情况下，报关人员要配合海关进行货物的查验。

4. 缴纳税费。报关单位应在海关规定期限内缴纳进出口税费。

5. 提取或装运货物。进出口货物经海关放行后，报关单位可以安排提取或装运货物。

除了以上工作之外，对于保税加工货物、减免税进口货物等，在进出境前还需要办理备案申请等手续，进出境后还应在规定时间、以规定的方式向海关办理核销、结案等手续。

（三）进出境物品报关

进出境物品包括进出境行李物品、邮递物品和其他物品。对于通过随身携带或邮政渠道进出境的货物要按货物办理进出境报关手续。

海关对进出境物品监管的基本原则是自用、合理数量原则。所谓自用、合理数量，对于行李物品而言，"自用"指进出境旅客本人自用、馈赠亲友而非为出售或出租，"合理数量"是指海关根据进出境旅客旅行目的和居留时间所规定的正常数量；对于邮递物品，则指的是海关对进出境邮递物品规定的征、免税限制。

1. 进出境行李物品的报关

我国进出境行李物品的报关采用"红绿通道"制度。我国海关规定，进出境旅客在向海关申报时，可以自行选择"红色"或"绿色"作为标记的两种通道。"绿色标志"（无申报通道）适用于携运物品在数量和价值上均不超过免税限额，且无国家限制或禁止进出境物品的旅客；"红色通道"（申报通道）则适用于携带有应向海关申报物品的旅客。对于选择红色通道的旅客，必须填写"中华人民共和国海关进（出）境旅客行李物品申报单"或海关规定的其他申报单证，在进出境地向海关做出书面申报。

目前，海关在全国实行的进出境旅客申报制度：

（1）旅客没有携带应向海关申报物品的，无须填写申报单，选择"无申报通道"通关。

（2）旅客携带有应向海关申报物品的，须填写申报单，向海关书面申报，并选择"申报通道"通关（海关免于监管人员以及随同成人旅行的 16 周岁以下旅客除外）。

（3）持有中华人民共和国政府主管部门给予外交、礼遇签证的进出境旅客，通关时应主动向海关出示本人有效证件，海关予以免验礼遇。

2016 年 6 月 1 日起，海关暂不予放行的旅客携运进出境行李物品的几种情形：

（1）旅客不能当场缴纳进境物品税款的。

（2）进出境的物品属于许可证件管理的范围，但旅客不能当场提交的。

（3）进出境的物品超出自用合理数量，按规定应当办理货物报关手续或其他海关手续，其尚未办理的。

（4）对进出境物品的属性、内容存疑，需要由有关主管部门进行认定、鉴定、验核的。

（5）按规定暂不予以放行的其他行李物品。

2. 进出境邮递物品的报关

我国是《万国邮政公约》的签约国，根据其规定，进出口邮包必须由寄件人填写"报税单"（小包邮件填写"绿色标签"），列明所寄物品的名称、价值、数量，向邮包寄达国家的海关申报。进出境邮递物品的"报税单"和"绿色标签"随同物品通过邮政企业或快递公司呈递给海关。

3. 进出境其他物品的报关

（1）暂时免税进出境物品。个人携带进出境的暂时免税进出境物品，须由携带者向海关做出书面申报，经海关批准登记，方可免税携带进出境，同时应由本人复带出境或者复带进境。

（2）享有外交特权和豁免权的外国机构或者人员的进出境物品。外国驻中国使馆和使馆人员进出境公务用品、自用物品应当以海关核准的直接需要数量为限。其中，公务用品是指使馆执行职务直接需要的进出境物品；自用物品是指使馆工作人员和与其共同生活的配偶或未成年子女在中国居留期间的生活必需品。

（3）使馆和使馆工作人员首次携带进出境公用、自用物品前，应向主管海关办理备案手续，按规定以书面或口头方式申报，填写"中华人民共和国海关外交公/自用物品进出境申报单"，并提交有关材料。

（4）使馆和使馆工作人员因特殊需要携运中国政府禁止或限制进出境物品进出境的，应事先获得中国政府有关主管部门的批准。

关境与国境的关系：

关境是世界各国海关通用的概念，指适用于同一海关法或实行同一关税制度的领域。关境同国境一样，包括其领域内的领水、领陆和领空，是一个立体的概念。

1. 在一般情况下，关境的范围等于国境。

2. 关境大于国境，如欧盟。对于关税同盟的签署国来说，其成员国之间货物进出国境不征收关税，只对来自和运往非同盟国的货物在进出共同关境时征收关税，因而对于每个成员国来说，其关境大于国境。

3. 关境小于国境。若在国内设立自由港、自由贸易区等特定区域，因进出这些特定区域的货物都是免税的，因而该国的关境小于国境。

我国的关境范围是除享有单独关境地位的地区以外的中华人民共和国的全部领域，包括领水、领陆和领空。目前我国的单独关境有香港、澳门和台、澎、金、马单独关税区。在单独关境内，各自实行单独的海关制度。因此，我国关境小于国境。

本教材所称的"进出境"，除特指外均指进出我国关境。

【小思考】

某旅客携带单位委托购买的 B 型超声波诊断仪的零配件进境。该商品是应该按进出境物品来报关，还是应按进出境货物来报关？为什么？

任务二　海关认知

一、海关的性质与任务

（一）海关的性质

1. 海关是国家行政机关

海关是国务院的直属机构，是一国在沿海、边境或内陆口岸设立的执行进出口监督管理的国家行政机构。

2. 海关是国家进出境监督管理机构

海关实施监督管理的范围是进出关境及与之有关的活动，监督管理的对象是所有进出关境的运输工具、货物、物品。海关是报关工作的主管部门。

3. 海关的监督管理是国家行政执法活动

海关执法的依据是《海关法》和其他有关法律、行政法规。海关事务属于中央立法事权，立法者为全国人大及其常务委员会和国务院。海关总署也可以根据法律和国务院的法规、决定、命令，制定规章，作为执法依据的补充。省、自治区、直辖市人民代表大会和人民政府不得制定海关法律规范，地方法规、地方规章不是海关执法的依据。

（二）海关的任务

海关主要承担四项基本任务：监管进出境运输工具、货物、物品；征收关税和其他税、费；查缉走私；编制海关统计和办理其他海关业务。根据这些任务主要履行通关监管、税收征管、加工贸易和保税监管、海关统计、海关稽查、打击走私、口岸管理等 7 项职责。此外，知识产权海关保护，海关反倾销、发补贴调查等也是当今海关的任务。

1. 监督管理

监督管理是海关最基本的任务，是海关依法对进出境运输工具、货物、物品的进出境活动所实施的一种行政管理。

2. 征收税费

依法代表国家征收货物的进出口关税和进口环节海关代征税（包括增值税和消费税）。

3. 查缉走私

国际实行联合缉私、统一处理、综合治理的缉私体制。海关是打击走私的主管机关。除海关外，公安局、工商局、税务局、烟草专卖局等也有查缉走私的权利，这些部门查获的走私案件，应按法律规定统一处理。

4. 编制海关统计

海关统计以实际进出口货物作为统计和分析的对象。进出境物品超过自用合理数量的，也纳入海关统计。

什么是走私？

走私是指进出境活动的当事人或相关人违反《海关法》及有关法律、行政法规，逃避海关监管，偷逃应纳税款、逃避国家有关进出境的禁止性或者限制性管理，非法运输、携带、邮寄国家禁止、限制进出境或者依法应当缴纳税款的货物、物品进出境，或者未经海关许可并且未缴应纳税款、交验有关许可证件，擅自将保税货物、特定减免税货物以及其他海关监管货物、物品、进境的境外运输工具在境内销售的行为。它以逃避监管、偷逃税款、牟取暴利为目的，扰乱经济秩序，冲击民族工业，对国家危害性极大，必须予以严厉打击。

二、海关的权力

根据《海关法》及有关法律法规的规定，海关在执行职务过程中，可以行使以下权力：

表1-3　海关权力的具体规定

1. 行政审批权	转关运输申请的审核、减免税审批、报关单位资质的审核等			
2. 税费征收权	对货物物品征收关税及其他税费；对特定货物、物品减免关税；对放行后货物物品补、追征税费的权力等			
3. 行政检查权	①检查权		两区内	其他地方	备注

3. 行政检查权	①检查权	进出境运输工具	可直接行使	可直接行使	"两区"指海关监管区和海关附近沿海沿边规定地区
		走私嫌疑运输工具	可直接行使	直属海关关长批准	实施对象是运输工具、场所和走私嫌疑人
		藏匿走私嫌货场所	可直接行使	直属海关关长批准	无论任何情况，不得检查公民住处
		走私嫌疑人	可直接行使	无授权，不能行使	
	②查验权	对象：进出境货物、物品。必要时，可径行取样			
	③施加封志权	对未办结海关手续的监管货物、物品、运输工具施加封志			
	④查阅、复制权	查阅出入境人员的证件、查阅复制贸易单证			
	⑤查问权	对象：对违法嫌疑人			
	⑥查询权	直属关长批准，可查询涉嫌单位和涉嫌人员在金融机构、邮政企业的存款、汇款			
	⑦稽查权	稽查时限：进出口放行之日起3年内或者保税货物、减免税进口货物监管期限内及其后的3年内。稽查对象：对直接有关企业、会计账簿、会计凭证、报关单以及其他资料和有关进出口货物实施稽查。法律依据：《稽查条例》			

续表

			两区内	其他地方	备注
4. 行政强制权	①扣留权	走私嫌疑运输工具、货物、物品	直属海关关长批准	直属关长批准（必须有证据证明走私嫌疑）	海关查获的走私犯罪嫌疑案件，应扣留走私嫌疑人，移送海关侦查走私罪公安机构
		走私嫌疑人	直属关长批准（扣留不超过24小时，特殊情况可延至48小时）		
		贸易单证及其他资料			
	②提取变卖、先行变卖权	进口3个月未申报的、所有人申明放弃的、依法扣留的货物物品且不宜长期保留（直属关长批准）的、未在规定时间内申报的以及误卸或溢卸且不宜长期保留的货物			
	③强制扣缴变价抵缴关税权	超期未交税，经直属海关关长或其授权的隶属海关关长批准，可以： A. 书面通知其开户银行或金融机构从其存款内扣缴税款 B. 应税货物依法变卖，以变卖所得款抵缴税款 C. 扣留并依法变卖其价值相当于应纳税款的货物或其他财产，以变卖所得缴抵缴税款			
	④抵缴、变价抵缴罚款权	当事人逾期不履行处罚决定而又不申请复议或提起诉讼时，海关将其保证金抵缴罚款，或将被扣货物、物品或运输工具变价抵缴罚款			
	⑤其他特殊行政强制权	滞报金、滞纳金征收权	海关对超期申报货物征收滞报金；对逾期纳税进出口税费征收滞纳金		
		处罚担保	无法或不便扣留的，当事人申请先放或解除扣留，应提供等值担保		
		税收担保	暂准进出境货物、保税货物，收发货人提供等值税款的保证金作为担保		
		税收保全	纳税义务人在规定的纳税期间内有明显的转移、藏匿其应税货物以及其他财产迹象的，海关可责令其提供担保。纳税义务人不能提供纳税担保的，经直属海关关长批准，海关可以采取以下税收保全措施： A. 书面通知开户银行或其他金融机构暂停支付纳税义务人相当于应纳税款的存款 B. 扣留纳税义务人价值相当于应纳税款的货物或者其他财产		
5. 行政处罚权	对尚未构成犯罪的违法当事人处以行政处罚，包括对走私货物物品及违法所得处以没收；对有走私行为和违规的当事人处以罚款，对报关企业、报关员暂停资格或取消报关资格				
6. 其他权力	配备武器权、连续追缉权、行政裁定权、行政奖励权				

三、海关的设置

中华人民共和国海关是国家的进出境监督管理机关，实行垂直管理体制，在组织机构上分为3个层次：第一层次是海关总署；第二层次是广东分署，天津、上海2个特派员办事处，41个直属海关（除香港、澳门、台湾地区外）和2所海关学校；第三层次是各直属海关下辖的 562 个隶属海关机构。

海关总署是国务院的直属机构，在国务院领导下统一管理全国海关机构、人员编制、经费物资的各项海关业务，是海关系统的最高领导部门。直属海关是指直接由海关总署领导，负责管理一定区域范围内海关业务的海关。直属海关就本关区的海关事务独立行使职权，向海关总署负责。隶属海关是指由直属海关领导，负责办理具体海关业务的海关，是海关进出境监督管理职能的基本执行单位，一般都设在口岸和海关业务集中的地点。

我国的设关原则：在对外开放的口岸和海关监管业务集中的地点设立海关。

"对外开放的口岸"是指由国务院批准，允许运输工具及所载人员、货物、物品直接出入国（关）境的港口、机场、车站以及允许运输工具、人员、货物、物品出入国（关）境的边境通道。国家规定，在对外开放的口岸必须设置海关、出入境检验检疫机构。

"海关监管业务集中的地点"是指虽非国务院批准对外开放的口岸，但是海关某类或某几类监管业务较集中的地方，如转关运输监管、保税加工监管等。这一设关原则为海关管理从口岸向内地、进而向全关境的转化奠定了基础，同时也为海关业务制度的发展预留了空间。

广东省海关设置概况：

广东目前是全国海关机构最多的省份，包括海关总署广东分属和广州、深圳、拱北、汕头、黄埔、江门、湛江等 7 个直属海关，以及 90 多个隶属海关、办事处。

广州海关位于广东省广州市，现有 16 个隶属海关（办事处），业务管辖区域包括广州市（黄埔、增城除外）和佛山、肇庆、韶关、河源、清远、云浮等 6 个地级市。

深圳海关位于广东省深圳市，现有 22 个隶属海关（办事处），业务管辖区域包括深圳市及惠州市。

拱北海关位于广东省珠海市，现有 10 个隶属海关（办事处），包括珠海市和中山市。

汕头海关位于广东省汕头市，现有 17 个隶属海关（办事处），业务管辖区域包括汕头、潮州、揭阳、汕尾、梅州 5 个地级市。

黄埔海关位于广州经济技术开发区，现有 11 个隶属海关（办事处），业务管辖区域范围包括广州市黄埔区、广州经济技术开发区、广州高新技术产业开发区、广州保税区、广州出口加工区以及广州天河区的一部分、增城市、东莞市。

江门海关位于广东省江门市，现有 8 个隶属海关（办事处），业务管辖区域包括江门市和阳江市。

湛江海关位于广东省湛江市，现有 7 个隶属海关（办事处），业务管辖区域包括湛江市和茂名市。

【小思考】

1. 海关的权力，有哪些须"授权"，即经直属海关关长或者经授权的隶属海关关长批准后，才能行使的？

2. 在海关权力行使要不要"授权"的问题上，检查权行使与扣留权行使在区域上有何区别？提取货物变卖权行使与先行变卖权行使在适用情况上有何区别？强制扣缴、变价抵缴关税权行使与税收保全行使在措施上有何区别？

任务三　报关单位认知

一、报关单位的含义及类型

报关单位是指依法在海关注册登记的进出口货物收发货人和报关企业。报关单位的类型如图1-3所示：

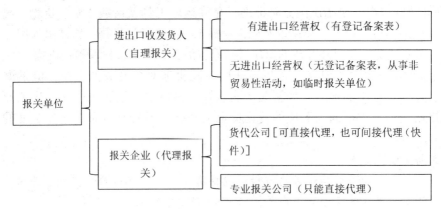

图1-3　报关单位的类型

（一）进出口货物收发货人

进出口货物收发货人是指依法直接进口或出口货物的中华人民共和国关境内的法人、其他组织或者个人。进出口货物收发货人经向海关备案登记后，只能为本单位进出口货物报关。

临时注册登记：

海关对未取得对外贸易经营者备案登记表，但依照国家有关规定需要从事非贸易性进出口活动的有关单位，如境外企业、新闻、经贸机构、文化团体等依法在中国境内设立的常驻代表机构，少量货样进出境的单位，国家机关、学校、科研院所等组织机构，临时接受捐赠、礼品、国际援助的单位，国际船舶代理企业等，在进出口货物时，海关也视其为进出口收发货人，允许其向进出口口岸地或者海关监管业务集中地海关办理临时注册登记手续。临时注册登记单位，海关一般不予核发"报关单位注册登记证书"，仅出具"临时报关单位注册登记证明"。临时注册登记有效期最长为1年，有效期届满后应当重新办理临时注册登记手续。

（二）报关企业

报关企业，是指按照规定经海关准予注册登记，接受进出口货物收发货人的委托，以进出口货物收发货人的名义或者以自己的名义，向海关办理代理报关业务，从事报关服务的境内企业法人。目前，我国从事报关服务的报关企业主要有两类：一类是经营国际货物运输代理等业务，兼营进出口货物代理报关业务的国际货物运输代理公司等；另一类是主营代理报关业务的报关公司或报关行。

二、报关单位的注册登记与报关规范

根据《海关法》的规定，进出口货物可以由进出口货物收发货人自行办理报关、纳税手续，也可以由进出口货物收发货人委托海关准予注册登记的报关企业办理报关、纳税手续。

进出口货物收发货人、报关企业办理报关手续，必须依法经海关注册登记（如图1-4所示）。因此，向海关注册登记是进出口货物收发货人、报关企业向海关报关的前提条件。

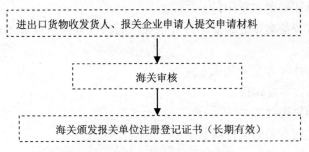

图1-4　报关单位注册登记流程

报关单位注册登记分为报关企业注册登记和进出口货物收发货人注册登记。

报关企业经所在地直属海关或者其授权的隶属海关办理注册登记许可后，方能办理报关业务。进出口收发货人可以直接到所在地海关办理注册登记。报关单位应当在每年6月30日前向注册地海关提交《报关单位注册信息年度报告》。报关单位所属人员从事报关业务的，报关单位应当到海关办理备案手续，海关予以核发证明。报关单位可以在办理注册登记手续的同时办理所属报关人员备案。

（一）　自理报关单位的注册登记与报关规范

自理报关单位，指的是经海关注册登记，只能为本单位进出口货物报关的进出口货物收发货人。其特征如下：

- 有进出口经营权（临时报关单位除外）。
- 经海关登记注册。
- 只能为本单位报关。
- 可以在我国关境各个口岸或海关监管业务集中地点报关。
- 是经济实体，要承担法律责任。

1. 注册登记程序

自理报关单位的注册采取备案制，应向所在地海关（隶属海关）提出申请。

（1）申请条件

下列单位可以申请自理报关资格：

- 在对外经贸主管部门办理备案登记的对外贸易经营者。
- 临时报关单位，即按规定需要从事非贸易性进出口活动的单位（如科研单位、高校等）。

（2）办理流程

①录入电子数据

企业自行录入：企业可通过互联网登陆电子口岸"关企合作平台"发送本企业申请信息。

委托录入：可委托有电子口岸预录入系统（QP系统）的代理录入机构代理录入。

②提交文件材料

电子数据发送成功后，备齐所需材料向注册海关注册窗口提交。申请材料要求提交复印件的，应当同时向注册海关交验原件。

- 《报关单位情况登记表》（见表1-4）。
- 企业法人营业执照副本复印件（个人独资、合伙企业或者个体工商户递交营业执照）。
- 组织机构代码证书副本复印件。
- 对外贸易经营者备案登记表复印件（法律、行政法规或者商务部规定不需要备案登记的除外）。
- 企业章程复印件（非企业法人免递交）。
- 税务登记证书副本复印件。
- 银行开户证明复印件。
- 其他与注册登记有关的文件材料。

③海关受理

注册地海关依法核对申请材料；对申请材料齐全、符合法定形式的申请人核发《中华人民共和国海关报关单位登记证书》，该证书长期有效。

2. 报关行为规范

①可以在全国范围内办理本单位的报关业务。

②只能办理本单位进出口货物的报关业务，不能代理其他企业报关。

③可以自行报关也可委托报关企业报关。

④对本单位报关员的行为承担相应的法律责任。报关员离职日起7日内向注册地海关报告并交回报关员证，予以注销。未交回报关员证的，必须由单位在报刊上申明作废，并注销。

3. 自理报关作业流程

自理报关单位的报关流程主要包括网上录入、申报、查询、打印报关单，以及网上查询海关回执等操作。

（1）自理报关单位录入业务流程

①自理报关单位持"报关单录入"权操作员卡的操作员进入中国电子口岸"一次申报"界面，可先下载本企业征免税证明、加工贸易手册或加工区备案清单后，脱机录入报关单数据（数据暂存在本地数据库）。

②录入并提交后将录入的报关单数据信息上载到数据中心，进入自理报关审核申报业务流程。

（2）自理报关审核申报业务流程

自理报关单位持"报关单审核申报"权操作员卡的操作员进入中国电子口岸的"报关单审核申报"界面，对报关单的逻辑性、填报的规范性进行审核，确保报关单可以向海关进行申报。若审核不通过，则需要将报关单下载到本地进行修改，修改后的报关单需重新上载到数据中心，并且需要重新进行审核。审核通过后进入自理报关申报确认业务流程。

（3）自理报关申报确认业务流程

①自理报关单位持"报关单申报确认"权操作员卡的企业管理人员进入中国电子口岸"报关单申报确认"界面，对报关单进行确认申报操作，经"申报确认"后的报关单通过公共数据中心上传海关内部网。如果申报确认时认为报关单的填制不符合逻辑，需要将报关单数据下载到本地进行修改，修改完毕之后需要将数据重新上载到数据中心，并且重新进行审核和申报确认。

②自理报关单位打印出经海关审核通过的报关单，并携带其他单证去海关办理其他通关手续。

（二）代理报关单位的注册登记与报关规范

代理报关单位，是指经海关准予注册登记，接受进出口货物收发货人的委托向海关办理代理报关业务，从事报关服务的境内企业法人。其特征如下：

- 经海关审批，并注册登记。
- 代理委托人报关，没有进出口经营权。
- 境内独立法人。

报关企业（即代理报关单位）在办理报关注册登记之前，须取得直属海关做出的注册登记许可，然后再向所在地海关正式办理注册登记手续。

1. 注册登记程序

（1）注册登记许可申请

拟注册报关企业到所在地直属海关公布受理申请的场所提出申请。

拟注册报关企业需具备以下条件：

①具备境内企业法人资格条件。

②法定代表人无走私记录。

③无因走私违法行为被海关撤销注册登记许可记录。

④有符合从事报关服务所必需的固定经营场所和设施。

⑤海关监管所需要的其他条件。

许可申请需提交以下材料：

①《报关企业注册登记许可（延续）申请书》。

②《报关单位情况登记表》。

③企业法人营业执照副本复印件以及组织机构代码证书副本复印件。

④报关服务营业场所所有权证明或者使用权证明。

⑤授权委托书（申请人委托代理人提出注册登记许可申请的提交）。

⑥拟备案报关人员有效身份证件原件（同时申请办理所属报关人员备案的提交）。

申请人按照规定提交复印件的，应当同时向海关交验原件。

（2）海关审核处理

如果申请材料不全的，海关要在签收申请材料后5日内一次性告知需要补正的全部内容；所提交的材料符合有关的规定，海关则做出受理的决定。海关受理申请后，应当根据法定条件和程序进行全面审查，于受理注册登记许可申请之日起20日内审查完毕。并将材料报送直属海关，直属海关在接受到海关报送的审查意见之日起20日内做出准予还是不准予注册登记许可的书面决定。

（3）工商登记

报关企业凭直属海关签发的报关注册登记许可文件到工商行政管理部门办理许可经营项目登记，明确可以经营的业务包括哪些范围。

（4）注册登记与证书核发

经营项目登记之后，在90天内要到所在地海关办理注册登记手续。提交如下材料：

①直属海关注册登记许可文件复印件。

②《企业法人营业执照》副本复印件。

③税务登记证书副本复印件。

④银行开户证明复印件。

⑤组织机构代码证书复印件。

⑥《报关单位情况登记表》和《报关单位管理人员情况登记表》。

⑦报关企业与所聘报关员签订的用工劳动合同复印件。

⑧《国际货运代理企业备案表》复印件（限货运代理企业提交）。

⑨其他与报关注册登记有关的文件材料。

符合要求的，注册地海关核发《中华人民共和国海关报关单位注册登记证书》，证书长期有效。

报关企业只能在注册地直属海关关区内各口岸或海关监管业务集中的地点从事报关业务。报关企业在取得注册登记许可的直属海关关区外从事报关服务的，应当依法设立分支机构，并且向分支机构所在地海关备案。备案需提交如下材料：

①《报关单位情况登记表》。

②报关企业《中华人民共和国海关报关单位注册登记证书》复印件。

③分支机构营业执照副本复印件以及组织机构代码证书副本复印件。

④报关服务营业场所所有权证明复印件或者使用权证明复印件。

⑤海关要求提交的其他备案材料。

报关企业分支机构备案有效期为2年，报关企业分支机构应当在有效期届满前30日持有关材料到分支机构所在地海关办理换证手续。

2. 报关行为规范

①在授权范围内代理进出口收发货人的报关业务。

②配合海关监管工作，不得违法滥用报关权。

③建立账簿和营业记录等档案，完整保留各种单证、票据、函电以备查。

④代理报关必须有正式书面的代理报关委托协议并在报关时出示。

⑤审查委托人提供情况的真实性、完整性。（商业单证，许可、手册等官方单证）

⑥不得出让其名义供他人报关。

⑦协助海关对涉违走私事件进行调查。

3. 代理报关作业流程

在进行此项操作前必须先按照网上报关委托业务的流程建立委托关系。

（1）代理报关单录入业务流程

①代理报关单位持"报关单录入权"操作员卡的操作员进入中国电子口岸"报关单录入"界面，在备案数据下载协议的授权范围内，下载本委托单位的征免税证明、加工贸易手册或加工区备案清单后，脱机录入报关单数据（数据暂存在本地数据库）。

②录入并提交后将录入的报关单数据信息上传到数据中心。

（2）代理报关审核申报业务流程

代理报关单位持"报关单审核申报"权操作员卡的操作员进入中国电子口岸的"报关单审核申报"界面，对报关单的逻辑性、填报的规范性进行审核，确保报关单可以向海关进行申报。若需要将报关单下载本地进行修改，修改后的报关单需重新上传到数据中心，并且需要重新进行审核。审核通过后进入自理报关申报确认业务流程。

（3）代理报关申报确认业务流程

①代理报关单位持具"报关单申报确认"权操作员卡的企业管理人员，进入中国电子口岸"报关单申报确认"界面，对报关单进行确认申报操作，经"申报确认"后的报关单通过

公共数据中心上传海关内部网。如果申报确认时认为报关单的填制不符合逻辑，需要将报关单数据下载到本地进行修改，修改完毕之后需要将数据重新上传到数据中心，并且重新进行审核和申报确认。

②代理报关单位打印出经海关审核通过的报关单，并携带其他单证去海关办理其他通关手续。

表1-4 报关单位情况登记表

海关注册编码		组织机构代码		注册海关	
中文名称					
工商注册地址				邮政编码	
营业执照注册号		工商登记日期		进出口企业代码	
行政区划		经济区划		经济类型	
经营类别		组织机构类型		行业种类	
法定代表人（负责人）		法定代表人（负责人）身份证件类型		法定代表人（负责人）身份证件号码	
海关业务联系人		移动电话		固定电话	
上级单位名称		上级单位组织机构代码		与上级单位关系	
序号	出资者名称		出资国别	出资金额（万）	出资金额币制
1					
2					
3					
本单位承诺，我单位对向海关所提交的申请材料以及本表所填报的注册登记信息内容的真实性负责并承担法律责任。 （单位公章） 年 月 日					

表1-5 报关单位情况登记表

（所属报关人员）

所属报关单位海关注册编码				
序号	姓名	身份证件类型	身份证件号码	业务种类
1				□备案 □变更 □注销
2				□备案 □变更 □注销
3				□备案 □变更 □注销
4				□备案 □变更 □注销
5				□备案 □变更 □注销
我单位承诺对本表所填报备案信息内容的真实性和所属报关人员的报关行为负责并承担相应的法律责任。 （单位公章） 年 月 日				

三、报关单位的信用管理

为了推进社会信用体系建设，建立企业进出口信用管理制度，保障贸易安全与便利，根据《中华人民共和国海关法》及其他有关法律、行政法规的规定，制定了《中华人民共和国海关企业信用管理暂行办法》（简称《信用办法》）。在海关注册登记企业信用信息的采集、公示，企业信用状况的认定、管理等适用本办法。

（一）企业信用状况的认定标准

《信用办法》自 2014 年 12 月 1 日起正式施行，《中华人民共和国海关企业分类管理办法》（简称《分类办法》）同时废止，海关企业管理模式发生重大变革。《信用办法》实施后，海关不再按 AA、A、B、C、D 五个类别对企业进行管理，而是以"诚信守法便利、失信违法惩戒"为原则，明确了认证企业（高级认证企业和一般认证企业）、一般信用企业和失信企业的认定标准以及管理措施。对于新旧办法之间的衔接问题，海关总署制发公告，明确《分类办法》的 AA 类企业将直接过渡为高级认证企业，海关每 3 年对高级认证企业进行一次重新认证；A 类企业将直接过渡为一般认证企业，海关将通过系统对企业的信用状况进行动态监控和评估，并实行不定期重新认证；B 类企业将直接过渡到一般信用企业；C 类和 D 类企业将由海关按照《信用办法》重新审核并确定信用等级（见表 1-6）。

表 1-6 企业认定类别与差别管理措施

企业类别	高级认证企业	一般认证企业	一般信用企业	失信企业	
原企业类别	AA 类企业	A 类企业	B 类企业	C 类企业	D 类企业
信用状况	信用突出	信用良好	信用一般	信用较差	信用极差
管理措施	通关便利措施		常规管理措施	严密监管措施	

1. 认证企业

认证企业是中国海关经认证的经营者（AEO），中国海关依法开展与其他国家或者地区海关的 AEO 互认，并给予互认 AEO 企业相应通关便利措施。认证企业应当符合《海关认证企业标准》（分为一般认证企业标准和高级认证企业标准，由海关总署制定并对外公布）。

2. 失信企业

《信用办法》第十条规定，企业有下列情形之一的，海关认定为失信企业：

（1）有走私犯罪或者走私行为的。

（2）非报关企业 1 年内违反海关监管规定行为次数超过上年度报关单、进出境备案清单等相关单证总票数千分之一且被海关行政处罚金额超过 10 万元的违规行为 2 次以上的，或者被海关行政处罚金额累计超过 100 万元的。

报关企业 1 年内违反海关监管规定行为次数超过上年度报关单、进出境备案清单总票数万分之五的，或者被海关行政处罚金额累计超过 10 万元的。

（3）拖欠应缴税款、应缴罚没款项的。

（4）上一季度报关差错率高于同期全国平均报关差错率 1 倍以上的。

（5）经过实地查看，确认企业登记的信息失实且无法与企业取得联系的。

（6）被海关依法暂停从事报关业务的。

（7）涉嫌走私、违反海关监管规定拒不配合海关进行调查的。

（8）假借海关或者其他企业名义获取不当利益的。

（9）弄虚作假、伪造企业信用信息的。

（10）其他海关认定为失信企业的情形。

3. 一般信用企业

企业有下列情形之一的，海关认定为一般信用企业：

（1）首次注册登记的企业。

（2）认证企业不再符合《海关认证企业标准》规定条件，且未发生《信用办法》第十条所列情形的。

（3）适用失信企业管理满 1 年，且未再发生《信用办法》第十条所列情形的。

海关应当对高级认证企业每 3 年重新认证一次，对一般认证企业不定期重新认证。认证企业未通过重新认证适用一般信用企业管理的，1 年内不得再次申请成为认证企业；高级认证企业未通过重新认证但符合一般认证企业标准的，适用一般认证企业管理。

适用失信企业管理满 1 年，且未再发生《信用办法》第十条规定情形的，海关应当将其调整为一般信用企业管理。

失信企业被调整为一般信用企业满 1 年的，可以向海关申请成为认证企业。

（二）管理原则和措施

1. 一般认证企业适用的管理原则和措施

（1）较低进出口货物查验率。

（2）简化进出口货物单证审核。

（3）优先办理进出口货物通关手续。

（4）海关总署规定的其他管理原则和措施。

2. 高级认证企业适用的管理原则和措施

高级认证企业除适用一般认证企业管理原则和措施外，还适用下列管理措施：

（1）在确定进出口货物的商品归类、海关估价、原产地或者办结其他海关手续前先行办理验放手续。

（2）海关为企业设立协调员。

（3）对从事加工贸易的企业，不实行银行保证金台账制度。

（4）AEO 互认国家或者地区海关提供的通关便利措施。

3. 失信企业适用的管理原则和措施

（1）较高进出口货物查验率。

（2）进出口货物单证重点审核。

（3）加工贸易等环节实施重点监管。

（4）海关总署规定的其他管理原则和措施。

高级认证企业适用的管理措施优于一般认证企业。因企业信用状况认定结果不一致导致适用的管理措施相抵触的，海关按照就低原则实施管理。认证企业涉嫌走私被立案侦查或者调查的，海关暂停适用相应管理措施，按照一般信用企业进行管理。

四、报关人员备案

《中华人民共和国海关报关单位注册登记管理规定》第五条第五项"报关单位所属报关人员从事报关业务的，报关单位应当到海关办理备案手续，海关予以核发证明"。海关在报关从业人员的管理方面，取消了报关员的注册登记，改为以报关单位名义对其所属从事报关业务人员进行备案，海关予以核发备案证明，取消了报关员记分考核管理，不再对报关人员进行记分和考核管理，改为对报关单位报关差错进行记录。

报关单位所属人员从事报关业务的，可依法向海关申请报关人员备案。须提交以下材料：

（1）《报关单位情况登记表》（所属报关人员用）（见表1-5）。

（2）报关人员身份证复印件。

提交材料符合法定要求的，海关予以受理。申请人的申请符合法定条件的，海关应当在3日内办结，并向申请人颁发《备案证明》。

五、区域通关一体化与全国一体化通关

目前，我国已经在京津冀海关区域（北京、天津、石家庄3个海关）、长江经济带海关区域（上海、南京、杭州、宁波、合肥、南昌、武汉、长沙、重庆、成都、贵阳、昆明12个海关）、广东地区海关区域（广州、深圳、拱北、汕头、黄埔、江门、湛江、福州、厦门、南宁、海口11个海关）、"丝绸之路经济带"海关区域（青岛、济南、郑州、太原、西安、兰州、银川、西宁、乌鲁木齐、拉萨10个海关）、东北地区海关区域（大连、沈阳、长春、哈尔滨、呼和浩特、满洲里6个海关）、海关特殊监管区域及保税监管场所实施了区域通关一体化改革，其主要内容是：

（1）区域内企业可自主选择向经营单位注册地或货物实际进出境地海关办理申报、纳税和查验放行手续。

（2）企业可根据实际需要，自主选择口岸清关、转关、"属地申报、口岸验放"、"属地申报、属地放行"、区域通关一体化等任何一种通关方式。

（3）取消区域内报关企业跨关区从事报关服务的限制，允许报关企业在区域内"一地注册、多地报关"。

（4）区域内海关互认商品预归类、价格预审核、原产地预确定和许可证件、归类、价格等专业认定结果以及暂时进出境等行政许可决定，一份保函区域内通用。

（5）区域通关一体化报关单审核、税单打印、税费核注核销、无纸转有纸、汇总征税试点等操作按现行规定办理。

（6）区域通关一体化报关单可由企业根据物流实际需求，自主选择在口岸或属地海关监管场所实施查验。对需转运分流到属地监管场所实施查验的，进出境货物及其运输工具应符合海关途中监管的要求。

（7）海关凭电子放行信息办理货物出场（库、区）手续，实现卡口自动核放。

（8）海关区域通关一体化方式适用于特殊区域和保税监管场所内企业在各口岸进出境的货物。

2016年6月1日起，全国通关一体化改革率先在上海启动试点。据悉，全国一体化通关主要内容是打造全国海关风险防控中心和税收征管中心"两个中心"，同时建立货物通关"一次申报、分步处置"、实施税收征管方式改革、建立协同监管机制等"三项制度"，强化跨部门、跨地区通关协作。这意味着，将来全国几十个关区将实质性成为一个改革后的新的监管模式，充分利用大数据、互联网、物联网等技术，实现集中统一的风险防控和税收征管，审单、征税、放行等将全部通过网络进行，意味着传统的报关现场将逐渐消失，这种变化对整个报关行业来说既是机遇，也是挑战。

【小思考】

1. 通力达报关公司是一家专业报关企业，在接受当地一家化工企业委托报关业务时没有察觉到该企业有瞒报情况，在向海关办理报关手续时被海关发现，海关追究报关公司的经济责任，公司以不知情为由不服处罚，你认为对吗？

2. 港商钱先生在浙江某地投资兴建了两家服装公司，并在海关办理了报关注册手续，取得了报关权。为了节省成本，他可以聘用一名报关员办理两家公司的进出口报关业务。你认为可行吗？

任务四 对外贸易管制认知

一、对外贸易管制的概念

对外贸易管制是一种国家管制，即一国政府为了保护本国经济利益、推行外交政策、行使国家职能、履行所缔结或加入国际条约的义务，确立实行各种管制制度、设立相应管制机构和规范对外贸易活动的总称。

对外贸易管制通常有三种分类形式：一是按照管理目的分为进口贸易管制和出口贸易管制；二是按其管制手段分为关税措施和非关税措施；三是按管制对象分为货物进出口贸易管制、技术进出口贸易管制和国际服务贸易管制。

对外贸易管制涉及的法律渊源只限于宪法、法律（如《对外贸易法》）、行政法规（如《货物进出口管理条例》）、部门规章（如《货物进出口许可证管理办法》）、国际条约（如《关于消耗臭氧层物质的蒙特利尔协定书》），不包括地方性法规、规章，也不包括各民族自治区政府制定的地方条例和单行条例。

二、外贸管制目标的实现

既然对外贸易管制是对外贸易的国家管制，因而它所涉及的法律制度，均属于强制性法律范畴，任何从事对外贸易活动者都必须无条件予以遵守。政府实现对外贸易管制目标就是以这些法律制度为保障，依靠有效的政府行政管理手段来最终实现的。

（一）海关监管是实现贸易管制的重要手段

海关执行国家贸易管制政策是通过对进出口货物的监督管理，即海关监管来实现。作为我国进出关境监督管理机关的海关，依据《海关法》所赋予的权力，代表国家在口岸行使进出境监督管理职能，这种特殊的管理职能决定了海关监管是实现我国这类贸易管制目标有效的行政管理手段。

海关执行国家进出口贸易管制政策是海关监管工作的重要组成部分。《海关法》赋予了海关在口岸实施贸易管制的基本权力，《海关法》第二十四条规定"进口货物的收货人、出口货物的发货人应当向海关如实申报，交验进出口许可证件和有关单证。国家限制进出口的货物，没有进出口许可证件的，不予放行"。该条款是海关对有关进出境货物、物品实施禁止性或限制性贸易管制措施管理程序条款。其意义旨在明确进出境货物、物品的禁止性或限制性规定的立法主体和立法程序，规范海关执行对进出境货物、物品的禁止性或限制性规定的执法行为，维护国家利益和保护当事人权益。该条款也是海关为执行国家贸易管制政策所制定的相关监督管理程序之法律依据条款。

（二）海关执行贸易管制政策的监管方式

由于国家进出口贸易管制政策是通过对外经贸及国家其他行业主管部门依据国家贸易管制政策发放各类许可证件，最终由海关依据许可证件及其他单证（提单、发票、合同等）对实际进出口货物合法性的监督管理来实现的。因此，执行贸易管制海关管理也就离不开"单"即包括报关单在内各类报关单据、"证"即各类许可证件、"货"即实际进出口货物这三大要素。"单"、"证"、"货"互为相符，是海关确认货物合法进出口的充要条件，也就是说对进出口受国家贸易管制的货类，只有确认达到"单单相符"、"单货相符"、"单证相符"、"证货相符"的情况下，海关才可放行相关货物。

（三）报关是海关确认进出口货物合法性的先决条件

报关作为一种程序，实际上是指进出口货物收发货人或其代理人依法向海关进行进出口申报并办理有关海关手续的过程，是履行海关手续的必要环节之一。通过前文的介绍我们了解到执行贸易管制政策海关监管是通过对"单"、"证"、"货"这三要素来确认货物进出口的合法性，而这三要素中的"单"和"证"正是通过报关环节中的申报手续向海关递交的。从法律意义上来说，申报意味着向海关报告进出口货物的情况，申请按其申报的内容放行进出口货物。《海关法》第二十四条规定："进口货物的收货人、出口货物的发货人应当向海关如实申报，交验进出口许可证件和有关单证。国家限制进出口的货物，没有进出口许可证件的，不予放行，具体处理办法由国务院规定；进口货物的收货人应当自运输工具申报进境之日起14日内，出口货物的发货人除海关特准的外应当在货物运抵海关监管区后、装货的24小时以前，向海关申报。"该条款是关于收发货人在办理进出口货物海关手续时关于申报环节法律义务的规定，也是我们前文所阐述的有关"单、证、货互为相符，是海关确认货物合法进出口的充要条件"之法律依据条款。因此，报关不仅是进出口货物收、发货人或其代理人必须履行的手续，也是海关确认进出口货物合法性的先决条件。

三、我国外贸管制的基本框架

我国对外贸易管制制度是一种综合制度，主要由海关监管制度、关税制度、对外贸易经营者资格管理制度、进出口许可制度、出入境检验检疫制度、进出口货物收付汇管理制度、对外贸易救济制度等构成。

（一）海关监管制度

海关监管制度是指海关运用国家赋予的权力，通过一系列管理制度与管理程式，依法对进出境运输工具、货物、物品的进出境活动所实施的一种行政管理制度。

（二）关税制度

关税制度是指国家为征收关税颁布的《海关法》《进出口关税条例》《中华人民共和国进出口税则》等规定的总称。对关税税率的利用，完税价格的审定，税额的缴纳、退补，关税的减免及审批程序以及申诉程序、商品的归类原则，商品的税目、税号，商品描述和适用的相关税率等做了规定。

（三）对外贸易经营者资格管理制度

我国对对外贸易经营者的管理，实行备案登记制。法人、其他组织或者个人在从事对外贸易经营前，必须按照国家的有关规定，依法定程序在商务部备案登记，取得对外贸易经营的资格，在国家允许的范围内从事对外贸易经营活动。对外贸易经营者未按规定办理备案登记的，海关不予办理进出口货物的通关验放手续，对外贸易经营者可以接受他人的委托，在经营范围内代为办理对外贸易业务。

对外贸易经营者备案登记工作实行全国联网和属地化管理，对外贸易经营者在本地区备案登记机关办理备案登记。

（四）进出口许可制度

进出口许可制度分为禁止进出口、限制进出口、自由进出口三个级别。

对于禁止进出口的货物或技术，我国制定了《禁止进口货物目录》《禁止出口货物目录》《禁止进口限制进口技术目录》《禁止出口限制出口技术目录》等。我国限制进口货物管理按照其管理方式分为许可证件管理和关税配额管理。除国际禁止、限制进出口货物、技术外的其他货物和技术，均属于自由进出口范围。国家对部分属于自由进口的货物实行自动进口许可管理，对自由进出口的技术实行技术进出口合同登记管理。

1. 许可证件管理措施

许可证件管理是指进出口货物需要向国家商务主管部门申领许可证件，凭许可证件办理海关手续。许可证件管理措施的相关内容如表1-7所示：

表1-7　许可证件管理措施

许可证件	办理部门	有效期	使用管理	备注
进口许可证	商务部配额许可证事务局、商务部驻各地特派员办事处、地方发证机关	1年，当年有效，最迟延期至次年3月31日	"一证一关"，一般情况下实行"一批一证"	"非一批一证"时使用最多不超过12次，大宗、散装货物可小幅溢短装
出口许可证		不得超过6个月，当年有效		
两用物项或技术进口许可证	商务部配额许可证事务局、商务部委托的省级商务主管部门	1年，当年有效，最迟延期至次年3月31日	"非一批一证"和"一证一关"	凭批准文件才能申领两用物项和技术进出口许可证
两用物项或技术出口许可证			"一批一证"和"一证一关"	
自动进口许可证	商务部配额许可证事务局、商务部驻各地特派员办事处、地方发证机构、地方机电产品进出口机构	6个月，当年有效	"一批一证"，部分货物"非一批一证"	"非一批一证"时使用最多不超过6次，大宗、散装货物可小幅溢短装
废物进口许可证	环境保护部	当年有效，延期最长不超过60天，只能延期1次	"一证一关"，一般实行"非一批一证"	需要在境外进行装运前检验
农产品进口关税配额证	商务部、发展和改革委员会各自授权机构	当年有限，最迟延期至次年2月底	"非一批一证"	申请日期为每年10月15至30日
化肥进口关税配额证明	商务部授权机构	有效期为3个月，当年有效，延期或者变更的，须重新办理		

许可证件	办理部门	有效期	使用管理	备注	
密码产品进口许可证	国家密码管理局				
濒危野生动植物种国际贸易公约允许进出口证明书	国家濒危物种进出口管理办公室		"一批一证"	简称：公约证明	《进出口野生动植物种商品目录》中的商品需要办理相关证明
濒危物种进出口管理办公室野生动植物允许进出口证明书			"一批一证"	简称：非公约证明	
非《进出口野生动植物种商品目录》物种证明			分为"一次使用"和"多次使用"两种	简称：物种证明	
药品进出口准许证	国家食品药品监督管理局		精神药品准许证、麻醉药品准许证实行"一批一证"，兴奋剂准许证实行"一证一关"		
美术品进出口批准文件	文化部委托进出口口岸所在地的省级文化行政部门审批				
进口音像制品批准单	国家新闻出版广电总局				
黄金及制品进出口准许证	中国人民银行			参照《黄金及产品进出口管理目录》	
有毒化学品环境管理放行通知单	环境保护部			参照《中国禁止或严格限制的有毒化学品名录》	
农药进出口登记管理放行通知单	农业部	有效期3个月	"一批一单"	参照《进出口农药登记证明管理名录》	
进口兽药通关单	农业部	在30日有效期内只能一次性使用	"一单一关"	参照《进口兽药管理目录》	
合法捕捞产品通关证明	农业部		申请时应提交由船旗国政府主管机构签发的合法捕捞产品证明原件	参照《实施合法捕捞证明的水产品清单》	

　　注："一证一关"是指同一份许可证只能在一个海关使用；"一批一证"是指许可证只能在有效期内一次报关使用；"非一批一证"是指许可证在有效期内可以多次使用。其中，"一批"是按照报关单进行区分的，即一份报关单视为"一批"。

2. 许可证件申领流程

在组织进出口应证商品前，经营者应事先向主管部门申领进出口许可证，可通过网上（许可证联网申领系统，http：//licenceapp. ec. com. cn/ielic/ielic. jsp）和书面 [提交进（出）口商品的进（出）口合同复印件、加盖公章的进（出）口许可证申请表、企业首次领证时应出具《中华人民共和国进出口企业资格证书》] 两种形式申领。

发证机构自收到符合规定的申请之日起 3 个工作日内发进（出）口许可证。特殊情况下，进口许可证最多不超过 10 个工作日。

进出口许可证办理流程如图 1-5 所示：

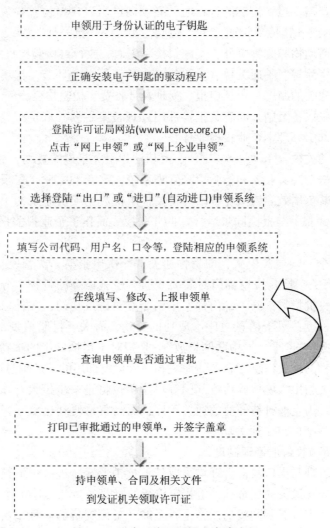

图 1-5　进出口许可证网上申请流程

3. 关税配合管理

关税配额是指把征收关税和进口配额相结合的一种限制进口的措施。对商品的绝对数额不加限制，而在一定时间内、在规定的关税配额以内的进口商品给予低税、减税或免税的待遇，对超过配额的进口商品则征收较高关税、附加税或罚款。它按商品的来源可分为全球性关税配额和国别关税配额；按征收关税的优惠性质可分为优惠性关税配额和非优惠性关税配额；按关税配额管理的对象可分为实施关税配额管理的农产品和实施关税配额管理的工业品。

（五）出入境检验检疫制度

出入境检验检疫制度是指由国家进出境检验检疫部门依据我国有关法律和行政法规以及我国政府所缔结或者参加的国际条约、协定，对进出境的货物、物品及其包装物、交通运输工具、运输设备和进出境人员实施检验检疫监督管理的法律依据和行政手段的总和，其国家主管部门是国家质量监督检验检疫总局。

我国进出境检验检疫制度内容包括：进出口商品检验制度、进出境动植物检疫制度以及国境卫生监督制度。进出口列入《出入境检验检疫机构实施检验检疫的进出境商品目录》以及其他法律法规规定需要检验检疫的货物时，必须向进出口口岸检验检疫机构报检。海关凭"入境货物通关单"或"出境货物通关单"验放，实行"一批一证"。

进境货物除了活动物和废物以外，实施报检后先通关放行再检验检疫的制度，包括申报、受理及计收费、卫生除害、签通关单、检验检疫、签证等六个环节。出境货物实施报检后先检验检疫，再放行通关的制度，包括申报、受理及计收费、检验检疫、签证等四个环节。

报检从业人员采取备案制，向有关报检部门办理备案手续并取得报检人员备案号的，可以负责向检验检疫部门办理本企业报检业务。

我国已全面启动关检合作"一次申报"，对依法须报关报检的货物，企业"一次性录入"申报数据，分别发送至海关业务和检验检疫管理系统，改变了原来"先报检后报关"的串联申报流程，为企业减负增效。该项业务改革将关检申报数据项由原来的196项合并为"一次录入"后的92项，"报关与报检同步运行"的并联模式简化了企业报关报检手续，提高了通关效率。

关检合作"三个一"通关模式，即货物通关"一次申报、一次查验、一次放行"流程。"一次查验"是指海关、检验检疫部门对需要查验、检验检疫的货物，分别发出查验、检验检疫的指令。对同一批货物，两个部门都发出指令并对碰成功的，关检双方按照各自职责共同进行查验、检验检疫；对于信息对碰不成功的货物，海关、检验检疫部门各自进行查验、检验检疫。"一次放行"，即"关检联网核放"，是指对于运抵口岸的货物，海关和检验检疫部门分别发送对货物的核放信息，企业凭海关和检验检疫部门的核放信息办理货物提离手续。

现今，我国海关与出入境检验检疫部门等口岸单位将进一步扩大合作范围，加大区域通关一体化合作力度，为企业打造便捷的通关程序，提高贸易便利化水平，为促进"丝绸之路经济带"提供高效便捷的口岸通关环境。

（六）进出口货物收付汇管理制度

进口货物付汇管理与出口收汇管理均采取外汇核销形式。进口付汇核销监管是指国家外汇管理局及其分支局在海关的配合和外汇指定银行的协助下，对已对外付出货款的进口企业，通过核对注销的方式审核其所购买的货物是否及时、足额到货的一种事后管理制度。出口收汇核销管理是指外汇管理局在商务、海关、税务、银行等有关部门的配合协助下，以出口货物的价值为标准核对是否有相应的外汇收回国内的一种事后监管措施，是对出口收汇的贸易真实性的审核。

目前，海关已不再签发纸质报关单收汇证明联、付汇证明联、出口退税联。当事人可自行进入中国电子口岸的进口付汇系统、出口收汇系统、出口退税系统进行联网核销。

（七）对外贸易救济制度

世界贸易组织允许成员方在进口产品倾销、补贴和过激增长等给其国内产业造成损害的情况下，采用反倾销、反补贴和保障措施手段以保护国内产业不受损害。

反补贴、反倾销和保障措施都属于贸易救济措施。反补贴和反倾销措施针对的是价格歧视这种不公平贸易行为，保障措施针对的是进口产品激增的情况。

【小思考】

×××年××月××日，深圳市某公司申报出口至巴基斯坦卡拉奇的一批塑料笔筒。海关关员在开箱查验时发现，集装箱里面装载的却是需要出口通关单证的积木、皮球和遥控车等货物。在对货物进行清点时，海关关员还惊讶地发现集装箱底部混装着一批独立包装"仿真枪"，有冲锋枪、手枪等多种式样，经清点共512支。据了解，该批仿真枪外壳为黑色硬塑料，部分内部机件为金属制，枪支弹夹、瞄准器、消音器、红外镭射灯、BB弹等配件一应俱全。经过试验，用普通塑料子弹即可穿透3厘米厚纸板，射程达到30~40米左右，"火力"远远超过了一般玩具枪。试问：该批仿真武器如何处理？出口公司将面临什么样的处罚？

单 元 练 习

一、单项选择题

1. 西安某具有对外贸易经营权的进出口企业，常年在西安、上海、深圳口岸进出口货物，该企业应(　　)。

A. 在西安向海关申请办理报关注册登记手续

B. 在上海向海关申请办理报关注册登记手续

C. 在深圳向海关申请办理报关注册登记手续

D. 在西安向海关申请办理报关注册登记手续，并分别在上海、深圳办理分支机构注册登记手续

2. 报关企业注册登记许可，应由(　　)部门做出。

A. 海关总署 　　　　　　　　　　　　　B. 直属海关

C. 隶属海关 　　　　　　　　　　　　　D. 海关总署授权的直属海关或隶属海关

3. 根据《海关法》的规定，中华人民共和国海关是属于下述哪类性质的机关(　　)。

A. 司法机关 　　　B. 税收机关 　　　C. 监察机关 　　　D. 监督管理机关

4. 下列选项中，不属于海关可以行使的权力是(　　)。

A. 对走私货物的运输工具可以扣押、变卖

B. 查阅、复制与进出境运输工具、货物、物品有关的合同、发票、账册、单据、文件、业务函电、录音录像制品和其他资料

C. 检查进出境运输工具，查验进出境货物、物品

D. 海关为履行职责，可以配备武器

5. 海关对有走私嫌疑的运输工具和有藏匿走私货物、物品嫌疑的场所行使检查权时(　　)。

A. 不能超出海关监管区和海关附近沿海、沿边规定地区的范围

B. 不受限制，但不能检查公民住处

C. 在海关监管区和海关附近沿海、沿边规定地区，海关人员可直接检查，超出这个范围，只有在调查走私案件时，才能直接检查

D. 在海关监管区和海关附近沿海、沿边规定地区，海关人员可直接检查，超出这个范

围，只有在调查走私案件时，经直属海关关长批准才能进行检查，但不能检查公民住处

6. 下列企业、单位中不属于报关单位的是（　　　）。

A. 经海关批准在海关临时注册登记的境内某大学

B. 在海关注册登记的经营进出境快件业务的某快递公司

C. 海关注册登记的某外商投资企业

D. 海关注册登记的经营转关货物境内运输业务的某承运人

7. 下列关于自理报关或者代理报关范围的表述错误的是（　　　）。

A. 进出口货物收发货人只能办理本企业（单位）进出口货物的报关业务

B. 代理报关企业只能接受有权进出口货物单位的委托，办理报关业务

C. 报关企业可以接受进出口货物收发货人在各种运输承运关系下委托的报关业务

D. 进出口货物收发货人、报关企业只能在注册地海关办理报关业务

8. 海关自进出口货物放行之日起（　　　）年内，可以对与进出口货物直接有关的企业、单位的会计账簿、会计凭证、报关单证以及其他有关资料和有关进出口货物实施稽查。

A. 3　　　　　　　B. 5　　　　　　　C. 6　　　　　　　D. 8

9. 进口货物超过（　　　）个月未向海关申报的，由海关提取依法变卖处理。

A. 6　　　　　　　B. 3　　　　　　　C. 2　　　　　　　D. 1

10. 对于限制出口货物管理，国家规定有数量限制的出口货物，实行（　　　）。

A. 许可证件管理　　　　　　　　　　B. 配额管理

C. 自动出口管理　　　　　　　　　　D. 禁止出口管理

11. 出口许可证有效期为（　　　），特殊情况需要跨年度使用的，有效期最长不得超过（　　　）。

A. 1 年；当年 12 月 31 日　　　　　　B. 6 个月；次年 2 月底

C. 1 年；3 月 31 日　　　　　　　　　D. 6 个月；当年 12 月 31 日

12. 进口许可证和出口许可证，如实行"非一批一证"，应在许可证的备注栏打印"非一批一证"字样，有效期内多次使用，但最多不超过（　　　）。

A. 6 次　　　　　　B. 8 次　　　　　　C. 10 次　　　　　　D. 12 次

二、多项选择题

1. 海关作为国家进出境监督管理机关，《海关法》明确赋予其基本任务是（　　　）。

A. 监管　　　　　　B. 征税　　　　　　C. 缉私　　　　　　D. 统计

2. 根据《海关法》规定，中华人民共和国设立海关的地点为（　　　）。

A. 对外开放口岸　　　　　　　　　　B. 海关监管任务集中的地点

C. 边境　　　　　　　　　　　　　　D. 沿海城市

3. 下列有关进出境物品的监管表述正确的是（　　　）。

A. 个人携带进出境的行李、物品、应以自用合理数量为限，并接受海关监督

B. 个人携带超过自用合理数量并侵犯受我国法律、行政法规保护的知识产权的进出境行李物品，视为侵权物品，海关依法查处

C. 携带国家禁止进出境的物品进出境，在海关进行人身检查前主动申报，海关将免予处罚

D. 携带超过自用合理数量的物品进出境，不如实向海关申报的，可责令补税或将有关物品退运，可并处物品等值以下罚款

4. 报关企业接受进出口收发货人的委托代理报关时，应对委托人所提供证明情况的真实性、完整性进行合理审查，审查内容包括：（ ）。

A. 证明进出口货物的实际情况的资料，包括进出口货物的品名、规格、用途、产地、贸易方式等

B. 有关进出口的合同、发票、运输单据、装箱单等商业数据

C. 有关进出口所需的许可证件及随付单证

D. 海关要求的加工贸易手册（纸制或者电子数据的）及其进口单据

5. 关于进出境货物的报关下列表述正确的是（ ）。

A. 进出境货物的报关必须由报关员代表报关单位专门办理

B. 进出境货物的收发货人可以自行报关，也可以委托报关企业代理报关

C. 进出境货物报关要经过申报、查验、征税、放行等几个环节

D. 进出境货物向海关申报要填制《进出口厚望货物报关单》

6. 目前，列入我国《禁止出口货物目录》的商品有（ ）。

A. 麝香　　　　　B. 麻黄草　　　　　C. 木炭　　　　　D. 硅砂

7. 对于（ ）大宗散装货物，溢短装数量在货物总量正负3%以内，免予另行申领自动进口许可证。

A. 原油　　　　　B. 成品油　　　　　C. 化肥　　　　　D. 钢材

三、判断题

1. 省、自治区、直辖市人民代表大会和人民政府制定的地方法规、地方规章也是海关的执法依据。　　　　　　　　　　　　　　　　　　　　　　　　　　　（ ）

2. 某进出口公司是首次注册报关单位，海关对其按一般信用类企业实施管理。　（ ）

3. 报关企业和进出口货物发货人须经海关注册登记许可后方可向海关办理报关单位注册登记手续。　　　　　　　　　　　　　　　　　　　　　　　　　　　（ ）

4. 报关企业、进出口收发货人应对其所属的报关员的报关行为承担相应的法律责任。　　　　　　　　　　　　　　　　　　　　　　　　　　　　　　　　　　（ ）

5. 中华人民共和国关境小于中华人民共和国国境。　　　　　　　　　　　　（ ）

6. 海关调查人员在调查走私案件时，可以经行查询案件涉嫌单位和涉嫌人员在金融机构、邮政企业的存款、汇款。　　　　　　　　　　　　　　　　　　　　　　　（ ）

项目二

进出口商品编码查询

学习目标

【知识目标】

- 掌握《商品名称及编码协调制度》和《中华人民共和国进出口税则》中商品的分类和编码排列规律。
- 了解进出口商品归类海关行政管理的内容。
- 掌握《商品名称及编码协调制度》归类总规则，熟悉各类商品的归类要点。

【技能目标】

- 能根据商品的具体资料对商品进行正确归类。
- 能办理商品的预归类手续。

项目导入

深圳×××公司进口了一批塑杯酸奶灌装机，约1个月后到达深圳盐田口岸。该商品用于灌装含果粒或不含果粒的搅拌型酸奶，主要由片材加热部分、杯子成型部分、产品灌装部分、封口部分、连杯分切部分、自动控制部分组成。该商品的工作过程为：塑杯材料PS（聚苯乙烯）经输送装置放置于预热板上，经加热软化后由冲压成型装置对板材模压成型成为塑杯，成型塑杯被送至灌装系统灌装酸奶，然后被送至覆膜封装单元封口，经贴标、分切后成为成品。由于是初次进口这类商品，深圳×××公司在进口前需要对该批商品进行归类，并核实该批商品的监管条件。

工作任务：

（1）对该商品进行归类，明确该商品申报的归类要素。

（2）核实该商品的监管条件。

任务一　"HS"认知

一、《商品名称及编码协调制度》

《商品名称及编码协调制度》（The Harmonized Commodity Description and Coding System）简称《协调制度》，又称"HS"，是我国制定及实施进出口税则、贸易管制、统计以及其他各项进出口管理措施的基础目录。为适应国际贸易的发展，世界海关组织发布 2017 年版《协调制度》修订目录，并于 2017 年 1 月 1 日生效。依照商品性质、用途、功能或加工程度等，《协调制度》（2017 版）将国际贸易商品归为 21 个类、97 个章（第 77 章是空章，保留为将来使用）。每 1 章（编码前两位数字相同）由若干品目（编码前四位数字相同）构成，品目下又设子目。为避免各品目和子目所列商品发生交叉归类，在类、章下加有类注、章注和子目注释。

《协调制度》中，"类"基本上是按社会生产分工（或称生产部类）来对商品进行分"类"的，它将属于同一生产部类的产品归在同一类里。"章"基本上以商品的自然属性（原材性商品）或所具有的功能和用途（制成品）为设章原则。"品目"一般按照从原材料到成品的加工程度依次排列，即原材料——坯件——半成品——制成品，列名具体的品种先于列名一般的品种。

二、HS 编码的含义

目前，我国采用 8 位或 10 位编码，第 1~2 位数是章，第 3~4 位数是税（品）目，第 5~10 位数是子目。其中，前 6 位数是国际标准编码，第 7~10 位是我国子目代码。进出口电子申报时，由于通关系统的原因，对于 8 位数的编码，需要在后面补 2 个"0"，补足 10 位。

以商品编码为 2907.111000 的"苯酚"为例说明如下：

编码：	2	9	0	7	1	1	1	1	0	0	0
位数：	1	2	3	4	5	6	7	8	9	10	

含义：章　　税目　　一级　二级　三级　四级　　附加码
　　　　　　　　　　子目　子目　子目　子目

第 1~2 位表示该商品所在章（29 表示第 29 章），3~4 位表示品目（07 表示该章的第 7 个品目），第 5 位表示的是它的一级子目，第 6 位表示二级子目，第 7 位表示三级子目，依次类推。

《协调制度》或《进出口税则》在商品编码表中的商品名称前分别用"-""--""---""----"代表一级子目、二级子目、三级子目、四级子目。若 5~8 位出现数字 9，通常代表未具体列名的商品，即在"9"的前面一般留有空序号以便于修订时增添新商品。如图 2-1 所示：

税则号列	货 品 名 称	最惠 (%)	普通	增值 税率	出口 退税	计量 单位	监管 条件
01.01	马、驴、骡：						
	-马：						
0101.2100	--改良种用	0	0	13		千克/头	
0101.2100 10	改良种用的濒危野马	0	0	13		千克/头	ABEF
0101.2100 90	其他改良种用马	0	0	13	5	千克/头	AB
0101.2900	--其他	10	30	13		千克/头	
0101.2900 10	非改良种用濒危野马	10	30	13		千克/头	ABEF
0101.2900 90	非改良种用其他马	10	30	13	5	千克/头	AB
	-驴：						
0101.3010	---改良种用	0	0	13		千克/头	
0101.3010 10	改良种用的濒危野驴	0	0	13		千克/头	ABEF
0101.3010 90	改良种用的其他驴	0	0	13	5	千克/头	AB
0101.3090	---其他	10	30	13		千克/头	
0101.3090 10	非改良种用濒危野驴	10	30	13		千克/头	ABEF
0101.3090 90	非改良种用其他驴	10	30	13	5	千克/头	AB
0101.9000	-其他	10	30	13	5	千克/头	AB
01.02	牛：						
	-家牛：						
0102.2100	--改良种用	0	0	13	5	千克/头	AB
0102.2900	--其他	10	30	13	5	千克/头	4xAB
	-水牛：						
0102.3100	--改良种用	0	0	13		千克/头	

图 2-1 《进出口税则》税则号、品名、税率结构的截图

三、HS 目录结构

《协调制度》（2017 版）将国际贸易商品归为 21 个类、97 个章（第 77 章是空章，保留为将来使用）。每一章（编码前两位数字相同）由若干品目（编码前四位数字相同）构成，品目下又设子目。为避免各品目和子目所列商品发生交叉归类，在类、章下加有类注、章注和子目注释。

在查找商品编码的过程中，一定要先确定它的类，其次是章，再确定它的一级子目、二级子目，三级子目，依次类推。

（一）第一类 活动物；动物产品

1. 主要内容

第一章　活动物

第二章　肉及食用杂碎

第三章　鱼、甲壳动物、软体动物及其他水生无脊椎动物

第四章　乳品；蛋品；天然蜂蜜；其他食用动物产品

第五章　其他动物产品

2. 归类要点与实例解析

（1）第 1 章是活动物；第 2~4 章属于简单加工并可食用；第 5 章则属于不可食用。活动

物注意区别第 1、3 章（注意章注）。

（2）动物产品，根据其加工程度判断，简单加工在本类，复杂加工或深加工在第四类。查询时，首先查第 2 章的税（品）目条文与相应的章注、类注，相符归入第 2 章，不相符归入第四类。例如，"冻鸡肉"属"简单加工"，归入第 2 章；超出"简单加工"的，如"鸡肉香肠"，归入第四类第 16 章。"水煮小虾虾仁"，经过水煮加工，经查并不符合 0306 的税（品）目条文及章注、类注规定，因而视为其加工程度已超过第 3 章的范围，应归入第 16 章的 16052900。"可用于制药的干海马"，经过干制加工，经查符合 0305 的税（品）目条文及章注、类注规定，所以应视为是一种简单加工，可归入 03055910。

（3）注意第 3 章的鱼、甲壳动物、软体动物及其他水生无脊椎动物各自的含义。

（4）第 2、3 章动物产品一般只是鲜、冷、冻、熏、盐腌、盐渍等简单加工，但也有例外，如 0305 的熏鱼，0306 的甲壳动物等。

（二）第二类　植物产品

1. 主要内容

第六章　活树及其他活植物；鳞茎、根及类似品；插花及装饰用簇叶

第七章　食用蔬菜、根及块茎

第八章　食用水果及坚果；柑橘属水果或甜瓜的果皮

第九章　咖啡、茶、马黛茶及调味香料

第十章　谷物

第十一章　制粉工业产品；麦芽；淀粉；菊粉；面筋

第十二章　含油子仁及果实；杂项子仁及果实；工业用或药用植物；稻草、秸秆及饲料

第十三章　虫胶；树胶、树脂及其他植物液、汁

第十四章　编结用植物材料；其他植物产品

2. 归类要点及实例解析

（1）本类包括所有种类的活植物及经过有限度简单加工的植物产品。植物产品的分类与动物产品的归类思路基本一致，注意植物产品的加工程度，本类限于简单加工。

（2）植物产品加工程度规定的标准不同，归类时首先在第二类相应章的有关税（品）目条文与章注、类注中找。如相符归入本类，不相符作为深加工归入第四类。例如，"浸泡在盐水中的竹笋"，经过盐水浸泡加工，经查符合 0711 和税（品）目条文与章注、类注规定，所以应视为是一种简单加工，可归入 07119031。而"炒熟的袋装开心果"，经过炒制加工，经查并不符合第 8 章的税（品）目条文及章注、类注规定，因而应视为其加工程度已超出第八章的范围，应归入第 20 章的 20081999。

（三）第三类　动、植物油、脂及其分解产品；精制的食用油脂；动、植物蜡

1. 主要内容

第十五章　动、植物油、脂及其分解产品；精制的食用油脂；动、植物蜡

2. 归类要点及实例解析

（1）以动物为原料加工得到的油脂（初榨、精致）在 1501～1506 品目；以植物为原料加工得到的油脂（初榨、精致）在 1507～1515 品目；动植物油、脂及其分离品（化学改性）在 1516、1518 品目。例如"零售的初榨花生油"，虽经过精制加工，但未经过化学改性，零售仅是一种包装形式，在这里不影响归类，因而应归入 15081000。

（2）混合食用油脂、人造黄油在 1517 品目；动植物蜡在 1521 品目；残渣在 1522 品目。

本章没有第 19 品目，如"甘油沥青"，为油脂加工得到的残渣，根据第十五章章注四，应归入 15220000。

（四）第四类　食品；饮料、酒及醋；烟草、烟草及烟草代用品的制品

1. 主要内容

第十六章　肉、鱼、甲壳动物、软体动物及其他水生无脊椎动物的制品

第十七章　糖及糖食

第十八章　可可及可可制品

第十九章　谷物、粮食粉、淀粉或乳的制品；糕饼点心

第二十章　蔬菜、水果、坚果或植物其他部分的制品

第二十一章　杂项食品

第二十二章　饮料、酒及醋

第二十三章　食品工业的残渣及废料；配制的动物饲料

第二十四章　烟草、烟草制品及烟草代用品的制品

2. 归类要点及实例解析

（1）本类中第 16~21 章难点在于与第一、二类动植物产品的差别，应依加工程度来判别。例如，"猪肉松罐头"经一系列的精制加工，显然已超过第 2 章的范围，因而应归入第 16 章的 16024910。"以鱼和蔬菜为基本配料（其中鱼占 30%），制成细腻糊状，专供婴儿食用的食品，200g 装"，是含有动物原料和植物原料的婴儿专用的均化食品，需注意的是不能因为动物原料（鱼）超过了 20%，就按第 16 章章注二的前半段的规定而归入第 16 章，还要看清该章章注二最后一句规定"但本条规定不适用于税（品）目 2104 的食品"，所以应作为均化混合食品归入 21042000。

表 2-1　动植物产品简单加工与复杂加工的对应关系

简单加工产品	第 2、3 章	第 4 章	第 7、8 章	第 9 章	第 11 章
复杂加工产品	第 16 章	第 19 章	第 20 章	第 21 章	第 19 章

（2）第 16 章归类时应注意，如果是混合（动物与植物间）食品，则归入本章的前提是第二类、第三类的动物类原料的含量必须在 20% 以上，其中不同的动物原料的含量可以相同。例如，"猪肉占 15%，牛肉占 20%，马铃薯占 65% 的罐头食品"，因为猪肉加上牛肉合计为 35%，超过了 20%，所以可归入第十六章的 1602，又因为牛肉含量超过猪肉，所以应归入 1602501090。

（五）第五类　矿产品

1. 主要内容

第十二五章　盐；硫磺；泥土及石料；石膏料、石灰及水泥

第二十六章　矿砂、矿渣及矿灰

第二十七章　矿物燃料、矿物油及其蒸馏产品；沥青物质；矿物蜡

2. 归类要点及实例解析

归入本类的矿产品只能经过有限的简单加工。例如："经过简单切割的大理石"归入 2515，而"表面经磨光的大理石"归入 6802；"硫化铜"，虽然是从铜矿砂经化学方法提取出来的，根据章注二的规定，其已经超出了本章的加工范围，不能归 2603 的铜矿砂，而应按化工品归入 2830.9090。

（六）第六类化学工业及其相关工业的产品

1. 主要内容

第二十八章 无机化工产品；贵金属、稀土金属、放射性元素及其同位素的有机及无机化合物

第二十九章 有机化学品

第三十章 药品

第三十一章 肥料

第三十二章 鞣料浸膏及染料浸膏；鞣酸及其衍生物；染料、颜料及其他着色料；油漆及清漆；油灰及其他类似胶粘剂；墨水、油墨

第三十三章 精油及香膏，芳香料制品及化妆盥洗品

第三十四章 肥皂、有机表面活性剂、洗涤剂、润滑剂、人造蜡、调制蜡、光洁剂、蜡烛及类似品、塑料用膏、"牙科用蜡"及牙科用熟石膏制剂

第三十五章 蛋白类物质；改性淀粉；胶；酶

第三十六章 炸药；烟火制品；火柴；引火合金；易燃材料制品

第三十七章 照相及电影用品

第三十八章 杂项化学产品

2. 归类要点及实例解析

（1）第28、29章为基本化工原料、无机化学及有机化学品，属于符合化学定义的非零售包装的纯净物。一般情况下，如果一种化工品是单独的化学元素及单独的已有化学定义的化合物（包括有机化合物和无机化合物），应归入第28、29章。比如"安乃近原药，粉状，5千克装"，仅有一种成分，因而应归入第29章2933.1920。

（2）第30~38章属于各种不同用途的化工用品，他们一般为几种不同化学成分混合配置而成的混合物或属于零售包装的产品。例如"碱性染料"，由不同的化学成分混合配置而成，因而归入第二部分（30~38章），按染料归入第32章，有具体列名，归入3204.1300。而"零售包装的碱性染料"，由不同的化学成分混合配置而成，又是零售包装，符合3212的商品名称，因而归入3212.9000。

（七）第七类塑料及其制品；橡胶及其制品

1. 主要内容

第三十九章 塑料及其制品

第四十章 橡胶及其制品

2. 归类要点及实例解析

（1）第39章塑料在归类时要注意其加工形状，归入第一分章（品目3901~3914）的是属于"初级形状"的塑料。"初级形状"只限于下列各种形状：

①液状及糊状，包括分散体（乳浊液及悬浮液）及溶液。

②不规则形状的块、团、粉（包括压型粉）、颗粒、粉片及类似的散装形状，如"聚丙烯粒子"，属于初级形状的塑料，所以应归入品目3902.1000。

（2）共聚物（包括共缩聚物、共加聚物、嵌段共聚物及接枝共聚物）应按聚合物中重量最大的那种共聚单体单元所构成的聚合物归入相应品目。例如，"由45%乙烯、35%丙烯及20%异丁烯的单体单元组成的初级形状的共聚物"，由于丙烯与异丁烯的聚合物同属品目3902，二者的比例相加为55%，超过乙烯单体单元的含量，所以应归入品目3902.3010。

（3）根据加工形状及加工程度判断属于塑料半制品还是塑料制品。塑料半制品根据其具体形状归入 3916~3921 的有关品目，而塑料制品则根据其用途归入 3922~3926 的有关品目。例如，"塑料管"属于半制品，所以应归入品目 3917。而"塑料茶杯"属于制品，所以应归入品目 3924。

（4）一些橡胶由于不符合第 40 章章注四关于"合成橡胶"的定义，所以尽管取了个"橡胶"的名称，还是要按"塑料"归入第 39 章。例如，"乙丙橡胶""硅橡胶"等。

（八）第八类　生皮、皮革、毛皮及其制品；鞍具及挽具；旅行用品、手提包及类似容器；动物肠线（蚕胶丝除外）制品

1. 主要内容

第四十一章　生皮（毛皮除外）及皮革

第四十二章　皮革制品；鞍具及挽具；旅行用品、手提包及类似容器；动物肠线（蚕胶丝除外）制品

第四十三章　毛皮、人造毛皮及其制品

2. 归类要点及实例解析

（1）一般情况下，带毛的生皮或已鞣制的带毛皮张归入第 43 章，但有些动物的生皮即使带毛也不归入第 43 章，而归入第 41 章。例如，"生的带毛兔皮"归入子目 43018010，"已鞣制的兔毛皮张"归入子目 43021920；而"带毛的生绵羊皮"归入品目 41021000，"已鞣制的带毛绵羊皮"归入子目 43021930。

（2）毛皮或人造毛皮仅作为装饰的服装一般不归入本类，按其服装的面料归入相应品目。比如"貂皮大衣为毛皮制的服装"，归入子目 4303.1010；"羊皮夹克"为皮革制的服装，归入子目 4203.1000；"仅在衣领和袖口用毛皮装饰的粗花呢大衣"，则按纺织服装归入第 62 章的相关品目。

（3）用皮革与毛皮或用皮革与人造毛皮制成的分指手套、连指手套及露指手套应归入品目 4203，不应误归入第 43 章。

（4）用作机器零件的皮带、皮制垫圈等应归入子目 4205.0020，而不按机器零件归入第十六类。

（九）第九类　木及木制品；木炭；软木及软木制品；稻草、秸秆、针茅或其他编结材料制品；篮筐及柳条编结品

1. 主要内容

第四十四章　木及木制品、木炭

第四十五章　软木及软木制品

第四十六章　稻草、秸秆、针茅或其他编结材料制品；篮筐及柳条编结品

2. 归类要点及实例解析

（1）树种及加工程度是第 44 章归类的重要因素。比如"针叶木制的刷过油漆的电线杆"，经过防腐处理则归入子目 4403.110010；没有经过类似处理则应根据其树种材质分别归入该品目的其他子目。

（2）竹的原料归入第 14 章；竹及其他木质材料制品则一般按木制品归入第 44 章。例如，"竹制筷子"归入子目 44191290，"竹制牙签"归入品目 44219110；但竹制编结材料制品则归入第 46 章。

（3）以编结方法加工以及以编结材料为原材料的货品是归入 46 章编结材料制品必须具

备的条件。有些材料看起来似乎可以作为编结材料，但归类时却不能作为编结材料，如皮革及无纺织物的编条、人发、马毛、纺织粗线或纱线等。

（十）第十类　木浆及其他纤维状纤维素浆；回收（废碎）纸或纸板；纸、纸板及其制品

1. 主要内容

第四十七章　木浆及其他纤维状纤维素浆；回收（废碎）纸或纸板

第四十八章　纸及纸板；纸浆；纸或纸板制品

第四十九章　书籍、报纸、印刷图画及其他印刷品；手稿、打字稿及设计图纸

2. 归类要点及实例解析

（1）第48章根据纸的加工程度来排列：未涂布的机制或手工纸，归入品目4801～4805；未涂布但经进一步加工的纸，归入品目4806～4808；经涂布的纸归入品目4809～4811；特定用途的纸及其制品归入品目4812～4823。例如"复印纸"，属未涂布的印刷及类似用途的纸，归入品目4802。"印刷精美广告及书籍封面的铜版纸"，属于涂布高岭土（无机物）的纸，归入品目4810。

（2）涂布纸是指在纸的单面或双面施以涂料，以使纸面产生特殊的光泽或使其适合特定需要。若是涂布高岭土或其他无机物质，则归入品目4810，如铜版纸等；若是涂布塑料、沥青、焦油、蜡或其他有机物质，则归入品目4811，如涂塑相纸、绝缘纸和热敏纸等。

（3）我国发行未使用的新邮票按印刷品归入品目4907；我国发行已使用的旧邮票按收藏品归入品目9704；外国发行但我国不承认其面值的邮票，不论是否已使用均按收藏品归入品目9704。

（十一）第十一类　纺织原料及纺织制品

1. 主要内容

（1）第一部分（第50～第55章）：包括普通的纺织纤维（原料）、普通纱线、普通机织物。（注意：第一部分不包括制成品，比如服装）

　　　　　　　　第五十章　　　蚕丝

　　　天然　　　第五十一章　羊毛、动物细毛或粗毛；马毛纱线及其机织物

　　　　　　　　第五十二章　棉花

　　　　　　　　第五十三章　其他植物纺织纤维；纸纱线及其机织物

　　　化学　　　第五十四章　化学纤维长丝

　　　　　　　　第五十五章　化学纤维短纤

（2）第二部分（第56～第63章）：包括以特殊方式或工艺制成的或有特殊用途的半成品及其制品。例如，特种纱线、特种织物、制成品。（注意：除了56.01品目外，其他章节不包括纺织纤维原料）

第五十六章　絮胎、毡呢及无纺织物；特种纱线；线、绳、索、缆及其制品

第五十七章　地毯及纺织材料的其他铺地制品

第五十八章　特种机织物；簇绒织物；花边；装饰毯；装饰带；刺绣品

第五十九章　浸渍、涂布、包覆或层压的纺织物；工业用纺织制品

第六十章　针织物及钩编织物

第六十一章　针织或钩编的服装及衣着附件

第六十二章　非针织或非钩编的服装及衣着附件

第六十三章　其他纺织制成品；成套物品；旧衣着及旧纺织品；碎织物

2. 归类要点及实例解析

（1）马毛粗松螺旋花线（品目5110）和含金属纱线（品目5606），应作为单一的纺织材料对待。也就是说，这两个品目包含在同一个商品内的时候，将这两者的含量相加。

（2）同一章同一税目号所列的不同纺织材料作为单一的纺织材料对待。例如，"按重量计，含35%亚麻、25%黄麻及40%棉的漂白机织物"，亚麻和黄麻都归入第53章，因而合并计算，而亚麻的重量大于黄麻，因而作为亚麻机织物归入品目5309.2900。"棉40%，兔毛25%，羊毛35%的混纺材料"，羊毛和兔毛都属于第51章，两者相加为60%，超过了棉的含量，因而归入到第51章，又由于羊毛超过了兔毛，因而该混纺材料应按羊毛制品来归类，归入品目5111。"每平方米重210克的普通机织物，含40%棉、30%合成纤维短纤和30%人造纤维短纤"，由于合成纤维短纤和人造纤维短纤都是第55章的内容，他们的重量应合并计算，合并后是60%，已经大于棉的含量，因而应归入到第55章，又由于这两者的重量一样，根据归类总规则三（三）的规定，当混合物中，这两者的重量一样时，采取从后归类原则，按人造纤维短纤机织物归入子目5516.4100。

（3）在机织物品中，金属线应作为一种纺织材料。

（4）当归入到第54章及第55章的货品与其他章进行比较时，应将这两章的内容视为同一章对待。也就是说，化学纤维无论是长丝还是短纤应合并计算。例如，"按重量计，含40%棉、35%合成纤维长丝和25%人造纤维短丝的漂白机织物"，归入第54章的合成纤维长丝和归入第55章的人造纤维短丝是可以合并计算的，重量大于了棉的重量比例，所以应按照化学纤维织物归类，由于合成纤维长丝重量比例比人造纤维短纤高，因而应作为合成纤维长丝的机织物归入子目号5407.9100。

（十二）第十二类　鞋、帽、伞、杖、鞭及其零件；已加工的羽毛及其制品；人造花；人发制品

1. 主要内容

第六十四章　鞋靴、护腿和类似品及其零件

第六十五章　帽类及其零件

第六十六章　雨伞、阳伞、手杖、鞭子、马鞭及其零件

第六十七章　已加工羽毛、羽绒及其制品；人造花；人发制品

2. 归类要点及实例解析

（1）鞋靴一般按其外底和鞋面的材料归入不同的品目。当鞋面和鞋底由不同材料构成时，则鞋面的材料应以占表面面积最大的那种材料为准，而鞋底的材料应以与地面接触最广的那种材料为准。例如，"尺寸为40码的旅滑雪靴，鞋面由皮革和帆布构成且皮革的表面积大于帆布的表面积，鞋底材料为橡胶"，由于鞋底为橡胶，鞋面主要为皮革材料，所以该旅游鞋应归入子目6403.1200。

（2）某些鞋靴不能误归入第64章。例如："装有冰刀或轮子的滑冰鞋"应按运动用鞋归入第95章；"石棉制的鞋"应归入品目68129100。

（3）第65章有7个品目，掌握本章不包括哪些品目即可。例如，"旧的帽类"归入品目6309，"石棉制的帽类"归入品目6812，"玩偶用帽及其他玩具用帽或狂欢节的用品"归入第95章。

（4）鞋靴的零件不包括第64章章注二所列的货品。例如，鞋带、鞋钉等不能按鞋靴的零件归类，一般按材料属性归类。

（十三）第十三类 石料、石膏、水泥、石棉、云母及类似材料的制品；陶瓷产品；玻璃及其制品

1. 主要内容

第六十八章 石料、石膏、水泥、石棉、云母及类似材料的制品

第六十九章 陶瓷产品

第七十章 玻璃及其制品

2. 归类要点及实例解析

（1）第68章包括石料、石膏、水泥、石棉等制品，主要来源于第五类的原料，并且一般只是对第五类的矿产品改变原来的形状，而不改变其原料的性质，这也是该章的产品与后面两章产品的主要区别。另外，品目6812包括石棉织造的服装、鞋帽，因而注意不要将石棉织造的服装按纺织品归入第十一类。

（2）炭精是人造炭和石墨的总称，用炭精制成的块、板及类似的半制成品主要用于切割后制电刷用，应归入品目38.01。

（3）有些陶瓷制品已在第69章章注二被排除的，不归入该章，如"输变电线路绝缘陶器套管"归入品目85462010。但也有一些陶瓷制品即使具有第十六类机器或零件的特征，仍应归入该章，如陶瓷泵、陶瓷水龙头等均归入该章。对属于耐火材料的陶瓷制品，如果可归入6901～6903中的一个品目，又可归入6904～5914中的一个品目，应优先归入品目6901～6903。

（4）第70章既包括玻璃的半制成品（玻璃板、片、球等），也包括玻璃制品。该章的某些玻璃制品虽具专有用途，若已在该章列名，仍归入该章。例如，"钟表玻璃"仍归入该章的品目7015，而不按钟表零件归入第91章；"玩偶等用的玻璃假眼"仍归入该章的品目7018，而不按玩具的零件归入第95章。

（5）只有玻璃纤维和未经光学加工的光学元件才归入品目7019和7014，而光导纤维、经光学加工的光学元件应归入品目9001，不归入该章；只有不带外壳的保温瓶胆才归入该章的品目7020，带外壳的保温瓶应归入品目9617，不归入该章。

（十四）第十四类 天然或养殖珍珠、宝石或半宝石、贵金属、包贵金属及其制品；仿首饰；硬币

1. 主要内容

第七十一章 天然或养殖珍珠、宝石或半宝石、贵金属、包贵金属及其制品；仿首饰；硬币

本章可分为三个分章：

第1分章 天然或养殖珍珠、宝石或半宝石（品目71.01～71.05）

第2分章 贵金属及包贵金属（品目71.06～71.12）

第3分章 珠宝首饰，金、银器及其他制品（品目71.13～71.18）

2. 归类要点及实例解析

（1）本类所称贵金属，包括银、金及铂，其中，"铂"指铂族元素，包括铂、铱、锇、钯、铑及钌。品目7110的品目条文中的"铂"及子目7112.92的子目条文中的"铂"，均指铂族元素。但是，子目7110.1所指的"铂"只包括铂本身，不包括铂族元素的其他元素，

子目 7110.1910 的 "板、片" 只包括铂本身这一种元素的板、片。

（2）只要其中一种贵金属含量达到合金重量的 2%，便视为贵金属合金，这不同于第十五类贱金属合金的归类原则（按含量较高的金属归类）。

根据第七十一章章注五的规定，首先，只要铂含量在 2% 及以上的，就按铂合金归类，铂含量不一定为合金中含量最高的贵金属；其次，只要金含量在 2% 及以上的，不含铂或铂含量小于 2%，就按金合金归类，金含量不一定为合金中含量最高的贵金属；最后，银含量在 2% 及以上的其他合金，按银合金归类。

因此，贵金属合金归类的先后顺序为：铂合金最优先，其次是金合金，最后是银合金。例如，"按重量计含铁 80%、铜 15%、银 3%、金 2% 的金属合金（未经锻造，非货币用）"，应按金合金归类，所以应归入子目 7108.1200。

（3）包贵金属是指以贱金属为底料，在其一面或多面用焊接、熔接、热轧或类似机械方法覆盖一层贵金属的材料，它与镀贵金属的区别及归类情况如表 2-2 所示。

（4）首饰、金银器具及其他制品归入品目 7113～7116。其中完全由贵金属或包贵金属制的首饰归入品目 7113；完全由珍珠、宝石制的首饰归入品目 7116；镶嵌珍珠、宝石的贵金属或包贵金属制的首饰归入品目 7113；金银器具，包括装饰品、餐具、梳妆用具、吸烟用具及类似的家庭、办公室或宗教用的其他物品，归入品目 7114。

表 2-2　包贵金属与镀贵金属之比较

名称	相同点	加工方式	归类
包贵金属	表面均为贵金属	通过焊接、熔接、热轧等机械方法制得	按所包的贵金属（外层材料）归类
镀贵金属		通过电镀等化学方法制得	按被镀的材料（内层材料）归类

（十五）　第十五类　贱金属及其制品

1. 主要内容

第七十二章　钢铁

第七十三章　钢铁制品

第七十四章　铜及其制品

第七十五章　镍及其制品

第七十六章　铝及其制品

第七十七章　（保留为税则将来使用）

第七十八章　铅及其制品

第七十九章　锌及其制品

第八十章　　锡及其制品

第八十一章　其他贱金属、金属陶瓷及其制品

第八十二章　贱金属工具、器具、利口器、餐匙、餐叉及其零件

第八十三章　贱金属杂项制品

2. 归类要点及实例解析

（1）第十五类类注二对通用零件的范围作了明确的规定，需要指出的是通用零件的范围适用整个协调制度商品目录。单独进出口的通用零件，即便其本身用途、尺寸有专用性，仍不能作为制品的零件归类，应归入通用零件的相应品目。钢铁制的通用零件归入第 73 章，有色贱金属制的通用零件归入第 74 章至第 81 章中相应品目，类注二（三）所指的第 83 章的通

用零件可以是任何种类的贱金属制的零件。例如"内燃机排气门用合金钢制螺旋弹簧"，属于本类类注二"通用零件"的范围，应归入子目 7320.2090。

（2）只要是贱金属制的第 82 章、第 83 章列名的制品，应优先归入这两章，而不再按材料属性归入前面各章。例如："冠型的铝制易拉罐盖"应归入第 83 章的品目 83091000，而不按铝制品归入第 76 章；"钢铁制成条的订书机用订书钉"应归入第 83 章的品目 83052000，而不按普通钉归入第 73 章的品目 7317。

（3）贱金属与贱金属的合金按所含重量最大的那种金属归类；本类贱金属与非本类元素（贵金属除外）构成的合金，只有本类贱金属的总重量等于或超过其他类元素的总重量时才归入本类。但有两种特例：品目 7202 的铁合金及品目 7405 的铜母合金，它们不按含量最大的金属归类。例如"由 65% 的铜和 35% 的锌构成的铜锌合金管材"，该管材铜的含量高于锌的含量，故按铜的合金归入品目 7411。

（4）含有两种或两种以上贱金属的制品，应按其所含重量最大的那种贱金属的制品归类。例如："烟灰缸，包括一个铁制底座（占总重量的 30%），一个铝制托盘（占总重量的 30%），一个钢制托盘板（占总重量的 30%），一个铜制按钮（占总重量的 10%）"，该商品是由多种贱金属组成的制品，应把铁和钢的部分相加（30%＋30%＝60%），其总重量超过了铝的重量，也超过了铜的重量，故按钢铁制品归入第 73 章的品目 7323。

（5）机床用可互换工具及刀具，如锻压、冲压用的模具，机床上用的各种刀具，虽作为第十六类机器的零件，但仍要归入第 82 章。例如，钻床用的钻头、车床用的车刀、铣床用的铣刀等归入品目 8207，但木工锯床用的锯片要归入品目 8202。

（十六）第十六类　机器、机械器具、电气设备及其零件；录音机及放声机、电视图像、声音的制作和重放设备及其零件、附件

1. 主要内容

第八十四章　核反应堆、锅炉、机器、机械器具及其零件

第八十五章　电机、电气设备及其零件；录音机及放声机、电视图像、声音的制作和重放设备及其零件、附件

2. 归类要点及实例解析

（1）机械、电气设备的零部件，如果符合第十五类类注二，则归入第 73～83 章的相应品目；如果不符合，则查看第 84、第 85 章通用零部件中有没有具体列名的，如果有则归入第 84、第 85 章的零部件中，如果这两章中没有具体列名，则再看是否是本章专用于或主要用于机械设备的零部件。如果不符合再看看是否符合第 84 章 8409、9431、8448、8446、8473 这 5 个以及第 85 章 8503、8522、8529、8538 这 4 个所包含的品目，如果符合则归入这些品名，如果没有则归入 8455 或 8548 的内容了。

（2）组合机器按机器的主要功能归类，当不能确定其主要功能时，按"从后归类"的原则归类，如"由液晶显示屏、电话机，还有可以显示时间的设备组合成的机器"，应该按它的主要功能归入税目 8517 电话的品目中。

（十七）第十七类　车辆、航空器、船舶及有关运输设备

1. 主要内容

第八十六章　铁道及电车道机车、车辆及其零件；铁道及电车道轨道固定装置及其零件、附件；各种机械（包括电动机械）交通信号设备

第八十七章　车辆及其零件、附件，但铁道及电车道车辆除外

第八十八章 航空器、航天器及其零件

第八十九章 船舶及浮动结构体

2. 归类要点及实例解析

（1）既可在道路上又可在轨道上行驶的特殊构造的车辆，水陆两用的机动车辆，水陆两用的气垫运输工具，应归入第87章相应品目；可兼作地面车辆使用的航空器，应归入第88章的相应品目；在导轨上运行的（气垫火车），归入第86章；在水上航行但只能在海滩或浮码头上登陆或在冰上行驶的气垫运输工具，归入第89章。

（2）特殊用途车辆，一般不是为了载人或装物，而是具备某些特殊功能，如"起重车"，应归入87.05。而囚车、运钞车等不能按特殊用途车辆来归类，不能归入8705。

（3）品目87.12包括所有儿童两轮车，其他儿童脚踏车归入品目95.01。

（4）作为可替换设备的机器或作业工具，即使与牵引车或拖拉机一同报验，仍应归入其各自相应的品目。而挂车（俗称拖车）应归入87.16。

（十八）第十八类 光学、照相、电影、计量、检验、医疗或外科用仪器及设备、精密仪器及设备；钟表；乐器；上述物品的零件、附件

1. 主要内容

第九十章 光学、照相、电影、计量、检验、医疗或外科用仪器及设备、精密仪器及设备；上述物品的零件、附件

第九十一章 钟表及其零件

第九十二章 乐器及其零件、附件

2. 归类要点及实例解析

（1）关于仪器装置的零件、附件的归类（第90章章注二），首先要判断是否属于本章（第90章）、第84、85、91章列名的零件、附件，如果是，则归入相应的品目。如果不属于列名的零件、附件，接下来判断是否主要用于或专门用于本章的零件、附件，如果是，则归入仪器装置的品目，如果不是，则归入9033的品目。

（2）未加工的光学元件归入第70章；已加工但未装配的光学元件归入9001；已装配（带有镜筒或框架）的光学元件归入9002。

（3）医疗器械及器具，一般归入9018~9022。主要根据其工作原理、特性及用途归类。

（4）品目91.01和91.02的区别

表2-3 表的归类要点

名称	归类
表壳全部用贵金属或包贵金属制得的表	9101
表壳用贵金属或包贵金属以外的材料制得的表	9102
表壳用贵金属或包贵金属制得的表，但其背面用钢制成	9102
表壳用镶嵌贵金属的贱金属制得的表	9102

（十九）第十九类 武器、弹药及其零件、附件

1. 主要内容

第九十三章 武器、弹药及其零件、附件

本章共有7个品目，主要包括供军队、警察以及其他有组织的机构在海、陆、空战斗中使用的各种武器、导弹，以及个人狩猎、自卫等用的武器等。

2. 归类要点及实例解析

（1）望远镜瞄准具及其他光学装置，如果适合武器使用，并能安装在武器上或与有关武器一同报验的，应与武器一并归类；单独报验的望远镜瞄准具应归入第 90 章，如"军用刺刀"，归入 93070010.

（2）其他章已经有具体列名的武器及零件不应归入本章，如第 87 章的坦克、装甲车等。

（二十）第二十类　杂项制品

1. 主要内容

第九十四章　家具；寝具、褥垫、弹簧床垫、软坐垫及类似的填充制品；未列名灯具及照明装置；发光标志、发光铭牌及类似品；活动房屋

第九十五章　玩具、游戏品、运动用品及其零件、附件

第九十六章　杂项制品

2. 归类要点及实例解析

（1）本类所包括的杂项制品是指前述各类、章、品目未包括的货品。具有实用价值的落地式的家具以及碗橱、书柜、架式家具及组合家具，坐具及床，应归入第 94 章。为具有特定用途的装置、设备等而特制的家具一般按该装置或设备归类，如"作为缝纫机台架用的家具"应归入 84.52。

（2）装饰品中国灯笼应归入品目 95.05。

（3）装有滚珠轴承的儿童三轮脚踏车应归入品目 95.01；儿童两轮脚踏车应归入品目 87.12。

（4）品目 9601 和 9602 只包括已加工的动物物质、植物和矿物物质等雕刻材料机器制品，对于未加工的雕刻材料则要按材料性质归入相应税目，如玳瑁壳、兽牙、骨等归入税目 0506~0508。

（二十一）第二十一类　艺术品、收藏品及古物

1. 主要内容

第九十七章　艺术品、收藏品及古物

本章共有 6 个品目，主要包括艺术品、收藏品，及古物。

（1）艺术品：包括完全用手工绘制的油画、粉画及其他手绘画；拼贴画及类似装饰板；版画、印制画；雕塑品的原件（品目 97.01~97.03）。

（2）邮票、印花税票及类似票证、邮戳印记、首日封、邮政信笺（印有邮票的纸品），含使用过的或虽未使用过但不是新发行的（品目 97.04）。

（3）具有动物学、植物学、矿物学或钱币学意义的收集品及珍藏品（品目 97.05）。

（4）超过一百年的古物（品目 97.06）。

2. 归类要点及实例解析

（1）雕塑品原件应该归入品目 97.03；雕塑的仿首饰应该归入品目第 71 章。

（2）具有商业性质的装饰用雕塑品、用石膏等材料成批生产的复制品、个人装饰品及其他具有商业性质的传统手工艺品（即使这些物品是由艺术家设计或制造的），应按其构成材料归类。

（3）对超过 100 年的品目 9701~9705 的物品，不应归入 9706，而应归入原品目，如"超过 100 年的邮票"，归入 97040010。

（4）品目 9704 只包括使用过的邮票或未使用过但必须是我国不承认其面值且在其他国

家流通的邮票，而对于我国发行流通的未经过使用的邮票则应归入品目4907。

【小思考】

1. HS 编码的分类特点？

2. HS 编码查阅的基本方法？

任务二　归类总规则的运用

《协调制度》设有归类总规则，作为指导整个分类目录商品归类的总原则，共6条。它是商品具有法律效力的归类依据，适于品目条文、子目条文及注释无法解决商品归类的场合。

一、规则一

规则一

类、章及分章的标题，仅为查找方便而设；具有法律效力的归类，应按税目条文和有关类注或章注确定，如税目、类注或章注无其他规定，按以下规则确定。

条文解释：

1. "类、章及分章的标题，仅为查找方便而设"

例如，第一类商品为"活动物；动物产品"，按标题，它应该包括所有的活动物和动物产品，但第一类中，根据章注可以知道，流动马戏团及流动动物园的活动物，不包括在第一章里面。因此，"类、章及分章的标题，仅为查找方便而设"。

2. "具有法律效力的归类，应按税目条文和有关类注或章注确定"

例如，第1章章注中规定"本章不包括税目30.02的培养微生物及其他产品"，那么，品目3002的培养微生物就不能归入第1章。因此，"具有法律效力的归类，应按税目条文和有关类注或章注确定"。

3. "如税目、类注或章注无其他规定，按以下规则确定"

对商品进行归类时，税目条文及相关章注、类注是最重要的。如果按税目条文及相关章注、类注还无法确定归类，才能够按照规则二、三、四、五、六来归类。解决商品归类的具有法律效力的依据的优先顺序为：品目条文→子目注释→章注→类注→归类总规则。

【例2-1】

牛尾毛→查阅类、章名称→第5章"其他动物产品"→税目0511中未提到牛尾毛，按其他未列名动物产品归类→第5章章注四："马毛"包括马科、牛科尾毛→归入0511994090。

二、规则二

规则二

（一）税目所列货品，应视为包括该项货品的不完整品或未制成品，只要在进口或出口时该项不完整品或未制成品具有完整品或制成品的基本特征；还应视为包括该项货品的完整品或制成品（或按本款可作为完整品或制成品归类的货品）在进口或出口时的未组装件或拆散件。

（二）税目中所列材料或物质，应视为包括该种材料或物质与其他材料或物质混合或组合的物品。税目所列某种材料或物质构成的货品，应视为包括全部或部分由该种材料或物质构成的货品。由一种以上材料或物质构成的货品，应按规则三归类。

条文解释：

1. 规则二（一）

规则二（一）规定税目条文不仅仅限于税目条文本身，还应扩大到：

（1）不完整品（商品还不完整，缺少某些非关键性的零部件，但却具有完整品的基本特征）。例如：缺少一个轮胎或倒车镜等零部件的汽车，仍应按完整的汽车归类，并不因为缺少了一个轮胎而不叫作汽车；缺少键盘的便携式电脑仍应按完整的便携式电脑归类等。

（2）未制成品（已具备了成品的形状特征，但还不能直接使用，需经进一步加工才能使用的商品）。例如：机电产品的成套散件，此类成套散件只需简单组装即可成为完整成品；又如做手套用的已剪成手套形状的针织棉布，只需缝合成形即可。

注意：只要具有完整品或者制成品的基本特征，就应按制成品归类。归类二（一）不适用于第一类到第六类商品。而且，只有在规则一无法解决的时候，才能运用规则二。

2. 规则二（二）

本规则说明，某个税目所列材料或物质，还应该扩大到该材料或物质中可以加入其他材料或物质；但条件是加入材料或物质并不改变原来材料或物质或其所构成货品的基本特征。例如，"天然软木制成、外层包纱布的热水瓶塞子"，热水瓶塞子虽然包了纱布，但是并没有改变这个瓶塞的基本特征，因而还是归入品目 4503.100000。

【例 2-2】整机特征

缺少键盘的笔记本电脑→查阅类章名称：属于第 84 章物品 按规则二（一），未制成品如已具备制成品的基本特征应按制成品归类→按规则一规定查阅第 84 章章注，未提到该物品是否有具体列名→查阅第 84 章品目条文，按笔记本电脑自动处理数据的特性，归入 8471→按规则二（一）按整机归入 84713010。

【例 2-3】未制成品

做手套用已剪成型的针织棉→查阅类、章名称，针织棉布属第 52 章，手套属第 61 章→按规则二（一），未制成品如已具备制成品的基本特征应按制成品归类→按规则一规定查阅第 52、61 章章注，未提到该物品是否具体列名→按规则二（一）归入 61169200。

【例 2-4】组合物

由一个靠背、一个支架、一个坐板组成的铝制椅子散件，组装即可使用→查阅类章名称：属于第 94 章→按规则二（二）应归入 94017900。

三、规则三

规则三

当货品按规则二（二）或由于其他原因看起来可归入两个或两个以上品目时，应按以下规则归类：

（一）列名比较具体的税目，优先于列名一般的税目。但是，如果两个或两个以上税目都仅述及混合或组合货品所含的某部分材料或物质，或零售的成套货品中的某些货品，即使其中某个税目对该货品描述得更为全面、详细，这些货品在有关品目的列名应视为同样具体。

（二）混合物、不同材料构成或不同部件组成的组合物以及零售的成套货品，如果不能按照规则三（一）归类时，在本款可适用的条件下，应按构成货品基本特征的材料或部件归类。

（三）货品不能按照规则三（一）或（二）归类时，应按号列顺序归入其可归入的最末一个税目。

条文解释：

1. 规则三（一）

简称"具体列名"原则。商品的具体名称与商品的类别名称相比，商品的具体名称较为具体。例如，塑料碗就比塑料制品更为具体，汽车用电动刮雨器比汽车零件更为具体。

2. 规则三（二）

简称"基本特征"原则，包括俗称的"没有列名归用途"和"没有用途归成分（不同成分比多少）"原则。适用于该规则的情况有4种：混合物、不同材料的组合物品、不同部件的组合物品、零售的成套物品。例如，"碗装的方便面，由面饼、调味包、塑料小叉构成"，在这个商品中，就属于混合物，由于面饼构成了这个商品的基本特征，所以应该按面饼归类。

规则三（二）中"零售成套货品"，必须同时具备三个条件：零售包装、由归入不同税目号的货品组成、用途上相互补充和配合使用。例如，一个成套的理发工具，由一个电动理发推子（8510）、一把梳子（9615）、一把剪子（8213）、一把刷子（9603）及一条毛巾（6302），装于一个皮匣子（4202）组成，按照本规则该货品应该归入税品目号8510200000。

3. 规则三（三）

简称"从后归类"原则。例如，"由200克的奶糖和200克巧克力糖果混和而成的一袋400克的糖果"，由于其中奶糖和和巧克力糖果的含量相等，"基本特征"无法确定。因此，根据"成分相等，从后归类"的原则来从后归来，奶糖是归入1704，巧克力糖果是归入1806，那么就归入后一个税目1806。

需注意的是，只有规则一和规则二都不能用的时候才用规则三；在运用规则三时，必须按其中（一）、（二）、（三）的顺序逐条运用。例如，"豆油70%、花生油20%、橄榄油10%的混合 食用油"，如果认为该商品是混合物，且豆油的含量最大，构成基本特征，从而将其按豆油归入品目1507是错误的。根据规则一，归类的法律依据是税目条文，品目1507的商品名称包括"各种动、植物油混合而成的食用油"，而本例的情况是混合食用油，因而先适用规则一，归入 品目1517。

【例2-5】

汽车用风挡刮雨器→可能归入两个税号：（1）8708的汽车零件，（2）第85章的电动工具→查阅第16类、17类及第84章、85章注释，并无具体规定→按规则三（一）应选列明最明确的品目→8512是机动车风挡刮雨器，比8708的汽车零件更为具体最终应归入85124000。

【例2-6】

由一块面饼、一个脱水蔬菜包、一个调味包组成的袋装方便面→可能归入（1）第19章的面食，（2）第7章的干制蔬菜，（3）第9章的调味料→查阅19章、7章、9章的注释，并无具体规定→按规则三（一）选最明确的品目第19章的面食构成了整袋方便面的基本特征，比干制蔬菜和调味料更具体→应归入19023030。

【例2-7】

浅蓝色的平纹机织物，由50%棉、50%聚酰胺短纤织成每平方米重量超过170克→查阅类、章标题，棉属第52章，聚酰胺属第55章→查阅第11类和第52、第55章注释，并无提到该合成织物的归类→查阅第11类和第52、第55章注释，并无提到该合成织物的归类→按聚酰胺应归5514。所以应从后归入55143010。

四、规则四

规则四

根据上述规则无法归类的货品，应归入与其最相类似的货品的品目。

条文解释：

"最相类似"是指名称、特征、功能、用途或结构上的相似。根据规则一、规则二、规则三均无法归类的货品，应归入与其最相类似的货品的品目，即俗称的"没有成分归类别"原则。一般来说，这条规则不常使用，尤其在 HS 编码中，每个品目都下设有"其他"子目，不少章节单独列出"未列名货品的品目"（如品目 8479、8543、9031 等）来收容未考虑到的商品。因此，规则四实际使用频率很低。

五、规则五

规则五

除上述规则外，本规则适用于下列货品的归类：

（一）制成特殊形状，适用于盛装某个或某套物品并适合长期使用的照相机套、乐器盒、枪套、绘图仪器盒、项链盒及类似容器，如果与所装物品同时进口或出口，并通常与所装物品一同出售的，应与所装物品一并归类。但本款不适用于本身构成整个货品基本特征的容器。

（二）除规则五（一）规定的以外，与所装货品同时进口或出口的包装材料或包装容器，如果通常是用来包装这类货品的，应与所装货品一并归类。但明显可重复使用的包装材料和包装容器可不受本款限制。

条文解释：

1. 规则五（一）

符合下列 5 个条件时，容器与所装物品一并归类：

（1）制成特定形状或形式，专门盛装某一物品或某套物品的，专门设计的，有些容器还制成所装物品的特殊形状（如照相机套、乐器盒）。

（2）适合长期使用的，容器的使用期限与所盛装某一物品使用期限是相称的，"在物品不使用期间，这些容器还起保护作用"。

（3）与所装物品一同进口或出口，不论其是否为了运输方便而与所装物品分开包装（如香水瓶）。

（4）与所装物品一同出售的。

（5）包装物本身并不构成整个货品的基本特征，即包装物本身无独立使用价值，属于从属物品。

例如，装有金首饰的木制首饰盒应与所装首饰一并归类，归入税目 7113。但本款规则不适用于已构成了物品基本特征的容器。例如，装有茶叶的银质茶叶罐，银罐本身价值昂贵，远远超出茶叶的价格，并已构成整个货品的基本特征。因此，应按银制品归入税目 71141100。又如，装有糖果的成套装饰性瓷碗，应按瓷碗归类而不是按糖果归类。

单独进口或出口的容器应归入其应归入相应的品目。

2. 规则五（二）

实际上是对规则五（一）的补充，它适合于明显不能重复使用的包装材料和包装容器，当货物开拆后，包装材料和容器一般不能再作原用途使用。例如，包装大型机械的木板箱，装着玻璃器皿的纸板箱等。但本款不适用于明显可重复使用的包装材料或包装容器，如装压缩或液化气体的钢铁容器。

六、规则六

规则六

货品在某一税目项下各子目的法定归类，应按子目条文或有关的子目注释以及以上各条规则来确定，但子目的比较只能在同一数级上进行。除本商品目录条文另有规定的以外，有关的类注、章注也适用于本规则。

条文解释：

规则六是解决如何确定商品子目的归类原则。

1. 归类次序

子目归类，首先按子目条文和子目注释确定，在子目条文和子目注释没有规定的情况下，才按类注、章注的规定进行归类。例如，第 71 章注释四（二）和子目注释所包含的范围不同，前者比后者范围大，在解释子目 7110.11 和 7110.19 的"铂"的范围时，应采用子目注释二的规定而不是章注四（二）的规定。

确定子目时，按"先确定一级子目，再确定二级子目，然后确定三级子目，最后确定四级子目"的顺序进行。

2. 比较原则

确定子目时，应遵循"同级比较"的原则。一级子目与一级子目比较，确定一级子目后，再将二级子目与二级子目比较，确定二级子目后，再将三级子目与三级子目比较，以此类推。例如"中华绒螯蟹种苗"，先确定一级子目为冻的、未冻的；再确定二级子目为岩礁虾及其他龙虾、鳌龙虾、蟹、其他；然后确定三级子目为种苗、其他。因此，"中华绒螯蟹种苗"应归入种苗三级子目 0306.3391。

商品编码记忆口诀歌：

自然世界动植矿，一二五类在取样；三类四类口中物，矿产物料翻翻五。
化工原料挺复杂，打开六类仔细查；塑料制品放第七，橡胶聚合脂烷烯。
八类生皮合成革，箱包容套皮毛造；九类木秸草制品，框板柳条样样行。
十类木浆纤维素，报刊书籍纸品做；十一税则是大类，纺织原料服装堆。
鞋帽伞杖属十二，人发羽毛大半归；水泥石料写十三，玻璃石棉云母粘。
贵金珠宝十四见，硬币珍珠同类现；十五查找贱金属，金属陶瓷工具物。
电子设备不含表，机器电器十六找；光学仪器十八类，手表乐器别忘了。
武器弹药特别类，单记十九少劳累；杂项制品口袋相，家具文具灯具亮。
玩具游戏活动房，体育器械二十讲；二十一类物品贵，艺术收藏古物类。
余下运输工具栏，放在十七谈一谈；商品归类实在难，记住大类第一环。

【小思考】

在了解了《商品名称及编码协调制度》后，如何才能对成千上万种进出口商品进行准确的归类？归类所依据的规则有哪些？这些规则在应用时应遵循什么样的顺序？

任务三　预归类申请

进出口商品约束性预归类（以下简称"预归类"）制度于 2000 年 4 月 1 日起正式实施，是指一般贸易的货物在实际进出口前，申请人以海关规定的书面形式向海关提出申请并提供商品归类所需的资料，必要时提供样品，海关依法做出具有法律效力的商品归类决定的行为。预归类将通关环节的归类工作前置，通关时，海关不再对商品的归类税号进行审定，着重对实际进出口货物与预归类商品的一致性进行审核。预归类决定在有效期内对申请人和海关均具有约束力。预归类不仅有利于合法进出口，加速货物通关，也有助于企业规范其报关行为，提前核算应缴纳的关税及其他税费，并准确地办理各种许可证件。

一、申请条件

一是申请预归类的商品应为一般贸易项下已对外签定合同，即具有实际进出口计划，但尚未入出港的进出口货物。

二是申请人应是在海关注册的进出口货物的经营单位或其代理人（其中：代理人应持有经营单位的书面授权书并加盖公章）。

三是申请应向货物拟进出口所在地海关（包括直属海关）提出。

四是商品描述能够满足海关归类需求。

二、申请流程

（一）申请的提出

申请人应填写《海关进出口商品预归类申请书》（以下简称《申请书》，向海关通关部门索取或者网上自行下载），以书面形式提交进出口地海关通关部门。若接收申请的海关与申请人所在地海关不在同一直属海关关区的，应凭申请人所在地直属海关开具的未做过预归类决定证明提出申请。

申请人不得就同一种商品向两个或两个以上海关提出预归类申请。

1. 《申请书》填报要求

一份《申请书》只应包含一项商品；申请人对多项商品申请预归类的，应逐项提出。

申请人应严格按照《申请书》的格式填写下列有关内容：

（1）申请人名称、地址、在海关注册的企业代码、联系人姓名及电话等。

（2）预归类商品的中英文名称（其他名称）。

（3）预归类商品的详细描述，应包括商品的规格、型号、结构原理、性能指标、功能、用途、成分、加工方法、分析方法等。

（4）预计进出口日期及进出口口岸。

2. 随附单证要求

申请人应按海关要求提供足以说明预归类商品情况的资料，如进出口合同复印件、照片、说明书、分析报告、平面图、化验报告等，必要时应提供商品样品。其中，混合品须提供国家认可的商品鉴定机构出具的成分鉴定报告。申请所附文件如为外文，申请人应同时提供外文原件及中文译文。

《申请书》一式三份，申请人、现场海关、总关归类部门各执一份。《申请书》必须加盖申请单位印章，随附资料与申请书必须加盖骑缝章。

（二）申请的受理

1. 现场海关经办人员负责受理申请人的预归类申请，并提出初审意见，3 个工作日内，需连同申请人的申请书和相关材料上报总关归类部门。

2. 总关归类部门经办人员对《申请书》及相关资料进行初审后，通知申请人递交电子数据，企业可通过电子口岸系统上传预归类申请（IC 卡登陆电子口岸系统之后，下方有个海关事务联系系统，点击即可进入商品预归类界面）。网上申请各项目内容应与向海关提交的纸面《申请表》完全一致。

3. 总关根据有关规定对预归类申请进行审查，对不能满足预归类条件的申请，海关可不予受理。申请预归类的商品应为申请人实际或计划进出口的货物，如所提申请与实际进出口无关，海关可不予受理。对不予受理的，海关退回申请并向申请人说明原因。经海关审核属于无明确规定的预归类申请将告知申请人可按照规定申请行政裁定。

（三）预归类决定的做出

预归类决定由海关关税部门做出。经审核认为申请预归类的商品归类事项属于《中华人民共和国进出口税则》《进出口税则商品及品目注释》《中华人民共和国进出口税则本国子目注释》以及海关总署发布的关于商品归类的行政裁定、商品归类决定没有明确规定的，在接受申请之日起 7 个工作日内告知申请人按照规定申请行政裁定。

直属海关关税处经审核认为申请预归类的商品归类事项属于《税则》《税则注释》《本国子目注释》以及总署发布的关于商品归类的行政裁定、商品归类决定有明确规定的，在接受申请之日起 15 个工作日内制定下发《中华人民共和国海关商品预归类决定书》（以下简称《预归类决定书》）。现场海关收到总关归类部门下发的《预归类决定书》后 1 个工作日内通知预归类申请人。

《预归类决定书》（以下简称《决定书》）一式二份，一份交申请人持有，另一份由关税部门留存。

三、《决定书》的使用

直属海关做出的预归类决定在本关区范围内有效，海关总署做出预归类决定在全国范围内有效。《决定书》自签发之日起一年内有效。

《决定书》只限申请人使用。持有《决定书》的申请人在该决定的有效期内进出口《决定书》中述及的货物时，应向进出口地海关递交《决定书》原件，进出口地海关现场通关部门在根据《决定书》做出相应归类决定后，应将《决定书》原件退还持有人，同时将复印件随同报关单据存档备查。

四、《决定书》的即行失效

由以下原因造成预归类决定更改时，原《决定书》即行失效：

（1）因申请人提供的商品资料不准确或不全面，造成原预归类决定需要改变的。

（2）因申请人补充资料或提交新资料，海关需按新提交的预归类申请重新审核，造成原《决定书》失效的。

（3）因国家政策调整、法律、法规变化引起预归类决定改变的，申请人可持原《决定书》到直属海关申请换发《决定书》。

五、预归类商品通关要求

《决定书》持有人在申报预归类商品时，申报的商品名称必须和所持《决定书》中的商品名称相同。

在填制报关单时，必须就一份《决定书》所及商品填制一张报关单，在报关单随附单据一栏加小写"r"，并在备注栏后半部中填写"r：预归类准字号"。预归类准字由6位阿拉伯数字组成，第一位表示签发年份（2000年为0，依此类推），后五位表示准字序号。例如：2000年签发的《决定书》中商品名称为"荧火虫"，预归类准字为"000088"，申报时应在随附单据一栏加小写"r"，并在备注栏后半部中填写"r：000088"。

六、关于预归类决定的海关互认

区域通关一体化改革后，区域内任一海关完成的预归类、预审价、原产地预确定（以下简称"三预"）结果在区域各关互认。企业在办理通关时，向接单地海关提出"预归类＼预审价＼原产地预确定"结果互认申请，接单地海关即可通过信息化系统查询相关认定结果，无须再对企业申报的归类＼价格等信息进行实质性审核，可直接办理通关手续。如接单地海关对认定地海关出具的"三预"认定结果有异议，也将直接按照"三预"认定结果先行办理通关手续，事后再启动海关内部的争议解决机制。

【小思考】

1. 海关为什么会对"进出口商品归类"提出质疑？如何应对海关对于"进出口商品归类"提出的质疑？

2. 如何办理预归类申请？预归类商品的通关要求有哪些？

单元练习

一、单项选择题

1.《协调制度》共有(　　　)。

A. 20类、96章　　　　　　　　　　　B. 21类、97章

C. 6类、97章　　　　　　　　　　　 D. 21类、96章

2. H.S编码制度，所列商品名称的分类和编排，从类来看，基本上是按(　　　)分类。

A. 贸易部门　　　 B. 社会生产　　　 C. 同一起始原料　　 D. 同一类型产品

3.《协调制度》编码采用的商品编码是(　　　)。

A. 4位数　　　　　 B. 8位数　　　　　 C. 6位数　　　　　　 D. 10位数

4. 在海关注册登记的进出口货物的经营单位，可以在货物实际进出口的(　　　)前，向(　　)申请就其拟进口的货物进行商品归类。

A. 45日；所在地海关　　　　　　　　B. 30日；直属海关

C. 30日；海关总署　　　　　　　　　D. 45日；直属海关

5. 请指出下列叙述中错误的是(　　　)。

A.《海关进出口税则》的类、章及分章的标题，仅为查找方便设立

B. 归类总规则一规定，具有法律效力的商品归类，应按品目条文和有关类注或章注确定

C. 子目的比较只能在同一数级上进行

D. 最相类似、具体列名、基本特征、从后归类

6. 下列叙述正确的是(　　)。

A. 在进行商品归类时，列名比较具体的税目优先于一般税目

B. 在进行商品归类时，混合物可以按照其中的一种成分进行归类

C. 在进行商品归类时，商品的包装容器应该单独进行税则归类

D. 从后归类原则是商品归类时，优先采用的原则

7. 对商品进行归类时，品目条文所列的商品，应包括该项商品的非完整品或未制成品，只要在进口或出口时这些非完整品或未制成品具有完整品或制成品的(　　)。

A. 基本功能　　　　B. 相同用途　　　　C. 基本特征　　　　D. 核心组成部件

8. 在进行商品税则分类时，对看起来可归入两个或以上税号的商品，在税目条文和注释均无规定时，其归类次序为(　　)。

A. 基本特征、最相类似、具体列名、从后归类

B. 具体列名、基本特征、从后归类、最相类似

C. 最相类似、具体列名、基本特征、从后归类

D. 具体列名、最相类似、基本特征、从后归类

9. 海关总署发现商品归类决定存在错误的，应当及时给予撤销。撤销商品归类决定的，应当由海关总署对外公布，被撤销的商品归类决定自(　　)失效。

A. 再进口该货物之前　　　　　　　　B. 再出口该货物之日

C. 撤销之日　　　　　　　　　　　　D. 再进出口该货物之日

二、多项选择题

1. H. S 编码制度将国际贸易商品分类后，在各类内，则基本上按(　　)设章。

A. 贸易部门　　　　B. 生产部门　　　　C. 自然属性　　　　D. 用途（功能）

2. 下列选项中属于归类的依据的是(　　)。

A. 《进出口税则》

B. 《商品及品目注释》

C. 《本国子目注释》

D. 海关总署发布的关于商品归类的行政裁定或决定

3. 《协调制度》中税（品）目所列货品，除完整品或制成品外，还应包括(　　)。

A. 在进出口时具有完整品基本特征的不完整品

B. 在进出口时具有制成品基本特征的未制成品

C. 完整品或制成品在进出口时的未组装件或拆散件

D. 具有完整品或制成品基本特征的不完整品或未制成品在进出口时的未组装件或拆散件

4. 所谓"零售的成套货品"必须同时符合的条件是(　　)。

A. 包装形式适于直接销售给用户而无须重新包装

B. 由归入不同品目号的货品组成

C. 为了开展某项专门活动而将几件物品包装在一起

D. 为了迎合某项需求而将几件产品包装在一起

5. 适合供长期使用的包装容器，必须符合下列(　　)个方面的要求，应与所装的物品一同归类。

A. 制成特定形状或形式　　　　　　　B. 适合长期使用

C. 与所装物品一同报验、一同出售　　　D. 不构成整个物品的基本特征

6. 下列货品进出口时，包装物与所装物品应分别归类的是（　　）。

A. 装液化气用的钢瓶　　　　　　　　B. 装茶叶的银制茶叶罐

C. 装电视机的纸箱　　　　　　　　　D. 分别进口的照相机和照相机套

7. 下列选项中哪些是符合货物与包装容器分开归类条件的正确表述（　　）。

A. 通常用来盛装某类货物的包装，与所装货物同时进口或出口的

B. 包装容器本身构成整个货物基本特征的

C. 容器与适宜盛装的货物分别报验

D. 明显可重复使用的包装容器

8. 下列货物属于 HS 归类总规则中所规定的"零售的成套货品"的是（　　）。

A. 一个礼盒，内有咖啡一瓶、咖啡伴侣一瓶、塑料杯子两只

B. 一个礼盒，内有一瓶白兰的酒、一只打火机

C. 一个礼盒、内有一包巧克力、一个塑料玩具

D. 一碗方便面，内有一块面饼、两包调味品、一把塑料小叉

9. 下列货品进出口时，包装物与所装物品应分别归类的是（　　）。

A. 40 升专用钢瓶装液化氮气　　　　　B. 25 公斤桶装（塑料桶）装涂料

C. 纸箱包装的彩色电视机　　　　　　D. 分别进口的照相机和照相机套

三、判断题

1. "从后归类"原则是进行商品归类时优先使用的原则。　　　　　　（　　）

2. 按照归类总规则的规定，税目所列货品，还应视为包括货物的完整品或制成品在进出口时的未组装件和拆散件。　　　　　　　　　　　　　　　　　（　　）

3. 《协调制度》中的编码采用的是 8 位数编码。　　　　　　　　　（　　）

4. 在《本国子目注释》中，税则号列，税目结构，商品描述着三部分具有法律效力，是商品归类的依据。　　　　　　　　　　　　　　　　　　　　　（　　）

5. 缺少车轮的摩托车，应按摩托车的零件归类。　　　　　　　　　（　　）

6. 第一章的标题为"活动物"，所以活动物都归入第一章。　　　　（　　）

7. 零售成套货品应按基本特征原则归类。　　　　　　　　　　　　（　　）

8. 我国《海关进出口税则》的商品编码采用 6 位数编码，即从左向右为：第一、二位数为"章"的编号，第三、四位数为"税目"的编号，第五、六位数为"子目"的编号。
　　　　　　　　　　　　　　　　　　　　　　　　　　　　　（　　）

9. 我国进出口商品编码的前 6 位数码及商品名称与 HS 完全一致，第 7、8 两位数码是根据我国关税、统计和贸易管理的需要细分的。　　　　　　　　　　　（　　）

10. 海关审核认为收发货人或者其代理人申报的商品名称编码不正确的，按有关规则和规定予以重新确定并进行修改，并根据《报关单修改和撤销管理管理办法》等有关规定通知收发货人或者其代理人进行确认。　　　　　　　　　　　　　　　（　　）

11. 申请预归类事项，经直属海关审核认为属于有关的法律法规等有明确规定的，应当在接受之日起 7 个工作日内制定下发《预归类决定书》。　　　　　　　（　　）

12. 我国在《协调制度》的基础上增设三级和四级子目，形成了我国海关进出口商品分类目录，分别编制出《进出口税则》和《统计商品目录》。　　　　　　（　　）

13. 已具有成品零件的基本特征，但是还不能直接使用的毛坯件，可按成品零件归类

（除另有规定外）。　　　　　　　　　　　　　　　　　　　　（　　）

14. 当货品看起来可归入两个或两个以上税目时，应按"基本特征"的原则归类。
　　　　　　　　　　　　　　　　　　　　　　　　　　　　　（　　）

15. 按照归类总规则的规定，税目所列货品，还应视为包括该货物的完整品或制成品在进出口时的未组装件和拆散件。　　　　　　　　　　　　　（　　）

16. 进出口商品在品目项下各子目的归类应当按照品目条文和类注、章注确定。（　　）

17. 对进出口商品进行归类时，如果该商品在品目条文上有具体列名可以直接查到，则无须运用总规则。　　　　　　　　　　　　　　　　　　（　　）

18. 对进出口商品进行归类时，先确定品目，然后确定子目。　　　（　　）

19. 根据归类总规则的规定，具有法律效力的归类，应按类章标题、品目条文和类章注释确定。　　　　　　　　　　　　　　　　　　　　　（　　）

20. 我国进出口商品编码第 5、6 位数级子目号列为 HS 子目，第 7、8 位数级子目号列为本国子目。　　　　　　　　　　　　　　　　　　　　　　（　　）

四、实务题

请确定以下商品的编码：

1. 家养，供食用的活鹌鹑，重量不超过 170 克

2. 硬脂沥青

3. 鲜鱼肠

4. 香肠用肠衣（硬化蛋白制）

5. 袋装可食用冰块，每袋 500 克

6. 聚氯乙烯制花束（用于装饰家居）

7. 男式大衣，外表材料为针织面料（含 50%棉、50%涤纶）衬里为兔皮

8. 地球仪（纸制，98cm×47cm）

9. 地球仪，（塑料制，立体式）

10. 电热毯

11. 三元乙丙橡胶（颗粒状）

12. 二元乙丙橡胶（颗粒状，乙烯占 60%、丙烯占 40%）

13. 针织的束腰带（化纤制）

14. 针织的束发带（化纤制）

15. 钉书机用钢铁制成条的钉书钉

16. 图钉

17. 藤制的席子

18. 藤制的椅子

19. 家用排风扇

20. 太阳能热水器

进出口税费核算

学习目标

【知识目标】

- 了解我国的关税政策,进出口税费的种类和含义。
- 了解进出口货物完税价格的审定办法和税率的适用。
- 熟悉进出口货物原产地的确定标准和申报要求。
- 进出口税费计算方法、交纳期限及要求。

【技能目标】

- 能确定进出口商品的完税价格。
- 能计算进出口关税和海关代征税。
- 能判断进出口货物的原产地。
- 能计算各类税费和滞纳金。

项目导入

广东省××纺织品进出口有限公司从新西兰进口一批非供零售用的棉制缝纫线(商品编码:52041100,该国适用优惠原产地规则)93吨,该批货物是由美国原产的未梳棉花(商品编码52010000,该国适用非优惠原产地规则)加工而成。发票列名该批货物的价值CIF(广州)175 500美元,包装费650美元,卸货港至境内指运地的运费及保险费380美元。货物运抵广州港后,广东省××纺织品进出口有限公司委托广州×××报关公司代理报关,并提供了原产地证、海关规定的关税配合证明等相关文件,但关税配额证明显示的数量为90吨。

工作任务:

(1)确定该批货物的完税价格。

(2)确定该批货物的原产地和适用税率。

(3)计算该批货物应缴纳的进口税费。

任务一　完税价格审定

海关进出口货物税费缴纳的程序分为五个环节:完税价格审定→进出口货物原产地确认→适用税率确定→税费计算→税费征缴与退补。

进出口货物完税价格是海关对进出口货物征收从价税时审查估定的应税价格，是凭以计征进出口货物关税及进口环节代征税税额的基础。

进口货物完税价格的审定包括一般进口货物完税价格的审定和特殊进口货物完税价格的审定两方面的内容。

一、一般进口货物完税价格的审定

海关依次使用六种估价方法确定一般进口货物的完税价格（注意前后次序）：进口货物成交价格法→相同货物成交价格法→类似货物成交价格法→倒扣价格法→计算价格法→合理方法。经海关同意，倒扣价格法和计算价格法可以颠倒次序。

（一）进口货物成交价格法

进口货物成交价格法是《关税条例》及《审价办法》规定的第一种估价方法，进口货物的完税价格应首先以成交价格估价方法审查确定。这里应注意进口货物成交价格法中成交价格与完税价格两个概念的差异。

1. 完税价格

完税价格为 CIF 到岸价。《审价办法》规定：进口货物的完税价格，由海关以该货物的成交价格为基础审查确定，并应包括货物运抵我国境内起卸前的运输及相关费用、保险费等。"相关费用"主要是指与运输有关的费用，如装卸费、搬运费等属于广义的运费范围内的费用。

2. 成交价格

进口货物的成交价格，是指卖方向我国境内销售该货物时买方为进口该货物向卖方实付、应付的，并按有关规定调整后的价款总额，包括直接支付的价款和间接支付的价款。

此处的"实付或应付"是指必须由买方支付，支付的目的是为了获得进口货物，支付的对象既包括卖方也包括与卖方有联系的第三方，且包括已经支付和将要支付两者的总额。

3. 成交价格的调整因素

成交价格不完全等同于贸易中实际发生的发票价格，需要按有关规定进行调整。调整因素包括计入项目和扣除项目，如表3-1所示：

表3-1　成交价格的调整因素

序号	计入项目（买方支付的项目）	扣减项目（单独列明的税收、费用）
1	除购货佣金以外的佣金和经纪费： 销售佣金：一般由卖方支付给销售代理人，若转由买方支付就计入 经纪费：买方支付给经纪人的劳务费用，计入	厂房、机械或者设备等货物进口后发生的建设、安装、装配、维修或者技术援助费用，但是保修费用除外
2	与进口货物作为一个整体的容器费（同一税号，如装酒的酒瓶），若没有包括在进口货物的完税价格里，则计入	货物运抵境内输入地点起卸后发生的运输及其相关费用、保险费
3	包装费（包括材料费、劳务费）	进口关税、进口环节代征税及其他国内税

续表

序号	计入项目（买方支付的项目）	扣减项目（单独列明的税收、费用）
4	协助价值（买方以免费或低于成本价的方式向卖方提供）： ——进口货物所包含的材料、部件、零件和类似货物的价值 ——在生产进口货物过程中使用的工具、模具和类似货物的价值 ——在生产进口货物过程中消耗的材料的价值 ——在境外完成的为生产该货物所需的工程设计、技术研发、工艺及制图等工作的价值	同时符合下列条件的利息费用不计入完税价格： ——利息费用是买方为购买进口货物而融资所产生的 ——有书面的融资协议的 ——利息费用单独列明的 ——纳税义务人可以证明有关利率不高于在融资当时当地此类交易通常具有的利率水平且没有融资安排的相同或者类似进口货物的价格与进口货物的实付、应付价格非常接近的
5	特许权使用费：买方为取得知识产权权利人及权利人有效授权人关于专利权、商标权、专有技术、著作权、分销权或者销售权的许可或者转让而支付的费用	为在境内复制进口货物而支付的费用
6	返回给卖方的转售收益	境内外技术培训及境外考察费用

注：协助价值计入到进口货物完税价格中应满足以下条件：①由买方以免费或低于成本价的方式直接或间接提供；②未包括在进口货物的实付或应付价格之中；③与进口货物的生产和向中华人民共和国境内销售有关；④可按适当比例分摊。

【例3-1】

某公司从英国进口一批机械设备，以"CIF深圳"价格条件成交。发票列明：机械设备800 000美元，运保费12 000美元，卖方佣金28 000美元，培训费2 800美元，设备调试费30 000美元。则该货物审定的完税价格为：

完税价格＝80 0000美元（机械设备）＋12 000美元（运保费）＋28 000美元（卖方佣金）

＝840 000美元

【例3-2】

某企业从美国进口一台模具加工机床，发票列明：设备价款FOB纽约300 000美元，机械进口后的安装调试费10 000美元，卖方佣金5 000美元，与设备配套使用的操作系统使用费60 000美元，运保费5 000美元。则该货物审定的完税价格为：

完税价格＝300 000美元（设备款）＋5 000美元（运保费）＋5 000美元（卖方佣金）

＋60 000美元（系统使用费）

＝370 000美元

【例3-3】

某公司以FOB方式进口一台机械设备，先预付设备款60 000美元，发货时再支付设备款40 000美元，运保费4 500美元，并另外直接支付给境外某权利所有人专用技术使用费30 000美元。此外，提单上列明码头装卸费为500美元。则该货物审定的完税价格为：

完税价格＝60 000美元（预付款）＋40 000美元（设备款）＋4 500美元（运保费）

＋30 000美元（技术使用费）

＝134 500美元

4. 成交价格本身须满足的条件

成交价格必须满足一定的条件才能被海关所接受，否则不能适用成交价格法。根据规定，成交价格必须具备以下四个条件：

（1）买方对进口货物的处置和使用不受限制。

（2）进口货物的价格不应受到某些条件或者因素的影响而导致该货物的价格无法确定。

（3）卖方不得直接或间接从买方处获得因转售、处置或使用进口货物而产生的任何收益，除非上述收益能够被合理确定。

买卖双方之间没有特殊关系，或虽有特殊关系但不影响成交价格。

（二）相同及类似货物成交价格法

相同及类似货物成交价格法，即以与被估货物同时或大约同时向我国境内销售的相同货物及类似货物的成交价格为基础，审查确定进口货物完税价格的方法。

1. 相同货物和类似货物

"相同货物"，指与进口货物在同一国家或者地区生产的，在物理性质、质量和信誉等所有方面都相同的货物，但是表面的微小差异允许存在。

"类似货物"，指与进口货物在同一国家或者地区生产的，虽然不是在所有方面都相同，但是却具有相似的特征、相似的组成材料、相同的功能，并且在商业中可以互换的货物。

2. 相同或类似货物的时间要素

时间要素是指相同或类似货物必须与进口货物同时或大约同时进口，其中的"同时或大约同时"指在海关接受申报之日的前后各45天以内。

3. 关于相同及类似货物成交价格法的运用

在运用这两种估价方法时，首先应使用和进口货物处于相同商业水平、大致相同数量的相同或类似货物的成交价格，只有在上述条件不满足时，才可采用以不同商业水平和不同数量销售的相同或类似进口货物的价格，但不能将上述价格直接作为进口货物的价格，还须对由此而产生的价格方面的差异做出调整。

（三）倒扣价格法

倒扣价格法即以进口货物、相同或类似进口货物在境内第一环节的销售价格为基础，扣除境内发生的有关费用来估定完税价格。上述"第一环节"是指有关货物进口后进行的第一次转售，且转售者与境内买方之间不能有特殊关系。

1. 倒扣价格法的"销售价格"应同时具备的条件

（1）在被估货物进口时或大约同时，将该货物、相同或类似进口货物在境内销售的价格。

（2）按照该货物进口时的状态销售的价格。

（3）在境内第一环节销售的价格。

（4）向境内无特殊关系方销售的价格。

（5）按照该价格销售的货物合计销售总量最大。

2. 倒扣价格法的核心要素

（1）按进口时的状态销售

必须首先以进口货物、相同或类似进口货物按进口时的状态销售的价格为基础。如果没有按进口时的状态销售的价格，应纳税义务人要求，可以使用经过加工后在境内销售的价格作为倒扣的基础。

（2）时间要素

必须是在被估货物进口时或大约同时转售给国内无特殊关系方的价格，其中"进口时或大约同时"为在进口货物接受申报之日的前后各 45 天以内。如果进口货物、相同或者类似货物没有在海关接受进口货物申报之日前后 45 天内在境内销售,可以将在境内销售的时间延长至接受货物申报之日前后 90 天内。

(3) 合计的货物销售总量最大

必须使用被估的进口货物、相同或类似进口货物售予境内无特殊关系方合计销售总量最大的价格为基础估定完税价格。

3. 倒扣价格法的倒扣项目

确定销售价格以后,在使用倒扣价格法时,还必须扣除一些费用,这些倒扣项目根据规定有以下四项:

(1) 该货物的同级或同种类货物在境内第一环节销售时通常支付的佣金以及利润和一般费用。

(2) 货物运抵境内输入地点之后的运输及其相关费用、保险费。

(3) 进口关税、进口环节代征税及其他国内税。

(4) 加工增值额,如果以货物经过加工后在境内转售的价格作为倒扣价格的基础,则必须扣除上述加工增值部分。

(四) 计算价格法

计算价格法既不是以成交价格,也不是以在境内的转售价格作为基础,它是以发生在生产国或地区的生产成本作为基础的价格。

采用计算价格法时,进口货物的完税价格由下列各项目的总和构成:

1. 生产该货物所使用的料件成本和加工费用

"料件成本"是指生产被估货物的原料成本,包括原材料的采购价值以及原材料投入实际生产之前发生的各类费用。"加工费用"是指将原材料加工为制成品过程中发生的生产费用,包括人工成本、装配费用及有关间接成本。

2. 向境内销售同等级或者同种类货物通常的利润和一般费用 (包括直接费用和间接费用)

3. 货物运抵中华人民共和国境内输入地点起卸前的运输及其相关费用、保险费

(五) 合理方法

合理方法,是指在不能依据上述几种估价方法时,根据公平、统一、客观的估价原则,以客观量化的数据资料为基础审查确定进口货物完税价格的估价方法。

在运用合理方法估价时,禁止使用以下 6 种价格:

1. 境内生产的货物在境内的销售价格。

2. 在两种价格中选择高的价格。

3. 依据货物在出口地市场的销售价格。

4. 以计算价格法规定之外的价值或费用计算的相同或者类似货物的价格。

5. 依据出口到第三国或地区货物的销售价格。

6. 依据最低限价或武断、虚构的价格。

二、特殊进口货物完税价格的审定

特殊进口货物完税价格的审定方法如表 3-2 所示:

表 3-2 特殊进口货物完税价格的审定

监管方式	货物类型	完税价格	
进料加工（不予保税部分）	料件进口	以该料件申报进口时的成交价格为基础确定	
进料加工（保税）	料件内销	以料件原进口成交价格为基础确定	料件原进口成交价格无法确定时，海关以接受内销申报的同时或者大约同时进口的与料件相同或者类似的货物的进口成交价格为基础确定
	制成品（残次品、副产品）内销	以所含料件原进口成交价格为基础确定	
来料加工	料件、制成品（残次品）内销	以接受内销申报的同时或者大约同时进口的与料件相同或者类似的货物的进口成交价格为基础确定（来料加工的料件在原进口时没有成交价格）	
进料加工、来料加工	边角料、副产品	以海关审查确定的内销价格作为完税价格	
出口加工区	制成品、残次品	以接受内销申报的同时或者大约同时进口的与料件相同或者类似的货物的进口成交价格为基础确定	
	边角料、副产品	以海关审查确定的内销价格作为完税价格	
保税区内加工企业	进口料件或制成品（包括残次品）	以接受内销申报的同时或者大约同时进口的相同或者类似货物的进口成交价格为基础确定	
	进料加工制成品中（含境内采购料件）	以制成品所含从境外购入的料件原进口成交价格为基础确定	
		料件原进口成交价格无法确定时，海关以接受内销申报的同时或者大约同时进口的与料件相同或者类似货物的进口成交价格为基础确定	
	来料加工制成品中（含境内采购料件）	以接受内销申报的同时或者大约同时进口的与料件相同或者类似货物的进口成交价格为基础确定	
	边角料、副产品	以海关审查确定的内销价格作为完税价格	
从保税区、出口加工区、保税物流园区、保税物流中心等进入境内需要征税的货物		除进口料件及其制成品外，均以进入境内的销售价格为基础确定	
出境修理复运进境货物	按规定期限复运进境	以境外修理费和料件费审查确定	
	未按规定期限复运进境	按一般进口货物完税价格确定	
出境加工复运进境货物	规定期限内复运进境	以境外加工费和料件费以及该货物复运进境的运输及相关费用、保险费审查确定	
	未按规定期限复运进境	按一般进口货物完税价格确定	
暂时进境货物	应缴纳税款的	按一般进口货物完税价格确定	
	海关批准留购的	以海关审查确定的留购价格作为完税价格	

续表

监管方式	货物类型	完税价格
租赁进口货物	以租金方式对外支付的租赁货物	以海关审定的该货物的租金作为完税价格，利息予以计入
	留购的租赁货物	以海关审定的留购价格作为完税价格
	一次性缴纳税款的	可以申请按照规定估价方法确定完税价格，或者按照海关审查确定的租金总额作为完税价格
减免税货物	经海关批准可以出售、转让、移作他用的货物	完税价格=海关审定的该货物原进口时的价格×［1-征税时实际进口的月数／（监管年限×12）］
无成交价格货物	易货贸易、寄售、捐赠、赠送	不适用成交价格法，应采用其他几种方法确定完税价格
软件介质		介质本身的价值或者成本与所载软件的价值分列，或者未分列但能够提供文件证明各自价值时，以介质本身的价值或成本为基础确定完税价格

【例3-4】 （多选题）

出料加工货物按规定期限复进口，海关审定完税价格时，其价格因素包括：（　　）。

A. 原出口料件成本价　　　　B. 境外加工费

C. 境外加工的材料费　　　　D. 复运进境的运输及其相关费用、保险费

答案：BCD

三、出口货物完税价格的审定

（一）出口货物的完税价格

出口货物的完税价格以该货物的成交价格为基础审查确定，包括货物运至我国境内输出地点装载前的运输及相关费用、保险费。出口货物完税价格的计算公式如下：

出口货物完税价格=FOB（中国境内口岸）-出口关税

=FOB（中国境内口岸）／（1+出口关税税率）

（二）出口货物完税价格的审定

出口货物的成交价格，是指该货物出口销售时，卖方为出口该货物向买方直接收取和间接收取的价款总额。出口货物的完税价格以该货物的成交价格为基础审查确定，包括货物运至我国境内输出地点装载前的运输及其相关费用、保险费。当无法确定出口货物的成交价格时，海关依次使用下列价格（没有倒扣法）：

1. 同时或大约同时向同一国家或地区出口的相同货物的成交价格。

2. 同时或大约同时向同一国家或地区出口的类似货物的成交价格。

3. 根据境内生产相同或类似货物的成本、利润和一般费用（包括直接费用和间接费用）、境内发生的运输及相关费用、保险费计算所得的价格。

4. 按照合理方法估定的价格。

（三）不计入出口货物完税价格的税收、费用

1. 出口关税。

2. 在货物价款中单独列明的货物运至我国境内输出地点装载后的运费及其相关费用、保险费。

3. 在货物价款中单独列明由卖方承担的佣金。

【小思考】

浙江台州通捷汽配有限公司是美国顿克斯公司在台州设立的控股外资企业，长期从其美国总公司进口叉车配件。通捷公司于2016年7月委托汉德报关行向海关申报进口，申报单价分别为轴套 USD 300/件、门架 USD 1500/件和电位器 USD 26700/件，通捷公司向海关提供了合同、提单、发票和箱单等单证。海关审价人员根据申报时国际行情，认为通捷公司进口的商品除了电位器外，轴套和门架申报的价格偏低，即向通捷公司发出《价格质疑通知书》。通捷公司的这批叉车配件因此全部滞留在港口，无法及时报关提货。

讨论：通捷公司进口货物的成交价格是否有低报的嫌疑？特殊关系是不是一定就会影响成交价格？海关将怎样对其价格进行重新估算？

任务二　货物原产地确认

确定进出口货物原产地的步骤为：确定原产地规则的类别→确定原产地认定标准→提供原产地证明书→原产地申报。

一、确定原产地规则的类别

各国为了适应国际贸易的需要，并为执行本国关税及非关税方面的国别歧视性贸易措施，必须对进出口商品的原产地进行认定。为此，各国以本国立法形式制定出其鉴别货物"国籍"的标准，这就是原产地规则。

世贸组织《原产地规则协议》将原产地规则定义为：一国（地区）为确定货物的原产地而实施的普遍适用的法律、法规和行政决定。

原产地规则分为两大类：一类为优惠原产地规则，另一类为非优惠原产地规则。

（一）优惠原产地规则

优惠原产地规则是指一国为了实施国别优惠政策而制定的法律、法规，是以优惠贸易协定通过双边、多边协定形式或者是由本国自主形式制定的一些特殊原产地认定标准，因而也称为协定原产地规则。优惠原产地规则具有很强的排他性，优惠范围以原产地为受惠国（地区）的进口产品为限，其目的是促进协议方之间的贸易发展。优惠原产地规则主要有两种实施方式：一是通过自主方式授予，如欧盟普惠制（GSP）、中国对最不发达国家的特别优惠关税待遇；二是通过协定以互惠性方式授予，如北美自由贸易协定、中国—东盟自贸区协定等。

目前，我国优惠原产地规则包括下列合作协定：

1. 《亚太贸易协定》（适合原产于韩国、印度、斯里兰卡、孟加拉国、老挝的1891个税目商品）。

2. 《中国—东盟自由贸易协定》（适合原产于文莱、印度尼西亚、马来西亚、新加坡、泰国、菲律宾、越南、缅甸、老挝和柬埔寨的部分税目商品）。

3. 《中国—智利自由贸易协定》（适合原产于智利的7347个税目商品）。

4. 《中国—巴基斯坦自由贸易协定》（适合原产于巴基斯坦的6546个税目商品）。

5. 《中国—新西兰自由贸易协定》（适合原产于新西兰的7358个税目商品）。

6. 《中国—新加坡自由贸易协定》（适合原产于新加坡的2794个税目商品）。

7. 《中国—秘鲁自由贸易协定》（适合原产于秘鲁的7124个税目商品）。

8. 《中国—哥斯达黎加自由贸易协定》（适合原产于哥斯达黎加的 7320 个税目商品）。

9. 《中国—瑞士自由贸易协定》（适合原产于瑞士的 7110 个税目商品）。

10. 《中国—冰岛自由贸易协定》（适合原产于冰岛的 7248 个税目商品）。

11. 《CEPA 香港》（适合原产于香港特别行政区且已制定优惠原产地标准的 1812 个税目商品，实施零关税）。

12. 《CEPA 澳门》（适合原产于澳门特别行政区且已制定优惠原产地标准的 1315 个税目商品实施零关税）。

13. 《海峡两岸经济合作框架协议》（ECFA）（适合原产于台湾地区的 622 个税目商品）。

14. 《中国—韩国自由贸易协定》。

15. 《中国—澳大利亚自由贸易协定》。

16. 《关于最不发达国家特别优惠关税待遇进口货物原产地管理办法》（2017 年 4 月 1 日起实施）［适用于与我国建交的最不发达国家（以下称受惠国）进口并且享受特别优惠关税待遇货物的原产地管理，如东南亚国家联盟（ASEAN）中的柬埔寨王国和缅甸联邦共和国，西非国家经济共同体（ECWAS）中的贝宁共和国、几内亚比绍共和国、多哥共和国、利比里亚共和国、塞拉利昂共和国、塞内加尔共和国和马里共和国等］。

（二）非优惠原产地规则

非优惠原产地规则，是一国根据实施其海关税则和其他贸易措施的需要，由本国立法自主制定的，因而也称为自主原产地规则。按照世贸组织规定，适用于非优惠性贸易政策措施的原产地规则，其实施必须遵守最惠国待遇原则，即必须普遍地、无差别地适用于所有原产地为最惠国的进口货物。它包括实施最惠国待遇、反倾销和反补贴税、保障措施、数量限制或关税配额、原产地标记或贸易统计、政府采购时所采用的原产地规则。

二、确定原产地认定标准

原产地认定标准有：完全获得标准和不完全获得标准。

（一）优惠原产地认定标准

1. 完全获得标准

"完全获得"，即从优惠贸易协定成员国或者地区（以下简称成员国或者地区）直接运输进口的货物是完全在该成员国或者地区获得或者生产的，这些货物指：

（1）在该成员国或者地区境内收获、采摘或者采集的植物产品。

（2）在该成员国或者地区境内出生并饲养的活动物。

（3）该成员国或者地区领土或者领海开采、提取的矿产品。

（4）其他符合相应优惠贸易协定项下完全获得标准的货物。

原产于优惠贸易协定某一成员国或者地区的货物或者材料在同一优惠贸易协定另一成员国或者地区境内用于生产另一货物，并构成另一货物组成部分的，该货物或者材料应当视为原产于另一成员国或者地区境内。

【例 3-5】多选题

下列不符合优惠原产地认定标准中"完全获得标准"的有（ ）。

A. 由该国（地区）船只在公海捕捞的水产品

B. 由该国（地区）在公海开采的矿产品

C. 该国（地区）利用由他国（地区）加工制造过程中产生的废料加工所得的产品

D. 在该国（地区）领土出生和饲养的活动物

答案：BC

2. 不完全获得标准

不完全获得标准，又称为"实质性改变标准"，是指经过几个国家（地区）加工、制造的产品，多以最后完成实质性加工的国家为原产国。实质性改变标准包括税则归类改变标准、从价百分比标准、加工工序标准、其他标准等。

（1）税则归类改变标准

税则归类改变标准，是指在某一国家（地区）对非该国（地区）原产材料进行加工、制造后，所得货物在《协调制度》中的某位数级税目归类发生了变化（4 位数税号或 6 位数税号的税则归类改变）。

（2）从价百分比标准

从价百分比标准，又称区域价值成分标准，是指在某一国家（地区）对非该国（地区）原产材料进行加工、制造后的增值部分超过了所得货物价值的一定比例。

不同协定框架下的优惠原产地规则中的区域价值成分标准各有不同，部分贸易协定的区域价值成分标准如下：

①《亚太贸易协定》项下的原产地规则要求，在生产过程中所使用的非成员国原产地的或者不明原产地的材料、零件或产物的总价值不超过该货物船上交货价（FOB 价）的 55%，原产于最不发达受惠国（即孟加拉国）的产品的以上比例不超过 65%。

②《中国—东盟自由贸易区原产地规则》规定，用于所获得或生产产品中的原产于任一成员方的成分不少于该货物 FOB 价的 40%；或者非中国—东盟自由贸易区原产的材料、零件或者产物的总价值不超过所获得或者生产产品 FOB 价的 60%，且最后生产工序在成员方境内完成。

③港澳 CEPA 项下的原产地规则要求，在港澳获得的原料、组合零件、劳工价值和产品开发支出价值的合计，与在港澳生产或获得产品 FOB 价的比例应大于或等于 30%。

④《中国—韩国自由贸易协定》规定，货物生产中使用的韩国原产材料价值不低于全部材料价值的 60%。

⑤"特别优惠关税待遇"项下进口货物原产地规则的从价百分百标准是指受惠国对非该国原产材料进行制造、加工后的增值部分不小于所得货物价值的 40%。

（3）加工工序标准

加工工序标准是指以在某一国家（地区）进行的赋予制造、加工后所得货物基本特征的主要工序为标准。

【例 3-6】

在台湾地区纺成的纱线，运到日本纺成棉织物，并进行冲洗、烫、漂白、染色、印花。上述棉织物又被运往越南制成睡衣，后又经香港特别行政区更换包装转销我国。请问，我国海关应以哪个国家（地区）为该货物的原产地？

答案：根据税则归类改变标准可判定，该产品原产国为越南。

（4）其他标准

指除上述标准之外，成员国或者地区一致同意采用的确定货物原产地的其他标准。

【思考】

在下列从新加坡进口的货物中，哪些可以认定原产于新加坡？

1. 从法国进口在新加坡更换牌号的化妆品。

2. 以原产于泰国的进口原料在新加坡经简单加工的水果罐头。

3. 在制成品中含有40%原产于中国的原辅料的电子产品。

4. 在制成品的离岸价中不明原产地的零部件价值超过了70%的家用电器。

（二）非优惠原产地认定标准

非优惠原产地规则和优惠原产地规则在原产地认定标准方面都可以分为"完全获得标准"和"非完全获得标准"，但在这两种规则下认定标准的具体内容是不一样的。

1. 完全获得标准

完全在一个国家（地区）获得的货物，以该国（地区）为原产地；两个以上国家（地区）参与生产的货物，以最后完成实质性改变的国家（地区）为原产地。

以下货物视为在一国（地区）"完全获得"：

（1）在该国（地区）出生并饲养的活的动物。

（2）在该国（地区）野外捕捉、捕捞、搜集的动物。

（3）从该国（地区）的活的动物获得的未经加工的物品。

（4）在该国（地区）收获的植物和植物产品。

（5）在该国（地区）采掘的矿物。

（6）在该国（地区）获得的上述（1）~（5）项范围之外的其他天然生成的物品。

（7）在该国（地区）生产过程中产生的只能弃置或者回收用作材料的废碎料。

（8）在该国（地区）收集的不能修复或修理的物品，或者从该物品中回收的零件或者材料。

（9）由合法悬挂该国旗帜的船舶从其领海以外海域获得的海洋捕捞物和其他物品。

（10）在合法悬挂该国旗帜的加工船上加工上述第（9）项所列物品获得的产品。

（11）从该国领海以外享有专有开采权的海床或者海床底土获得的物品。

（12）在该国（地区）完全从上述（1）~（10）项所列物品中生产的产品。

完全获得标准的一般性要求是指产品在出口国完全获得或者生产。非优惠原产地规则与优惠原产地规则关于这一标准的表述方式均为分类列举，大的类别一般都包括植物（或者农产品）及其制品、动物及其制品、矿物、水产品或者海产品、其他天然生成的物品、废旧物品或者回收物品等，但每一类均存在细微差别，这些细微差别背后的经济利益可能是巨大的。比如在特定国领海以外获得的鱼产品，非优惠原产地规则的要求是"由合法悬挂该国旗帜的船舶从其领海以外海域获得的海洋捕捞物和其他物品"以及在合法悬挂该国旗帜的加工船上加工前述物品获得的产品。优惠原产地规则的要求则会更多一些，如主体方面，一般会限制为在成员国注册或者登记，并悬挂或者有权悬挂其国旗的船只、成员国的自然人或者法人等；在地理范围方面，一般会要求为成员国领水以外的水域、海床或者海床底土，以及成员国根据符合其缔结的相关国际协定可适用的国内法确定的领水、领海外的专属经济区或者公海等，如果成员国是沿海国家，渔业发达，这一方面的要求会更为细致。

2. 实质性改变标准

非完全获得标准适用于在出口国完成部分或者主要加工、生产过程，或者完成主要增值部分的货物。我国实施的非优惠原产地规则关于非完全获得的主要标准是实质性改变标准，按照《原产地条例》规定，非优惠原产地规则实质性改变标准，以税则归类改变为基本标准，若税则归类改变不能反映实质性改变的，以从价百分比、制造或者加工工序等为补充标准。

（1）加工工序标准：指以在某一国家（地区）进行的赋予制造、加工后所得货物基本特征的主要工序为标准。

（2）从价百分比标准：指在某一国家（地区）对非该国（地区）原产材料进行制造、加工后的增值部分，不低于所得货物价值的30%。用公式表示如下：

（工厂交货价−非该国原产材料价值）÷工厂交货价×100%≥30%

三、提供原产地证明书

原产地证明书是由出口国政府有关机构签发的一种证明货物原产地或制造地的证明文件。它是贸易关系人交接货物、结算货款、索赔理赔、进口国通关验收、征收关税的有效凭证；主要用于进口国海关实行差别关税，实施进口税率和进口配额等不同国别政策的依据。原产地证明书是出口商按进口商的要求提供的，有着多种形式，其中应用最多的是原产地证书和普惠制产地证，通常多用于不需要提供海关发票或领事发票的国家或地区。

（一）部分适用优惠原产地规则的原产地证明书

1. 《亚太贸易协定》原产地证明书

该原产地证明书应当同时符合以下三个条件：

（1）由该成员国政府指定机构以手工或电子形式签发。

（2）符合《中华人民共和国〈亚太贸易协定〉项下进出口货物原产地管理办法》附件所列格式，用国际标准A4纸印制，所用文字为英文。

（3）证书印章与该成员国通知中国海关的印章印模相符。

该原产地证明书自签发之日起一年内有效，不得涂改和叠印，所有未填空白之处应当划去，以防事后填写。

2. 《中国—东盟自贸区协定》原产地证明书

简称《FORM E证书》或《东盟证书》。应当同时符合下列条件：

（1）由东盟成员国签证机构签发。

（2）格式符合规定，以英文填写并有出口商署名、盖章。

（3）签证机构印章、签证人员签名与东盟成员国通知中国海关的样本相符。

（4）所列的一项或多项货物为同一批次的进口货物；仅有一份正本，并且具有不重复的证书编号；注明确定货物具有原产资格的依据。

该原产地证明书应在装运时或装运前签发，因不可抗力可以在货物装运后三天内签发，自签发之日起一年内有效。

3. CEPA原产地证明书

香港原产地证明书发证机构为香港特别行政区政府工业贸易署及香港政府认可的机构。香港特别行政区发证机构签发的原产地证明书，应符合如下条件：

（1）原产地证书上具有唯一的编号。

（2）一份原产地证书只能对应一批同时进入内地的货物。

（3）原产地证书上列明指定的单一到货口岸。

（4）原产地证书上的产品内地协制编号，按适用的《中华人民共和国海关进出口税则》

8 位数级税号填写。

（5）原产地证书的计量单位，按适用的实际成交的计量单位填写。

（6）原产地证书不许涂改及叠印，否则应重新签发。

（7）原产地证书的有效期为自签发之日起 120 天。

（8）原产地证书按规定格式用 A4 纸印制，所用文字为中文。

如原产地证书被盗、遗失或损坏，出口后生产企业可在保证原证未被使用的基础上，向原香港特别行政区发证机构书面申请签发一份原证的副本，且该副本上应注明"经证实的真实副本"。如原证已被使用，则后发副本无效；如后发副本已使用，则原证无效。

4.《中国—韩国自由贸易协定》原产地证书

韩国签发的原产地证书应同时符合以下条件：

（1）原产地证书应当由韩国授权机构在货物装运前、装运时或装运后 7 个工作日内签发。

（2）具有签名以及印章等安全特征，并且印章应当与韩国通知中国海关的印章样本相符。

（3）以英文填写。

（4）具有不重复的证书编号。

（5）注明货物具备原产地资格的依据。

（6）自签发之日起 12 个月内有效。

原产地证书未能在货物装运前、装运时或者装运后 7 个工作日内签发的，原产地证书可以在货物装船之日起 12 个月内补发，补发的原产地证书应当注明"补发"字样。

5.《中国—瑞士自由贸易协定》原产地证明书

进口货物收货人或代理人向海关提交的原产地证书应当同时符合下列条件：

（1）由瑞士授权机构在货物出口前或者出口时签发。

（2）含有瑞士通知中国海关的印章样本等安全特征。

（3）以英文填制。

（4）自签发之日起 12 个月内有效。

因不可抗力、技术性原因等特殊情形导致未能在出口前或者出口时签发原产地证书的，可以补发原产地证书并注明"补发"字样。补发的原产地证书自签发之日起 12 个月内有效。

原产地证书正本被盗、遗失或者损毁，并且经核实未被使用的，出口商或者生产商可以向瑞士授权机构书面申请签发经核准的原产地证书副本。经核准的原产地证书副本上应当注明"原产地证书正本的经核准真实副本（编号 日期）"或者加盖"副本"字样，并且注明之前的原产地证书正本编号以及签发日期。经核准的副本在原产地证书正本有效期内有效。

经核准的原产地证书副本向海关提交后，原产地证书正本失效。原产地证书正本已经使用的，经核准的原产地证书副本无效。

（二）适用非优惠原产地规则的原产地证明书

进口收发货人申报进口与实施反倾销措施的被诉倾销产品相同的货物时，应向海关提交原产地证明书。

进口收发货人申报进口适用最终保障措施的进口商品时，自海关总署公告规定的加征关税之日起，应向海关提交不适用最终保障措施的国家（地区）的原产地证明书或尚不应加征关税的使用最终保障措施的国家（地区）的原产地证明书。

（三）我国出口货物原产地证书申请

出口企业主要有两种途径为出口货物办理原产地证书：第一种是在国家质检总局原产地综合服务平台（http：//ocr.eciq.cn）进行网上申请，就可以办理原产地证书及各种普惠制证书；第二种是到中国国际贸易促进委员会原产地证申报系统（https：//www.co.ccpit.org/）在线办理，但只能办理原产地证一类证书。

原产地综合服务平台，于2017年3月27日上线，是质检总局统一开发的集原产地企业备案、产品预审、申报员自主维护、调查互动等功能为一体的综合性政务服务平台，增强了原产地证书办理的便利性、原产地业务管理的科学性、原产地规则运用的指导性，实现了备案资料、原料来源证明等纸质资料的电子上传功能。检验检疫机构只需审核电子信息与上传的纸面资料，无须企业再提交纸面单据。从备案到调查企业足不出户即可办理完成，即使需要实地调查的情况，也可以通过电子预约单和资料上传的方式实现全流程无纸化。

我国出口货物原产地证书办理流程如下：

1. 正常证书

（1）通过企业发证端（或代理录入端）提交证书电子申请。

（2）通过网络收取证书申请审核结果电子回执。

（3）审核通过的，企业打印《原产地证明书申请书》和证书，并携带其他需提交的材料，前往属地检验检疫机构办理签证。

2. 缓审证书

（1）通过企业发证端（或代理录入端）提交证书电子申请。

（2）通过网络收取证书申请审核结果电子回执。

（3）电子回执显示为缓审状态的，打印《原产地证明书申请书》，并根据回执内容提交相关资料及空白原产地证书至属地检验检疫机构审核。

（4）审核通过的，属地检验检疫机构打印证书。

（5）企业领证。

四、原产地申报

（一）进口货物的申报要求

货物申报进口时，进口货物收货人或者其代理人应当按照海关的申报规定填制"中华人民共和国海关进口货物报关单"，申明适用协定税率或者特惠税率，并同时提交货物的有效原产地证书正本或者相关优惠贸易协定规定的原产地声明文件，货物的商业发票正本、运输单据等其他商业单证。如果货物不是从缔约国直接运送至我国境内，即货物经其他国家（地区）运输至我国境内的，还应提交符合《中华人民共和国海关进出口货物优惠原产地管理规定》的联运提单等证明文件；在其他国家（地区）临时储存的，还应提交该国家（地区）海关出具的证明文件。

未能提交原产地证明书或证明的，可在进口申报时补充申报，海关按照协定或特惠税率收取等值保证金后放行货物。

若要对原产地证明书的真实性进行核查，海关按照最惠国税率或普通税率或其他税率收取等值保证金后放行货物。

属于下列情形之一的，进口货物不适用协定或特惠税率：

1. 进口货物收货人或其代理人在货物申报进口时没有提交符合规定的原产地证明书、原产地证明，也未就进口货物是否具备原产地资格进行补充申报。

2. 进口货物收货人或其代理人未能提供商业发票、运输单证等其他商业单证，也未能提交其他证明符合《中华人民共和国海关进出口货物优惠原产地管理规定》第 14 条规定的文件的。

3. 经查验或核查，确认货物原产地与申报内容不符，或者无法确认货物真实原产地的。

4. 其他不符合《中华人民共和国海关进出口货物优惠原产地管理规定》及相应优惠贸易协定规定的情形。

（二）部分优惠贸易协定的申报要求

1.《亚太贸易协定》：主动申明适用《亚太贸易协定》协定税率或特惠税率，提交报关单、原产地证明书、商业发票、集装箱单及相关运输单据等。

2.《中国—东盟合作框架协议》：主动申明适用中国—东盟自由贸易协定的税率，提交报关单、原产地证明书、商业发票、集装箱单及相关运输单据等。

3. CEPA 港澳：申明零关税税率，一般在进口货物报关单之外再提交原产地证明书。如果受惠货物从香港特别行政区直运至内地口岸，纳税义务人可提交承运人提供的香港特别行政区海关查验报告以适用于绿色关锁制度。原产于澳门特别行政区的受惠产品，如果经香港特别行政区转运至内地口岸，纳税义务人还应向海关校验澳门特别行政区签发的联运提单、中国检验（香港）有限公司出具的未再加工证明文件等。

4.《海峡两岸经济合作框架协议》：主动申明适用该协议协定税率，并提交报关单、原产地证明书、商业发票、集装箱单以及相关运输单据等。享受零关税的台湾地区水果、农产品，应符合如下运输要求：一是直接从台湾地区本岛、澎湖、金门或马祖运输到大陆关境口岸；二是经过香港、澳门特别行政区或日本石垣岛转运到大陆关境口岸。经过上述地点转运到大陆关境口岸的，在进口申报时须向海关提交在台湾地区签发的，并以台湾地区为起运地的运输单证。

（三）出口货物的申报要求

出口货物申报时，出口货物发货人应按照海关的申报规定填制"中华人民共和国海关出口货物报关单"，并向海关提交原产地证书电子数据或者原产地证书正本的复印件。海关认为必要时，可以对优惠贸易协定项下的出口货物原产地进行核查，以确定其原产地。

（四）货物申报的其他规定

货物包装上的原产地标记应当与《中华人民共和国海关进出口货物优惠原产地管理规定》有关规定一致。

海关可以对货物进行查验，以确定货物原产地是否与原产地证明书相符。

进出口货物收发货人可以按照《中华人民共和国海关行政裁定管理暂行办法》有关规定，向海关申请原产地行政裁定。

【小思考】

我国大陆某公司从台湾地区进口一批瓶装橄榄油，这批橄榄油是台湾地区的某家工厂，从意大利散装进口后，在台湾地区灌装成小包装，再出口到中国大陆的。请问，我国海关应以哪个国家（地区）为该货物的原产地？

任务三　适用税率确定

进出口商品的关税税率需要通过中华人民共和国海关进出口税则（也称关税税则）来查询。它是我国海关据以对进出口商品计征关税的规章和对进、出口的应税与免税商品加以系统分类的一类表。里面有海关征收关税的规章条例及说明，也有海关的关税税率表。关税税率表的主要内容有税则号例、商品分类目录和税率三部分。

一、进口税则

进口税则商品分类目录采用《商品名称及编码协调制度》。进口税则设置税则号列、货品中文名称、最惠国税率、普通税率、增值税税率、出口退税率、计量单位、监管条件、货品英文名称等栏目（如图 3-1 所示）。

税则号列	货 品 名 称	最惠国(%)	普通	增值税率	出口退税	计量单位	监管条件
02.06	鲜、冷、冻牛、猪、绵羊、山羊、马、驴、骡的食用杂碎：						
0206.1000	-鲜、冷牛杂碎	12	70	13	5	千克	4xAB
	-冻牛杂碎：						
0206.2100	--舌	12	70	13	5	千克	47xAB
0206.2200	--肝	12	70	13	5	千克	47xAB
0206.2900	--其他	12	70	13	5	千克	47xAB
0206.3000	-鲜、冷猪杂碎	20	70	13	5	千克	4ABx
	-冻猪杂碎：						

图 3-1　《进口税则》税目、品名、税率结构的截图

（一）正文税率适用说明

1. 最惠国税率

原产于共同适用最惠国待遇条款的世界贸易组织成员的进口货物，原产于与中华人民共和国签订含有相互给予最惠国待遇条款的双边贸易协定的国家或者地区的进口货物，以及原产于中华人民共和国境内的进口货物，适用最惠国税率。

（1）"税则号列"栏目中的右上角标有"暂"字的税号所对应的"最惠国税率"栏目的税率为"进口暂定税率"，根据海关征收关税采用"从低征收"的原则，适用最惠国税率的进口货物有暂定税率的，应当适用暂定税率（如图 3-2 所示）。

（2）"税率"栏目中标有"T2"（如图 3-3 所示），表示此商品实行从量、复合税，具体税率参见《海关进出口税则》附表《2017 年进出口商品从量税、复合税税目、税率表》（如图 3-4 所示）。

税则号列	货品名称	最惠(%)	普通	增值税率	出口退税	计量单位	监管条件
6201.1290暂 10	棉制男式雨衣	8	90	17	17	件/千克	
6201.1290暂 20	棉制男式连风帽派克大衣等（含带风帽的防寒短上衣、防风衣、防风短上衣及类似品）	8	90	17	17	件/千克	
6201.1290暂 90	棉制男式大衣、斗篷及类似品（包括短大衣、短斗篷）--化学纤维制：	8	90	17	17	件/千克	

图 3-2　"税则号列"标有"暂"字的截图

税则号列	货品名称	最惠(%)	普通	增值税率	出口退税	计量单位	监管条件
02.07	税目 01.05 所列家禽的鲜、冷、冻肉及食用杂碎：-鸡：						
0207.1100	--整只，鲜或冷的	20	70	13	5	千克	4ABx
0207.1200	--整只，冻的	T2	T2	13	5	千克	4x7AB
	--块及杂碎，鲜或冷的：---块：						
0207.1311	----带骨的	20	70	13	13	千克	4xAB
0207.1319	----其他	20	70	13	13	千克	4xAB
	--杂碎：						
0207.1321	----翼（不包括翼尖）	20	70	13	13	千克	4xAB
0207.1329	----其他	20	70	13	5	千克	AB4x
	--块及杂碎，冻的：---块：						
0207.1411	----带骨的	T2	T2	13	13	千克	7AB4x
0207.1419	----其他	T2	T2	13	13	千克	7AB4x

图 3-3　"税率"栏中标有"T2"的截图

2017 年进口商品从量税、复合税税目、税率表　　　　Specific、CompoundScaleDuties,2017
（2017 年 1 月 1 日起实施）　　　　（EnforcedfromJanuary1,2017）

税则号列	货品名称	普通税率	2017 年最惠国税率
02071200	冻的整只鸡	5.6 元/千克	1.3 元/千克
02071411	冻的带骨鸡块(包括鸡胸脯、鸡大腿等)	4.2 元/千克	0.6 元/千克
02071419	冻的不带骨鸡块(包括鸡胸脯、鸡大腿等)	9.5 元/千克	0.7 元/千克
02071421	冻的鸡翼(不包括翼尖)	8.1 元/千克	0.8 元/千克
02071422	冻的鸡爪	3.2 元/千克	1 元/千克
02071429	冻的其他鸡杂碎(包括鸡翼尖、鸡肝等)	3.2 元/千克	0.5 元/千克
05040021	冷、冻的鸡胗(即鸡胃)	7.7 元/千克	1.3 元/千克
22030000	麦芽酿造的啤酒	7.5 元/升	0
27090000	石油原油(包括从沥青矿物提取的原油)	85 元/吨	0

图 3-4　2017 年进出口商品从量税、复合税税目、税率表之截图

（3）对《中华人民共和国加入世界贸易组织关税减让表修正案》附表所列信息技术产品最惠国税率自 2017 年 1 月 1 日至 2017 年 6 月 30 日继续首次降税，自 2017 年 7 月 1 日起实施第二次降税。"税率"栏中标有两个税率的表示此商品实行"信息技术产品最惠国税率"，两个税率中间用逗号隔开，逗号前面的税率是首次降税税率，逗号后面的税率是第二次降税税率（如图 3-5 所示）。

税则号列	货品名称	最惠（%）	普通	增值税率	出口退税	计量单位	监管条件
	-电视摄像机、数字照相机及视频摄录一体机：						*
	---电视摄像机：						
8525.8011	----特种用途的		17	17	17	台	
8525.8011 10	抗辐射电视摄像机[能抗 5×10⁴ 戈瑞(硅)以上辐射而又不会降低使用质量]	8.3,6.7	17	17	17	台	3A
8525.8011 90	其他特种用途电视摄像机	8.3,6.7	17	17	17	台	A
8525.8012	----非特种用途的广播级	20.2,23.3	T2	17	17	台	A
8525.8013	----非特种用途的其他类型		17	17	17	台	
8525.8013暂 01	手机用摄像组件（由镜头+CCD/CMOS+数字信号处理电路三部分构成）	4	T2	17	17	台	

图 3-5 "税率"栏中标有两个税率的截图

2. 暂定税率

适用最惠国税率、协定税率、特惠税率、关税配额税率的进口货物在一定期限内可以实行暂定税率。

"税则号列"上标注有"暂"字的商品，对应"最惠国"税率列明的是进口暂定税率。

适用最惠国税率、协定税率、特惠税率的进口货物有暂定税率的，应当从低适用税率；适用关税配额税率的进口货物有暂定税率的，应当适用暂定税率。适用普通税率的进口货物，不适用暂定税率。

3. 普通税率

原产于除适用最惠国税率、协定税率、特惠税率国家或地区以外的国家或者地区的进口货物，以及原产地不明的进口货物，适用普通税率。

4. 增值税税率

海关代征的进口货物法定增值税率，栏目空白时为免征，其他分为 13% 和 17% 两种。

5. 出口退税税率

国家为鼓励出口对出口商品已征收的国内税部分或全部退还给出口企业的税率。退税率因出口税率在年度内调整频繁，企业须参照最新出台的税率政策，其中部分税号项下存在同一税号退税率不一致的情况，"退税率"一栏会出现一个或一个以上退税率，按商品的不同情况分别退税。

（二）附件税率适用说明

1. 协定税率

根据我国与有关国家或地区签署的贸易或关税优惠协定，对有关国家或地区实施协定税率（如图3-6所示）。

税则号列	货品名称	协定税率															特惠税率						
		澳大利亚	韩国	冰岛	秘鲁	哥达	瑞士	新西兰	香港	澳门	台湾	东盟	亚太5国	巴基斯坦	新加坡	智利	老挝	柬埔寨	缅甸	亚太2国	LDC1	LDC2	LDC3
01012100	改良种用马																				0	0	0
01012900	其他马	4	7	0	2	0	2	0				0			5						0	0	0
01013010	改良种用驴																				0	0	0
01013090	其他驴	4	7	0	2	0	2	0				0			5						0	0	0
01019000	骡	4	7	0	2	0	2	0				0			5						0	0	0
01022100	改良种用家牛																				0	0	0
01022900	其他家牛	4	7	0	2	0	2	0				0			5		0	0	0		0	0	0
01023100	改良种用水牛																				0	0	0
01023900	其他水牛	4	7	0	2	0	2	0				0			5		0	0	0		0	0	0
01029010	改良种用其他牛																				0	0	0
01029090	其他牛	4	7	0	2	0	2	0				0			5		0	0	0		0	0	0
01031000	改良种用猪																				0	0	0
01039110	重量<10kg的猪	4	7	0	0	0	2	0				0			5						0	0	0
01039120	重量在10-50kg的猪,包括10kg	4	7	0	0	0	2	0				0			5						0	0	0
01039200	重量≥50kg的猪	4	7	0	0	0	2	0				0			5		0	0	0		0	0	0
01041010	改良种用的绵羊																				0	0	0
01041090	其他绵羊	4	7	0	0	0	2	0				0			5						0	0	0
01042010	改良种用的山羊																				0	0	0
01042090	其他山羊	4	7	0	0	0	0	0				0			5						0	0	0
01051110	重量≤185g的改良种用鸡																				0	0	0
01051190	重量≤185g的其他鸡	4	7	0	2	0	0	0				0			5						0	0	0
01051210	重量≤185g的改良种用火鸡																				0	0	0
01051290	重量≤185g的其他火鸡	4	7	0	2	0	0	0				0			5						0	0	0
01051310	重量不超过185克的改良种用鸭																				0	0	0
01051390	重量不超过185克的其他鸭	4	7	0	0	0	0	0				0			5						0	0	0
01051410	重量不超过185克的改良种用鹅																				0	0	0
01051490	重量不超过185克的其他鹅	4	7	0	0	0	0	0				0			5						0	0	0

2017 年进口商品协定、特惠税目税率表（2017 年 1 月 1 日起实施）　Conventional special preferential Duty Item and Duty Rate for Import 2017（Enforced from January 1,2017）

图3-6　2017年进口商品协定、特惠税目税率表的截图

（1）对原产于韩国、印度、斯里兰卡、孟加拉和老挝的1891个税目商品实施亚太贸易协定税率。

（2）对原产于文莱、印度尼西亚、马来西亚、新加坡、泰国、菲律宾、越南、缅甸、老挝和柬埔寨的部分税目商品实施中国—东盟自由贸易协定税率。

（3）对原产于智利的商品实施中国—智利自由贸易协定税率。

（4）对原产于巴基斯坦的商品实施中国—巴基斯坦自由贸易协定税率。

（5）对原产于新西兰的商品实施中国—新西兰自由贸易协定税率。

（6）对原产于新加坡的商品实施中国—新加坡自由贸易协定税率。

（7）对原产于秘鲁的商品实施中国—秘鲁自由贸易协定税率。

（8）对原产于哥斯达黎加的商品实施中国—哥斯达黎加自由贸易协定税率。

（9）对原产于瑞士的商品实施中国—瑞士自由贸易协定税率。

（10）对原产于冰岛的商品实施中国—冰岛自由贸易协定税率。

（11）对原产于香港特别行政区且已制定优惠原产地标准的商品实施零关税。

（12）对原产于澳门特别行政区且已制定优惠原产地标准的商品实施零关税。

（13）对原产于台湾地区商品实施海峡两岸经济合作框架协议货物贸易早期收获计划协定税率。

2. 特惠税率

根据我国与有关国家或地区签署的贸易或关税优惠协定，双边换文情况，以及国务院有关决定，对以下国家实施特惠税率：

（1）亚太2国：对原产于孟加拉国和老挝的部分商品实施亚太贸易协定项下特惠税率。

（2）LDC1：对原产于埃塞俄比亚、布隆迪、赤道几内亚、刚果（金）、吉布提、几内亚、几内亚比绍、莱索托、马达加斯加、马拉维、马里、莫桑比克、南苏丹、塞拉利昂、塞内加尔、苏丹、索马里、坦桑尼亚、乌干达、乍得、中非、阿富汗、也门和瓦努阿图共24个国家的部分商品实施97%税目零关税特惠税率。

（3）LDC2：对原产于安哥拉、贝宁、多哥、厄立特里亚、科摩罗、利比里亚、卢旺达、尼日尔、赞比亚、东帝汶、柬埔寨、缅甸、尼泊尔和萨摩亚共14个国家的部分商品实施95%税目零关税特惠税率。

（4）LDC3：对原产于毛里塔尼亚和孟加拉国的部分商品实施60%税目零关税特惠税。

3. 配额税率

按照国家规定实行关税配额管理的进口货物，关税配额内的，适用关税配额税率（如图3-7所示）。

序号 No.	货品名称 Description of Goods	税则号列 Tariff No.	2017年进口税率（%） Import Duty Rate（%）					
			配额外税率 Out-Quota Duty Rate		配额内税率 In-Quota Duty Rate	国别关税配额税率		
			最惠国税率 M.F.N.	普通税率 Gen.		新西兰（%）	澳大利亚（%）	
1	小麦 Wheat	10011100	65	180	1			
		10011900	65	180	1			
		10019100	65	180	1			
		10019900	65	180	1			
		11010000	65	130	6			
		11031100	65	130	9			
		11032010	65	180	10			
2	玉米 Maize（Corn）	10051000	20	180	1			
		10059000	65	180	1			
		11022000	40	130	9			
		11031300	65	130	9			
		11042300	65	180	10			
3	稻谷和大米 Rice, whether or not busked	10061011	65	180	1			
		10061019	65	180	1			
		10061091	65	180	1			
		10061099	65	180	1			

图3-7 2017年进口商品关税配额税率表的截图

二、出口税则

出口税则的商品分类目录与进口税则相同，出口税则设置税则号列、货品中文名称、出口税率、出口暂定税率、货品英文名称等栏目。税同号前标注"ex"，表示适用该税率的应税出口货物以货品名称栏中的描述为准。

对出口货物在一定期限内可以实行暂定税率，适用出口税率的出口货物有暂定税率的，应当适用暂定税率（如图3-8所示）。

EX①	税则号列	商品名称(简称)	出口税率(%)	2017年出口暂定税率(%)
	03019210	鳗鱼苗	20	
	05061000	经酸处理的骨胶原及骨	40	
	05069011	含牛羊成分的骨粉及骨废料	40	
	05069019	其他骨粉及骨废料	40	
ex	05069090	其他骨及角柱(已脱胶骨、角柱除外)	40	
ex	05069090	已脱胶骨、角柱	40	0
	25085000	红柱石、蓝晶石及硅线石,不论是否煅烧		10
	25086000	富铝红柱石		10
	25101010	未碾磨磷灰石		15
	25101090	未碾磨天然磷酸钙、天然磷酸铝钙及磷酸盐白垩,磷灰石除外		15
	25102010	已碾磨磷灰石		15
	25102090	已碾磨天然磷酸钙、天然磷酸铝钙及磷酸盐白垩,磷灰石除外		15
	25112000	天然碳酸钡(毒重石),不论是否煅烧		10

图3-8　《出口税则》税目、品名、税率结构的截图

三、关税减免

特定地区、特定企业或者特定用途的进出口货物减征或者免征关税的,以及其他依法减征或者免征关税的,按照国务院的有关规定执行。

【小思考】

广东天宇贸易有限公司从智利进口一批 SONY 牌彩色液晶数字电视机（商品编码8528.7222),该产品采用日本牌号和商标,其中显像管为智利生产,集成电路板为香港生产,机壳由马来西亚生产,最后在智利组装成整机。假如你是"天宇贸易有限公司"的报关员,请问:(1) 向海关申报时,该彩色电视机的原产地应填报为哪个国家? (2) 该进口货物申报时,应适用哪个税率? (3) 应如何向海关进行申报?

任务四　进出口税费计算

海关对进出口货物依法征收的税费包括关税、进出口环节消费税、进出口环节增值税、税款滞纳金等。同时,海关还代表国家交通管理部门在设关口岸对进出中国国境的船舶征收船舶吨税。这些税费一律以人民币计征,起征点均为人民币50元。

进口货物成交价格及有关费用以外币计价的,海关按照该货物适用税率之日所适用的计征汇率折合为人民币计算完税价格,完税价格采用四舍五入法计算至分（保留小数点后两位）。海关每月使用的计征汇率为上一个月第三个星期三（第三个星期三为法定节假日的,顺延采用第四个星期三）中国人民银行公布的外币对人民币的基准汇率;以基准汇率币种以外的外币计价的,采用同一时间中国银行公布的现汇买入价和现汇卖出价的中间值（保留小数点后四位）。

一、进口关税的计算

进口关税是指一国海关以进境货物和物品为课税对象所征收的关税。进口关税计征方法包括从价税、从量税、复合税、滑准税等。

（一）从价税

从价税是以货物、物品的价格作为计税标准，以应征税额占货物价格的百分比为税率，价格和税额成正比例关系的关税。我国对进口货物征收进口关税主要采用从价税计税标准。

1. 计算公式

应征税额＝进口货物的完税价格×进口从价税税率

减税征收的进口关税税额＝进口货物的完税价格×减按进口关税税率

2. 计算程序

（1）按照归类原则确定税则归类，将应税货物归入适当的税号。

（2）根据原产地规则和税率适用规定，确定应税货物所适用的税率。

（3）根据审定完税价格办法的有关规定，确定应税货物的 CIF 价格。

（4）据汇率适用规定，将以外币计价的 CIF 价格折算成人民币（完税价格）。

（5）按照计算公式正确计算应征税款。

【例 3-7】

国内某公司从香港购进日本产丰田皇冠轿车 10 辆，成交价格合计为 FOB 香港120 000.00美元，实际支付运费 5 000 美元，保险费 800 美元。已知汽车的规格为 4 座位，汽缸容量 2 000cc，适用中国银行的外汇折算价为 1 美元＝人民币 6.7940 元，计算应征进口关税（如图3-9 所示）。

计算方法：

（1）确定税则归类，汽缸容量 2 000cc 的小轿车归入税号 8703234110。

（2）原产国日本适用最惠国税率25%。

（3）定完税价格为 125 800 美元（120 000 美元+5 000 美元+800 美元）。

（4）外币价格折算成人民币为 854 685.20 元（＝125 800×6.7940）。

（5）计算应征税款：应征进口关税税额＝完税价格×进口关税税率

$$＝854\ 685.20×25\%$$

$$＝213\ 671.30\ （元）$$

税则号列	货 品 名 称	最惠(%)	普通	增值税率	出口退税	计量单位	监管条件
8703.2341	----小轿车	25	230	17	17	辆	
8703.2341 10	仅装有 1.5<排量≤2 升的点燃往复式活塞内燃发动机小轿车	25	230	17		辆	46AOxy

图 3-9　小轿车的税号、税率截图

（二）从量税

从量税是以货物和物品的计量单位（如重量、数量、容量等）作为计税标准，按每一计量单位的应征税额征收的关税。我国目前对冻鸡、石油原油、啤酒、胶卷等类进口商品征收从量税。

1. 计算公式

应征税额＝进口货物数量×单位税额

2. 计算程序

(1) 按照归类原则确定税则归类，将应税货物归入适当的税号。

(2) 根据原产地规则和税率适用规定，确定应税货物所适用的税率。

(3) 确定其实际进口量，正确计算应征税款。

【例3-8】

国内某公司从香港购进一批日本产的柯达彩色胶卷 50 400 卷（宽度 35 毫米，长度 1.8 米），成交价格合计为"CIF 深圳 10 港币/卷"。已知适用中国银行的外汇折算价为 1 港币＝人民币 0.8717 元；以规定单位换算表折算，规格"135/36"的彩色胶卷 1 卷＝0.05775 平方米。计算应征进口关税（见图 3-10、图 3-11）。

计算方法：

(1) 确定税则归类，彩色胶卷归入税号 3702.5410。

(2) 原产地日本，适用最惠国税率 18 元/平方米。

(3) 确定其实际进口量 50 400 卷×0.05775 平方/卷＝2 910.6 平方米。

(4) 计算应征税款：应征进口关税税额＝货物数量×单位税额

$$= 2\,910.6 \times 18$$
$$= 52\,390.80\ （元）$$

税则号列	货品名称	最惠 (%)	普通	增值 税率	出口 退税	计量 单位	监管 条件
3702.5200	--宽度不超过 16 毫米	T2	T2	17	13	米/平方米	
3702.5300	--幻灯片用，宽度超过 16 毫米，但不超过 35 毫米，长度不超过 30 米	T2	T2	17	13	米/平方米	
	--非幻灯片用，宽度超过 16 毫米，但不超过 35 毫米，长度不超过 30 米：						
3702.5410	---宽度为 35 毫米，长度不超过 2 米	T2	T2	17	13	米/平方米	
3702.5490	---其他	T2	T2	17	13	米/平方米	
	--宽度超过 16 毫米，但不超过 35 毫米，长度超过 30 米						

图 3-10　胶卷的税号、税率截图

2017 年进口商品从量税、复合税税目、税率表

（2017 年 1 月 1 日起实施）

税则号列	货品名称	普通税率	2017 年最惠国税率
37025300	幻灯片用未曝光彩色摄影胶卷(16 毫米<宽度≤35 毫米，长度≤30 米)	433 元/平方米	128 元/平方米
37025410	非幻灯片用彩色摄影胶卷(宽度＝35 毫米，长度≤2 米)	433 元/平方米	18 元/平方米
37025490	其他非幻灯片用彩色摄影胶卷(16 毫米<宽度≤35 毫米，长度≤30 米)	433 元/平方米	24 元/平方米

图 3-11　胶卷的从量税税目、税率截图

（三）复合税

复合税是在《进出口税则》中，一个税目中的商品同时使用从价、从量两种标准计税，计税时按两者之和作为应征税额征收的关税。我国目前对录像机、放像机、摄像机、非家用型摄录一体机、部分数字照相机等进口商品征收复合关税。

1. 计算公式

应征税额＝进口货物数量×单位税额＋进口货物完税价格×进口从价税税率

2. 计算程序

（1）按照归类原则确定税则归类，将应税货物归入适当的税号。

（2）根据原产地规则和税率适用规定，确定应税货物所适用的税率。

（3）确定其实际进口量。

（4）根据审定完税价格的有关规定，确定应税货物的完税价格。

（5）将外币折算成人民币，正确计算应征税款。

【例3-9】

国内某一公司，从伊朗购进广播级电视摄像机25台，成交价格为"CIF广州5 800美元/台"，适用中国银行的外汇折算价为1美元＝人民币6.7940元，计算应征进口关税（见图3-12、图3-13）。

计算方法：

（1）确定税则归类，该批摄像机归入税目税号8525.8012。

（2）原产国伊朗，不是世贸组织成员国，关税税率适用普惠税率，经查关税税率为：完税价格不高于5 000美元/台的，征从价税130%；完税价格高于5 000美元/台的，征从价税6%，加51 500元/台的从量税。

（3）确定完税价格为985 130元（＝25台×5 800美元/台×6.7940人民币/美元）。

（4）计算应征税款：应征进口关税税额＝进口货物数量×单位税额＋完税价格×从价税税率

$$=25×51\ 500+985\ 130×6\%$$

$$=1\ 346\ 607.80人民币$$

税则号列	货品名称	最惠(%)	普通	增值税率	出口退税	计量单位	监管条件
	-电视摄像机、数字照相机及视频摄录一体机：						
	---电视摄像机：						
8525.8011	----特种用途的			17	17	台	
8525.8011 10	抗辐射电视摄像机[能抗5×10⁴戈瑞(硅)以上辐射而又不会降低使用质量]	83,67		17	17	台	3A
8525.8011 90	其他特种用途电视摄像机	83,67		17	17	台	A
8525.8012	----非特种用途的广播级	202,23.3	T2	17	17	台	A
8525.8013	----非特种用途的其他类型			17	17	台	
8525.8013有 01	手机用摄像组件（由镜头＋CCD/CMOS＋数字信号处理电路三部分构成）	4	T2	17	17	台	

图3-12　电视摄像机的税号、税率截图

2017 年进口商品从量税、复合税税目、税率表
（2017 年 1 月 1 日起实施）

税则号列	货品名称	普通税率	2017 年最惠国税率
85258012	非特种用途的广播级电视摄像机	完税价格不高于 5000 美元/台，130%；完税价格高于 5000 美元/台；6%，加 51500 元	完税价格不高于 5000 美元/台，35%；完税价格高于 5000 美元/台，3%，加 9728 元
85258013	非特种用途的其他电视摄像机	完税价格不高于 5000 美元/台，130%；完税价格高于 5000 美元/台；6%，加 51500 元	完税价格不高于 5000 美元/台，35%；完税价格高于 5000 美元/台，3%，加 9728 元

图 3-13　电视摄像机的复合税税目、税率截图

（四）滑准税

滑准税是在《进出口税则》中预先按产品的价格高低分档制定若干不同的税率，然后根据进口商品价格的变动而增减进口税率的一种关税。当商品价格上涨时采用较低税率，当商品价格下跌时则采用较高税率，其目的是使该种商品的国内市场价格保持稳定。

1. 计算公式

从价应征进口关税税额＝完税价格×暂定关税税率

从量应征进口关税税额＝进口货物数量×暂定关税税率

2. 计算程序

（1）按照归类原则确定税则归类，将应税货物归入适当的税号。

（2）根据原产地规则和税率适用规定，确定应税货物所适用的税率种类。

（3）确定应税货物的完税价格；并将外币折算成人民币。

（4）根据关税税率计算公式确定暂定关税税率，按照计算公式正确计算应征税款。

【例 3-10】

国内某公司购进配额外未梳棉花 1 吨，原产地为美国，成交价格为"CIF 广州 980 美元/吨"。企业已向海关提交由国家发展改革委授权机构出具的《关税配额外优惠关税税率进口棉花配额证》，经海关审核确认后，征收滑准关税。已知其适用中国银行的外汇折算价为 1 美元＝人民币 6.7940 元，计算应征进口关税税款（见图 3-14）。

计算方法：

（1）确定税则归类；未梳棉花归入税目税号 5201.0000 80。

（2）确定关税税率，审定完税价格 980×6.7940＝6 658.12 元，折算后每千克为 6.658 元，将此完税价格与 15.000 元/千克作比较，鉴于 6.658 元/千克低于 15.000 元/千克，暂定从价税率按下述公式计算：

$Ri=9.337/Pi+2.77\% \times Pi-1$（Ri 为暂定从价税率，Pi 为关税完税价格，单位为元/千克）

即，暂定从价税率＝9.337÷完税价格＋2.77%×完税价格－1

$\qquad\qquad\quad$＝9.337÷6.658＋2.77%×6.658－1

$\qquad\qquad\quad$＝0.587

（3）暂定从价税率计算后为 58.7%，高于 40%，按照 40% 的关税税率计征关税。

（4）应征进口关税税额＝完税价格×暂定关税税率

$\qquad\qquad\qquad\qquad$＝6 658.12×40%

$\qquad\qquad\qquad\qquad$＝2 663.25（元）

序号 No.	货品名称 Description of Goods	税则号列 Tariff No.	2017 年进口税率（%） Import Duty Rate（%）				
			配额外税率 Out-Quota Duty Rate		配额内税率 In-Quota Duty Rate	国别关税配额税率	
			最惠国税率 M. F. N.	普通税率 Gen.		新西兰 （%）	澳大利亚 （%）
7	棉花 Cotton	52010000	40[注1]	125	1		
		52030000	40	125	1		
8	化肥 Chemical Fertilizer	31021000	50	150	4[注2]		
		31052000	50	150	4[注3]		
		31053000	50	150	4[注4]		

【注1】：

对配额外进口的一定数量棉花，适用滑准税形式暂定关税，具体方式如下：

1. 当进口棉花完税价格高于或等于 15.000 元/千克时，按 0.570 元/千克计征从量税；

2. 当进口棉花完税价格低于 15.000 元/千克时，暂定从价税率按下式计算：

$Ri = 9.337/Pi + 2.77\% \times Pi - 1$

对上式计算结果四舍五入保留 3 位小数。其中 Ri 为暂定从价税率，当按上式计算值高于 40%时，Ri 取值 40%；Pi 为关税完税价格，单位为元/千克。

【注2、3、4】：

暂定税率为1%。

图 3-14 棉花的关税配额税率截图

二、出口关税的计算

出口关税是指海关以出境货物、物品为课税对象所征收的关税。征收出口关税的主要目的是限制、调控某些商品的过度、无序出口，特别是防止本国一些重要自然资源和原材料的无序出口。我国出口关税主要以从价税为计征标准。

1. 计算公式

应征出口关税税额＝出口货物完税价格×出口关税税率

出口货物完税价格＝FOB（中国境内口岸）/（1+出口关税税率）

出口货物是以 FOB 价成交的，应以该价格扣除出口关税后作为完税价格；如果以其他价格成交的，应换算成 FOB 价后再按上述公式计算。

2. 计算程序

（1）按照归类原则确定税则归类，将应税货物归入适当的税号。

（2）根据审定完税价格的有关规定，确定应税货物的完税价格。

（3）根据汇率适用规定，将外币折算成人民币。

（4）按照计算公式正确计算应征出口关税税款。

【例 3-11】

国内某企业从广州出境合金生铁一批，申报出口量86吨，成交价格为"FOB广州98美元/吨"。其适用中国银行的外汇折算价为1美元=人民币6.7940元，要求计算出口关税（见图3-15）。

计算方法：

（1）确定税则归类，该批合金生铁归入税目税号 7201.5000，税率为 20%。

（2）审定完税价格为 8 428 美元（＝86 吨×98 美元/吨）。

（3）完税价格折算成人民币为 57 259.83 元（＝8 428 美元×6.7940 元/美元）。

（4）出口关税税额＝［FOB（中国境内口岸）/（1+出口关税税率）］×出口关税税率

$$＝［57 259.83 /（1+20\%）］×20\%$$

$$＝9 543.30（元）$$

EX[①]	税则号列	商品名称(简称)	出口税率(%)	2017 年出口暂定税率(%)
ex	72011000	高纯生铁(含锰量<0.08%，含磷量<0.03%，含硫量<0.02%，含钛量<0.03%)	20	10
	72012000	非合金生铁，含磷量大于 0.5%	20	
	72015000	合金生铁	20	
	72021100	锰铁，含碳量>2%	20	
	72021900	锰铁，含碳量≤2%	20	
	72022100	硅铁，含硅量>55%	25	20
	72022900	硅铁，含硅量≤55%	25	20
	72023000	硅锰铁	20	

图 3-15 生铁的出口税率截图

三、进口环节海关代征税的计算

目前，进口环节海关代征税主要有消费税、增值税两种。

（一）消费税

1. 含义及其征纳

消费税是以消费品或消费行为的流转额作为课税对象而征收的一种流转税。在我国境内生产、委托加工的应税消费品的消费税由税务机关征收；进口的应税消费品的消费税则由海关征收，由进口人或者其代理人在报关进口时向报关地海关申报纳税。

我国进口环节海关代征收的消费税采用从价、从量和复合计税的方法计征。消费税的税目、税率，依照《中华人民共和国海关进出口税则》所附的《进口商品消费税税率表》执行。进口环节消费税的起征点为人民币 50 元，低于 50 元的免征。

2. 征收范围

进口货物消费税的征收范围，仅限于少数消费品。应税消费品大体分为以下四种类型：

（1）一些过度消费会对人的身体健康、社会秩序、生态环境等方面造成危害的特殊消费品，如烟、酒、酒精、烟花、炮竹等（税则的第 21、22、24、36 章部分税目）。

（2）奢侈品、非生活必需品，如贵重首饰及珠宝玉石、化妆品、香水、高档手表、高尔夫球等（税则第 33、71、91、95 章部分税目）。

（3）高能耗的消费品，如橡胶内胎、蓄电池、高档客车、轿车、快艇等（第 40、85、87、89 章部分税目）。

（4）不可再生和替代的资源类消费品，如一次性木筷子、地板、汽油、柴油、油漆等（第 27、32、38、44 章部分税目）。

3. 进口环节消费税的计算

（1）计算公式

①从价征收的消费税

应纳消费税税额＝消费税组成计税价格×消费税税率

消费税组成计税价格＝（进口货物完税价格＋关税税额）／（1-消费税税率）

②从量征收的消费税

应纳消费税税额＝应征消费税消费品数量×消费税单位税额

③同时实行从量、从价征收的消费税

应纳消费税税额＝应征消费税消费品数量×消费税单位税额＋消费税组成计税价格×消费税税率

（2）计算程序

①按照归类原则确定税则归类，将应税货物归入适当的税号。

②确定应税货物所适用的消费税税率。

③据审定完税价格的有关规定，确定应税货物的CIF价格。

④将外币折算成人民币（完税价格），正确计算消费税税款。

【例3-12】

某进出口公司进口丹麦产的麦芽酿制的啤酒3 800升，经海关审核其成交价格总值为"CIF广州，1 672.00美元"。其适用中国银行的外汇折算价为1美元=人民币6.7940元，计算应征的进口环节消费税税款（见图3-16、图3-17）。

计算方法：

（1）确定税则归类，啤酒归入税号2203.000000。

（2）消费税税率为从量税：进口完税价格≥370美元/吨的，消费税税率为250元/吨；进口完税价格<370美元/吨的，消费税税率为220元/吨。

（3）进口啤酒数量：3 800升÷988升/吨 ＝3.846吨。

（4）计算完税价格单价：1 672美元÷3.846吨＝434.74美元/吨（进口完税价格>370美元/吨），则消费税税率为250元/吨。

（5）计算进口环节消费税：

进口环节消费税税额＝应征消费税消费品数量×单位税额

$$= 3.846 \times 250$$
$$= 961.50 （元）$$

税则号列	货品名称	最惠(%)	普通	增值税率	出口退税	计量单位	监管条件
22.03	**麦芽酿造的啤酒：**						
2203.0000	麦芽酿造的啤酒	0	T2	17	15	升/千克	AB
22.04	**鲜葡萄酿造的酒，包括加酒精的；税目20.09以外的酿酒葡萄汁：**						
2204.1000	-汽酒	14	180	17	15	升/千克	AB
	-其他酒；加酒精抑制发酵的酿酒葡萄汁：						

图3-16 啤酒的关税、增值税税率截图

附表4：
  2017 年进口商品消费税税率表

Attached table 4：
Consumption tax on Imported Goods 2017

税则号列	货品名称	进口从价税率	进口从量税率	备 注
2106902000	制造饮料用的复合酒精制品	5%		
2203000000	麦芽酿造的啤酒		(进口完税价格≥370美元/吨的麦芽酿造啤酒，税率为250元/吨)(进口完税价格<370美元/吨的麦芽酿造啤酒，税率为220元/吨)	1千克=0.988升
2204100000	葡萄汽酒	10%		

图 3-17 啤酒的消费税税率截图

（二）增值税

1. 含义及其征纳

增值税是以商品的生产、流通和劳务服务各个环节所创造的新增价值为课税对象的一种流转税。进口环节增值税由海关依法向进口货物的法人或自然人征收，其他环节的增值税由税务机关征收。

进口环节增值税以组成价格作为计税价格，征税时不得抵扣任何税额。进口环节的增值税组成价格由关税完税价格加上关税税额组成，应征消费税的品种的增值税组成价格要另加上消费税税额。进口环节增值税起征点为人民币 50 元，低于 50 元的免征。

2. 征收范围和税率

在我国境内销售货物（销售不动产或免征的除外）或提供加工、修理修配劳务以及进口货物的单位或个人，都要依法缴纳增值税。在我国境内销售货物，是指所销售的货物的起运地或所在地都在我国境内。

进口环节增值税按从价方法计征。法定增值税税率分为 17% 和 13% 两种。

3. 进口环节增值税的计算

（1）计算公式

应纳增值税税额=增值税组成计税价格×增值税税率

增值税组成计税价格=进口完税价格+关税税额+消费税税额

      =（进口完税价格+关税税额）／（1-消费税税率）

（2）计算程序

①将应税货物归入适当的税号，确定所适用的增值税税率和关税税率。

②确定应税货物的 CIF 价格。

③根据汇率适用规定，将外币折算成人民币（完税价格）。

④计算关税税款。

⑤计算消费税税款、增值税税款。

【例 3-13】

某公司从法国进口一批伏特加酒，经海关审核其成交价格为"CIF 广州 1 200 美元"，外汇折算价为 1 美元=人民币 6.7940 元。计算应征增值税税额（见图 3-18、图 3-19）。

税则号列	货 品 名 称	最惠(%)	普通	增值税率	出口退税	计量单位	监管条件
2208.2000 10	装入 200 升及以上容器的蒸馏葡萄酒制得的烈性酒	10	180	17	15	升/千克	AB
2208.2000 90	其他蒸馏葡萄酒制得的烈性酒	10	180	17	15	升/千克	AB
2208.3000	-威士忌酒	10	180	17	15	升/千克	AB
2208.4000	-朗姆酒及蒸馏已发酵甘蔗产品制得的其他烈性酒	10	180	17	15	升/千克	AB
2208.5000	-杜松子酒	10	180	17	15	升/千克	AB
2208.6000	-伏特加酒	10	180	17	15	升/千克	AB
2208.7000	-利口酒及柯迪尔酒	10	180	17	15	升/千克	AB
	-其他:						
2208.9010	---龙舌兰酒	10	180	17	15	升/千克	

图 3-18　伏特加酒的关税、增值税税率截图

2017 年进口商品消费税税率表　　　　　　**Consumption tax on Imported Goods 2017**

税则号列	货品名称	进口从价税率	进口从量税率	备 注
2208200010	装入 200 升及以上容器的蒸馏葡萄酒制得的烈性酒	20%		1 升 = 0.912 千克
2208200090	其他蒸馏葡萄酒制得的烈性酒	20%		1 升 = 0.912 千克
2208300000	威士忌酒	20%		1 升 = 0.912 千克
2208400000	朗姆酒及蒸馏已发酵甘蔗产品制得的其他烈性酒	20%		1 升 = 0.912 千克
2208500000	杜松子酒	20%		1 升 = 0.912 千克
2208600000	伏特加酒	20%		1 升 = 0.912 千克
2208700000	利口酒及柯迪尔酒	20%		1 升 = 0.912 千克
2208901010	濒危龙舌兰酒	20%		1 升 = 0.912 千克
2208901090	其他龙舌兰酒	20%		1 升 = 0.912 千克

图 3-19　伏特加酒的消费税税率截图

计算方法:

首先计算关税税额,然后计算消费税税额,最后再计算增值税税额。

(1) 伏特加酒的税号为 2208.6000,原产于法国,适用最惠税率 10%,增值税率 17%,消费税率 20%。

(2) 关税完税价格为 8 152.80 元 (=1200 美元×6.7940 元/美元)。

(3) 计算关税税额:

应征关税税额=关税完税价格×关税税率

$$= 8\ 152.80×10\%$$

$$=815.28\ (元)$$

(4) 计算消费税税额:

应征消费税税额= [(关税完税价格 +关税税额) ÷ (1-消费税税率)] ×消费税税率

$$= [\ (8\ 152.80+815.28) ÷ (1-20\%)\ ] ×20\%$$

$$=2\ 242.02\ (元)$$

（5）计算增值税税额：

应征增值税税额＝（关税完税价格＋关税税额＋消费税税额）×增值税税率

　　　　　　　＝（8 152.80＋815.28＋2 242.02）×17%

　　　　　　　＝1 905.72（元）

四、税款滞纳金的计算

（一）征收范围

滞纳金指应纳税的单位或个人因逾期向海关缴纳税款而依法应缴纳的款项。按照规定，关税、进口环节增值税、进口环节消费税、船舶吨税等的纳税义务人或其代理人，应当自海关电子申报系统生成"税费通知"之日起15日内向指定银行缴纳税款，逾期缴纳的，海关依法在原应纳税款基础上，按日加收滞纳税款0.5‰的滞纳金。

在实际计算纳税期限时，应从海关填发税款缴款书之日的第二天起计算，当天不计入。若缴纳期限的最后一日是星期六、星期天或法定节假日，则关税缴纳期限顺延至周末或法定节假日过后的第一个工作日。如果税款缴纳期限内含有的星期六、星期天或法定节假日不予扣除。滞纳天数按照实际滞纳天数计算，其中的星期六、星期天或法定节假日一并计算。

（二）征收标准

滞纳金按每票货物的关税、进口环节增值税、消费税单独计算，起征额为人民币50元，不足人民币50元的免予征收。

其计算公式为：

关税滞纳金金额＝滞纳关税税额×0.5‰×滞纳天数

进口环节海关代征税滞纳金金额＝进口环节海关代征税额×0.5‰×滞纳天数

【例3-14】

国内某公司向香港购进日本丰田皇冠牌轿车一批，已知该批货物应征关税税额为352 793.52元，应征进口环节消费税为72 860.70元，进口环节增值税税额为247 726.38元。海关于2016年6月14日（星期二）填发海关专用缴款书，该公司于2016年7月10日缴纳税款。请计算应征滞纳金。

计算方法：

（1）先确定滞纳天数，再计算应缴纳的关税、进口环节消费税和增值税的滞纳金。税款缴款期限为2016年6月29日（星期三），6月30日至7月10日为滞纳期，共滞纳11天。

（2）按计算公式分别计算进口关税、进口环节消费税和增值税的滞纳金。

关税滞纳金＝关税税额×0.5‰×滞纳天数

　　　　　＝352 793.52×0.5‰×11

　　　　　＝1 940.36（元）

消费税滞纳金＝消费税税额×0.5‰×滞纳天数

　　　　　　＝72 860.70×0.5‰×11

　　　　　　＝400.73（元）

增值税滞纳金＝增值税税额×0.5‰×滞纳天数

　　　　　　＝247 726.38×0.5‰×11

　　　　　　＝1 362.50（元）

五、进出口税费减免

进出口税费减免是指海关按照国家政策、《海关法》和其他有关法律、行政法规的规定，对进出口货物的关税和进口环节海关代征税给予减征或免征。税费减免可分为三大类，即法定减免税、特定减免税和临时减免税。

（一）法定减免税

法定减免税是指按照《海关法》《关税条例》和其他法律、行政法规的规定，进出口货物可以享受的减免关税优惠。海关对法定减免税货物一般不进行后续管理。

下列进出口货物、进出境物品，减征或者免征关税：

1. 关税税额在人民币 50 元以下的一票货物。
2. 无商业价值的广告品和货样。
3. 外国政府、国际组织无偿赠送的物资。
4. 在海关放行前遭受损坏或者损失的货物。
5. 进出境运输工具装载的途中必需的燃料、物料和饮食用品。
6. 我国缔结或者参加的国际条约规定减征、免征关税的货物、物品。
7. 法律规定减征、免征关税的其他货物、物品。

（二）特定减免税

特定减免税是指海关根据国家规定，对特定地区、特定用途和特定企业给予的减免关税和进口环节海关代征税的优惠，也称政策性减免税。特定减税或者免税的范围和办法由国务院规定，海关根据国务院的规定单独或会同国务院其他主管部门制定具体实施办法并加以贯彻执行。

为配合全国增值税转型改革，规范税制，国家对部分进口税收优惠政策进行相应调整。目前实施特定减免税的项目主要如表 3-4 所示：

表 3-4　特定减免税的具体情形

减免税费	特定减免税项目
免征关税、进口环节消费税、进口环节增值税	（1）科教用品。 （2）科技开发用品。 （3）救灾捐赠物资。 （4）残疾人专用品。 （5）特定区域物资。
免征关税、进口环节增值税	（1）重大技术装备。 （2）扶贫慈善捐赠物资。 （3）海上石油、陆上石油项目进口物资。 （4）远洋渔业项目进口自捕水产品。
免征关税	（1）外商投资项目投资额度内进口自用设备。 （2）外商投资企业自有资金项目。 （3）国内投资项目进口自用设备。 （4）贷款项目进口物资。 （5）贷款中标项目进口零部件。 （6）集成电路项目进口物资。
进口税收优惠	（1）进口远洋渔船及船用关键设备和部件。 （2）无偿援助项目进口物资。

（三）临时减免税

临时减免税是指法定减免税和特定减免税以外的其他减免税，国务院根据某个单位、某类商品、某个时期或某批货物的特殊情况和需要，给予特别的临时性减免税优惠。一般是"一案一批"，如汶川地震灾后重建进口物资。为支持和帮助汶川地震受灾地区积极开展生产自救，重建家园，自 2008 年 7 月 1 日起，对受灾地区企业、单位，或支援受灾地区重建的企业、单位，进口国内不能满足供应并直接用于灾后重建的大宗物资、设备等，3 年内免征进口关税和进口环节增值税。

【例 3-15】单选题

享受特定减免税优惠进口的钢材，必须按照规定用途使用，未经海关批准不得擅自出售、转让、移作他用。按照现行规定，海关对其监管年限为：

A. 8 年　　　　B. 6 年　　　　C. 5 年　　　　D. 3 年

答案：A

解　析：现行海关对享受特定减免税优惠进口货物的监管年限为：（1）船舶、飞机及建筑材料（包括钢材、木材、胶合板、人造板、玻璃等）8 年；（2）机动车辆和家用电器 6 年；（3）机器设备和其他设备、材料 5 年。

【例 3-16】判断题

特定减免税货物在进口之前，进口货物收发货人或其代理人应当办理加工贸易备案和登记手册的手续。

答案：错

解析：特定减免税货物在进口之前办理的是免税申请和申领减免税证明。保税加工货物进口前，办理加工贸易备案和登记手册的手续。

任务五　税费缴纳与退补

一、税费缴纳

进出口关税、进口环节海关代征税、滞纳金的缴纳凭证，为海关专用缴款书。进出口货物向海关电子申报，海关审结报关单后，生成"税费通知"传至数据中心，数据中心将海关"税费通知"对申报单位、收（发）货人开放。缴款单位应当自海关发出"税费通知"次日起 15 日内缴纳税款。

为提高全国海关税费电子化支付率，适应我国金融支付清算系统规范化发展的新形势，中国电子口岸数据中心建立了"海关税费电子支付系统"（http：//epi. chinaport. gov. cn/epi/）。采用网上支付的用户，通过中国电子口岸查询到（税费通知）后，可以通过"海关税费电子支付系统"在网上发布支付指令，银行接到支付指令后，可直接从用户在银行开设的预储账号中划转税费；如果是银行担保业务，则进行担保；划转/担保成功后，用户可直接办理相关通关手续。网上支付业务的推出将缩短通关时间，提高通关效率，降低贸易成本。

（一）企业办理海关税费电子支付

第一步：企业联系银行，同银行签订关于使用企业账户进行海关税费电子支付的协议。

第二步：企业登录东方电子支付平台（网址 www. easipay. net），签署三方（企业、海关、银行）协议，提交后信息将自动发送到海关进行备案。

第三步：企业在东方电子支付平台上完成支付账户备案。

(二) 缴款单位网上税费支付流程

1. 缴款单位进入全国海关税费电子支付系统，发布网上支付指令（需要有效的电子口岸法人卡及操作员卡，若没有获得电子口岸 IC 卡或者现有的 IC 卡证书过期的企业，则前往地方电子口岸数据分中心办理）（如图 3-20 所示）。

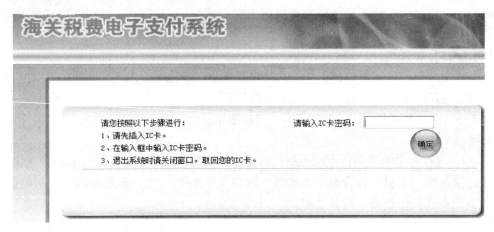

图 3-20　海关税费电子支付系统

（1）税费单查询

企业在"税费单查询"中，可以查询到所有状态的税费单，包括待支付和已支付的。

第一步：点击左侧导航栏中的"税费单查询"（如 3-21 所示）。

图 3-21　税费单查询界面

第二步：用户可根据报关单号、提运单号、税单生成的时间段、税费种类、报关关区以及支付状态逐笔或者批量地来进行税费单的查询（其中税费种类、关区和支付状态均为选项操作，不可自填）。查询结果内容包括：税费单号、税费种类、支付金额、支付状态、平台支付期限以及备案关区。如图 3-22 所示：

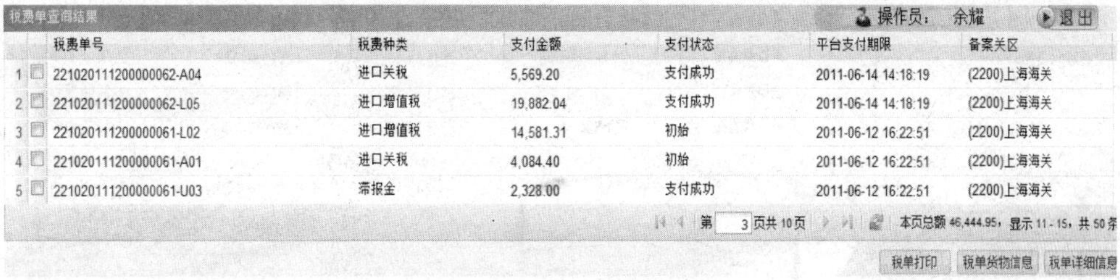

图 3-22　税费单查询结果截图

第三步：用户可以选择查询税单详细信息和税单货物信息，只须勾选需要查询的税单，滚动条颜色会变深，然后点击右下方"税单打印""税单详细信息"和"税单货物信息"。

（2）税费单支付

点击左侧导航栏中的"税费单支付"，可以根据相关内容或直接点击进行模糊查询。查询结果中，税单可能处于两个状态："待支付"和"待审批"状态。"待支付"即税单的初始状态，未进行任何操作，此时操作员可以在法人卡授权的范围对这些税单进行操作处理，或者"提交审批"，或者"直接支付"。"待审批"即税单已由一位操作员完成初审，提交到下一位操作员进行最终的审批，若审批通过，则点击"提交支付"，若发现税单不符合支付条件，点击"退回审批"，回到初审。如图 3-23 所示：

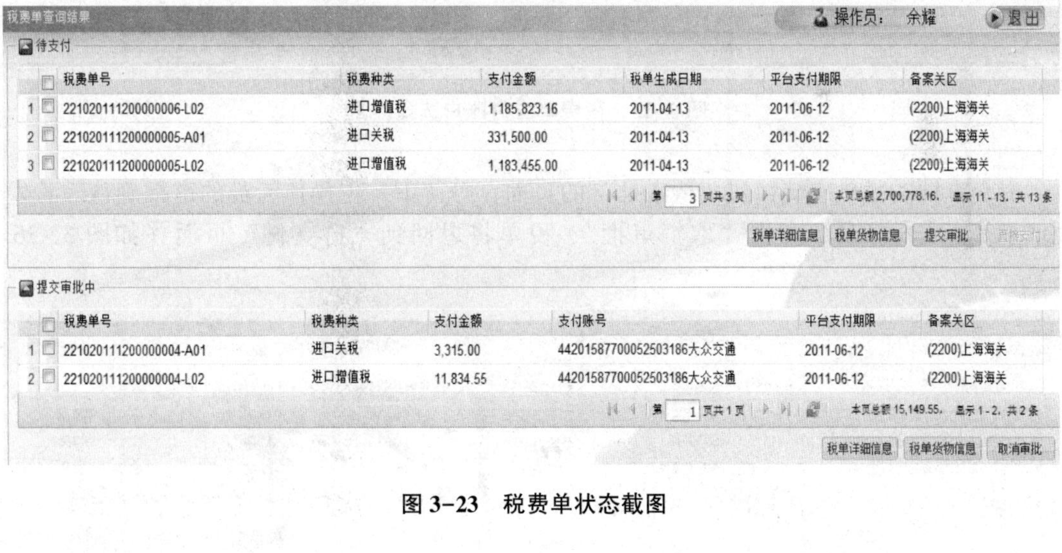

图 3-23　税费单状态截图

第一步：提交审批

具有"支付—提交审批"权限的操作员，选择税单，即在税单前的"□"打"☑"（可以批量选择），然后点击"提交审批"（如图 3-24 所示）。

选择银行账号，点击"提交审批"（如图 3-25 所示）。

图 3-24　税费单提交审批界面

图 3-25　税费单支付账户选择界面

提交审批的税单或转移到"待审批"的页面,等待下一位操作人员的审批确认。若发现税单不符合支付条件,点击"取消审批",税单将退回到"待支付"页面(如图 3-26 所示)。

图 3-26　税费单待支付界面

第二步：提交支付

具有"支付—提交支付"权限的操作人员，选择税单，即在税单前的"☐"打"☑"（可批量选择）。若发现税单不符合支付条件，点击"退回审批"，税单将退回到"待支付"页面；若税单符合支付条件，点击"提交支付"，显示所要支付税单的总金额，点击确认（如图 3-27 所示）。

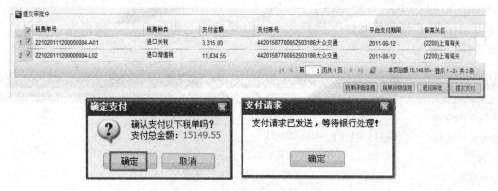

图 3-27 税费单提交界面

若操作员同时具有"支付—提交审批"和"支付—提交支付"的权限，可在"待支付"栏直接对税费单进行支付（如图 3-28 所示）。

图 3-28 税费单直接支付界面

（3）担保支付

企业通过银行开具的保函，进行担保支付。

第一步：点击左侧导航栏中的"担保支付"。

第二步：选择担保协议号和需要支付的税单信息（系统提示的该协议对应税单号前两位，表示担保业务的范围仅在协议中商定的某地区口岸报关的业务，如"22"表示上海口岸）（如图3-29所示）。

第三步：同"税费单支付"操作流程，但原来的"银行账号"变更为"担保协议号"（如图3-30所示）。

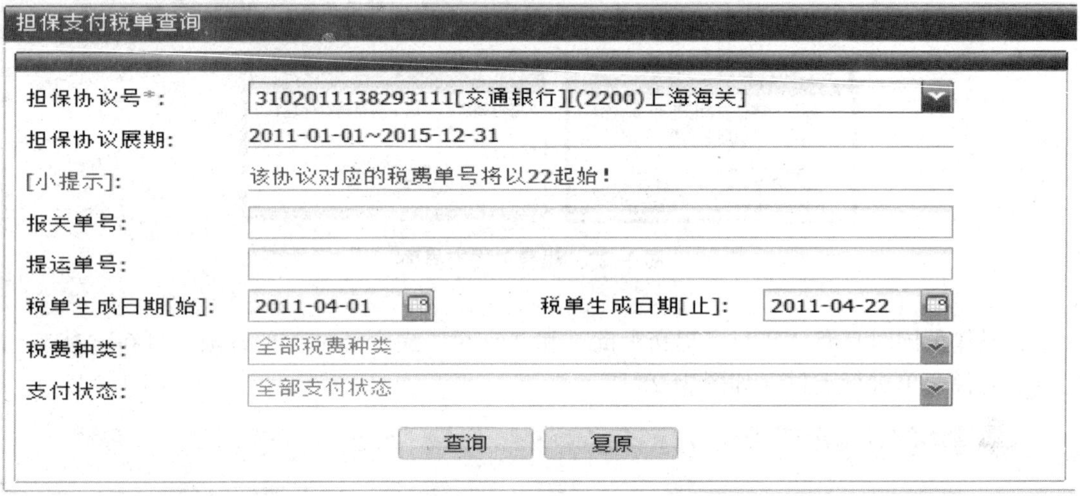

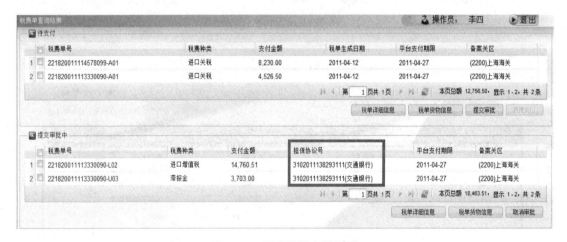

图3-29　担保支付税费查询界面

图3-30　税费担保支付界面

2. 口岸数据中心收到企业的支付指令后，将对应"税费通知"发往银行。银行在接收到支付指令后，将支付指令转往内部会计系统进行税费扣款。如果是银行担保用户，银行提供税费担保，并扣减担保额度。

在支付过程中如果由于预储账户的余额不足造成付款失败（担保用户如果担保额度不

足，会自动扣减该账户中的资金），缴款单位可在接到银行"支付失败（余额不足）"通知后，通过手动方式或银行的网上银行系统将其备用账户的资金转入预储账户，待款项收妥后，用户可以通过中国电子口岸再次提交支付指令。

3. 申报单位、收（发）货单位均可通过数据中心查询税、费的处理状态，得到"支付成功"或"担保成功"状态信息后，到海关现场办理接单、货物验放手续。

4. 海关打印的纸质税费缴款凭证由银行到海关收取，根据企业与银行签订的服务协议中规定的纸质税费缴款凭证递交方式及时交付企业用户。此外，通过"海关税费电子支付系统"支付成功的税单也可在系统中直接下载打印支付凭证（如图 3-31 所示）。

		交易号	税费单号	税费种类	支付金额	支付账号/担保协议号	支付时间	支付方式	支付状态
1	☑	EPLAT002011041500001918257	221020111200000052-A01	进口关税	3,315,000.00	44201587700052503186	2011-04-15...	普通支付	实扣成功
2	☐	EPLAT002011041500001918256	221020111200000052-L02	进口增值税	11,834,550.00	44201587700052503186	2011-04-15...	普通支付	实扣成功
3	☐	EPLAT002011041500001918255	221020111200000052-L02	进口增值税	11,834,550.00	44201587700052503186	2011-04-15...	普通支付	支付失败
4	☐	EPLAT002011041500001918254	221020111200000052-U03	滞报金	2,850,900.00	44201587700052503186	2011-04-15...	普通支付	支付失败
5	☐	EPLAT002011041500001918253	221020111200000052-A01	进口关税	3,315,000.00	44201587700052503186	2011-04-15...	普通支付	支付失败

图 3-31　下载支付凭证界面

二、税款退还

（一）退税的情形

1. 已缴纳进口关税和进口环节海关代征税税款的货物，因品质或规格原因原装退货复运出境的。

2. 已缴纳出口关税的出口货物，因品质或规格原因原装退货复运进境的，并已重新缴纳因出口而退还的国内环节税的。

3. 已缴纳出口关税的货物，因故未装运出口申报退关的。

4. 已征税放行的散装进出口货物发生短卸、短装，如果该货物的发货人、承运人或保险公司已对短卸、短装部分退还或赔偿相应货款的，纳税义务人可以向海关申请退还进口或出口短卸、短装部分的相应税款。

5. 进出口货物因残损、品质不良、规格不符等原因，由进出口货物收发货人、承运人或保险公司赔偿相应货款的，纳税义务人可以向海关申请退还赔偿货款部分的相应税款。

6. 因海关误征，致使纳税义务人多缴税款的。

（二）退税的期限及要求

1. 海关发现多征税的，应立即通知纳税人办理退还手续。

2. 纳税义务人发现多征税的，自缴纳税款之日起 1 年内要求海关退还多征税款和利息，利息按照海关填发"收入退还书"之日中国人民银行规定的活期储蓄利率计算，利息期限自纳税义务人缴款之日至海关填发"收入退还书"之日。

3. 进口环节增值税已予抵缴的，除国家另有规定不予退还；已征收滞纳金不予退还。

4. 海关应自受理退税申请之日起 30 日内查实并通知纳税义务人办理退还手续，纳税义务人自收到通知之日起 3 个月内办理有关退税手续。

5. 退税在原征税海关办理。

（三）退税的凭证

海关退还已征收的关税和进口环节海关代征税时，应填发"收入退还书"（海关专用），同时通知原纳税义务人或其代理人，海关将"收入退还书"送交指定银行进行划拨款。

三、追征和补征税款

（一）追征和补征税款的范围

（1）进出口货物放行后，海关发现少征或漏征税款的；（2）因纳税义务人违反规定造成少征或漏征税款的；（3）海关监督货物在海关监督期内因故改变用途按照规定需要补征税款的。

（二）追征和补征税款的期限和要求

（1）进出口货物放行后，海关发现少征或漏征税款的，应当自缴纳税款或货物放行之日起 1 年内，相关纳税义务人补征税款；（2）因纳税义务人违反规定造成少征或漏征税款的，海关可以自缴纳税款或货物放行之日起 3 年内追征税款，并从缴纳税款或货物放行之日起至海关发现违规行为之日止按日加收 0.5% 的滞纳金；（3）对偷税、抗税、骗税的，海关追征不受前款所述期限的限制。

四、延期纳税

（1）因不可抗力或政策原因不能按期纳税，可向直属海关提出延期纳税，并提供相应材料；（2）要求海关先放行货物的，应向海关提供税款担保，但最长不超过货物放行之日起 6 个月，6 个月内纳税不收滞纳金，6 个月后纳税，按日加收 0.5‰ 的滞纳金。

五、加工贸易缓税利息

（1）加工贸易保税货物在规定期限内全部出口，由海关通知中国银行将保证金及利息全部退还；（2）加工贸易保税料件或制成品内销，补征税款，并加征缓税利息。

单元练习

一、单项选择题

1. 在下列选项中，增值税不是 13% 的是（　　）

A. 粮食、食用植物油 　　　　　　　　B. 石油、柴油、汽油

C. 图书、报纸、杂志 　　　　　　　　D. 饲料、化肥、农药、农机、农膜

2. 滞纳金、滞报金的征收标准分别是（　　）

A. 1‰；0.5‰ 　　　　B. 0.5‰；0.5‰ 　　　　C. 1‰；1‰ 　　　　D. 0.5‰；0.5‰

3. 进口货物收货人应当自运输工具申报进境（　　）内向海关申报。

A. 之日起 14 日 　　　B. 之日起 7 日 　　　C. 次日起 14 日 　　　D. 次日起 7 日

4. 在我国不属于海关征收的税种是（　　）

A. 营业税 　　　　　　　　　　　　　B. 关税

C. 进口环节增值税、消费税 　　　　　D. 船舶吨税

5. 以下关于我国增值税的说法正确的是(　　)。

A. 进口环节的增值税以组成价格作为计税价格, 征税时不得抵扣任何税额

B. 我国对进口的货物一律按 13% 的税率征收增值税

C. 对于进口的图书、报纸、杂志, 增值税率为 17%

D. 中国残疾人联合会直属事业单位进口残疾人专用物品, 一律按 13% 的低税率征收增值税

6. 某工厂从德国进口一批机械设备, 以 CIF 广州价格条件成交, 发票列明: 机械设备 500 000 美元, 运保费 5 000 美元, 卖方佣金 25 000 美元, 培训费 2 000 美元, 设备调试费 20 000 美元, 该货物海关审定的完税价格为(　　)

A. 527 000 美元　　B. 530 000 美元　　C. 532 000 美元　　D. 552 000 美元

7. 出口货物的完税价格由海关以该货物的成交价格为基础审查确定, 如果成交价格包含出口关税, 则出口货物的完税价格为(　　)

A. FOB　　　　B. CIF　　　　C. FOB-出口税　　　D. CIF-出口税

8. 我国某出口加工企业从香港购进台湾产的薄形尼龙布一批, 加工成女式服装后, 经批准运往区外内销, 该批服装向海关申报出区时, 其原产地应申报为(　　)

A. 香港　　　　B. 台湾　　　　C. 中国　　　　D. 国别不详

9. 用于所获得或生产产品中的原产于东盟成员方的成分不少于该货物 FOB 价的(　　), 并且最后的工序是在成员方境内完成, 则认定原产国为东盟成员国。

A. 40%　　　　B. 30%　　　　C. 50%　　　　D. 60%

10. 下列进口货物中, 属于法定免税进口的货物是(　　)

A. 某三资企业以保税方式进口的生产原材料

B. 某大学进口用于科研实验用动物

C. 某化妆品公司用于广告宣传而进口的免费赠送的试用化妆品

D. 残疾人进口的残疾人专用轮椅

二、多项选择题

1. 关于特殊货物完税价格, 下列表述正确的是(　　)

A. 运往境外修理的设备并在海关规定的期限内复运进境的, 海关以境外修理费和料件费审定完税价格

B. 运往境外加工的货物, 出境时已向海关报明, 并在海关规定的期限内复运进境的, 海关以境外加工费和料件费以及该货物复运进境的运输及其相关费用、保险费审定完税价格

C. 出境修理货物、出境加工货物复运进境超过海关规定期限的, 海关按照一般进口货物, 按货物价值审定完税价格

D. 经海关批准留购的暂时进境货物, 以海关审定的留购价格作为完税价格

2. 根据《中华人民共和国消费税暂行条例》的规定, 在下列进口商品中, (　　)按从量定额的办法计征消费税。

A. 石油原油　　B. 胶卷　　　C. 冻鸡　　　D. 啤酒

3. 我国增值税基本税率为 17%, 但对于一些关系到国计民生的重要物资, 增值税税率较低, 为 13%。在下列选项中, 属于 13% 增值税税率的是(　　)

A. 粮食、食用植物油　　　　　　B. 自来水、石油液化气、煤气、天然气

C. 图书、报纸、杂志　　　　　　D. 饲料、化肥、农药、农机、农膜

4. 关于税率适用原则，下列表述正确的是(　　)

A. 进口货物应当适用纳税义务人申报该货物进口之日实施的税率

B. 进口货物到达前，经海关核准先行申报的，应当适用装载该货物的运输工具申报进境之日实施的税率

C. 进口转关运输货物，应当适用指运地海关接受该货物申报进口之日实施的税率

D. 保税货物经批准不复运出境的，应当适用海关接受纳税义务人再次填写报关单申报办理纳税及有关手续之日实施的税率

5. 下述哪些是国家规定实行法定减免税的商品(　　)

A. 关税税额在人民币50元以下的一票货物

B. 无商业价值的广告品和货样

C. 外国政府无偿赠送的物资

D. 残疾人用品

6. 下列货物经海关审查无误后，可以免税的是(　　)

A. 关税税额在人民币50元以下的一票货物

B. 广告品和货样

C. 海外华侨无偿赠送的物品

D. 进出境运输工具装载途中的必需的燃料、物料和餐料

7. 自缴纳税款之日起1年内，纳税义务人在哪些情况下可以申请退还关税(　　)

A. 已征收出口关税的货物，因故未装上运输工具，申报退关的

B. 已征收出口关税的货物，因为品质或规格原因，原状退货复运进境的

C. 已征收进口关税的货物，因为品质或规格原因，原状退货复运出境的

D. 已征税放行的散装进出口货物发生短卸、短装，向海关申请退还进口或者出口短卸、短装部分相应税款的

三、判断题

1. 海关审定进口货物的成交价格，是指卖方向中华人民共和国境内销售该货物时买方变进口该货物向卖方实付、应付的价格总额，包括直接交付的价格和间接支付的价款。(　　)

2. 滑准税是当商品价格上涨时采用较高税率，当商品价格下跌时则采用较低税率的一种关税，其目的是使该种商品的国内市场价格保持稳定。(　　)

3. 保税区内的加工企业内销的制成品，海关以接受内销申报的同时或大约同时进口的相同或者类似货物的进口成交价格为基础审查确定完税价格。(　　)

4. 海关对运往境外修理的货物，如出口时已向海关报明并在海关规定的期限复运进境的，海关审定其完税价格时以境外修理费和料件费审查确定。(　　)

5. 若经海关调查认定买卖双方有特殊经济关系并影响成交价格，则海关有权不按成交价格法审查确定完税价格。(　　)

6. 进料加工进口料件内销时，以料件原进口成交价格为基础审查确定完税价格。(　　)

7. 经海关批准，留购的暂时进境货物，以海关审查确定的留购价格作为完税价格。(　　)

8. 以CIF纽约成交的出口货物，从上海口岸申报出口，其完税价格为海关审定的CIF纽约价格扣除上海至纽约的运保费，如包括出口关税，将扣除出口关税。(　　)

9. 在计算出口关税时，优先执行暂定税率。(　　)

10. 所谓实质性加工是指产品经加工后，在《海关进出口税则》中 4 位数一级的税则归类已经改变，或者加工增值部分占新产品总值的比例已达到 30% 及以上。　　　　　　（　　）

四、技能训练题

1. 某公司进口美国产机动混凝土搅拌车 10 辆，其成交价格每辆 100 000 美元 CIF 大连，外汇折算率为 1 美元＝人民币 6.7940 元。计算应征关税税款和增值税税款（确定使用最惠国税率；混凝土搅拌车归入税号 8705.4000，查得进口关税税率为 15%）。

2. 某公司进口轮胎一批，其成交价格为 CIF 广州 10 万美元，外汇折算率为 1 美元＝人民币 6.7940 元。计算应征关税税款、消费税和增值税税款（确定适用最惠国税率；该轮胎归入税号 4013.1000，查得进口关税税率为 15%，消费税率 3%）。

3. 某公司进口货物应缴纳关税 90 000 元，增值税 110 000 元，消费税 80 000 元，海关于 2017 年 7 月 24 日（星期一）签发税款缴款书，该公司于 2017 年 8 月 21 日（星期一）缴纳税款。计算海关应征滞纳金。

项目四

报关单缮制

学习目标

【知识目标】
- 掌握报关单的含义、类型及法律效力。
- 熟悉报关单填制的一般要求和各栏目的逻辑关系。

【技能目标】
- 能够根据原始单证和资料，完整、准确、有效地填制进出口货物报关单。
- 能检查报关单各栏目填报的内容是否正确并修改。
- 能够熟练使用 QP 系统报关。

🔷 项目导入

外商独资企业上海 W 模具有限公司（18 位法人统一社会信用代码：913101151234567890）于 2017 年 6 月 8 日进口一批国家鼓励项目下投资总额内的企业自用设备，计划次日凭入境货物通关单（代码及编号为 A：440300201016905）、征免税证明（编码：Z22101A00455）及有关单证，向上海浦东海关（关区代码：2201）报关。商品编码为8456.309090，法定计量单位为台，运费总额为 4800 美元，保险费率为 0.3%。20 尺集装箱自重 2275 千克。上海 W 模具有限公司要求报关员小李整理所有报关材料，根据货物情况填制进口货物报关单。报关材料包括商业发票、提单、装箱单等。

工作任务：

（1）整理核实报关材料是否齐全，并找出进出口货物报关单各栏目对应的信息。

（2）以本单位的名义填写报关单各栏目。

任务一　报关单证认知

一、报关需要提交的单证

申报单证分主要单证和随附单证两大类，其中随附单证中包括基本单证、特殊单证、预备单证。

主要单证就是报关单。

基本单证主要是进口提货单据、出口装货单据、商业发票、装箱单等。

特殊单证主要是指进出口许可证件、加工贸易登记手册、特定减免税证明、原进出口货物报关单证、出口收汇核销单、原产地证明书等。

预备单证主要是指贸易合同、进出口企业的有关证明文件等，海关在审单、征税时可能要调阅或者备案。

进出口货物在申报时向海关提交的单证，具体如下：

1. 进出口货物报关单。

2. 货物发票（对货物出口委托国外销售，结算方式是待货物销售后按实销金额向出口单位结汇的，出口报关时可准予免交）。

3. 陆运单、空运单和海运进口的提货单及海运出口的装货单。

4. 货物装箱单（散装货物或单一品种且包装内容一致的件装货物可免交）。

5. 出口收汇核销单（出口货物报关时，应交验外汇管理部门加盖"监督收汇"章的出口收汇核销单）。

6. 其他监管单证（如商检证、出口许可证、熏蒸证等）。

7. 代理报关委托书。

8. 出口货物明细单。

9. 海关认为必要的单证（如贸易合同、货物产地证书等）。

10. 其他有关单证（如减免税证明、加工贸易手册等）。

需注意的是，不同的货物进出口所要求的单据不同；不同的贸易方式所需要的单据也是不同的；各地海关对同一种贸易方式的单据要求也是不同的。

二、报关单

进出口货物报关单是指进出口货物收发货人或其代理人按照海关规定的格式对进出口货物的实际情况做出书面申明，以此要求海关对其货物按适用的海关制度办理通关手续的法律文书。

报关单既是海关监管、征税、统计以及开展稽查和调查的重要依据，又是加工贸易进出口货物核销，以及出口退税和外汇管理的重要凭证，也是海关处理走私、违规案件，及税务、外汇管理部门查处骗税和套汇犯罪活动的重要证书。

现今，进出口货物主要采用电子报关形式申报，报关单是在中国电子口岸系统中填入，需要时自主从系统中下载打印。

报关单的类别：

（1）按进出口的流向分可分为进口货物报关单和出口货物报关单。

（2）按介质分可分为纸质报关单和电子数据报关单。

（3）按用途分可分为预录入报关单和报关单证明联。

预录入报关单：指报关单位或报关人将报关单上申报的数据、内容录入电子计算机，并将数据、内容传送到海关报关自动化系统，海关尚未接受申报的报关单。

报关单证明联：指海关在核实货物实际进出境后按报关单格式提供的，用作进出口货物收发货人向国税、外汇管理部门办理退税和外汇核销手续的证明文件。包括海关作业联、企业留存联、海关核销联、进口付汇联、出口收汇联、出口退税联等。

为进一步深化海关通关作业无纸化改革，减少纸质单证流转，减轻企业负担，自 2013 年 9 月 16 日起，海关不再签发纸质报关单收、付汇证明联；自 2015 年 5 月 1 日起，不再签发纸质出口货物报关单证明联（出口退税专用）。企业可通过中国电子口岸相关系统自行以普通

A4 纸打印报关单证明联（出口收汇或进口付汇用）并加盖企业公章。

进口货物报关单样式如表 4-1 所示，出口货物报关单样式如表 4-2 所示。

表 4-1 中华人民共和国海关进口货物报关单

预录入编号： 海关编号：

收发货人		进口口岸		进口日期		申报日期	
消费使用单位		运输方式		运输工具名称		提运单号	
申报单位		监管方式		征免性质		备案号	
贸易国（地区）	启运国（地区）			装货港		境内货源地	
许可证号	成交方式		运费		保费	杂费	
合同协议号	件数		包装种类		毛重（公斤）	净重（公斤）	
集装箱号	随附单证						
标记唛码及备注							
随附单证号：							
项号　商品编号　商品名称、规格型号　数量及单位　原产国（地区）　单价　总价　币制　征免							
1.							
2.							
3.							
4.							
5.							
6.							
7.							
8.							
特殊关系确认：是／否　价格影响确认：是／否　支付特许权使用费确认：是／否							
录入员录入单位		兹申明对以上内容承担如实申报、依法纳税之法律责任			海关批注及签章		
报关人员申报单位（签章）							

表 4-2 中华人民共和国海关出口货物报关单

预录入编号： 海关编号：

收发货人		出口口岸		出口日期		申报日期	
生产销售单位		运输方式		运输工具名称		提运单号	
申报单位		监管方式		征免性质		备案号	
贸易国（地区）	运抵国（地区）			指运港		境内货源地	
许可证号	成交方式		运费		保费	杂费	

续表

合同协议号	件数	包装种类	毛重（公斤）	净重（公斤）
集装箱号	随附单证			

标记唛码及备注
　　随附单证号：

项号	商品编号	商品名称、规格型号	数量及单位	最终目的国（地区）	单价	总价	币制	征免
1.								
2.								
3.								
4.								
5.								
6.								
7.								
8.								

特殊关系确认：是/否　价格影响确认：是/否　支付特许权使用费确认：是/否

录入员录入单位	兹申明对以上内容承担如实申报、依法纳税之法律责任	海关批注及签章
报关人员申报单位（签章）		

任务二　报关单填写

向海关进行电子申报时，须从以下几个方面入手：

● 从随附单证（基本单证和特殊单证）中搜集与报关单各栏目相关的信息或数据资料，即从该笔进出口业务对应的进口货物提货单/出口货物装货单、商业发票、装箱单、仓单、进出口许可证件、加工贸易手册、征免税证明、出入境货物通关单、原产地证书等单证中查找相关信息。

● 核实单据的一致性。

● 按报关单填制规范在计算机中进行报关单预录入。

● 校对报关单数据内容，审核无误后传送到海关报关自动化系统进行申报（现在全国已实行通关无纸化作业，无须打印纸质报关单递交海关）。

报关单各栏目的填制规范如下：

一、预录入编号

预录入编号规则由接受申报的海关决定。QP系统报关单预录入并提交后，自动生成预录入编号。

二、海关编号

本栏目填报海关接受申报时给予报关单的编号，一份报关单对应一个海关编号。QP 系统填报时，无须填写本栏目，预录入报关单申报以后会自动生成。

报关单海关编号为 18 位，其中第 1~4 位为接受申报海关的编号（海关规定的《关区代码表》中相应海关代码），第 5~8 位为海关接受申报的公历年份，第 9 位为进出口标志（"1"为进口，"0"为出口；集中申报清单"I"为进口，"E"为出口），后 9 位为顺序编号。

三、收发货人

本栏目填报在海关注册的对外签订并执行进出口贸易合同的中国境内法人、其他组织或个人的名称及编码。编码可选填 18 位法人和其他组织统一社会信用代码或 10 位海关注册编码任一项。

特殊情况下填制要求如下：

（一）进出口货物合同签订者和执行者非同一企业的，填报执行合同的企业。

【例 4-1】北京煤炭进出口总公司对巴基斯坦签约出口"水洗炼焦煤"10 万吨，由广州煤炭分公司执行合同，组织货源，并安排出口。

解析："收发货人"栏目应填报执行合同的企业，即"广州煤炭分公司 44011×××××"。

（二）外商投资企业委托进出口企业进口投资设备、物品的，填报外商投资企业，并在标记唛码及备注栏注明"委托某进出口企业进口"，同时注明被委托企业的 18 位法人和其他组织统一社会信用代码。

【例 4-2】北京宇都商贸有限公司（110120756）委托大连化工进出口公司（2102911013）与韩国签约进口电动叉车（自用设备）。

解析："收发货人"栏目应填"北京宇都商贸有限公司 110120756"。

备注栏注明"委托大连化工进出口公司进口"。

（三）有代理报关资格的报关企业代理其他进出口企业办理进出口报关手续时，填报委托的进出口企业。

（四）使用海关核发的《中华人民共和国海关加工贸易手册》、电子账册及其分册（以下统称《加工贸易手册》）管理的货物，收发货人应与《加工贸易手册》的"经营企业"一致。

四、进口口岸/出口口岸

本栏目应根据货物实际进出境的口岸海关，填报海关规定的《关区代码表》中相应口岸海关的名称及代码。

【例 4-3】货物于 2017 年 06 月 10 日运抵上海浦江口岸，当日向浦江海关（关区代码 2201）办理进口申报手续。

解析："进口口岸"应填"浦江海关 2201"。

特殊情况填报要求如下：

（一）进口转关运输货物应填报货物进境地海关名称及代码，出口转关运输货物应填报货物出境地海关名称及代码。

（二）按转关运输方式监管的跨关区深加工结转货物，出口报关单填报转出地海关名称及代码，进口报关单填报转入地海关名称及代码。

（三）在不同海关特殊监管区域或保税监管场所之间调拨、转让的货物，填报对方特殊监管区域或保税监管场所所在的海关名称及代码。

（四）其他无实际进出境的货物，填报接受申报的海关名称及代码。

五、进口日期/出口日期

进口日期填报运载进口货物的运输工具申报进境的日期。

出口日期指运载出口货物的运输工具办结出境手续的日期，本栏目在申报时免予填报。

无实际进出境的报关单填报海关接受申报的日期。

本栏目为 8 位数字，顺序为年（4 位）、月（2 位）、日（2 位）。

【例 4-4】货物于 2017 年 06 月 10 日运抵上海浦江口岸，当日向浦江海关（关区代码 2201）办理进口申报手续。

解析："进口日期"应填"20170610"。

六、申报日期

申报日期指海关接受进出口货物收发货人、受委托的报关企业申报数据的日期。

以电子数据报关单方式申报的，申报日期为海关计算机系统接受申报数据时记录的日期。以纸质报关单方式申报的，申报日期为海关接受纸质报关单并对报关单进行登记处理的日期。

申报日期为 8 位数字，顺序为年（4 位）、月（2 位）、日（2 位）。本栏目在申报时免予填报。

七、消费使用单位/生产销售单位

（一）消费使用单位填报已知的进口货物在境内的最终消费、使用单位的名称，包括：

1. 自行进口货物的单位。

2. 委托进出口企业进口货物的单位。

（二）生产销售单位填报出口货物在境内的生产或销售单位的名称，包括：

1. 自行出口货物的单位。

2. 委托进出口企业出口货物的单位。

（三）使用《加工贸易手册》管理的货物，消费使用单位/生产销售单位应与《加工贸易手册》的"加工企业"一致；减免税、货物报关单的消费使用单位/生产销售单位应与《中华人民共和国海关进出口货物征免税证明》（以下简称《征免税证明》）的"减免税申请人"一致；保税监管场所与境外之间的进出境货物，消费使用单位/生产销售单位应当填报保税监管场所的名称［保税物流中心（B 型）填报中心内企业名称］。

（四）消费使用单位/生产销售单位按下列要求填报：

已在海关注册登记的，应填报中文名称和 18 位法人和其他组织统一社会信用代码（或 10 位海关注册编码、加工生产企业登记编码）。

未在海关注册登记的，应填报中文名称、18 位法人和其他组织统一社会信用代码或 9 位组织机构代码。没有 18 位法人和其他组织统一社会信用代码的可不填，没有 9 位组织机构代码的应填报"NO"。

八、运输方式

运输方式包括实际运输方式和海关规定的特殊运输方式，前者指货物实际进出境的运输方式，按进出境所使用的运输工具分类；后者指货物无实际进出境的运输方式，按货物在境内的流向分类。

本栏目应根据货物实际进出境的运输方式或货物在境内流向的类别，按照海关规定的《运输方式代码表》选择填报相应的运输方式（如表4-3所示）。

（一）运输方式代码说明

1. 水路运输：代码"2"，指利用船舶在国内外港口之间，通过固定的航区和航线进行货物运输的一种方式。

2. 铁路运输：代码"3"，指利用铁路承担进出口货物运输的一种方式。

3. 公路运输：代码"4"，指利用汽车承担进出口货物运输的一种方式。

4. 航空运输：代码"5"，指利用航空器承运进出口货物的一种方式。

5. 邮件运输：代码"6"，指通过邮局寄运货物进出口的一种方式。

6. 其他运输：代码"9"，除上述几种运输方式外的货物进出口运输方式（如人扛、驮畜、输油管道、输水管道和输电网等）。

7. 境内进出和退回保税区或保税仓库等区域的运输方式代码如下。

（1）非保税区：代码"0"，指境内非保税区运入保税区和保税区退区（退运境内）货物。

（2）监管仓库：代码"1"，指境内存入出口监管仓和出口监管仓退仓货物。

（3）保税区：代码"7"，指保税区运往境内非保税区货物。

（4）保税仓库：代码"8"，指保税仓库转内销货物。

（5）边境特殊海关作业区：代码"H"，指境内运入深港西部通道港方口岸区的货物。

（6）物流中心：代码"W"，指从境内运入保税物流中心或从保税物流中心运往境内非保税物流中心的货物。

（7）物流园区：代码"X"，指从境内运入保税物流园区或从园区运往境内的货物。

（8）保税港区：代码"Y"，指从保税港区（不包括直通港区）运往区外和区外运入保税港区的货物。

（9）出口加工区：代码"Z"，指出口加工区运往境内加工区外和区外运入出口加工区的货物。

表4-3 运输方式代码表说明

运输方式代码	运输方式名称	运输方式代码	运输方式名称
0	非保税区	8	保税仓库
1	监管仓库	9	其他运输
2	水路运输	A	全部运输方式
3	铁路运输	H	边境特殊海关作业区
4	公路运输	W	物流中心
5	航空运输	X	物流园区
6	邮件运输	Y	保税港区
7	保税区	Z	出口加工区

（二）特殊情况填报要求

1. 非邮件方式进出境的快递货物，按实际运输方式填报。

2. 进出境旅客随身携带的货物，按旅客实际进出境方式所对应的运输方式填报。

3. 进口转关运输货物，按载运货物抵达进境地的运输工具填报；出口转关运输货物，按载运货物驶离出境地的运输工具填报。

4. 不复运出（入）境而留在境内（外）销售的进出境展览品、留赠转卖物品等，填报"其他运输"（代码9）。

（三）无实际进出境货物在境内流转时填报要求

1. 境内非保税区运入保税区货物和保税区退区货物，填报"非保税区"（代码0）。

2. 保税区运往境内非保税区货物，填报"保税区"（代码7）。

3. 境内存入出口监管仓库和出口监管仓库退仓货物，填报"监管仓库"（代码1）。

4. 保税仓库转内销货物，填报"保税仓库"（代码8）。

5. 从境内保税物流中心外运入中心或从中心运往境内中心外的货物，填报"物流中心"（代码W）。

6. 从境内保税物流园区外运入园区或从园区内运往境内园区外的货物，填报"物流园区"（代码X）。

7. 保税港区、综合保税区与境内（区外）（非特殊区域、保税监管场所）之间进出的货物，填报"保税港区/综合保税区"（代码Y）。

8. 出口加工区、珠澳跨境工业区（珠海园区）、中哈霍尔果斯边境合作区（中方配套区）与境内（区外）（非特殊区域、保税监管场所）之间进出的货物，填报"出口加工区"（代码Z）。

9. 境内运入深港西部通道港口岸区的货物，填报"边境特殊海关作业区"（代码H）。

10. 经横琴新区和平潭综合实验区（以下简称综合试验区）二线指定申报通道运往境内区外或从境内经二线制定申报通道进入综合试验区的货物，以及综合试验区内按选择性征收关税申报的货物，填报"综合试验区"（代码T）。

11. 其他境内流转货物，填报"其他运输"（代码9），包括特殊监管区域内货物之间的流转、调拨货物，特殊监管区域、保税监管场所之间相互流转货物，特殊监管区域内企业申报的与境内进出的货物，特殊监管区域外的加工贸易余料结转、深加工结转、内销等货物。

九、运输工具名称

本栏目填报载运货物进出境的运输工具名称或编号。填报内容应与运输部门向海关申报的舱单（载货清单）所列相应内容一致。具体填报要求如下：

（一）直接在进出境地或采用区域通关一体化通关模式办理报关手续的报关单填报要求如下。

1. 水路运输：填报船舶编号（来往港澳小型船舶为监管簿编号）或者船舶英文名称。

2. 公路运输：启用公路舱单前，填报该跨境运输车辆的国内行驶车牌号，深圳提前报关模式的报关单填报国内行驶车牌号+"/"+"提前报关"。启用公路舱单后，免予填报。

3. 铁路运输：填报车厢编号或交接单号。

4. 航空运输：填报航班号。

5. 邮件运输：填报邮政包裹单号。

6. 其他运输：填报具体运输方式名称，如管道、驮畜等。

（二）转关运输货物的报关单填报要求如下：

1. 进口

（1）水路运输：直转、提前报关填报"@"+16位转关申报单预录入号（或13位载货清单号）；中转填报进境英文船名。

（2）铁路运输：直转、提前报关填报"@"+16位转关申报单预录入号；中转填报车厢编号。

（3）航空运输：直转、提前报关填报"@"+16位转关申报单预录入号（或13位载货清单号）；中转填报"@"。

（4）公路及其他运输：填报"@"+16位转关申报单预录入号（或13位载货清单号）。

（5）以上各种运输方式使用广东地区载货清单转关的提前报关货物填报"@"+13位载货清单号。

2. 出口

（1）水路运输：非中转填报"@"+16位转关申报单预录入号（或13位载货清单号），如多张报关单需要通过一张转关单转关的，运输工具名称字段填报"@"。中转货物，境内水路运输填报驳船船名；境内铁路运输填报车名（主管海关4位关区代码+"TRAIN"）；境内公路运输填报车名（主管海关4位关区代码+"TRUCK"）。

（2）铁路运输：填报"@"+16位转关申报单预录入号（或13位载货清单号），如多张报关单需要通过一张转关单转关的，填报"@"。

（3）航空运输：填报"@"+16位转关申报单预录入号（或13位载货清单号），如多张报关单需要通过一张转关单转关的，填报"@"。

（4）其他运输方式：填报"@"+16位转关申报单预录入号（或13位载货清单号）。

（三）采用"集中申报"通关方式办理报关手续的，报关单本栏目填报"集中申报"。

（四）无实际进出境的报关单，本栏目免予填报。

十、航次号

本栏目填报载运货物进出境的运输工具的航次编号。具体填报要求如下：

（一）直接在进出境地或采用区域通关一体化模式办理报关手续的报关单

1. 水路运输：填报船舶的航次号。

2. 公路运输：启用公路舱单前，填报运输车辆的8位进出境日期［顺序为年（4位）、月（2位）、日（2位），下同］。启用公路舱单后，填报货物运输批次号。

3. 铁路运输：填报列车的进出境日期。

4. 航空运输：免予填报。

5. 邮件运输：填报运输工具的进出境日期。

6. 其他运输方式：免予填报。

（二）转关运输货物的报关单

1. 进口

（1）水路运输：中转转关方式填报"@"+进境干线船舶航次。直转、提前报关免予填报。

（2）公路运输：免予填报。

（3）铁路运输："@"+8位进境日期。

（4）航空运输：免予填报。

（5）其他运输方式：免予填报。

2. 出口

（1）水路运输：非中转货物免予填报。中转货物：境内水路运输填报驳船航次号；境内铁路、公路运输填报6位启运日期〔顺序为年（2位）、月（2位）、日（2位）〕。

（2）铁路拼车拼箱捆绑出口：免予填报。

（3）航空运输：免予填报。

（4）其他运输方式：免予填报。

（三）无实际进出境的报关单，本栏目免予填报

十一、提运单号

本栏目填报进出口货物提单或运单的编号。一份报关单只允许填报一个提单或运单号，一票货物对应多个提单或运单时，应分单填报。具体填报要求如下：

（一）直接在进出境地或采用区域通关一体化通关模式办理报关手续的

1. 水路运输：填报进出口提单号。如有分提单的，填报进出口提单号+"＊"+分提单号。

2. 公路运输：启用公路舱单前，免予填报；启用公路舱单后，填报进出口总运单号。

3. 铁路运输：填报运单号。

4. 邮件运输：填报邮运包裹单号。

5. 航空运输：填报总运单号+"_"+分运单号，无分运单的填报总运单号。

【例4-5】某票货物的航空分运单号为"4087-1532"，总运单号为"MAWB：790-8127 3721"。

解析："提运单号"栏应填"79081273721_ 40871532"。

注：总运单（Master Air Way Bill，MAWB）一般是航空公司签发；分运单（House Air WayBill，HAWB）一般是航空货运代理人签发的。

（二）转关运输货物的报关单

1. 进口

（1）水路运输：直转、中转填报提单号。提前报关免予填报。

（2）铁路运输：直转、中转填报铁路运单号。提前报关免予填报。

（3）航空运输：直转、中转货物填报总运单号+"_"+分运单号。提前报关免予填报。

（4）其他运输方式：免予填报。

（5）以上运输方式进境货物，在广东省内用公路运输转关的，填报车牌号。

2. 出口

（1）水路运输：中转货物填报提单号；非中转货物免予填报；广东省内汽车运输提前报关的转关货物，填报承运车辆的车牌号。

（2）其他运输方式：免予填报。广东省内汽车运输提前报关的转关货物，填报承运车辆的车牌号。

（三）采用"集中申报"通关方式办理报关手续的

报关单填报归并的集中申报清单的进出口起止日期〔按年（4 位）月（2 位）日（2 位）年（4 位）月（2 位）日（2 位）〕。

（四）无实际进出境的，本栏目免予填报

十二、申报单位

自理报关的，本栏目填报进出口企业的名称及编码；委托代理报关的，本栏目填报报关企业名称及编码。编码可选填 18 位法人和其他组织统一社会信用代码或 10 位海关注册编码任一项。

本栏目还包括报关单左下方用于填报申报单位有关情况的相关栏目，包括报关人员、申报单位签章。

十三、监管方式

监管方式是以国际贸易中进出口货物的交易方式为基础，结合海关对进出口货物的征税、统计及监管条件综合设定的海关对进出口货物的管理方式。其代码由 4 位数字构成，前两位是按照海关监管要求和计算机管理需要划分的分类代码，后两位是参照国际标准编制的贸易方式代码。

本栏目应根据实际对外贸易情况按海关规定的《监管方式代码表》（如表 4-4 所示）选择填报相应的监管方式简称及代码。一份报关单只允许填报一种监管方式。

表 4-4 部分监管方式代码表

代码	简称	全称
0110	一般贸易	一般贸易
0214	来料加工	来料加工装配贸易进口料件及加工出口货物
0245	来料料件内销	来料加工料件转内销
0255	来料深加工	来料深加工结转货物
0258	来料余料结转	来料加工余料结转
0265	来料料件复出	来料加工复运出境的原进口料件
0320	不作价设备	加工贸易外商提供的不作价进口设备
0345	来料成品减免	来料加工成品凭征免税证明转减免税
0420	加工贸易设备	加工贸易项下外商提供的进口设备
0444	保区进料成品	按成品征税的保税区进料加工成品转内销货物
0445	保区来料成品	按成品征税的保税区来料加工成品转内销货物
0500	减免设备结转	用于监管年限内减免税设备的结转
0513	补偿贸易	补偿贸易
0544	保区进料料件	按料件征税的保税区进料加工成品转内销货物
0545	保区来料料件	按料件征税的保税区来料加工成品转内销货物
0615	进料对口	进料加工（对口合同）
0642	进料以产顶进	进料加工成品以产顶进
0644	进料料件内销	进料加工料件转内销

代码	简称	全称
0654	进料深加工	进料深加工结转货物
0657	进料余料结转	进料加工余料结转
0664	进料料件复出	进料加工复运出境的原进口料件
0700	进料料件退换	进料加工料件退换
0715	进料非对口	进料加工（非对口合同）
0744	进料成品减免	进料加工成品凭征免税证明转减免税
0815	低值辅料	低值辅料
0844	进料边角料内销	进料加工项下边角料转内销
0845	来料边角料内销	来料加工项下边角料内销
0864	进料边角料复出	进料加工项下边角料复出口
0865	来料边角料复出	来料加工项下边角料复出口
1139	国轮油物料	中国籍运输工具境内添加的保税油料、物料
1200	保税间货物	海关保税场所及保税区域之间往来的货物
2025	合资合作设备	合资合作企业作为投资进口设备物品
2225	外资设备物品	外资企业作为投资进口的设备物品
2600	暂时进出货物	暂时进出口货物
2700	展览品	进出境展览品
3010	货样广告品 A	有经营权单位进出口的货样广告品
3039	货样广告品 B	无经营权单位进出口的货样广告品
3100	无代价抵偿	无代价抵偿进出口货物
4400	来料成品退换	来料加工成品退换
4500	直接退运	直接退运
4561	退运货物	因质量不符、延误交货等原因退运进出境货物
4600	进料成品退换	进料成品退换
5000	料件进出区	料件进出海关特殊监管区域
5014	区内来料加工	海关特殊监管区域与境外之间进出的来料加工货物
5015	区内进料加工货物	海关特殊监管区域与境外之间进出的进料加工货物
5034	区内物流货物	海关特殊监管区域与境外之间进出的物流货物
9700	后续补税	无原始报关单的后续补税

特殊情况下加工贸易货物监管方式填报要求如下：

（一）进口少量低值辅料（即 5 000 美元以下，78 种以内的低值辅料）按规定不使用《加工贸易手册》的，填报"低值辅料"。使用《加工贸易手册》的，按《加工贸易手册》上的监管方式填报。

（二）外商投资企业为加工内销产品而进口的料件，属非保税加工的，填报"一般贸易"。外商投资企业全部使用国内料件加工的出口成品，填报"一般贸易"。

（三）加工贸易料件结转或深加工结转货物，按批准的监管方式填报。

（四）加工贸易料件转内销货物以及按料件办理进口手续的转内销制成品、残次品、未完成品，应填制进口报关单，填报"来料料件内销"或"进料料件内销"；加工贸易成品凭《征免税证明》转为减免税进口货物的，应分别填制进、出口报关单，出口报关单本栏目填报"来料成品减免"或"进料成品减免"，进口报关单本栏目按照实际监管方式填报。

（五）加工贸易出口成品因故退运进口及复运出口的，填报"来料成品退换"或"进料成品退换"；加工贸易进口件因换料退运出口及复运进口的，填报"来料料件退换"或"进料料件退换"；加工贸易过程中产生的剩余料件、边角料退运出口，以及进口料件因品质、规格等原因退运出口且不再更换同类货物进口的，分别填报"来料料件复出""来料边角料复出""进料料件复出""进料边角料复出"。

（六）备料《加工贸易手册》中的料件结转转入加工出口《加工贸易手册》的，填报"来料加工"或"进料加工"。

（七）保税工厂的加工贸易进出口货物，根据《加工贸易手册》填报"来料加工"或"进料加工"。

（八）加工贸易边角料内销和副产品内销，应填制进口报关单，填报"来料边角料内销"或"进料边角料内销"。

（九）企业销毁处置加工贸易货物未获得收入，销毁处置货物为料件、残次品的，填报"料件销毁"；销毁处置货物为边角料、副产品的，填报"边角料销毁"。

企业销毁处置加工贸易货物获得收入的，填报为"进料边角料内销"或"来料边角料内销"。

十四、征免性质

本栏目应根据实际情况按海关规定的《征免性质代码表》（如表4-5所示）选择填报相应的征免性质简称及代码，持有海关核发的《征免税证明》的，应按照《征免税证明》中批注的征免性质填报。一份报关单只允许填报一种征免性质。

表4-5 部分征免性质代码表

代码	征免性质简称	征免性质全称
101	一般征税	一般征税进出口货物
299	其他法定	其他法定减免税进出口货物
307	保税区	保税区进口自用物资
401	科教用品	大专院校及科研机构进口科教用品
405	科技开发用品	科学研究、技术开发机构进口科技开发用品
406	重大项目	国家重大项目进口货物
412	基础设施	通信、港口、铁路、公路、机场建设进口设备
413	残疾人	残疾人组织和企业进出口货物
501	加工设备	加工贸易外商提供的不作价进口设备
502	来料加工	来料加工装配和补偿贸易进口料件及出口成品
503	进料加工	进料加工贸易进口料件及出口成品
510	港澳 OPA	港澳在内地加工的纺织品获证出口
601	中外合资	中外合资经营企业进出口货物
602	中外合作	中外合作经营企业进出口货物

续表

代码	征免性质简称	征免性质全称
603	外资企业	外商独资企业进出口货物
789	鼓励项目	国家鼓励发展的内外资项目进口设备
799	自有资金	外商投资额度外利用自有资金进口设备、备件、配件
801	救灾捐赠	救灾捐赠进口物资
802	扶贫慈善	境外向我境内无偿捐赠用于扶贫慈善的免税进口物资
819	科教图书	进口科研教学用图书资料
898	国批减免	国务院特准减免税的进出口货物

加工贸易货物报关单应按照海关核发的《加工贸易手册》中批注的征免性质简称及代码填报。特殊情况填报要求如下：

（一）保税工厂经营的加工贸易，根据《加工贸易手册》填报"进料加工"或"来料加工"。

（二）外商投资企业为加工内销产品而进口的料件，属非保税加工的，填报"一般征税"或其他相应征免性质。

（三）加工贸易转内销货物，按实际情况填报（如一般征税、科教用品、其他法定等）。

（四）料件退运出口、成品退运进口货物填报"其他法定"（代码0299）。

（五）加工贸易结转货物，本栏目免予填报。

（六）我国驻外使领馆工作人员、外国驻华机构及人员、非居民常驻人员、政府间协议规定等应税（消费税）进口自用小汽车，并且单台完税价格130万元及以上的，本栏填报"特案"。

【例4-6】某合资公司进口布料10 000米，其中6 000米用于加工服装出口（持有手册c×××××××××），另外4 000米用于加工服装在国内销售。

解析：本批货物需要分开填制报关单。6 000米的布料属于进料加工，4 000米的布料属于一般贸易。

6000米布料：

"监管方式"：进料对口0615　　　"征免性质"：进料加工503

4000米布料：

"监管方式"：一般贸易0110　　　"征免性质"：一般征税101

十五、备案号

本栏目填报进出口货物收发货人、消费使用单位、生产销售单位在海关办理加工贸易合同备案或征、减、免税备案审批等手续时，海关核发的《加工贸易手册》《征免税证明》或其他备案审批文件的编号。

一份报关单只允许填报一个备案号。具体填报要求如下：

（一）加工贸易项下货物，除少量低值辅料按规定不使用《加工贸易手册》及以后续补税监管方式办理内销征税的外，填报《加工贸易手册》编号。

使用异地直接报关分册和异地深加工结转出口分册在异地口岸报关的，本栏目应填报分册号；本地直接报关分册和本地深加工结转分册限制在本地报关，本栏目应填报总册号。

加工贸易成品凭《征免税证明》转为减免税进口货物的，进口报关单填报《征免税证明》编号，出口报关单填报《加工贸易手册》编号。

对加工贸易设备之间的结转，转入和转出企业分别填制进、出口报关单，在报关单"备案号"栏目填报《加工贸易手册》编号。

（二）涉及征、减、免税备案审批的报关单，填报《征免税证明》编号。

（三）减免税货物退运出口，填报《中华人民共和国海关进口减免税货物准予退运证明》的编号；减免税货物补税进口，填报《减免税货物补税通知书》的编号；减免税货物进口或结转进口（转入），填报《征免税证明》的编号；相应的结转出口（转出），填报《中华人民共和国海关进口减免税货物结转联系函》的编号。

【例 4-7】万威微型电机大连有限公司持 C09033401543 加工贸易手册进口第一项塑料垫圈一批。

解析："备案号"应填"C09033401543"。

表 4-6　常用备案号的标记码

首位代码	备案审批文件	首位代码	备案审批文件
B	加工贸易手册（来料加工）	H	出口加工区电子账册
C	加工贸易手册（进料加工）	J	保税仓库记账式电子账册
D	加工贸易不作价设备	K	保税仓库备案式电子账册
E	加工贸易电子账册	Q	汽车零部件电子账册
F	加工贸易异地报关分册	Y	原产地证书
G	加工贸易深加工结转异地报关分册	Z	征免税证明

【例 4-8】广州美凌服装进出口公司进口纯棉花布 10 000 米，其中 6 000 米用于加工产品后再出口，并事先在海关备案取得手册 C04025004321。而另外的 4 000 米用于加工产品在国内销售。

解析：6000 米用于加工复出口的棉花布和 4000 米用于加工成产品在国内销售的棉花布，需要分开填写报关单。6000 米棉花布报关时"备案号"应填"C04025004321"；4000 米棉花布报关时"备案号"为空。

十六、贸易国（地区）

发生商业性交易的进口填报购自国（地区），出口填报售予国（地区）。未发生商业性交易的填报货物所有权拥有者所属的国家（地区）。

本栏目应按海关规定的《国别（地区）代码表》（如表 4-7 所示）选择填报相应的贸易国（地区）中文名称及代码。

表 4-7　部分国别（地区）代码表

代码	中文名	英文名	代码	中文名	英文名
103	孟加拉国	Bangladesh	141	越南	Vietnam
105	文莱	Brunei	142	中国	China
106	缅甸	Myanmar	143	台澎金马关税区	Taiwan prov.
107	柬埔寨	Cambodia	303	英国	United Kingdom

续表

代码	中文名	英文名	代码	中文名	英文名
110	中国香港	Hong Kong	304	德国	Germany
111	印度	India	305	法国	France
112	印度尼西亚	Indonesia	322	冰岛	Iceland
116	日本	Japan	331	瑞士	Switzerland
119	老挝	Laos，PDR	344	俄罗斯联邦	Russia
121	中国澳门	Macau	412	智利	Chile
122	马来西亚	Malaysia	429	墨西哥	Mexico
127	巴基斯坦	Pakistan	434	秘鲁	Peru
129	菲律宾	Philippines	501	加拿大	Canada
132	新加坡	Singapore	502	美国	United States
133	韩国	Korea Rep.	601	澳大利亚	Australia
134	斯里兰卡	Sri Lanka	609	新西兰	New Zealand
136	泰国	Thailand	701	国（地）别不详	Countries unknown

十七、启运国（地区）/运抵国（地区）

启运国（地区）填报进口货物启始发出直接运抵我国或者在运输中转国（地）未发生任何商业性交易的情况下运抵我国的国家（地区）。

运抵国（地区）填报出口货物离开我国关境直接运抵或者在运输中转国（地区）未发生任何商业性交易的情况下最后运抵的国家（地区）。

不经过第三国（地区）转运的直接运输进出口货物，以进口货物的装货港所在国（地区）为启运国（地区），以出口货物的指运港所在国（地区）为运抵国（地区）。

经过第三国（地区）转运的进出口货物，如在中转国（地区）发生商业性交易，则以中转国（地区）作为启运/运抵国（地区）。

本栏目应按海关规定的《国别（地区）代码表》选择填报相应的启运国（地区）或运抵国（地区）中文名称及代码。

无实际进出境的，填报"中国"（代码142）。

【例4-9】我国某公司从伦敦进口一批货物，途经香港转运至内地，如果在香港没有发生买卖行为，则起运国为（　　　）；如果在香港发生了买卖行为，那么起运国为（　　　）。

解　析：看是否发生买卖关系，从发票的出票人（发票的落款）来判断。在本题中，发票由英国公司开出的，则在香港中转时没有发生买卖关系，起运国（地区）仍为英国；发票由香港公司开出的，则在香港中转时发生了买卖关系，起运国（地区）为中国香港。

十八、装货港/指运港

装货港填报进口货物在运抵我国关境前的最后一个境外装运港。

指运港填报出口货物运往境外的最终目的港；最终目的港是不可预知的，按尽可能预知的目的港填报。

本栏目应根据实际情况按海关规定的《港口代码表》选择填报相应的港口中文名称及代

码。装货港/指运港在《港口代码表》中无港口中文名称及代码的,可选择填报相应的国家中文名称或代码。

无实际进出境的,本栏目填报"中国境内"(代码142)。

【例4-10】承运船舶在帕腊纳瓜港装货启运,航经大坂,又停泊釜山港转"HANSA STAVANGER"号轮HV300W航次(提单号:HS03D8765),于2017年7月30日抵吴淞口岸申报进境。

"装货港"栏应填"釜山"。

十九、境内目的地/境内货源地

境内目的地填报已知的进口货物在国内的消费、使用地或最终运抵地,其中最终运抵地为最终使用单位所在的地区。最终使用单位难以确定的,填报货物进口时预知的最终收货单位所在地。

境内货源地填报出口货物在国内的产地或原始发货地。出口货物产地难以确定的,填报最早发运该出口货物的单位所在地。

海关特殊监管区域、保税物流中心(B型)与境外之间的进出境货物,境内目的地/境内货源地填报本海关特殊监管区域、保税物流中心(B型)所对应的国内地区名称及代码。

本栏目按海关规定的《国内地区代码表》(五位数的代码)选择填报相应的国内地区名称及代码。

【例4-11】广州轻工机械进出口公司(440191××××)受广州粤港服装有限公司(440123××××)委托在投资总额内进口服装加工设备。货物于××××年×月×日运抵口岸,次日委托广州鸿发报关公司持编号为z×××××××××××的征免税证明向海关报关。

"境内目的地"栏应填"44012"或"广州经济技术开发区"。

二十、许可证号

本栏目填报以下许可证的编号:进(出)口许可证、两用物项和技术进(出)口许可证、两用物项和技术出口许可证(定向)、纺织品临时出口许可证、出口许可证(加工贸易)、出口许可证(边境小额贸易)。

一份报关单只允许填报一个许可证号。

【例4-12】中国船舶重工集团公司向日本出口一批船舶发动机(气缸容量不超过50毫升),持06-AB-100256号出口许可证报关。

"许可证号"栏填"06-AB-100256"。

二十一、成交方式

本栏目应根据进出口货物实际成交价格条款,按海关规定的《成交方式代码表》(如表4-8所示)选择填报相应的成交方式代码。

无实际进出境的报关单,进口填报CIF,出口填报FOB。

表4-8 成交方式代码表

成交方式代码	成交方式名称	发票中对应的贸易术语
1	CIF	CIF、CIP、DAT、DAP、DDP

成交方式代码	成交方式名称	发票中对应的贸易术语
2	CFR	CFR（CNF、C&F）、CPT
3	FOB	FCA、FAS、EXW、FOB
4	C&I	
5	市场价	
6	垫仓	

【例4-13】我国某企业进口一批货物，在发票总价栏内，在 AMOUNT 下写有"CIF SHANGHAI"或"CIP BEIJING"，"成交方式"栏都应填写 CIF；若在"UNIT PRICE"下写有"CFR DALIAN"，"成交方式"栏应填写 CFR。

【例4-14】发票中写有"EX-WORKS EUR 51 887.08"。

"成交方式"应填 FOB

二十二、运费

本栏目填报进口货物运抵我国境内输入地点起卸前的运输费用，出口货物运至我国境内输出地点装载后的运输费用。一般我们从发票中可以找到相关的信息。

运费可按运费单价、总价或运费率三种方式之一填报，注明运费标记（运费标记"1"表示运费率，"2"表示每吨货物的运费单价，"3"表示运费总价），并按海关规定的《货币代码表》（如表4-9所示）选择填报相应的币种代码。

表4-9　货币代码表

货币代码	货币符号	货币名称	货币代码	货币符号	货币名称
110	HKD	港币	302	DKK	丹麦克朗
116	JPY	日本元	303	GBP	英镑
121	MOP	澳门元	326	NOK	挪威克朗
129	PHP	菲律宾比索	330	SEK	瑞典克朗
132	SGD	新加坡元	331	CHF	瑞士法郎
133	KRW	韩国元	501	CAD	加拿大元
136	THB	泰国铢	502	USD	美元
142	CNY	人民币	601	AUD	澳大利亚元
300	EUR	欧元	609	NZD	新西兰元

二十三、保费

本栏目填报进口货物运抵我国境内输入地点起卸前的保险费用，出口货物运至我国境内输出地点装载后的保险费用。

保费可按保险费总价或保险费率两种方式之一填报，注明保险费标记（保险费标记"1"

表示保险费率，"3"表示保险费总价），并按海关规定的《货币代码表》选择填报相应的币种代码。

注意，填写报关单时"成交方式""运费""保费"栏目间有一定的逻辑关系（如图4-10所示）。

表4-10 "成交方式""运费""保费"各栏目间的逻辑关系

	成交方式	运费	保费
进口	CIF	不填	不填
	CFR	不填	填
	FOB	填	填
出口	CIF	填	填
	CFR	填	不填
	FOB	不填	不填

二十四、杂费

本栏目填报成交价格以外的、按照《中华人民共和国进出口关税条例》相关规定应计入完税价格或应从完税价格中扣除的费用。可按杂费总价或杂费率两种方式之一填报，注明杂费标记（杂费标记"1"表示杂费率，"3"表示杂费总价），并按海关规定的《货币代码表》选择填报相应的币种代码。

应计入完税价格的杂费填报为正值或正率，应从完税价格中扣除的杂费填报为负值或负率。

二十五、合同协议号

本栏目填报进出口货物合同（包括协议或订单）编号。未发生商业性交易的免予填报。

合同、协议号一般在发票、装箱单、提运单中以英文"Contract No.""Order No.""Confirmation No.""Sales Confirmation No.""S/C No."（Sales Contract Number）、"Purchase Order No."或简写成"P/O No."等表示。

【例4-15】发票中写有"CONTRACT N0.：00XFFFG—7801 KR"。

"合同协议号"应填"00XFFFG—7801 KR"。

注意：用《征免税证明》和《加工贸易手册》进口的投资设备和加工贸易进口料件，填写的合同协议号应与《征免税证明》和《加工贸易手册》上备案的合同号码一致。

二十六、件数

本栏目填报有外包装的进出口货物的实际件数。特殊情况填报要求如下：

（一）舱单件数为集装箱的，填报集装箱个数。

（二）舱单件数为托盘的，填报托盘数。

本栏目不得填报为零，裸装货物填报为"1"。

二十七、包装种类

本栏目应根据进出口货物的实际外包装种类，按海关规定的《包装种类代码表》（如

表4-11所示）选择填报相应的包装种类代码。

表4-11　包装种类代码表

代码	包装种类名称	代码	包装种类名称
1	木箱（wooden case，wooden box）	5	托盘（pallet）
2	纸箱（carton，paper carton，CTNS＝cartons）	6	包（bag，bale，BLS＝bales）
3	桶装（drum/ barrel /cask/pail/bucket）	7	其他（other package）
4	散装（bulk）		

【例4-16】装箱单上写有"6 CASES"。

"件数"：6　　"包装种类"：木箱

【例4-17】装箱单上写有"260 CTNS"。

"件数"：260　　"包装种类"：纸箱

【例4-18】装箱单上写有"20 PALLETS（80 DRUMS）"。

"件数"：20　　　"包装种类"：托盘

二十八、毛重（千克）

本栏目填报进出口货物及其包装材料的重量之和，计量单位为千克，不足一千克的填报为"1"。

【例4-19】发票中写有"GROSS WEIGHT 1.5MT"。

"毛重"应填"1500"。

【例4-20】发票中写有"GROSS WEIGHT 0.4KG"。

"毛重"应填"1"。

二十九、净重（千克）

本栏目填报进出口货物的毛重减去外包装材料后的重量，即货物本身的实际重量，计量单位为千克，不足一千克的填报为"1"。

三十、集装箱号

本栏目填报装载进出口货物（包括拼箱货物）集装箱的箱体信息。一个集装箱填一条记录，分别填报集装箱号（在集装箱箱体上标示的全球唯一编号）、集装箱的规格和集装箱的自重。非集装箱货物填报为"0"。

三十一、随附单证

本栏目根据海关规定的《监管证件代码表》（如表4-12所示）选择填报除第二十栏"许可证号"规定的许可证件以外的其他进出口许可证件或监管证件代码及编号。

本栏目分为随附单证代码和随附单证编号两栏，其中代码栏应按海关规定的《监管证件代码表》选择填报相应证件代码；编号栏应填报证件编号。

（一）加工贸易内销征税报关单，随附单证代码栏填写"c"，随附单证编号栏填写海关审核通过的内销征税联系单号。

（二）优惠贸易协定项下进出口货物。

一份报关单仅对应一份原产地证书或原产地声明。有关优惠贸易协定项下报关单填制要求按照海关总署 2016 年第 51 号公告执行。

表 4-12　监管证件代码表

代码	监管证件名称	代码	监管证件名称
1*	进口许可证	B*	出境货物通关单
2	两用物项和技术进口许可证	D	出/入境货物通关单（毛坯钻石用）
3	两用物项和技术出口许可证	E*	濒危物种出口允许证明书
4*	出口许可证	F*	濒危物种进口允许证明书
6	旧机电产品禁止进口	G	两用物项和技术出口许可证（定向）
7*	自动进口许可证	I	精神药物进（出）口准许证
8	禁止出口商品	J	黄金及其制品进出口准许证或批件
9	禁止进口商品	K*	深加工结转申请表
A*	入境货物通关单	L	药品进出口准许证
M	密码产品和含有密码技术设备进口许可证	a	请审查预核签章
O*	自动进口许可证（新旧机电产品）	c	加工贸易内销征税联系单
P*	固体废物进口许可证	e	关税配额外优惠税率进口棉花配额证
Q	进口药品通关单	q	国别关税配额证明
R	进口兽药通关单	r	预归类标志
S	进出口农药登记证明	s	使用 ITA 税率的商品用途认定证明
T	银行调运外币现钞进出境许可证	t	关税配额证明
W	麻醉药品进出口准许证	v*	自动进口许可证（加工贸易）
X	有毒化学品环境刮泥放行通知单	x	出口许可证（加工贸易）
Y*	原产地证明	y	出口许可证（边境小额贸易）
Z	进口音像制品批准单或节目提取单		

注：加 * 号为出现频率较高，要重点记忆。

三十二、标记唛码及备注

本栏目填报要求如下：

（一）标记唛码中除图形以外的文字、数字。

（二）受外商投资企业委托代理其进口投资设备、物品的进出口企业名称。

（三）与本报关单有关联关系的，同时在业务管理规范方面又要求填报的备案号，填报在电子数据报关单中"关联备案"栏。

加工贸易结转货物及凭《征免税证明》转内销货物，其对应的备案号应填报在"关联备案"栏。

减免税货物结转进口（转入），报关单"关联备案"栏应填写本次减免税货物结转所申请的《中华人民共和国海关进口减免税货物结转联系函》的编号。

减免税货物结转出口（转出），报关单"关联备案"栏应填写与其相对应的进口（转入）报关单"备案号"栏中《征免税证明》的编号。

（四）与本报关单有关联关系的，同时在业务管理规范方面又要求填报的报关单号，填报在电子数据报关单中"关联报关单"栏。

加工贸易结转类的报关单，应先办理进口报关，并将进口报关单号填入出口报关单的"关联报关单"栏。

办理进口货物直接退运手续的，除另有规定外，应当先填写出口报关单，再填写进口报关单，并将出口报关单号填入进口报关单的"关联报关单"栏。

减免税货物结转出口（转出），应先办理进口报关，并将进口（转入）报关单号填入出口（转出）报关单的"关联报关单"栏。

（五）办理进口货物直接退运手续的，本栏目填报"＜ZT"+"海关审核联系单号或者《海关责令进口货物直接退运通知书》编号"+"＞"。

（六）保税监管场所进出货物，在"保税/监管场所"栏填写本保税监管场所编码〔保税物流中心（B型）填报本中心的国内地区代码〕，其中涉及货物在保税监管场所间流转的，在本栏填写对方保税监管场所代码。

（七）涉及加工贸易货物销毁处置的，填写海关加工贸易货物销毁处置申报表编号。

（八）当监管方式为"暂时进出货物"（2600）和"展览品"（2700）时，如果为复运进出境货物，在进出口货物报关单的本栏内分别填报"复运进境""复运出境"。

（九）跨境电子商务进出口货物，在本栏目内填报"跨境电子商务"。

（十）加工贸易副产品内销，在本栏内填报"加工贸易副产品内销"。

（十一）服务外包货物进口，填报"国际服务外包进口货物"。

（十二）公式定价进口货物应在报关单"备注"栏内填写公式定价备案号，格式为："公式定价"+备案编号+"@"。对于同一报关单下有多项商品的，如需要指明某项或某几项商品为公式定价备案的，则"备注"栏内应填写为："公式定价"+备案编号+"#"+商品序号+"@"。

（十三）获得《预审价决定书》的进出口货物，应在报关单"备注"栏内填报《预审价决定书》编号，格式为预审价（P+2位商品项号+决定书编号），若报关单中有多项商品为预审价，需要依次写入括号中。

（十四）含预归类商品报关单，应在报关单"备注"栏内填写预归类R-3-关区代码-年份-顺序编号，其中关区代码、年份、顺序编号均为4位数字。例如，R-3-0100-2016-0001。

（十五）含归类裁定报关单，应在报关单"备注"栏内填写归类裁定编号，格式为"c"+四位数字编号。例如，c0001。

（十六）申报时其他必须说明的事项填报在本栏目。

三十三、项号

本栏目分两行填报及打印。第一行填报报关单中的商品顺序编号；第二行专用于加工贸易、减免税等已备案、审批的货物，填报和打印该项货物在《加工贸易手册》或《征免税证明》等备案、审批单证中的顺序编号。

有关优惠贸易协定项下报关单填制要求按照海关总署2016年第51号公告执行。

加工贸易项下进出口货物的报关单，第一行填报报关单中的商品顺序编号，第二行填报该项商品在《加工贸易手册》中的商品项号，用于核销对应项号下的料件或成品数量。其中第二行特殊情况填报要求如下：

（一）深加工结转货物，分别按照《加工贸易手册》中的进口料件项号和出口成品项号填报。

（二）料件结转货物（包括料件、制成品和未完成品折料），出口报关单按照转出《加工贸易手册》中进口料件的项号填报；进口报关单按照转进《加工贸易手册》中进口料件的项号填报。

（三）料件复出货物（包括料件、边角料），出口报关单按照《加工贸易手册》中进口料件的项号填报；如边角料对应一个以上料件项号时，填报主要料件项号。料件退换货物（包括料件，不包括未完成品），进出口报关单按照《加工贸易手册》中进口料件的项号填报。

（四）成品退换货物，退运进境报关单和复运出境报关单按照《加工贸易手册》原出口成品的项号填报。

（五）加工贸易料件转内销货物（以及按料件办理进口手续的转内销制成品、残次品、未完成品）应填制进口报关单，填报《加工贸易手册》进口料件的项号；加工贸易边角料、副产品内销，填报《加工贸易手册》中对应的进口料件项号。如边角料或副产品对应一个以上料件项号时，填报主要料件项号。

（六）加工贸易成品凭《征免税证明》转为减免税货物进口的，应先办理进口报关手续。进口报关单填报《征免税证明》中的项号，出口报关单填报《加工贸易手册》原出口成品项号，进、出口报关单货物数量应一致。

（七）加工贸易货物销毁，本栏目应填报《加工贸易手册》中相应的进口料件项号。

（八）加工贸易副产品退运出口、结转出口，本栏目应填报《加工贸易手册》中新增的变更副产品的出口项号。

（九）经海关批准实行加工贸易联网监管的企业，按海关联网监管要求，企业需要申报报关清单的，应在向海关申报进出口（包括形式进出口）报关单前，向海关申报"清单"。一份报关清单对应一份报关单，报关单上的商品由报关清单归并而得。加工贸易电子账册报关单中项号、品名、规格等栏目的填制规范比照《加工贸易手册》。

三十四、商品编号

本栏目填报的商品编号由 10 位数字组成。前 8 位为《中华人民共和国进出口税则》确定的进出口货物的税则号列，同时也是《中华人民共和国海关统计商品目录》确定的商品编码，后 2 位为符合海关监管要求的附加编号。

三十五、商品名称、规格型号

本栏目分两行填报及打印。第一行填报进出口货物规范的中文商品名称，第二行填报规格型号。具体填报要求如下：

（一）商品名称及规格型号应据实填报，并与进出口货物收发货人或受委托的报关企业所提交的合同、发票等相关单证相符。

（二）商品名称应当规范，规格型号应当足够详细，以能满足海关归类、审价及许可证件管理要求为准，可参照《中华人民共和国海关进出口商品规范申报目录》中对商品名称、规格型号的要求进行填报。

（三）加工贸易等已备案的货物，填报的内容必须与备案登记中同项号下货物的商品名称一致。

（四）对需要海关签发《货物进口证明书》的车辆，商品名称栏应填报"车辆品牌+排气量（注明cc）+车型（如越野车、小轿车等）"。进口汽车底盘不填报排气量。车辆品牌应按照《进口机动车辆制造厂名称和车辆品牌中英文对照表》中"签注名称"一栏的要求填报。规格型号栏可填报"汽油型"等。

（五）由同一运输工具同时运抵同一口岸并且属于同一收货人、使用同一提单的多种进口货物，按照商品归类规则应当归入同一商品编号的，应当将有关商品一并归入该商品编号。商品名称填报一并归类后的商品名称；规格型号填报一并归类后商品的规格型号。

（六）加工贸易边角料和副产品内销、边角料复出口，本栏目填报其报验状态的名称和规格型号。

（七）进口货物收货人以一般贸易方式申报进口属于《需要详细列名申报的汽车零部件清单》（海关总署2006年第64号公告）范围内的汽车生产件的，应按以下要求填报：

1. 商品名称填报进口汽车零部件的详细中文商品名称和品牌，中文商品名称与品牌之间用"/"相隔，必要时加注英文商业名称；进口的成套散件或者毛坯件应在品牌后加注"成套散件""毛坯"等字样，并与品牌之间用"/"相隔。

2. 规格型号填报汽车零部件的完整编号。在零部件编号前应当加注"S"字样，并与零部件编号之间用"/"相隔，零部件编号之后应当依次加注该零部件适用的汽车品牌和车型。

汽车零部件属于可以适用于多种汽车车型的通用零部件的，零部件编号后应当加注"TY"字样，并用"/"与零部件编号相隔。

与进口汽车零部件规格型号相关的其他需要申报的要素，或者海关规定的其他需要申报的要素，如"功率""排气量"等，应当在车型或"TY"之后填报，并用"/"与之相隔。

汽车零部件报验状态是成套散件的，应当在"标记唛码及备注"栏内填报该成套散件装配后的最终完整品的零部件编号。

（八）进口货物收货人以一般贸易方式申报进口属于《需要详细列名申报的汽车零部件清单》（海关总署2006年第64号公告）范围内的汽车维修件的，填报规格型号时，应当在零部件编号前加注"W"，并与零部件编号之间用"/"相隔；进口维修件的品牌与该零部件适用的整车厂牌不一致的，应当在零部件编号前加注"WF"，并与零部件编号之间用"/"相隔。其余申报要求同上条执行。

三十六、数量及单位

本栏目分三行填报及打印。

（一）第一行应按进出口货物的法定第一计量单位填报数量及单位，法定计量单位以《中华人民共和国海关统计商品目录》中的计量单位为准。

（二）凡列明有法定第二计量单位的，应在第二行按照法定第二计量单位填报数量及单位。无法定第二计量单位的，本栏目第二行为空。

（三）成交计量单位及数量应填报并打印在第三行。

（四）法定计量单位为"千克"的数量填报，特殊情况下填报要求如下：

1. 装入可重复使用的包装容器的货物，应按货物扣除包装容器后的重量填报，如罐装同位素、罐装氧气及类似品等。

2. 使用不可分割包装材料和包装容器的货物，按货物的净重填报（即包括内层直接包装的净重重量），如采用供零售包装的罐头、药品及类似品等。

3. 按照商业惯例以公量重计价的商品，应按公量重填报，如未脱脂羊毛、羊毛条等。

4. 采用以毛重作为净重计价的货物，可按毛重填报，如粮食、饲料等大宗散装货物。

5. 采用零售包装的酒类、饮料、化妆品，按照液体部分的重量填报。

（五）成套设备、减免税货物如须分批进口，货物实际进口时，应按照实际报验状态确定数量。

（六）具有完整品或制成品基本特征的不完整品、未制成品，根据《商品名称及编码协调制度》归类规则应按完整品归类的，按照构成完整品的实际数量填报。

（七）加工贸易等已备案的货物，成交计量单位必须与《加工贸易手册》中同项号下货物的计量单位一致，加工贸易边角料和副产品内销、边角料复出口，本栏目填报其报验状态的计量单位。

（八）优惠贸易协定项下进出口商品的成交计量单位必须与原产地证书上对应商品的计量单位一致。

（九）法定计量单位为立方米的气体货物，应折算成标准状况（即摄氏零度及 1 个标准大气压）下的体积进行填报。

三十七、原产国（地区）

原产国（地区）应依据《中华人民共和国进出口货物原产地条例》《中华人民共和国海关关于执行〈非优惠原产地规则中实质性改变标准〉的规定》以及海关总署关于各项优惠贸易协定原产地管理规章规定的原产地确定标准填报。同一批进出口货物的原产地不同的，应分别填报原产国（地区）。进出口货物原产国（地区）无法确定的，填报"国别不详"（代码 701）。

本栏目应按海关规定的《国别（地区）代码表》填报相应的国家（地区）名称及代码。

三十八、最终目的国（地区）

最终目的国（地区）填报已知的进出口货物的最终实际消费、使用或进一步加工制造国家（地区）。不经过第三国（地区）转运的直接运输货物，以运抵国（地区）为最终目的国（地区）；经过第三国（地区）转运的货物，以最后运往国（地区）为最终目的国（地区）。同一批进出口货物的最终目的国（地区）不同的，应分别填报最终目的国（地区）。进出口货物不能确定最终目的国（地区）时，以尽可能预知的最后运往国（地区）为最终目的国（地区）。

本栏目应按海关规定的《国别（地区）代码表》填报相应的国家（地区）名称及代码。

三十九、单价

本栏目填报同一项号下进出口货物实际成交的商品单位价格。无实际成交价格的，本栏目填报单位货值。

四十、总价

本栏目填报同一项号下进出口货物实际成交的商品总价格。无实际成交价格的，本栏目填报货值。

注：商品的单价、总价等信息都可以从发票中获取。

四十一、币制

本栏目应按海关规定的《货币代码表》选择相应的货币名称及代码填报，如《货币代码表》中无实际成交币种，须将实际成交货币按申报日外汇折算率折算成《货币代码表》中列明的货币填报。

四十二、征免

本栏目应按照海关核发的《征免税证明》或有关政策规定，对报关单所列每项商品选择海关规定的《征减免税方式代码表》（如表4-13所示）中相应的征减免税方式填报。

加工贸易货物报关单应根据《加工贸易手册》中备案的征免规定填报；《加工贸易手册》中备案的征免规定为"保金"或"保函"的，应填报"全免"。

表4-13　征减免税方式代码表

征减免税方式代码	征减免税方式名称	征减免税方式代码	征减免税方式名称
1	照章征税	6	保证金
2	折半征税	7	保函
3	全免	8	折半补税
4	特案	9	全额退税
5	随征免性质		

表4-14　备案号、监管方式、征免性质与征免规定之间的逻辑关系

备案号标识码	对应的监管方式	对应的征免性质	征免规定
B	来料加工	来料加工	全免
C	进料加工	进料加工	全免
Z	一般贸易	科教用品	免
		鼓励项目	
	自贸合作设备	自有资金	
		鼓励项目	
	外资设备物品	鼓励项目	
D	不作价设备	加工设备	全免
Y	一般贸易	一般征税	照章征税
无备案号	一般贸易	一般征税	照章征税注

四十三、特殊关系确认

本栏目根据《中华人民共和国海关审定进出口货物完税价格办法》（以下简称《审价办法》）第十六条，填报确认进出口行为中买卖双方是否存在特殊关系，有下列情形之一的，应当认为买卖双方存在特殊关系，在本栏目应填报"是"，反之则填报"否"：

（一）买卖双方为同一家族成员的。

（二）买卖双方互为商业上的高级职员或者董事的。

（三）一方直接或者间接地受另一方控制的。

（四）买卖双方都直接或者间接地受第三方控制的。

（五）买卖双方共同直接或者间接地控制第三方的。

（六）一方直接或者间接地拥有、控制或者持有对方 5% 以上（含 5%）公开发行的有表决权的股票或者股份的。

（七）一方是另一方的雇员、高级职员或者董事的。

（八）买卖双方是同一合伙的成员的。

买卖双方在经营上相互有联系，一方是另一方的独家代理、独家经销或者独家受让人，如果符合前款的规定，也应当视为存在特殊关系。

本栏目出口货物免予填报，加工贸易及保税监管货物（内销保税货物除外）免予填报。

四十四、价格影响确认

本栏目根据《审价办法》第十七条，填报确认纳税义务人是否可以证明特殊关系未对进口货物的成交价格产生影响，纳税义务人能证明其成交价格与同时或者大约同时发生的下列任何一款价格相近的，应视为特殊关系未对成交价格产生影响，在本栏目应填报"否"，反之则填报"是"：

（一）向境内无特殊关系的买方出售的相同或者类似进口货物的成交价格。

（二）按照《审价办法》第二十三条的规定所确定的相同或者类似进口货物的完税价格。

（三）按照《审价办法》第二十五条的规定所确定的相同或者类似进口货物的完税价格。

本栏目出口货物免予填报，加工贸易及保税监管货物（内销保税货物除外）免予填报。

四十五、与货物有关的特许权使用费支付确认

本栏目根据《审价办法》第十一条和第十三条，填报确认买方是否存在向卖方或者有关方直接或者间接支付与进口货物有关的特许权使用费，且未包括在进口货物的实付、应付价格中。

买方存在需要向卖方或者有关方直接或者间接支付特许权使用费，且未包含在进口货物实付、应付价格中，并且符合《审价办法》第十三条的，在"支付特许权使用费确认"栏目应填报"是"。

买方存在需要向卖方或者有关方直接或者间接支付特许权使用费，且未包含在进口货物实付、应付价格中，但纳税义务人无法确认是否符合《审价办法》第十三条的，在本栏目应填报"是"。

买方存在需要向卖方或者有关方直接或者间接支付特许权使用费，且未包含在实付、应付价格中，纳税义务人根据《审价办法》第十三条，可以确认需要支付的特许权使用费与进口货物无关的，填报"否"。

买方不存在向卖方或者有关方直接或者间接支付特许权使用费的，或者特许权使用费已经包含在进口货物实付、应付价格中的，填报"否"。

本栏目出口货物免予填报，加工贸易及保税监管货物（内销保税货物除外）免予填报。

四十六、版本号

本栏目适用加工贸易货物出口报关单。本栏目应与《加工贸易手册》中备案的成品单耗

版本一致，通过《加工贸易手册》备案数据或企业出口报关清单提取。

四十七、货号

本栏目适用加工贸易货物进出口报关单。本栏目应与《加工贸易手册》中备案的料件、成品货号一致，通过《加工贸易手册》备案数据或企业出口报关清单提取。

四十八、录入员

本栏目用于记录预录入操作人员的姓名。

四十九、录入单位

本栏目用于记录预录入单位名称。

五十、海关批注及签章

本栏目供海关作业时签注。

规范所述尖括号（<>）、逗号（,）、连接符（-）、冒号（:）等标点符号及数字，填报时都必须使用非中文状态下的半角字符。

【小思考】

1. 凌云文具有限公司购买的旧点焊机，向口岸海关办理转关手续（转关申报单编号@0731049999505171）后，运抵指运地海关办理正式进口报关手续。点焊机属自动进口许可证管理商品，征免税证明编号为Z×××××××××××，为凌云公司投资总额内进口减免税货物。请问，点焊机的进口报关单中"备案号"栏目如何填写？

2. 北京某纺织企业将来料加工贸易项下的产品，从北京海关车站办事处结转给天津蓟县××服装厂，继续深加工出口。天津蓟县××服装厂的进口货物报关单上的"进口口岸"应填报为哪个海关？

3. 金熙合资公司从韩国进口一批作为投资的机器设备。委托A进出口公司对外签订进口合同，并代办进口手续。A进出口公司与外商订货后，委托B公司办理货物运输事宜，委托C报关公司负责办理进口报关手续。请问，填制报关单时，收发货人、消费使用单位、申报单位如何填写？

任务三　报关单审核

进出口货物海关申报环节，相关操作包括：（1）随附单证准备（搜集数据资料，按要求制作PDF版扫描件）；（2）在计算机中录入报关单各栏目数据；（3）校对报关单；（4）提交电子数据报关单等。在通关系统完成报关单的录入工作后，一般应由另外一位报关人员进行报关单内容的审核工作，在审核无误后，再向海关提交报关单电子数据。

一、报关单审核基本注意事项

（1）申请人必须如实向海关申报，不可以伪报、瞒报、虚报和迟报。填制内容必须真实，做到"单证相符""单单相符""单货相符"，即所填报关单各栏目必须与商业发票、装箱单、批准文件和随附单证相符，必须与实际进出口货物情况相符。

（2）不同备案号、不同批文、不同合同的货物，同一批货物中不同监管方式、同一批货物不同运输方式、同一批货物相同运输方式但航次不同、不同征免性质的货物，均应分单填报。

（3）一份原产地证书只能对应一份报关单。同一份报关单上的同一种商品不能同时享受协定税率和减免税。

（4）一份报关单最多填报 50 项商品，但监管证件仍为 20 项。录入超过 20 项商品时，弹出提示"报关单表体超过 20 项商品，如涉及联网核销证件，将可能被退单"，故如果监管证件的项数超标时，则仍须分单申报。

（5）分栏填报：反映进出口商品本身情况的项目中，须以相同的项号分栏填报。

（6）分行填报：反映不同的项号、商品名称、规格型号、数量及单位和不同的单价等均要分行填制。

二、报关单审核的重点

报关单位在向海关发送报关单电子数据前，应该对申报的电子数据及随附单证做必要的审核以提高报关质量，便于快速通关。根据海关对进出口货物的管理要求及报关单填制规范对申报的报关单数据进行有重点的审核，审核数据的合理性与规范性，各数据项之间及审证提示信息与报关单数据项之间的逻辑对应关系。具体内容如下：

（1）进出口口岸及口岸与运输方式之间的逻辑关系。进出口口岸是否为货物最先进口或货物最终出口的口岸；进出口口岸与运输方式是否对应。

（2）收发货企业、地区及其与贸易方式、商品名称之间的逻辑关系。进口是否为货物使用地的地区代码；出口是否为货源地地区代码或名称；收发货地区与贸易方式及货物属性之间逻辑关系是否正常。

（3）运输工具和提（运）单号。审核运输工具和提（运）单号是否均已输入；运输工具与口岸类别及运输方式之间逻辑关系是否正常。

（4）贸易方式。贸易方式与征免性质、经营企业、商品属性及征免规定间逻辑关系是否正常。

（5）许可证与其他监管证件。许可证与其他监管证件是否符合海关证件监管要求；证件与贸易方式及商品属性间逻辑关系是否正常。

（6）成交方式与运费、保费、杂费。进口组成价格（CIF 到岸价）所需的各数据项内容是否录入齐全正确；出口形成 FOB 价格所需的各数据项内容是否录入齐全正确；当运费、保险费及杂费标志为"1"（费率）时，所输入的费率值有无过高或过低的情况。若有，是否属于正常情况。例如，运费、杂费是否高于 30%，保险费是否低于 0.1% 等；当运费、保险费及杂费标志为"3"（总价）时，费用币制和金额是否合理；当运费标志为"2"（单价）时，所录运费单价及币制是否合理（保险费、杂费标志不含单价）；杂费正负值的输入是否与海关计算进出口商品完税价格的要求相一致；进口成交方式为 FOB 时如无保险费，应审核该报关单是否为转关运输货物。

（7）件数、包装种类。件数与包装种类是否相对应，包装种类的输入是否清楚合理，有无乱输入的现象。

（8）毛重与净重及集装箱个数之间的关系。审核毛重与净重之间比例关系是否正常，二者是否以公斤为单位输入的；另外，还需要注意审核毛重与 20 英尺标准箱个数之间逻辑关系是否正常。

（9）商品名称、规格型号与商品编号。商品名称、规格型号的录入是否明确规范，能否充分说明商品的属性，能否满足海关商品归类、价格审定、原产地确认、证件审定及执行其他有关职能的需要；商品名称与商品编号（含附加号）是否对应；跨年度时是否存在不同商品编码问题。

（10）原产地。审核原产地是否为进口货物的实际原产国别或地区；原产地与商品属性之间的逻辑关系是否正常；原产地代码填制是否与原产地证书一致。

（11）成交数量、计量单位与法定数量。当输入申报计量单位不同时，应注意审核三者之间关系是否合理，法定数量的输入是否准确。

（12）成交币制、单价和总价。成交币制、单价和总价是海关征税业务中关键数据项，应根据输入商品的属性及申报计量单位进行重点审核。

（13）征免规定。征免规定是报关单数据项中最为重要的数据项，征免规定输入的正确与否，将直接影响税收征、减、免结果的正确性，应加强对征免规定与其他数据项（如监管方式、征免性质及商品编号等）之间的逻辑互控关系的审核。

三、特殊货物报关单审核要点

（一）减免税进口设备报关

减免税进口设备报关时有关栏目的逻辑关系如表 4-15 所示。

表 4-15　减免税进口设备报关单的填制

项目 / 栏目	投资总额内进口			投资总额外进口	减免税设备结转	
	合资合作企业	外商独资企业	国内投资项目			
	进境	进境	进境	进境	形式进口	形式出口
监管方式	合资合作设备	外资设备物品	一般贸易	一般贸易	减免设备结转	
征免性质	鼓励项目			自有资金	如实报	免填
征免	特案			全免		
备案号	征免税证明编号			征免税证明编号	结转联系函编号	
收发货人 / 消费使用单位	该合资合作企业	该外商独资企业	设备进口企业	转入企业	转出企业	
运输方式	进境实际运输方式			其他运输		
启运国（地区）	实际启运国（地区）			中国		
原产国（地区）	设备实际原产国（地区）			设备原生产国（地区）	中国	
备注				结转联系函编号	转入进口报关单号；转入方征免税证明编号	

（二）加工贸易不作价设备报关

加工贸易不作价设备报关时有关栏目的逻辑关系如表 4-16 所示。

表 4-16　加工贸易不作价设备报关单的填制

加工贸易不作价设备进口报关单		加工贸易不作价设备退运出境报关单	
收货人	加工贸易经营企业	收货人	加工贸易经营企业
消费使用单位	加工贸易经营企业	消费使用单位	加工贸易经营企业
运输方式	进境实际运输方式	运输方式	出境实际运输方式
监管方式	不作价设备	监管方式	加工设备退运
征免性质	加工设备	征免性质	其他法定
征免	特案	征免	全免
备案号	加工贸易手册编号（D 为标记）	备案号	加工贸易手册编号（D 为标记）
启运国（地区）	实际启运国（地区）	运抵国（地区）	实际运抵国（地区）
原产国（地区）	设备实际原产国（地区）	最终目的国（地区）	实际最终目的国（地区）

（三）暂准进出境货物报关

暂准进出境货物报关时有关栏目的逻辑关系如表 4-17 所示。

表 4-17　暂准进出境货物报关单的填制

项目　　栏目	进准展览品		其他暂准进境货物	
	进境	复出境	进境	复出境
监管方式	展览品		暂时进出货物	
征免性质	其他法定		其他法定	
征免	保证金/保函	全免	保证金/保函	全免
备注		原进口报关单号	暂时进境申请批准决定书	原进口报关单号

四、退单情况下的处理方式

在海关电子审单环节，如发现被计算机退回，报关企业应当根据该份报关单海关电子审单信息提示的内容，再次审核有关单证以满足申报要求。如系海关系统参数设置原因使申报被拒收的，应及时联系集中审单环节，向海关提出特殊申报申请，由海关通过人工接单方式以使该报关单申报行为被海关接受。

在人工审单环节，海关审单关员在对报关单进行电子数据审核后，如发现有关数据项申报错误的，将退回报关单，并在退回理由中提示报关企业哪些方面需要核实，并要求修改后重新申报；对构成走私违法嫌疑的转交有关部门作进一步的处理。

人工退单并非不接受申报，而是申报不符合海关要求，需要修改后再次申报。报关企业如对退单原因不清楚的，应及时联系该份报关单的审单关员了解情况。如果长时间不与海关联系，海关将提高该份报关单审单风险等级，并在必要情况下组织重点查验。

在现场接单环节，因"单单""单证""单机""单货"一致性问题需要修改报关单电子数据内容时，如不构成走私违规嫌疑的，经报关单位的申请，由海关完成该份报关单电子数据的修改；或者因无法修改需要通过撤销报关单重新申报的，报关企业应当按照海关要求进行修改后重新向海关发送该份报关单电子数据。

任务四　QP 系统操作

一、"中国电子口岸预录入系统"认知

中国电子口岸是国务院有关部委将分别掌管的进出口业务信息流、资金流、货物流等电子底账数据集中存放到口岸公共数据中心，为各行政管理部门提供跨部门、跨行业的行政执法数据联网核查，并为企业及中介服务机构提供网上办理进出口业务服务的数据交换平台。

为进一步提高海关对进出口企业的服务水平，海关总署与中国电子口岸合作，开展网上办事服务，基于"中国电子口岸预录入系统"提供出口收汇、出口退税、网上支付、汽车证明、ATM 单证册、快件管理、增值税管理、公路口岸、进口付汇、环保许可证联网、农药进出口放行通知单联网核销等十多项可网上办理的海关业务。

"中国电子口岸预录入系统"，即"中国电子口岸 Quick Pass 系统"，简称 QP 系统，是海关无纸化报关的一个重要工具。该系统包括保税核查、保税物流系统、集中申报、通关单、旅客舱单、内销征税申报、原产地证书预录入、出口加工区、电子手册、电子账册、深加工结转、企业管理、公自用物品申报、舱单申报、新舱单、加工贸易、新快件通关系统、无纸化手册、减免税申报、保证金台账、一次申报、免税品监管系统、展览品、保税仓库、转关申报、加贸权限管理等多个子系统。报关申报主要通过"一次申报"子系统完成，其主要功能包括：报关单的预录入、申报、查询、打印；转关提前报关的报关单录入、申报、查询、打印；出口二次转关的报关单预录入、查询、申报；报关清单的预录入、申报、查询、打印、下载；修撤单办理/确认；电子随附单据上传、查询；业务统计、（关检）进口/出口数据录入、查询等。

二、QP 系统报关单预录入作业

（一）"一次申报"系统认知

2012 年 9 月海关总署与国家质检总局共同推行关检合作"三个一"的通关模式改革，是双方加强协作、共筑和谐国门的重大举措。"三个一"作为国务院督办事项，是对"一次申报，一次查验，一次放行"便利通关模式的简称。

"一次申报"是关检合作"三个一"通关模式的首要环节，指的是"一次录入、分别申报"，即对依法须报检报关货物，企业可在中国电子口岸系统企业端一次性录入关检申报数据，分别完成报检和报关。

"一次申报"流程：货物进出口时，企业在"一次申报"客户端上一次性录入报关、报检需要的所有申报数据，该客户端可以自动将录入数据拆分成报关、报检表单，分别发送至海关、检验检疫业务监管系统，检验检疫部门在收到报检单并施检完成后，将生成的通关单电子数据向海关发送，同时向企业客户端反馈通关单编号，企业在取得检验检疫返回的通关单编号后向海关实施报关。

中国电子口岸数据中心于 2015 年 11 月底更新了 QP 系统，将电子口岸预录入系统中的"关检三个一"一次申报系统（以下简称"三个一"系统）和报关申报系统合并为新的"一次申报"系统。企业在新的一次申报系统中可以进行原报关申报系统和原"三个一"系统的

所有业务操作，并且操作方式不变。相比原报关申报系统，新的一次申报系统最大的变化是根据用户自己的选择，将会在报关单暂存申报后向检验检疫发送公共数据。

（二）"一次申报"系统报关单预录作业

1. 点击"中国电子口岸"客户端，进入 QP 系统登录界面（如图 4-1 所示）。

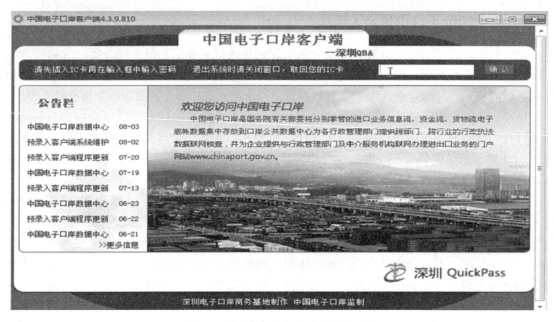

图 4-1　中国电子口岸客户端登录界面

2. 用户将操作员的 Ikey 卡插入电脑的 USB 接口，或将 IC 卡插入连接在电脑上的 IC 卡读卡器中，输入密码口令，进入系统主选单界面（图 4-2 所示）。

图 4-2　中国电子口岸客户端主选单界面

3. 点击"一次申报"图标，进入报关单预录入系统的功能菜单，点击左上方"报关单"（如图4-3），弹出下拉菜单，选择下拉菜单中的"出口报关单"，弹出报关单录入/申报（出口）界面（图4-4所示）。

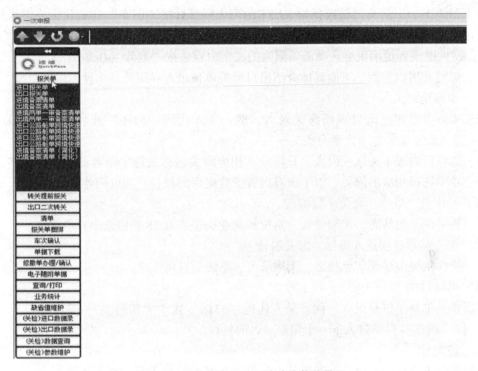

图4-3　报关单预录入系统功能菜单界面

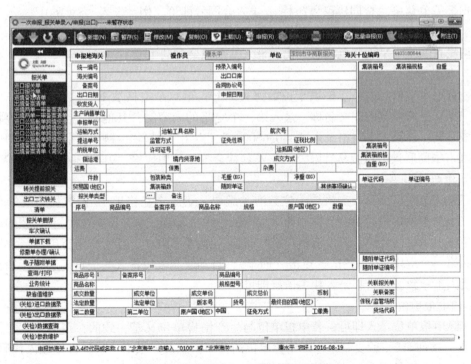

图4-4　报关单录入/申报（出口）界面

4. 根据已审核的报关单草单进行预录。在 QP 系统中呈现灰色状态的各栏目，无须录入；呈现粉色或蓝色状态的各栏目，录入内容后按"回车"键，光标将自动进入下一个栏目；在有系统代码表的栏目，录入对应代码或者文字内容时会出现检索到的代码表内容，此时可使用键盘上的"上、下箭头"键选择检索出来的列表栏目后按"回车"键确认，或者直接使用鼠标点击检索出来的列表栏目进行选择。如需要撤销录入的文字内容，可以按"退格"（Backspace）键或者使用鼠标选择需要删除的文字内容后按"删除（Delete）"键。

以一般贸易出口为例，下面具体介绍出口报关单预录入界面的具体操作。

（1）申报地海关

按照实际申报的进出口现场海关录入，例：录入代码"5316"或者"大鹏海关"，按"回车"键，系统显示为"大鹏海关"。

注：该栏目内置了关区代码表，只须录入相应海关名称关键字或者部分代码数字，即可从下拉菜单中选择相应的海关。以下所有内置了数据库的栏目，均可同此操作。

（2）操作员、单位、海关十位编码

这三栏呈现灰色状态，无须录入，系统从企业操作员 IC 卡的信息中自动读取。

（3）统一编号、预录入编号、海关编号

这三栏在系统中呈现灰色状态，无须录入，系统会自动生成。

（4）出口口岸

根据报关单草单信息录入。例：录入代码"5316"或"大鹏海关"，系统显示为"大鹏海关"，按"回车"自动进入下一个需要录入的栏目。

（5）备案号

按照报关单草单信息录入。若报关单草单"备案号"栏为空，则无须录入。

（6）合同协议号

根据报关单草单"合同协议号"栏，录入合同号即可。例：录入"SW1601"。

（7）出口日期、申报日期

这两栏在系统中呈现灰色状态，无须录入，系统会自动生成。

（8）收发货人

此栏有三个空格，第一空格填十位数海关编号，第二个空格填 18 位数社会统一信用代码，第三个空格填单位的中文名称。录入第一个空格的内容时，其他两个空格的内容将自动匹配生成。例：在第一个空格录入"4403660079"，点击"回车"，跳出了收发货人的中文名称"深圳市华商联进出口贸易有限公司"及其社会统一信用代码"9144030035998697X7"。

（9）生产销售单位

此栏有三个空格，第一空格填十位数海关编码，第二个空格填 18 位数社会统一信用代码，第三个空格填单位的中文名称。如果生产销售单位没有在海关备案取得 10 位数的海关编号，则填报组织机构代码；若没有组织机构代码，则填"NO"。若生产销售单位与收发货人一致，在第一个空格录入"S1"，点击"回车"，自动复制收发货人的信息。若生产销售单位与收发货人不一致，则直接录入相关信息即可。

（10）申报单位

按实际申报单位录入即可。若申报单位与生产销售单位又是一致的，在第一个空格录入"S2"，点击"回车"，就复制了生产销售单位的各项信息。如果不一致，直接录入代码即可。例：在第一个空格录入"4403180338"，点击"回车"，申报单位中文名称将自动匹配。

（11）运输方式

运输方式的代码为 1 位数字，在下拉菜单中可进行选择。例：录入"2"或者"水路运输"，按"回车"键，系统显示为"水路运输"。

注：该栏目内置了运输方式代码表。

（12）运输工具名称

填报载运货物进出境的运输工具名称或编号，根据申报舱单信息录入即可。例：录入"UN9597484"。

（13）航次号

填报载运货物进出境的运输工具的航次编号，根据舱单信息实际情况录入。例：录入"026E"。

在打印的纸质报关单上，"运输工具名称"和"航次号"是合并到"运输工具名称"一个栏目的。

（14）提运单号

根据报关单草单信息录入。例：录入"C1608063362"，按"回车"键，进入下一栏。

（15）监管方式

根据报关单草单信息录入。例：录入"0110"或者"一般贸易"，按"回车"键，系统显示为"一般贸易"。

（16）征免性质

根据报关单草单信息录入。例：录入"101"或者"一般征税"，按"回车"键，系统显示为"一般征税"。

注：征免性质和监管方式有一定的对应关系。

（17）征税比例

此栏目免填。纸质新版报关单中，已无此栏。

（18）纳税单位

此栏目免于填报。

（19）许可证号

有则填写，无则免填。

（20）运抵国（地区）

按实际情况录入。例：录入"502"或者"美国"，按"回车"键，系统显示为"美国"。

（21）指运港

填报出口货物最终目的港。在最终目的港无法预知的情况下，尽可能录入预知的目的港。例：录入"3151"，按"回车"键，系统显示为"长滩"。

（22）境内货源地

如果生产销售单位有十位数的海关编号，则本栏将根据其前五位数代码直接跳出对应的境内货源地。例：本栏根据"44036"直接匹配出"深圳前海湾保税港区"。若实际货源地与生成销售单位前五位数代码不一致，可直接修改录入正确的信息，如修改为"44031"，按"回车"键，系统显示为"深圳特区"。

（23）成交方式

根据报关单草单"成交方式"栏录入。例：录入代码"1"，按"回车"键，系统显示为

"CIF"。

（24）运费、保费、杂费

需要填写时，按规范填写；不需要填写时，免填。栏目从左到右三个空格，第一个空格填运费标记名称，第二个空格填运费金额，第三个空格填币制。

例："运费"栏第一个空格录入代码"3"或"总价"，按"回车"键，系统显示为"总价"；第二个空格录入"1000"；第三个空格录入代码"502"或"美元"，按"回车"键，系统显示为"美元"。

例："保费"栏第一个空格录入"总价"或代码"3"，按"回车"键，系统显示为"总价"；第二个空格录入"50"；第三个空格录入代码"502"或"美元"，按"回车"键，系统显示为"美元"。

例："杂费"栏本例为空。

注：栏目左侧栏内置了运费标记代码表，右侧栏内置了币制代码表。保险费用无法确定的，"保费"按照"货价+运费"的千分之三算出的金额来填报，或者直接按照千分之三的比率来填报。

（25）件数

按实际包装件数录入，可以从装箱单上获取相关信息。例：录入"1350"。

（26）包装种类

按进出口货物实际外包装的种类填报。例：录入代码"2"，按"回车"键，系统显示为"纸箱"。

注：此栏内置了包装代码表。

（27）毛重、净重

从装箱单可以获取相关数据信息。例："毛重"栏录入代码"6580"，"净重"栏录入"6112"。

注：毛重、净重录入时，整数部分最多14位，小数部分最多5位，不可以输入负数。件数、毛重应该与舱单上的毛重数据保持一致。

（28）贸易国（地区）

按实际情况录入。例：录入"502"或者"美国"，按"回车"键，系统显示为"美国"。

录入"贸易国"栏目之后，系统跳到"其他事项确认"界面，如图4-5所示。此界面包括"特殊关系确认""价格影响确认""支付特许权使用费确认"三项，填报时，代码"0"表示"否"，代码"1"表示"是"，按实际情况录入。

（29）集装箱数

在界面右上角集装箱信息录入区域，从上到下依次录入集装箱的具体信息。例："集装箱号"录入"OOLU9513146"，"集装箱规格"录入代号"L"，"集装箱自重"为空。

注：如有多个集装箱号，则重复上述操作。20英尺集装箱规格代号为"S"，40英尺集装箱规格代号为"L"。一般情况下，20英尺集装箱自重为2300千克，40英尺集装箱自重为4600千克。若不知集装箱自重数据，可以跳过或录入"0"。

集装箱信息录入完成后，按"回车"键，集装箱信息自动保存至右上方表格中，同时在"集装箱数"栏中显示标准集装箱的个数。

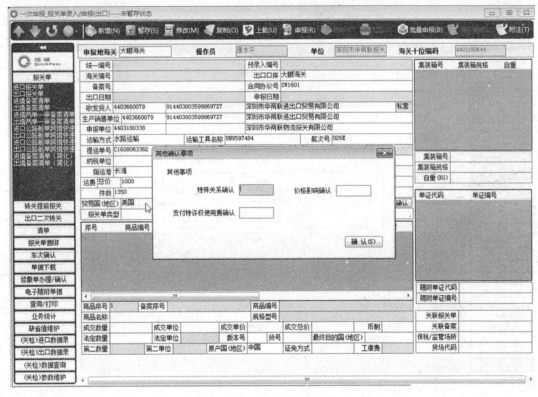

图 4-5　"其他确认事项"界面

注：一个 20 英尺集装箱显示为"1"，一个 40 英尺集装箱显示为"2"。若是一个 20 英尺集装箱加一个 40 英尺集装箱，则显示为"3"，依此类推。

（30）随附单证

在界面右侧随附单证信息录入区域，依次录入随附单证代码、随附单证编号。这里要强调的是，录入一定要用在非中文状态下的半角字符填写。

例："单证代码"录入"B"，选择"出境货物通关单"；"单证编号"录入"44199002161021448000"。

若有多个随附单证，则重复上述操作。

随附单证信息录入完成后，按"回车"键，随附单证信息自动保存至右侧表格中，同时在"随附单证"栏中显示所有单证代码。

（31）报关单类型

该栏目有五种报关单类型供选择：有纸报关（代号"O"）；无纸带清单报关（代号"D"）；有纸带清单报关（代号"L"）；通关无纸化（代号"M"）；无纸报关（代号"W"）。现在多数已经通关无纸化，选择"M"。

（32）备注

该栏目用于输入报关单需要备注的信息，如拼柜信息、货物集港码头名称、超出 255 个字符部分的申报要素等。

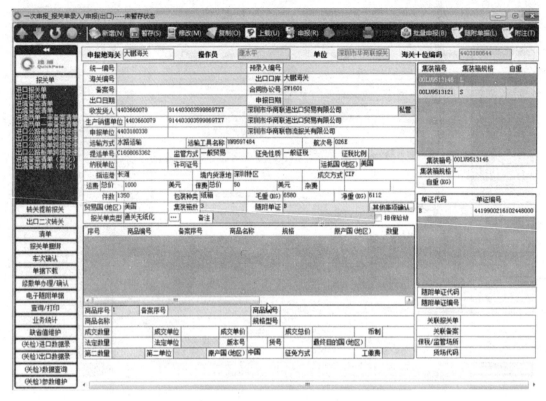

图4-6　报关单表头部分录入情况

（33）商品序号

无须录入，系统自动生成。注：系统一般默认从"1"开始。

（34）备案序号

若为一般贸易货物，不涉及事先备案，则无须录入。

注：该栏目按照实际情况输入相关备案序号，按"回车"键，系统自动调出备案信息。无备案号，此栏为空。

（35）商品名称

从装箱单、合同、发票等单据上均可以找到商品名称信息。例：录入"木椅"，按"回车"键，系统跳出以前录入过的商品编码（如图4-7）。若符合，则点击"确定"，"商品编号"栏自动匹配出商品编码；若该项商品与系统以前录入过的商品编码不相同，则点击"取消"，随后进入"商品编号"栏填写正确的商品编码。

（36）商品编号、规格型号

一般先录入商品名称，后录入商品编号。例：录入"9401619000"，按"回车"键，系统显示出相关商品编码，选择相符的并点击"确定"，跳入"规格型号"界面，按海关规定的申报要素逐项录入（如图4-8所示）。

申报要素录入完成后，点击"确定"，"规格型号"栏生成相关信息（如图4-9所示）。

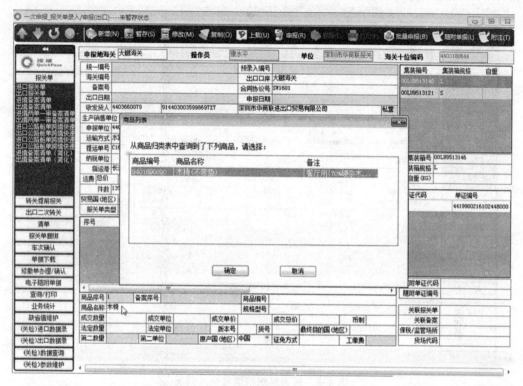

图 4-7 报关单商品名称录入界面

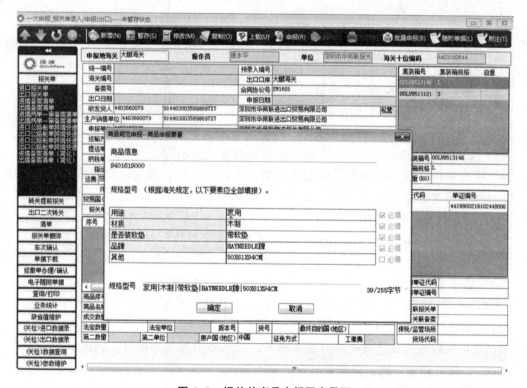

图 4-8 报关单商品申报要素界面

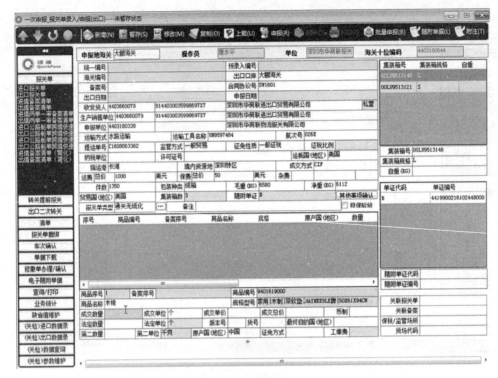

图 4-9　报关单规格型号录入情况

（37）成交数量、成交单位

可以从合同、发票上获取相关信息。例："成交数量"录入"550"，"成交单位"录入"个"。

注：系统一般将成交单位默认为法定单位。当成交单位和法定单位不一致时，需要修改并录入正确的成交单位。

（38）成交单价、成交总价、币制

可以从合同、发票上获取相关信息。一般情况下，先录入成交总价，随后系统会自动核算出成交单价。例："成交总价"录入"33000"，"成交单价"自动显示"60"；"币制"录入"502"或者"美元"，按"回车"键，系统显示为"美元"。

注：成交单价的整数部分最多 14 位，小数部分最多 4 位；成交总价的整数部分最多 15 位，小数部分最多 2 位。

（39）法定数量、法定单位

"法定数量"依据报关单草单相关信息录入。"法定单位"是系统根据商品编号自动生成，无须录入。例如，"法定数量"录入"550"，"法定单位"系统自动生成为"个"。

（40）版本号、货号

"版本号"只要在"E 手册"报关时需要录入，其他情况无须录入。"货号"无须录入。

（41）最终目的国（地区）

填已知的出口货物最终交货的国家或地区，按实际情况录入即可。例：录入"502"或者"美国"，按"回车"键，系统显示为"美国"。

（42）第二数量、第二单位

"第二数量"依据报关单草单相关信息录入。若该项商品没有第二法定单位，则无须录入。

"第二单位"栏将由系统根据商品编号自动生成。若该项商品没有第二法定单位，则无须录入。例如，第二数量录入"5500"，第二单位默认为"千克"。

（43）原产国（地区）

出口货物，"原产国（地区）"默认为"中国"。

（44）征免方式

按报关单草单相关信息录入。例：录入代码"1"，按"回车"键，系统显示为"照章征税"。注：该栏目内置了征减免税方式代码表。

完成"征免方式"栏录入后，按"回车"键，第一项商品的信息将自动添加到表体中部的表格中（如图4-10所示）。若有多项商品需要录入，按上述方法重复操作。注：需要法检的商品，要先录入。

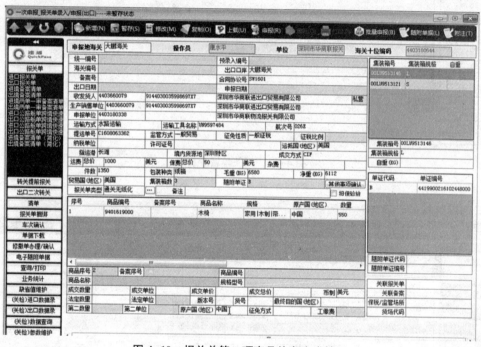

图4-10　报关单第一项商品信息生成情况

（45）工缴费

无须录入。注：来料加工货物工缴费在"备注"栏录入。

（46）关联报关单、关联备案、保税/监管场所、货场代码

若未涉及上述项目，则无须录入。

注："关联报关单"栏用于录入关联报关单编号，通常情况下，进料深加工结转、设备结转报关须录入关联报关单。"关联备案"栏用于录入关联备案号，通常情况下，进料深加工结转、设备结转报关须录入关联备案。"保税/监管场所"栏用于录入保税或监管仓号。"货场代码"栏用于录入货场名称或代码。

至此，报关单信息录入全部完成，点击系统上方的"暂存（S）"按钮（如图4-11所示），弹出"暂存成功"界面。在"暂存成功"界面点击"确定"后，将自动生成"统一编号"（如图4-12所示）。后续在查询报关单时，可以用报关单的统一编码进行查询。

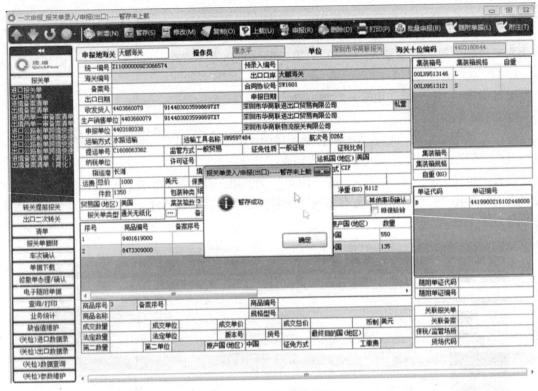

图 4-11　报关单暂存界面

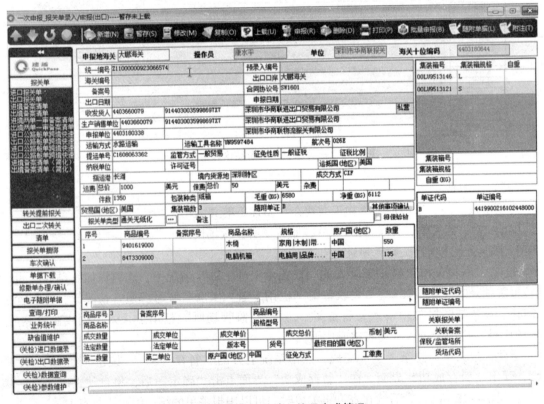

图 4-12　报关单统一编码生成情况

三、QP 系统报关单的申报

向海关 2010 通关系统报送电子数据报关单的步骤如下：

1. 进入"一次申报"系统，点击左侧菜单"查询/打印"，在下拉菜单中点击"单据查询/打印"（如果 4-13 所示）。

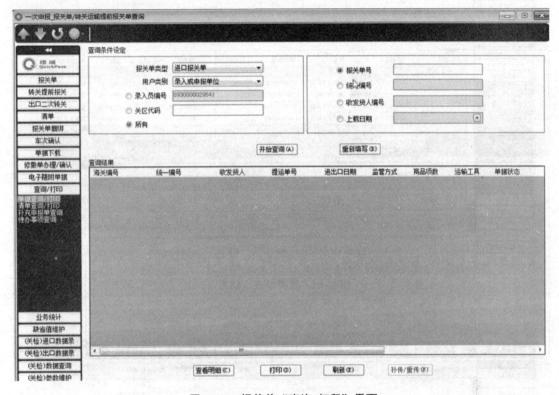

图 4-13 报关单"查询/打印"界面

2. 输入相关的查询条件，点击"开始查询"，下方将显示查询结果。用鼠标选中需要申报的报关单（如图 4-14 所示），点击"查看明细"，出现了当初的预录入界面（如图 4-15 所示）。

3. 上传随附单证。点击界面右上方"随附单据（L）"按钮，弹出"随附单据上传/查看"界面；点击"随附单据文件类别"栏录入框，系统自动弹出下拉菜单，选择需要上传的文件类别；再点击"随附单证文件位置"栏右侧的"选择（X）"，载入电脑中的对应文件（如图 4-16 所示）；在"随附单证所属单位"栏录入收发货人的 10 位数代码，按"回车"键，则载入的随附单证信息便出现在界面的中间表框内。

重复上述操作，载入 PDF 格式下的其余随附单证。检查无误后，点击下方"上传"按钮（如图 4-17 所示），系统显示"正在对文件进行合规性检查，请稍等"，检查合格，则表明申报前的准备工作全部完成。

注：随附单证扫描件为 PDF 文件，大小在 100K 以内。若是代理报关，还须上传代理报关委托协议。

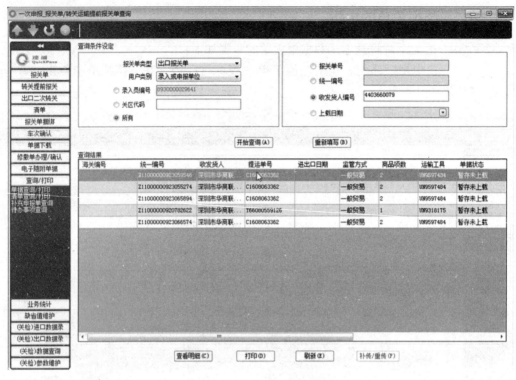

图 4-14　报关单查询结果

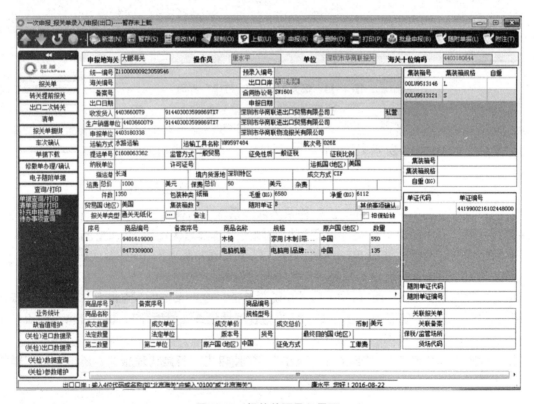

图 4-15　报关单预录入界面

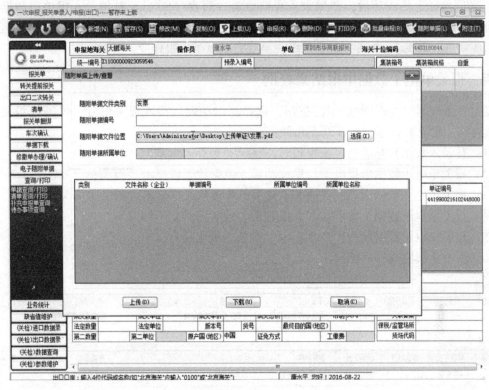

图 4-16 随附单证载入界面

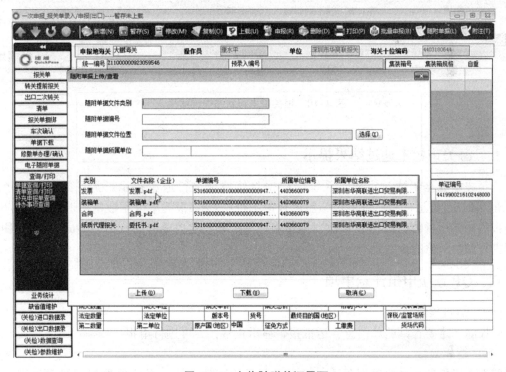

图 4-17 上传随附单证界面

4. 随附单证上传成功后，在预录入界面点击“暂存（S）”。对预录入报关单数据进行复核检查，确认无误后，点击“申报（R）”按钮正式申报。系统显示“申报成功”，表示电子数据成功进入海关2010通关作业系统，至此完成电子申报作业。

四、报关单电子数据申报结果查询

点击界面右侧的“查询/打印”按钮，选择查询功能，输入报关单号，可进行相关申报结果的查询。常见的查询结果有以下几种：

（1）预录入数据暂存成功、未申报时，显示“暂存未上载”。

（2）报关单电子数据申报电子口岸成功后，单据状态栏显示“报关单已发往海关”。

（3）报关单电子数据送达海关通关系统后，单据状态栏显示“报关单海关已接受”。

（4）报关单电子数据正常审结，系统显示“通关无纸化审结”。

（5）报关单电子数据放行，系统显示“通关无纸化放行”。

（6）所有手续完成，系统显示“已结关”。

查询结果

出口日期	监管方式	商品项数	运输工具	单据状态	回执状态	申报单位	进出口标
	一般贸易	2	UN9221073	无纸化转有纸交单	接单交单;报关单审结	深圳市华商联物流...	出口

查询结果

出口日期	监管方式	商品项数	运输工具	单据状态	回执状态	申报单位	进出口标
	一般贸易	4	UN9631955	通关无纸化查验	:报关单查验	深圳市华商联报关...	出口

查询结果

出口日期	监管方式	商品项数	运输工具	单据状态	回执状态	申报单位	进出口标
	一般贸易	1	UN9410789	通关无纸化放行	:报关单放行	深圳市华商联报关...	出口

查询结果

日期	监管方式	商品项数	运输工具	单据状态	回执状态	申报单位	进出口标志
	一般贸易	1	UN9338319	已结关	结关:	深圳市华商联物流...	出口

图4-18　报关单申报状态查询结果

五、海关审核未通过结果提示

若报关单数据未通过审核，系统会根据具体情况进行退单提示。常见的退单提示有：（1）船名航次/提运单号栏目填报与舱单数据不符；（2）报关单电子数据被退回或海运出口货物报关单无运抵数据；（3）申报时漏传单证等。如发生退单情形，相关人员必须对照退单原因进行调整、修改。

六、QP系统申报注意事项

（一）运抵报告

申报前一定要查询舱单信息，运抵报告显示正常，方可进行申报。

（二）逻辑复核

核查录入信息与原始单据是否一致，进行逻辑审核。部分报关单数据逻辑发生错误时，系统会提示可能有误的情形，需要认真对照并加以修正。

例：净重大于毛重时，系统提示"净重不能大于毛重"；贸易方式、征免性质、征免方式填报内容逻辑不符时，系统提示"逻辑不符"；录入的商品编号不存在时，系统提示"此商品编号不存在"等。对未提示项目，报关人员在报关单电子数据发送前，也需要对照纸质单据核对检查，保证数据录入准确后，再向海关发送电子数据。

（三）扫描件

随附单证扫描件，要求 PDF 格式，文件中的每页大小控制在 200K 以内，整个文件大小不超过 4M。随附单证上传完成后，在退出界面前一定要点击"暂存"。

（四）手册单

一定要选择逐单申报。如果选择了其他项，可能会退单或者改单。

（五）退单信息提示

数据发送后，如发生退单情形，系统会根据具体情况给出退单提示，相关人员必须对照退单原因进行调整、修改。

任务五　报关单修改与撤销

一、报关单修改或撤销的海关规定

《中华人民共和国海关进出口货物报关单修改和撤销管理办法》（海关总署令第 220 号）已于 2014 年 2 月 13 日经海关总署署务会议审议通过，自 2014 年 3 月 13 日公布施行。进出口货物收发货人或者其代理人（以下统称当事人）修改或者撤销进出口货物报关单，以及海关要求对进出口货物报关单进行修改或者撤销的，适用该办法。

进出口货物报关单修改，是指由海关批准或要求，对已申报电子报关单申报栏目的差错内容予以修正更改。进出口货物报关单撤销，是指由海关批准或要求，对已申报电子报关单从计算机管理系统中予以撤除注销。

海关接受进出口货物申报后，报关单证及其内容不得修改或者撤销；确有正当理由的，经海关审核批准，可以修改或撤销。进出口货物报关单修改或撤销，应遵循"修改优先"的原则，确实不能修改的，予以撤销。由于修改或者撤销进出口货物报关单导致需要变更、补办进出口许可证件的，当事人应当向海关提交相应的进出口许可证件。但是，海关已经决定布控、查验以及涉嫌走私或者违反海关监管规定的进出口货物，在办结相关手续前不得修改或者撤销报关单及其电子数据。

审单处应会同现场海关定期对报关单数据修改和撤销情况进行汇总分析，并将有关情况通报相关职能部门，便于对进出口报关企业与报关人员的管理提供参考依据。

二、报关单修改或撤销的情形

有以下情形之一的，进出口货物收发货人或者其代理人（以下统称当事人）可以向原接受申报的海关办理进出口货物报关单修改或者撤销手续，海关另有规定的除外：

（1）出口货物放行后，由于装运、配载等原因造成原申报货物部分或者全部退关、变更运输工具的。

（2）进出口货物在装载、运输、存储过程中发生溢短装，或者由于不可抗力造成灭失、短损等，导致原申报数据与实际货物不符的。

（3）由于办理退补税、海关事务担保等其他海关手续而需要修改或者撤销报关单数据的。

（4）根据贸易惯例先行采用暂时价格成交、实际结算时按商检品质认定或者国际市场实际价格付款方式需要修改申报内容的方法。

（5）已申报进口货物办理直接退运手续，需要修改或者撤销原进口货物报关单的。

（6）由于计算机、网络系统等技术原因导致电子数据申报错误的。

海关发现进出口货物报关单需要修改或者撤销，可以采取以下方式主动要求当事人修改或者撤销：

- 将电子数据报关单退回，并详细说明修改的原因和要求，当事人应当按照海关要求进行修改后重新提交，不得对报关单其他内容进行变更。

- 向当事人制发《进出口货物报关单修改/撤销确认书》，通知当事人要求修改或者撤销的内容，当事人应当在5日内对进出口货物报关单修改或者撤销的内容进行确认，确认后海关完成对报关单的修改或者撤销。

除不可抗力外，当事人有以下情形之一的，海关可以直接撤销相应的电子数据报关单：

- 海关将电子数据报关单退回修改，当事人未在规定期限内重新发送的。
- 海关审结电子数据报关单后，当事人未在规定期限内递交纸质报关单的。
- 出口货物申报后未在规定期限内运抵海关监管场所的。
- 海关总署规定的其他情形。

由于报关人员操作或者书写失误造成所申报的报关单内容有误，并且未发现有走私违规或者其他违法嫌疑的，其中，符合以下情况的报关单可作撤销处理：

- 一票货物被重复申报且经过重复审单，即一票货物出现两份具有不同海关编号的报关单，须删除其中一份报关单。

- 报关单经过审征环节后发现错误，但由于系统功能的限制，无法修改该项错误的，或者出于合理原因，须由报关人重新录入申报的。

- 进口报关单经过审征环节后，货主要求放弃进口货物或将其改为转关运输货物等一些终止在本地办理正常报关手续的情况。

- 出口报关单经过审征环节，但由于各种原因未能出口，须办理退关手续的报关单。
- 其他原因需要删除的报关单。

三、报关单修改或撤销需要提交的材料

符合报关单修改或撤销申请条件的，当事人应当向海关提交《进出口货物报关单修改/撤销表》和下列材料。

（1）符合上述第（1）项情形的，应当提交退关、变更运输工具证明材料。

（2）符合上述第（2）项情形的，应当提交商检机构或者相关部门出具的证明材料。

（3）符合上述第（3）项情形的，应当提交签注海关意见的相关材料。

（4）符合上述第（4）项情形的，应当提交全面反映贸易实际状况的发票、合同、提单、装箱单等单证，并如实提供与货物买卖有关的支付凭证以及证明申报价格真实、准确的其他商业单证、书面资料和电子数据。

（5）符合上述第（5）项情形的，应当提交《进口货物直接退运表》或者《责令进口货物直接退运通知书》。

（6）符合上述第（6）项情形的，应当提交计算机、网络系统运行管理方出具的说明材料。

（7）其他证明材料。

当事人向海关提交材料符合本条第一款规定，并且齐全、有效的，海关应当及时进行修改或者撤销。

由于报关人员操作或者书写失误造成申报内容需要修改或者撤销的，当事人应当向海关提交《进出口货物报关单修改/撤销表》和下列材料：（1）可以证明进出口货物实际情况的合同、发票、装箱单、提运单或者载货清单等相关单证、证明文书。（2）详细情况说明。（3）其他证明材料。

海关未发现报关人员存在逃避海关监管行为的，可以修改或者撤销报关单。不予修改或者撤销的，海关应当及时通知当事人，并且说明理由。

四、报关单修改或撤销业务无纸化的有关事宜

为深化海关区域通关一体化改革和通关作业无纸化改革，海关总署在全国开展进出口货物报关单修改和撤销业务无纸化，相关事宜如下：

（1）进出口货物收发货人或者其代理人（以下统称当事人）符合《中华人民共和国海关进出口货物报关单修改和撤销管理办法》（海关总署令第220号）规定情形的，可通过中国电子口岸预录入系统"修撤单办理/确认"功能（向海关办理进出口货物报关单修改或者撤销手续）。

（2）对于当事人申请办理报关单修改或者撤销手续的，当事人应在预录入系统录入报关单修改或者撤销相关事项并提交相关材料的电子数据。海关办理后通过预录入系统将办理情况反馈当事人，当事人可通过预录入系统查询已提交的修改或者撤销手续的办理进度。

（3）对于海关发现报关单需要修改或者撤销的，海关通过预录入系统向当事人发起报关单修改或者撤销确认。当事人应通过预录入系统及时查询并在5日内向海关确认"同意办理"或者"不同意办理"的意见。

（4）按《中华人民共和国海关进出口货物报关单修改和撤销管理办法》（海关总署令第220号）规定，当事人应当向海关提交相关材料的，原则上通过预录入系统以电子方式上传，文件格式标准参照《通关作业无纸化报关单证电子扫描或转换文件格式标准》（海关总署公告2014年第69号）。

（5）当事人通过预录入系统办理报关单修改或者撤销手续的，视当事人已向海关提交《进出口货物报关单修改/撤销表》或《进出口货物报关单修改/撤销确认书》。

（6）海关需要验核纸质材料的，当事人应当提交相关纸质材料。

（7）自2016年3月1日起，除因计算机、网络系统等技术原因无法通过预录入系统办理报关单修改或者撤销的，海关不再以纸质方式办理报关单修改和撤销业务。

单元练习

一、单项选择题

1. 某进出口公司向某国出口500吨散装小麦，该批小麦分装在一条船的三个船舱内，海关报关单上的"件数"和"包装种类"两个项目的正确填报应是（   ）

A. 件数为 500 吨，包装种类为"吨"　　　B. 件数为 1，包装种类为"船"

C. 件数为 3，包装种类为"船舱"　　　D. 件数为 1，包装种类为"散装"

2. 我国某进出口公司从香港购进一批 SONY 牌电视机，该电视机为日本品牌，其中显像管为韩国生产，集成电路板由新加坡生产，其他零件均为马来西亚生产，最后由韩国组装成整机。该公司向海关申报进口该批电视机时，原产国为(　　)

A. 日本　　　B. 韩国　　　C. 新加坡　　　D. 马来西亚

3. 在中国台湾纺成的纱线，运到日本织成棉织物，并进行冲洗、烫、漂白、染色、印花。上述棉织物又被运往越南制成睡衣，后又经香港更换包装转销我国。我国海关应以(　　)国家（地区）为该货物的原产地。

A. 日本，因为成衣在日本进行了第一次实质性加工

B. 台湾，因为纱线是在台湾完成制造

C. 越南，因为制成成衣在税则归类方面已经有了改变

D. 香港，因为该货物是从香港进口的

4. 北京宇都商贸有限公司（企业代码 1101250756）委托大连化工进出口公司（企业代码 2102911013）与韩国签约，为长春特钢厂进口 B30S 型电动叉车，委托大连外轮代理公司向大连海关申报。"收发货人"应填(　　)

A. 北京宇都商贸有限公司 1101250756　　　B. 大连化工进出口公司 2102911013

C. 长春特钢厂　　　D. 大连外轮代理公司

5. 浙江浙海服装进出口公司（企业代码 3313910194）以进料加工方式进口蓝湿牛皮，委托浙江嘉宁皮革有限公司（企业代码 3313920237）加工牛皮沙发革，委托上海某货运代理公司于运输工具进境次日向吴淞口海关申报。"收发货人"是(　　)

A. 浙江浙海服装进出口公司 3313910194

B. 浙江嘉宁皮革有限公司 3313920237

C. 上海某货运代理公司××××91××××

D. HANSA STAVANGER

6. 浙江浙海服装进出口公司（企业代码 3313910194）委托北京宏都进出口公司（企业代码 1108910794）进口服装面料一批，交由浙江嘉宁制衣有限公司加工成衣出口。于货到后次日由浙江外运分公司向宁波海关申报。"申报单位"是(　　)

A. 浙江浙海服装进出口公司　　　B. 北京宏都进出口公司

C. 浙江嘉宁制衣有限公司　　　D. 浙江外运分公司

7. 在进口报关单中，下列成交方式术语中哪些需要填报"运费"(　　)

A. CIF　　　B. CFR　　　C. FOB　　　D. CPT

二、多项选择题

1. 在填报报关单"总价"项目时，下列哪些叙述是正确的(　　)

A. "一般贸易"货物应按合同上订明的实际价格填报

B. 退运进口的出口货物，应按该货物原出口价格填报

C. 免费赠送的货样、广告品，可以免予以填报

D. 来料加工项下的成品出口时，只须填报工缴费

2. 下列哪种类型的单位可以作为"收发货人"进行填报(　　)

A. 对外签订合同但并非执行合同的单位

B. 非对外签订合同但具体执行合同的单位

C. 委托外贸公司对外签订并执行进口投资设备合同的外商投资企业

D. 接受并办理进口溢卸货物报关纳税手续的单位

3. 我国某进出口公司（甲方）与新加坡某公司（乙方）签订一出口合同，合同中订明，甲方向乙方出售 5 000 件衬衫，于 2016 年 4 月 10 日在上海装船，途经中国香港运往新加坡。在签订合同时甲方得知乙方还要将该批货物从新加坡运往智利。根据上述情况填写报关单时，以下哪几种填写不正确（　　）

A. 运抵国（地区）为"香港"，最终目的国（地区）为"新加坡"

B. 运抵国（地区）为"新加坡"，最终目的国（地区）为"智利"

C. 运抵国（地区）为"香港"，最终目的国（地区）为"智利"

D. 运抵国（地区）为"智利"，最终目的国（地区）为"智利"

4. 在填制报关单时，海关根据进出口商品的不同情况，对商品数量的填报做出了一些规定，选择下列规定哪些是符合海关规定的（　　）

A. 规范的数量和单位，应以海关统计商品目录上规定的数量和单位填写

B. 与海关规范的数量和单位不一致的实际成交的数量和单位也填在报关单上

C. 不能把整机和零件的数量加在一起填报数量

D. 不能把类似"一卷""一箱""一捆"等较笼统的数量和单位填在报关单上

5. 某公司从日本进口联合收割机 10 台及部分附件，分装 30 箱，发票注明每台单价为 CIF Shanghai US$22400，总价为 US$22400，附件不另计价格。进口货物报关单以下栏目正确填报的为（　　）

A. 成交方式：CIF

B. 件数：30

C. 商品名称：联合收割机及附件

D. 单价：22400

6. 在下列叙述中，符合原产地规则中的实质性改变标准的是（　　）

A. 货物经过加工后，在海关进出口税则的税号四位数一级的税则号列已经有了改变

B. 货物经过加工后，增值部分占新产品总值的比例已经达到 30% 及以上的

C. 经重新包装整理后的货物

D. 经重新筛选并重新包装的货物

7. 某进出口公司报关员在制作一份进口报关单时，在"标记唛码及备注"栏目内添入了以下内容，请选出哪些内容是正确的（　　）

A. NO MARK 字样

B. 付汇核销单编号

C. 商检证 1 份及其编号

D. 进料加工合同共 2 本手册及全部编号

8. 在进口报关单中，下列"成交方式"术语中哪些需要填报"保险费"（　　）

A. CIF　　　　　B. CFR　　　　　C. FOB　　　　　D. CPT

9. 在出口报关单中下列成交方式术语中哪些需要填报"运费"（　　）

A. CIF　　　　　B. CFR　　　　　C. FOB　　　　　D. FCA

10. 在出口报关单中下列成交方式术语中哪些需要填报"保险费"（　　）

A. CIF　　　　　B. CFR　　　　　C. FOB　　　　　D. CIP

三、判断题

1. 某企业经海关批准从保税仓库内提取一批货物内销到国内市场，由于该批货物原进入保税仓库时为空运进口，故在报关单运输方式栏应填报"航空运输"。　　　　（　　）

2. 某制衣有限公司向某海关办理进料加工合同的登记备案手续，在领取到的加工贸易手册上有三项商品，第一项为尼龙面料，第二项为衬里棉布，第三项为拉链。2016 年 4 月 10 日，该公司先进口了一部分衬里棉布和一部分拉链，那么，填写报关单商品项号和名称时应按进口商品的排列序号第一项为衬里棉布，第二项为拉链。（　　）

3. 中国仪器进出口公司从日本松下公司购得分属三个合同的六种不同规格精密仪器同船一并运达。由于这些货物品种单一且数量不大，申报时可以用一份进口货物报关单准确、真实、齐全、清楚地填报。（　　）

4. 某进口单位在申报进口租赁期在一年以上的租赁贸易货物时，只填制了一份贸易方式为"租赁贸易"的报关单，海关认为其申报有误。（　　）

5. 某公司进口一批总重量为 1 万公斤的饲料，该饲料的外包装为纸袋，可单据上并没有标明扣除纸袋的净重。在这种情况下可以将毛重作为净重来申报。（　　）

6. 某租赁有限公司从事国内租赁业务。该公司委托广州某对外贸易公司从日本进口 50 台水泥搅拌车，用于租借给国内的建筑公司。由广州某对外贸易公司对外订货，向海关办理进口报关手续时，该批用于租赁货物的贸易方式应填报为"一般贸易"。（　　）

7. 报关单上"商品名称、规格型号"栏目，正确的填写内容应有中文商品名称、规格型号，商品的英文名称和品牌，缺一不可。（　　）

8. 转关运输中的"指运地"是指出口货物办理报关发运手续的地点。（　　）

9. 某化工进出口公司下属某厂以进料加工贸易方式进口原料一批，经海运抵港后，进口报关单的"备案号"栏应填报为该货物的《加工贸易手册》的编号。（　　）

10. 进出口货物报关单是海关对进出口货物进行监管、征税、统计和开展稽查、调查的重要依据，是加工贸易进出口货物核销、出口货物退税和外汇管理的重要凭证，也是查处进出口货物走私、违规的重要的书面依据。（　　）

11. 联合国世界卫生组织向我国提供援助一台德国产的医疗仪器。德国受联合国的委托将该批货物送往我国。在进口报关单上应填报起运国为联合国，原产国为德国。（　　）

12. 北京煤炭进出口总公司对巴基斯坦签约出口"水洗炼焦煤" 10 万吨，由唐山煤炭分公司执行合同，组织货源，并安排出口。在这一情况下报关单"收发货人"栏目应填报为"北京煤炭进出口总公司"。（　　）

13. 甲公司以进料加工方式进口牛皮，委托乙公司加工成沙发革，"收发货人"为甲公司。（　　）

14. 某汽车进出口公司进口 50 辆德国生产小轿车，每辆车上附带一套法国生产的维修工具，进口报关时，维修工具的原产国应按小轿车填报为德国。（　　）

15. 进口货物（冷轧钢板）系沈阳沈港电器产业有限公司（企业代码 2101930425）进口。用于生产空调设备供应国内市场。于船舶进口次日委托大连连孚物流有限公司向海关申报。贸易方式是"一般贸易"，征免性质是"一般征税"，征免是"照章征税"，用途是"其他内销"。（　　）

一般进出口货物报关作业

学习目标

【知识目标】

- 熟悉海关监管货物的类别，一般进出口货物的含义、特点和范围。
- 熟悉进出口货物的基本报关程序。
- 掌握一般进出口货物的报关流程及基本规定。

【技能目标】

- 能判断是否滞报，能计算滞报金。
- 能根据业务情况核查报关材料是否齐全，报关数据是否准确无误。
- 能办理一般进出口货物报关的基本手续。

项目导入

宁波 XYZ 进出口有限公司（法人统一社会信用代码：9133020411112223338）以 CIF 宁波 USD590/吨的成交价格从印度尼西亚进口了一批除草剂（乙氧氟草醚）（HS 编码：2909309015）。装载该商品的运输工具于 2016 年 7 月 22 日申报进境。宁波 XYZ 进出口有限公司委托上海 YY 报关公司宁波分公司办理进口报关手续。报关材料包括提单、商业发票、装箱单、中国—东盟自贸区原产地证书。

工作任务：

（1）进口申报。办理报关委托，并确定申报时需要向海关提交哪些材料，进行网上电子申报。

（2）如果有海关查验通知，配合海关查验。

（3）按规定办理缴纳税款的手续。

（4）海关放行后，提取货物。

任务一 一般进出口货物认知

一、一般进出口货物的基本内容

（一）一般进出口货物的含义

一般进出口货物是一般进口货物和一般出口货物的合称，是指在进出境环节缴纳了应征的进出口税费并办结了所有必要的海关手续，海关放行后不再进行监管，可以直接进入生产和消费领域流通的进出口货物。

（二）一般进出口货物的特征

1. 进出境时缴纳进出口税费

一般进出口货物的收发货人应当按照《海关法》和其他有关法律、行政法规的规定，在货物进出境时向海关缴纳应当缴纳的税费。

2. 进出口时提交相关的许可证件

货物进出口应受国家法律、行政法规管制的，并需要申领进出口许可证件的，进出口货物收发货人或其代理人应当向海关提交相关的进出口许可证件。

3. 海关放行即办结了海关手续

海关征收了全额的税费，审核了相关的进出口许可证件，并对货物进行实际查验（或做出不予查验的决定）以后，按规定签章放行。这时，进出口货物收发货人或其代理人才能办理提取进口货物或者装运出口货物的手续。对一般进出口货物来说，海关放行就意味着海关手续已经全部办结，海关不再监管，货物可以在关境内自由流通或运往境外。

（三）一般进出口货物与一般贸易货物的区别

一般进出口货物是从海关监管的角度来划分的，是海关监管货物的一种类型。除一般进出口货物外，海关监管货物类型还有保税货物、特定减免税货物、暂准进出口货物，过境、转运、通运货物等。

一般进出口货物并不完全等同于一般贸易货物。一般贸易是指国际贸易中的一种交易方式。在我国的对外贸易中，一般贸易是指中国境内有进出口经营权的企业单边进口或单边出口的贸易，按一般贸易交易方式进出口的货物即为一般贸易货物。一般进出口货物，是指按照海关一般进出口监管制度监管的进出口货物。两者之间有很大区别。一般贸易货物在进口时可以按一般进出口监管制度办理海关手续，这时它就是一般进出口货物；也可以享受特定减免税优惠，按特定减免税监管制度办理海关手续，这时它就是特定减免税货物；也可以经海关批准保税，按保税监管制度办理海关手续，这时它就是保税货物。

显然，两者之间的区别主要就是他们划分的角度不同：

1. 一般进出口货物是按照海关监管方式划分的进出口货物，是海关的一种监管制度的体现。是相对于保税货物、暂准进出口货物、特定减免税货物而言的。

2. 而一般贸易货物是按照国际贸易方式划分的进出口货物，也就是说一般贸易是属于国际贸易方式的其中一种贸易方式。

二、一般进出口货物的范围

实际进出口货物，除特定减免税货物外，都属于一般进出口货物的范围。主要包括：

1. 不批准保税的一般贸易进口货物。
2. 转为实际进口的保税货物。
3. 转为实际进口的暂准进境货物或转为实际出口的暂准出境货物。
4. 易货贸易、补偿贸易进出口货物。
5. 不批准保税的寄售、代销贸易货物。
6. 承包工程项目实际进出口货物。
7. 外国驻华商业机构进出口陈列用的样品。
8. 外国旅游者小批量订货出口的商品。

9. 随展览品进境的小卖品。

10. 实际进出口货样广告品。

11. 免费提供的进口货物。如：外商在经济贸易活动中赠送的进口货物；外商在经济贸易活动中免费提供的试车材料等；我国在境外的企业、机构向国内单位赠送的进口货物。

三、一般进出口货物的报关流程

进出口货物的报关程序按时间先后可分为三个阶段：前期阶段、进出境阶段、后续阶段。但一般进出口货物的报关程序没有前期阶段和后续阶段，只有进出境阶段。这个阶段由四个环节构成，即：进出口申报→配合查验→缴纳税费→放行与结关。

【小思考】

有以下四种货物：

1. 某加工贸易企业经批准从德国进口机器设备一套用于加工产品出口。

2. 某公司经批准以易货贸易方式进口货物一批在境内出售。

3. 张家港保税区批准出售橡胶一批给青岛汽车轮胎厂。

4. 某境外商人免费提供机器设备一套给境内某企业用以来料加工。

上述哪种货物适用一般进出口通关制度？为什么？

任务二　进出口申报

在进出口申报阶段，报关工作主要包括签订报关委托协议、确定申报地海关、明确申报期限、准备申报单证、申报前看货取样、电子数据申报等，必要时还需要提交纸质申报单及随附单证、修改申报内容或撤销申报、计算滞报金等。

一、办理报关委托

进出口货物收发货人如果不能自理报关，可与报关企业签订代理报关委托书和委托报关协议，委托报关企业代理报关。

进出口货物收发货人和报关企业可以通过"通关无纸化代理报关委托"系统签订代理委托协议。由该系统生成的代理报关委托关系书、委托报关协议电子数据，作为格式化电子数据随附，每份报关单向海关 H2010 通关管理系统传送。

为方便实际业务使用，该系统中收发货人和报关企业均可以向对方发起委托申请，同时，双方也可以确认对方发来的委托申请，系统不作限制。委托双方企业签订建立的委托协议，一份协议用于一份报关单随附使用，不可重复使用。

通关无纸化代理报关委托系统，操作步骤如下：

第一，通过中国电子口岸数据中心门户网站（如图 5-1 所示），打开系统网站登陆页。用户使用电子口岸身份识别设备（IC 卡、IKEY 卡）进行认证登陆（如图 5-2 所示）。

欢迎您访问 www.chinaport.gov.cn中国电子口岸。

中国电子口岸是国务院有关部委将分别掌管的进出口业务信息流、资金流、货物流等电子底帐数据集中存放到口岸公共数据中心，为各行政管理部门提供跨部门、跨行业的行政执法数据联网核查，并为企业及中介服务机构提供网上办理进出口业务服务的数据交换平台。

图 5-1　通关无纸化代理报关委托系统登陆页

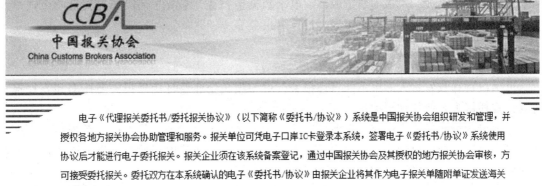

电子《代理报关委托书/委托报关协议》（以下简称《委托书/协议》）系统是中国报关协会组织研发和管理，并授权各地方报关协会协助管理和服务。报关单位可凭电子口岸IC卡登录本系统，签署电子《委托书/协议》系统使用协议后才能进行电子委托报关。报关企业须在该系统备案登记，通过中国报关协会及其授权的地方报关协会审核，方可接受委托报关。委托双方在本系统确认的电子《委托书/协议》由报关企业将其作为电子报关单随附单证发送海关通关系统。

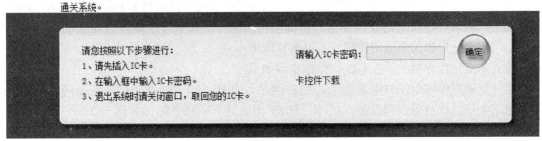

图 5-2　通关无纸化代理报关委托系统登陆界面

第二，收发货人用户在系统中，通过条件查找相关的报关企业，并向其发起委托申请。收发货人与某报关企业在首次建立电子报关委托关系时，通过点选左侧菜单中的"选择报关企业"、"发起委托申请"两个子菜单，均可实现向目标报关企业发起委托关系建立的申请（如图5-3所示）。

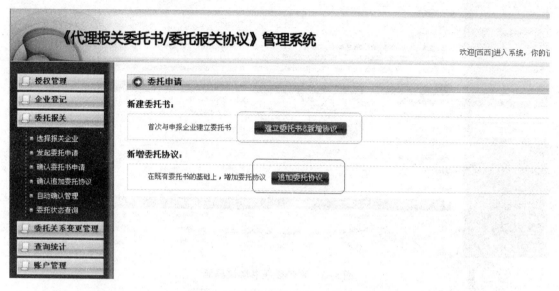

图5-3　委托报关协议管理系统界面

第三，如果是由委托关系的对方—报关企业主动发起的委托申请，则收发货人用户需要进行委托关系的确认方可成功建立委托关系和委托协议。登陆系统后，选择进入"委托报关"---"确认委托书申请"子菜单，可以查询待确认的委托关系协议（实际可最多10条委托协议）。对本次"确定委托书申请"中全部附带的委托协议，用户在进行"接受"或者"拒绝"之后，接着可以点击页面最下方的"确定"按钮，接受本次委托书申请，也可以直接"拒绝委托书"拒绝全部委托协议。用户点击"接受"时，该条委托协议的"状态"将有所变化，从"0委托发起待确认"变为"1委托确认已经发往海关"，并继续自动变为"2委托协议可报关"（如图5-4、图5-5、图5-6所示）。

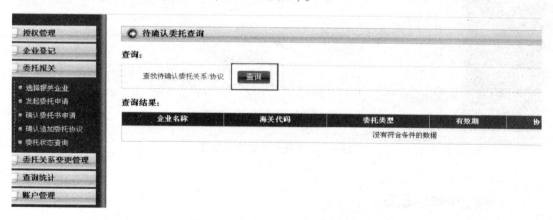

图5-4　待确认委托协议查询界面

图 5-5　附带委托书协议界面

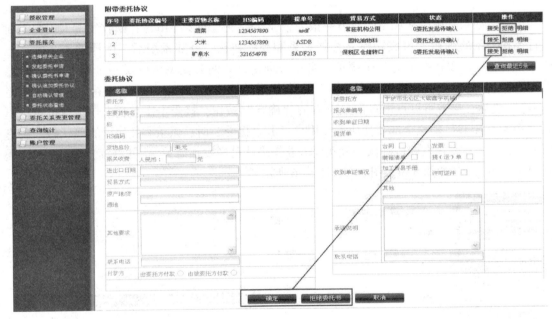

图 5-6　委托书协议确定界面

二、确定申报地海关

报关地分两种，一种是属地报关，一种是口岸报关。属地报关中，出口报关地为出口企业所在地，进口报关地为货物最终目的地；口岸报关中，出口报关口岸为实际出境口岸，进口报关口岸为实际入境口岸。例如，某企业 A 在南京，出口产品去美国，货物从上海口岸出境，那么既可以在南京报关，也可以在上海报关；如果该企业从美国进口货物，同样从上海口岸入境，收货在南京，那么既可以在入境的上海口岸报关，也可以在南京报关。

一般情况下，进口货物收货人或其代理人在货物的进境地向海关申报，出口货物发货人或其代理人在货物的出境地向海关申报。当进出口货物申请办理转关手续时，进口货物收货人或其代理人在货物的指运地（目的地）申报，出口货物发货人或其代理人在货物的起运地申报。

以保税货物、特定减免税货物、暂准进境货物申报进境的，因故改变使用目的从而改变性质，转为实际进口的货物，进口货物收货人或其代理人应当向货物所在地的主管海关申报。

为进一步加大区域通关改革力度，优化海关作业流程，切实提高通关效率，企业可以选择"属地申报，口岸验放"、"属地申报，属地验放"、"区域通关一体化"等通关模式。

"属地申报，口岸验放"是指符合海关规定条件的守法水平较高的企业，在其货物进出口时，可以自主选择向属地海关申报，并在口岸海关办理货物验放手续的一种通关模式。

"属地申报，属地验放"是指符合海关规定条件的高资信企业，在其货物进出口时，可向属地海关申报，并在属地海关办理放行手续。"属地申报，属地验放"对企业类别和守法情况有相关要求，须向所在地直属海关申请并取得海关批准。

"区域通关一体化"模式适用企业不须向海关申请，企业可以自主选择接单现场，办理申报、接单、征税、放行等通关手续。

三、明确申报期限

进出口货物的报关期限在《海关法》中有明确的规定。进口货物的收货人或其代理人应当自载运该货的运输工具申报进境之日起（从第二天开始算）14天内向海关办理进口货物的通关申报手续。出口货物的发货人或其代理人除海关特许外，应当在货物运抵海关监管区后、装货的 24 小时以前，向海关办理出口货物的申报手续。

进口货物如果在法定的 14 天内没有向海关办理申报手续，海关将征收滞报金。滞报金的起收日期为运输工具申报进境之日起的第 15 天（若遇节假日，则顺延至第一个工作日）；转关运输货物为货物运抵指运地之日起的第 15 天（若遇节假日，则顺延至第一个工作日）；邮运进口货物为收到邮局通知之日起的第 15 天。滞报金的日征收金额为进口货物到岸价格的千分之零点五。滞报金的起征点为人民币五十元。

滞报金计算公式为：滞报金＝进口货物完税价格 × 0.5‰ × 滞报天数

进口货物的收货人自运输工具申报进境之日起超过三个月未向海关申报的，其进口货物由海关提取变卖处理。所得价款在扣除运输、装卸、存储等费用和税款后，尚有余款的，自货物变卖之日起一年内经收货人申请，予以发还；逾期无人申请的，上缴国库。对属于不宜长期保存的货物，海关可以根据实际情况提前处理。

四、准备申报单证

申报单证可分为报关单和随附单证两大类，其中随附单证包括基本单证、特殊单证两种。

报关单：进出口货物报关单、特殊监管区域进出境备案清单、进出口货物集中申报清单、ATA 单证册、过境货物报关单、快件报关单等。

基本单证：进口提货单据、出口装货单据、商业发票、装箱单等。

特殊单证：进出口许可证件、加工贸易手册、进出口货物减免税证明、原产地证明书、预归类决定书、作为有些货物进出境证明的原进出口货物报关单、贸易合同、租赁合同等。

报关单是指报关人员按规定格式填制的申报单。基本单证是指与进出口货物相关的货运单据和商业单证，申报时一般都必须提交。特殊单证是指在有贸易管制措施的进出口货物，加工贸易方式进出口货物，享受减免税货物、退运货物等情况下，申报人应当向海关提交的除基本单证之外的其他单证。

准备申报单证的基本原则是：基本单证、特殊单证必须齐全、有效、合法，报关单填制必须真实、准确、完整，报关单与随附单证的数据必须一致。

电子报关时，电子口岸系统需上传全部的随附单证电子扫描件。扫描件必须为 PDF 格式的文件，每份 PDF 文件不得超过 4M，每页不得超过 200K，PDF 文件名不得超过 64 个字符（32 个汉字）。

五、申报前看货取样

《海关法》规定，进口货物的收货人经海关同意，可以在申报前查看货物或者提取货样，需要依法检验的货物，应当在检验合格后提取货样。

申报前看货取样的条件：如果货物进境已有走私违法嫌疑并被海关发现，海关将不同意；同时，只有在通过外观无法确定货物的归类等情况，海关才会同意收货人提取货样；收货人放弃行使看货取样的权利所产生的法律后果（如申报不符），由收货人自己承担。

六、电子数据申报

电子报关的常见申报方式有 3 种类型：

1. 终端申报方式：进出口货物收发货人或其代理人前往设于报关场所附近指定地点的申报终端进行申报，使用连接海关计算机系统的电脑终端录入报关单内容，直接向海关发送报关单电子数据。其优点是传送速度快，不受海关参数设置的限制，缺点是终端数据受海关主机容量和场地限制，不利于远程报关。

2. EDI 申报方式：进出口货物收发货人或其代理人在微机中安装 EDI 申报系统，在该系统中录入报关单内容，由计算机转换成标准格式的数据报文向海关计算机系统发送报关单电子数据。其优点是数据录入不受海关主机的影响，也不受场地的限制，有利于远程报关，缺点是容易受海关参数调整的影响，也容易受网络稳定性的影响。

3. 网上申报方式：进出口货物收发货人或其代理人在微机中安装"中国电子口岸"系统（QP 系统），登录 QP 系统企业端，在"一次申报"子系统中录入报关单内容，并向海关计算机系统发送报关单电子数据。这种方式使远程报关真正成为现实，在网上基本能办理与报关有关的一切业务，是电子申报的主要方式。

在向海关进行电子数据申报时，大部分企业选择使用 QP 系统。报关人员应按海关规定的报关填制规范录入报关单的内容。具体操作详见本书项目四"报关单缮制"。

【小思考】

1. 长沙某公司以 CIF 长沙 280 美元/吨的价格从法国进口某种货物 1000 吨，该批货物由法国巴黎的戴高乐机场启运，2017 年 3 月 13 日运至北京的国际机场，3 月 15 日转机运至长沙，该公司于 4 月 3 日去长沙海关申报，请问该公司是否应该缴纳滞报金？如果需要缴纳，则应缴纳多少？

2. 运载进口货物的运输工具于 2017 年 4 月 26 号申报进境，收货人于 5 月 14 号（星期一）向海关报关，当天海关接受申报。那么，滞报期限为几天？

3. 运载进口货物的运输工具 2017 年 5 月 9 日申报进境，收货人一直到 8 月 9 日还未向海关报关，海关遂于 8 月 21 日提取该货物作变卖处理，9 月 1 日收货人发现货物被变卖了，随即向海关申请发还变卖货物扣除相关税费后的余款，并于 9 月 20 号申报，当天海关接受申报，那么滞报金征收的截止日应为哪一天？共滞报多少天？

任务三　配合查验

一、海关查验

海关查验是指海关在接受报关单位的申报后，依法为确定进出境货物的性质、原产地、货物状况、数量和价值是否与货物申报单上已填报的详细内容相符，对货物进行实际检查的行政执法行为。查验是国家赋予海关的一种依法行政的权力，也是通关过程中必不可少的重要环节。

海关实施查验可以是彻底查验，也可以是抽查。查验操作可以分为人工查验和设备查验。海关可以根据货物情况以及实际执法需要，确定具体的查验方式。人工查验包括外形查验、开箱查验。外形查验是指对外部特征直观、易于判断基本属性的货物的包装、运输标志和外观等状况进行验核；开箱查验是指将货物从集装箱、货柜车箱等箱体中取出并拆除外包装后对货物实际状况进行验核。

海关查验的作业流程是：分析调阅报关单证或电子数据→进行风险布控→打印《查验作业单》→科长人工派单（或电脑自动派单）→查验关员实施查验→填写查验记录单并输入查验结果→查验结果处置→向通关部门移交海关货物查验记录单。

海关对进出口货物的布控查验分为计算机布控和人工布控两类。

（一）计算机布控

1. 海关将进出口货物进行分类，设置风险参数。进出口货物风险参数越高，被计算机布控的几率就越高。

2. 有些关区由于进出口货物多数风险参数较低，即对进出口货物按一定几率设置随机布控查验。

（二）人工布控

1. 进出口货物在申报或查验放行环节，如果海关关员人工审单时认为报关单申报内容不清楚，或有疑问，即可由人工操作在海关电脑上下达布控指令，查验货物是否单货相符。

2. 海关（包括缉私局）由于查获过某进出口货物出现违法违规现象，导致其他企业进出口的同样或相关货物风险参数提高，而被人工布控查验。

3. 海关（包括缉私局）接到消息（就是举报）某进出口货物有问题，在该货物进出口时海关关员人工布控或缉私局向海关现场作业人员发出布控查验通知，查验该货物。

4. 企业与海关关系不佳，进出口的货物被布控查验。即企业有过违法违规记录，在海关的信用等级较低，该企业进出口的货物基本上会被计算机或人工布控查验。

二、配合查验

海关查验时，进出口货物收发货人或其代理人应当到场配合查验。在配合查验阶段，主要工作内容包括接收查验通知、确定查验时间和查验地点、配合海关现场查验等。

（一）接收查验通知

海关在决定对某批申报的货物进行查验时，一般会发送"海关查验通知单"，申报人应及时接收并查看海关查验通知单上的具体内容（如表5-1所示）。

表5-1　海关查验通知单

海关查验通知单

海关编号：310120×××××××××

×××报关有限公司：

你单位于××年××月××日所申报货物，经审核现决定实施查验，请联系港务等相关部门做好准备，于××月××日派员配合海关查验。

特此通知。

运货方式：水路运输（2）	提运单号：KKLUNB5303883A
存货地点：宁波海关（3101）	申报毛重（KG）：1234
包装种类：纸箱（2）　申报件数：142	申报净重（KG）：1092

序号	商品编码	商品名称	数量单位	总值
1	6114300090	反光背心 针织 | 无袖罩衫	1092 千克	10 570 美元

联系人：310803　　联系电话：

经办关员：310803

签收人：

北仑海关（3104）

××××年××月××日

注：海关查验通知一式两联，第一联报关单位留存，第二联海关留存。

（二）确定查验时间和查验地点

收到海关查验通知单以后，报关单位应确定查验时间和查验地点。

1. 查验时间

申报人在签收海关查验通知单时，应向海关约定查验时间。查验时间一般约定在海关正常工作时间内。但是在一些进出口业务繁忙的口岸，海关也可应进出口收发货人或其代理人的要求，在海关正常工作时间以外安排查验作业。

2. 查验地点

查验地点一般设在海关监管区内，也就是存货地点。但如果货物因易受温度、静电、粉尘等自然因素影响，不宜在海关监管区内实施查验，或者因其他特殊原因，需要在海关监管区外查验的，经进出口货物收发货人或者其代理人申请，海关可派关员到海关监管区外实施查验。

（三）配合海关现场查验

海关查验货物时，进出口货物收发货人或其代理人应当先到口岸海关办理查验手续，然后陪同查验关员（一般有两位关员）一起到现场办理查验工作。

第一，负责按照海关要求搬移货物，开拆和重封货物的包装。

第二，预先了解和熟悉所申报货物的情况，如实回答查验人员的询问以及提供必要的资料。

第三，协助海关提取需要做进一步检验、化验或鉴定的货样，收取海关出具的取样清单。

第四，查验结束后，认真阅读查验关员填写的"海关进出境货物查验记录单"，确认查验结果，在"海关进出境货物查验记录单"上签字。

【小思考】

某中外合资经营企业为生产内销产品，从德国购进生产设备一批。在海关依法查验该批进口设备时，陪同查验人员开拆包装不慎，将其中一台设备的某一部件损坏。该责任由谁承担？

任务四 缴纳税费

在报关过程中，进口货物收货人一般都有缴纳税费的手续，出口货物发货人一般没有缴纳货物的手续。进出口收发货人或其代理人可以通过电子口岸系统接收海关发出的税款缴款书，在网上向指定银行进行税费的电子支付。一旦收到银行缴款成功的信息，即可报请海关办理货物放行手续。

有关税费缴纳电子支付的具体操作，详见本书的项目三"进出口税费核算"——任务五"税费缴纳与退补"。

进出口收发货人或其代理人在收到缴款书后15日内向指定银行缴纳税费，或在网上进行电子支付。我国海关法规定，自关税缴纳期限到期之次日起到纳税人缴清滞纳税款之日止，按滞纳税款的万分之五比例按日征收。

任务五 放行与结关

在办结海关手续阶段，主要工作内容包括接收海关放行信息、提取货物或装运货物、办理其他海关业务等。

一、接收海关放行信息

海关放行是指海关接受进出口货物的申报、审核电子数据报关单及随附单证、查验货物、征收税费或接受担保以后，对进出口货物做出结束海关进出境现场监管决定，允许进出口货物离开海关监管现场的工作环节。

报关单位可以通过电子口岸系统查询获知某批申报货物的海关放行信息，随后就可以办理货物提取或装运手续了。

二、提取货物或装运货物

在实行无纸通关申报方式的海关，海关做出放行决定时，通过计算机将海关决定放行的信息发送给进出口货物收发货人或其代理人和海关监管货物保管人。进出口货物收发货人或其代理人从计算机上自行打印海关放行通知书，凭此提取进口货物或将出口货物装运到运输工具上离境。

进口货物收货人或其代理人凭自行从电子申报系统打印的海关放行通知书，到货物进境地的港区、机场、车站、邮局等地的海关监管仓库提取进口货物。

出口货物发货人或其代理人凭自行从电子申报系统打印的海关放行通知书，到货物出境地的港区、机场、车站、邮局等地的海关监管仓库将出口货物装运到运输工具上远离关境。

一般进出口货物放行后，即结关。

三、办理其他海关业务

在进出口货物结关以后，报关单位视情况需要可以通过中国电子口岸服务平台，网上办理出口收汇、出口退税、进口付汇联网核销等海关业务。

自 2013 年 9 月 16 日起，海关不再为国家外汇管理局分支局（以下简称外汇局）核定的货物贸易外汇管理 A 类企业（以下简称 A 类企业）提供纸质报关单收、付汇证明联。A 类企业办理货物贸易外汇收付业务，按规定须提交纸质报关单证明联的，通过中国电子口岸自行以普通 A4 纸打印报关单证明联（出口收汇或进口付汇用）并加盖企业公章。对于外汇局核定的货物贸易外汇管理 B 类和 C 类的企业，海关仍按现行做法为其提供纸质报关单收、付汇证明联。

单 元 练 习

一、单项选择题

1. 货物进出境阶段，进出口货物收发货人或其代理人应当按照哪些步骤完成报关工作(   )。

A. 进出口的申报——配合查验——缴纳税费——提取或装运货物

B. 提取或装运货物——进出口的申报——配合查验——缴纳税费

C. 进出口的申报——配合查验——提取或装运货物——缴纳税费

D. 提取或装运货物——配合查验——进出口的申报——缴纳税费

2. 进口货物的收货人自运输工具申报进境之日起，超过（   ）时间未向海关申报的，其进口货物由海关提取依法变卖处理。

A. 1 个月　　　　　　B. 3 个月　　　　　　C. 6 个月　　　　　　D. 1 年

3. 出口货物的发货人或其代理人除海关特准的外，根据规定应当在货物运抵监管区后，（   ）向海关申报。

A. 装货前 24 小时

B. 装货的 24 小时以前

C. 货物运抵口岸 24 小时内

D. 承载的运输工具起运（或起航）的 24 小时前

4. 下列有关进出口货物的报关时限说法正确的有(   )。

A. 进口货物自运输工具申报进境之日起 7 日内

B. 进口货物自运输工具申报进境之日起 14 日内

C. 出口货物运抵口岸 24 小时内

D. 出口货物运抵口岸 48 小时内

5. 一般情况下，进口货物应当在(   )海关申报。

A. 进境地　　　　　B. 启运地海关　　　　　C. 目的地海关　　　　　D. 附近海关

6. 申报日期是指(   )。

A. 向海关提交电子数据报关单的日期　　　　B. 向海关提交纸质报关单的日期

C. 申报数据被海关接受的日期　　　　D. 海关放行日期

7. 滞报金计征起始日为运输工具申报进境之日起第(　　)日为起始日，海关接受申报之日为截止日。

A. 7　　　　　　　B. 10　　　　　　　C. 14　　　　　　　D. 15

8. 滞报金按日征收，为进口货物完税价格的(　　)。

A. 千分之一　　　B. 万分之五　　　C. 千分之三　　　D. 千分之五

9. 滞报金的起征点为人民币(　　)元。

A. 10　　　　　　　B. 50　　　　　　　C. 100　　　　　　　D. 500

10. 进出口货物收发货人或其代理人应当自接到海关"现场交单"或"放行交单"通知之日起(　　)天，持打印的纸质报关单及随附单证并签名盖章，到货物所在地海关提交书面单证并办理相关手续。

A. 5　　　　　　　B. 14　　　　　　　C. 15　　　　　　　D. 10

11. 海关在决定放行进出口货物后，需在有关报关单上加盖(　　)，进出口货物收发货人凭此办理提取进口货物或装运出口货物手续。

A. 海关验讫章　　B. 海关监管章　　C. 海关放行章　　D. 海关结算章

12. 某外贸公司以一般贸易方式从境外订购一批进口货物，在如实申报、接受查验、缴纳进口税费后由海关放行，该公司应凭下列哪种单据到海关监管仓库提取货物（　　）。

A. 由海关签发的"进（出）口货物证明书"
B. 由海关加盖了"放行章"的货运单据
C. 由海关签发的"税款缴纳证"
D. 由海关签发的进口付汇核销专用报关单

13. 某外贸公司以一般贸易方式出口货物，在海关放行后，该公司应凭下列哪种单据到海关监管仓库，办理将货物装上运输工具离境的手续(　　)。

A. 由海关签发的"出口货物证明书"　　B. 由海关加盖了"放行章"的出口装货凭证
C. 由海关签发的"税款缴纳证"　　D. 由海关签发的出口收汇证明

14. 下列关于申报地点的表述，错误的是(　　)。

A. 进口货物应当在进境地海关申报
B. 出口货物应当在出境地海关申报
C. 经海关同意，进口货物可在指运地海关申报，出口货物可以在起运地海关申报
D. 特定减免税货物改变性质转为一般进出口时，应当在货物原进境地海关申报

15. 运载进出口货物的运输工具5月9日申报进境，收货人5月15日向海关传送报关单电子数据，海关当天受理申报并发出现场交单通知，收货人于5月27日提交纸质报关单时发现海关已于5月26日撤销电子数据报关单，遂于5月30日重新向海关申报，海关当天受理申报并发出现场交单通知，收货人5月31日提交纸质单位，如以上日期均不涉及法定节假日，滞报天数应为(　　)。

A. 0天　　　　　　B. 6天　　　　　　C. 7天　　　　　　D. 8天

二、多项选择题

1. 报关程序按时间先后可以分为(　　)。

A. 前期阶段　　　B. 进出境阶段　　　C. 提货阶段　　　D. 后续阶段

2. 根据货物进出境的不同目的，将进出境货物分为(　　)。

A. 一般进出口货物　B. 保税货物　　　C. 特定减免税货物　D. 暂准进出境货物

3. 海关电子通关系统有(　　)。

A. 海关 EDI 通关系统　　　　　　　B. 海关 H2000 通关系统

C. 中国电子口岸系统　　　　　　　D. 中国电子商务网站

4. 下列属于一般进出口货物的特征的是(　　)。

A. 在进出境时按有关的法律法规的规定向海关缴纳应当缴纳的税费

B. 进出口时如需提交许可证的，提交相关的许可证

C. 海关放行即办结了海关手续

D. 暂不纳税

5. 一般进出口货物在向海关申报时，应提交单据的是(　　)。

A. 贸易合同　　　　B. 商业发票　　　　C. 装箱单　　　　D. 加工贸易手册

6. 下列哪些货物属于一般进出口货物(　　)。

A. 转为实际进口的保税进口货物　　　B. 转为实际进口或出口的暂准进出境货物

C. 享受特定减免税优惠的进口货物　　D. 随展览品进境的小卖品

7. 下列单证中，属于基本单证的是(　　)。

A. 合同　　　　B. 提货单　　　　C. 商业发票　　　　D. 原产地证明书

8. 进出口货物申报的方式有(　　)。

A. 终端申报方式　　B. EDI 申报方式　　C. 现场申报方式　　D. 网上申报方式

9. 关于海关接受申报的时间，下列表述正确的是(　　)。

A. 以电子数据报关单方式申报的，申报日期为海关计算机系统接受申报数据时记录的日期

B. 经海关批准单独以纸质报关单形式向海关申报的，以海关在纸质报关单上进行登记处理的时间为接受申报的时间

C. 在先以电子数据报关单向海关申报，经过海关计算机系统检查被退回的，要重新申报，申报的日期为海关接受重新申报的日期

D. 在采用电子和纸质报关单申报的情况下，海关接受申报的时间以海关接受电子数据报关单申报的日期为准

10. 下列属于进出口货物收发货人或其代理人申请修改或撤销进出口货物报关单，应提交的单证的是(　　)。

A. 进出口货物报关单修改/撤销确认书

B. 可证明货物实际情况的合同、发票、装箱单

C. 外汇管理、国税、检验检疫、银行等有关部门出具的单证

D. 海关出具的相关单证

11. 下列(　　)情形海关可以复验。

A. 经初次查验未能查明货物的真实属性，需要对已查验货物的某些性状做进一步确认的

B. 货物涉嫌走私违规，需要重新查验的

C. 进出口收发货人对海关查验结论有异议，提出复验要求并经海关同意的

D. 其他海关认为必要的情形

12. 进出口货物收发货人或其代理人配合海关查验的工作主要包括(　　)。

A. 负责搬运货物、开箱、封箱

B. 回答提问，提供有关单证

C. 协助海关提取需要做进一步检验、化验或鉴定的货样，收取海关开具的取样清单

D. 签字确认查验记录

13. 因海关关员的责任造成被查验货物损坏的，进出口货物收发货人或其代理人可以要求海关赔偿。但下列情况海关将不予赔偿(　　)。

A. 海关正常查验时所产生的不可避免的磨损

B. 搬运货物、开箱、封箱不慎造成损坏的

C. 由于海关关员的责任造成被查验货物损坏的直接经济损失以外的其他经济损失

D. 海关查验时进出口货物收发货人或其代理人对货物是否受损坏未提出异议，事后发现货物有损坏的

14. 进出口货物收发货人或其代理人在办理完毕提取进口货物或装运出口货物的手续后，如有需要，可以向海关申请签发有关货物的进口、出口证明。海关签发的常见证明主要有：(　　)。

A. 进口货物报关单（收汇证明联）和出口货物报关单（付汇证明联）

B. 出口货物报关单（出口退税证明联）

C. 出口收汇核销单

D. 进口货物证明书

15. 关于进出口货物报关，下列说法正确的是(　　)。

A. 进口货物的收货人经海关同意，可以在申报前查看货物或者提取货样

B. 所有的进出口货物必须经过海关彻底查验后才能放行

C. 对于鲜活、易腐、易烂等不宜长期保存的货物，经收发货人或其代理人申请，海关可以优先安排实施查验

D. 海关正常查验时产生的不可避免的磨损，不属于海关的赔偿范围

三、判断题

1. 所有的货物进出口报关都要经过前期的备案阶段。　　　　　　　　　　(　　)

2. 特定减免税货物在进口之前，进口货物收发货人或其代理人应当办理加工贸易备案和登记手册的手续。　　　　　　　　　　　　　　　　　　　　　　　(　　)

3. 一般进出口货物就是一般贸易货物。　　　　　　　　　　　　　　　(　　)

4. 海关的现场放行即等于结关。　　　　　　　　　　　　　　　　　　(　　)

5. 海关对保税货物的监管期限，自货物进入关境起到海关放行止。　　　(　　)

6. 电子数据报关单和纸质报关单具有同等的法律效力。　　　　　　　　(　　)

7. 一般进出口货物报关程序由进出口申报、配合查验、缴纳税费、提取或装运货物四个环节构成。　　　　　　　　　　　　　　　　　　　　　　　　　(　　)

8. 报关单位收到海关发送的"接受申报"的报文和"现场交单"或"放行交单"通知，表示电子申报成功。　　　　　　　　　　　　　　　　　　　　　　　(　　)

9. 一般进出口货物等同于一般贸易货物。　　　　　　　　　　　　　　(　　)

10. 海关发现进出口货物报关单需要进行修改或者撤销的，收发货人或其代理人应当提交进出口货物报关单修改/撤销申请表。　　　　　　　　　　　　　　　(　　)

11. 对于经电缆、管道等方式输送进出口的货物，由于是特殊货物，因此无需向海关申报。　　　　　　　　　　　　　　　　　　　　　　　　　　　　(　　)

12. 滞报金计征起始日为运输工具申报进境之日起第15日，截止日为海关接受申报之日

（即申报日期），起始日计入滞报期间，但截止日不计入滞报期间。　　　　（　　）

13. 海关已经决定布控、查验的进出口货物，以及涉及有关案件的进出口货物的报关单在"办结"前不得修改或撤销。　　　　（　　）

14. 滞报金的日征收金额为进口货物完税价格的 0.5‰，滞报金计算至人民币"分"。

（　　）

15. 海关监管区或装卸现场，特殊情况海关可以派员到监管区外进行查验。　　（　　）

四、技能训练题

2016 年 4 月 11 日，A 公司委托 B 报关公司向某海关以一般贸易方式申报进口一批仪器设备，价值人民币 80 万元。某海关在审单过程中认为该公司进口货物申报税号可能有误，遂决定布控，要求对货物进行彻底查验。A 公司称因工厂急需该批设备，向海关申请允许其将货物提回工厂后由海关在工厂内查验。海关经审核同意了该公司的申请。2006 年 4 月 13 日，该海关 2 名关员在 B 报关公司报关员吴某的陪同下到 A 公司厂房内货物实施查验，要求 A 公司逐件打开货物外包装，根据布控详细比对申报项目与实际货物情况。A 公司法定代表人李某不理解海关关员逐件验货的方式，数次试图阻止关员查验货物，经人劝说后离开了查验现场。后在查验过程中，由于 A 公司工人卸货时操作不当，致使一个木箱从高处坠落，箱内仪器被损坏。李某闻讯后赶到现场，唆使工人将放置货物的集装箱箱门关闭并上锁，阻挠海关关员对其余货物进行查验。在说服教育无效的情况下，海关关员制作了现场查验记录，详细说明了查验过程中发生的情况，同时，要求在场的报关员吴某签字确认，并对集装箱施加海关封志后离开。某海关向 A 公司制发行政处罚告知单，拟适用《海关行政处罚实施条例》第二十二条第（九）项"不按照规定接受海关对进出境运输工具、货物、物品进行检查、查验的"，对其予以警告，并处罚款人民币 3000 元。请问：

1. 某海关对 A 公司的货物进行彻底查验是否合理？为什么？

2. 某海关对 A 公司的行政处罚是否合理？为什么？

3. A 公司是否可以就货物的损坏请求海关赔偿？为什么？

项目六

保税货物报关作业

学习目标

【知识目标】

- 掌握保税货物的含义、特征及分类。
- 熟悉海关对保税加工货物的管理和监管模式。
- 掌握保税加工货物的报关程序及基本规定。

【技能目标】

- 能判断海关保税加工业务对料件进口和成品出口的监管要求。
- 能办理保税加工货物前期备案、料件进口报关、配合海关中期查验、成品出口报关、后期报核等手续。

项目导入

浙江×××机械制造有限公司从马来西亚保税进口柴油发动机，用于组装叉车。在完成生产后，将叉车成品出口到意大利，同时将其中的两台柴油发动机内销至国内市场。

工作任务：

1. 手册设立：核实加工贸易手册设立时需要向海关提供哪些材料，并向海关申请设立手册。

2. 料件进口报关。

3. 配合海关进行中期核查。

4. 成品出口报关。

5. 进口料件转为内销的进口报关。

6. 保税加工业务报核。

任务一 保税货物认知

一、保税货物的基本内容

（一）保税货物的含义

保税货物是指海关批准未办理纳税手续进境，在境内储存、加工、装配后复运出境的货物。

（二）保税货物的特征

保税货物具有以下几个特征：

1. 特定目的、经海关批准

我国《海关法》将保税货物限定为两种特定目的而进口的货物，即进行贸易活动（储存）和加工制造活动（加工、装配），将保税货物与为其他目的暂时进口的货物（如工程施工、科学实验、文化体育活动等）区别开来。

货物进境申请保税的，必须经海关批准。

2. 暂免纳税

《海关法》第43条规定："经海关批准暂时进口或暂时出口的货物，以及特准进口的保税货物，在货物收、发货人向海关缴纳相当于税款的保证金或者提供担保后，将予暂时免纳关税。"保税货物未办理纳税手续进境，属于暂时免纳，而不是免税，待货物最终流向确定后，海关再决定征税或免税。

3. 海关监管

保税货物从进境之日起就必须置于海关的监管之下，它在境内的运输、储存、加工、装配，都必须接受海关监管，直到复运出境或改变性质、办理正式进口手续为止。

4. 复运出境

复运出境这是构成保税货物的重要前提。从法律上讲，保税货物未按一般货物办理进口和纳税手续。因此，保税货物必须以原状或加工后产品复运出境，这既是海关对保税货物的监管原则，也是经营者必须履行的法律义务。保税货物的通关与一般进出口货物不同，它不是在某一个时间上办理进口或出口手续后即完成了通关，而是从进境、储存或加工到复运出境的全过程，只有办理了这一整个过程的各种海关手续后，才真正完成了保税货物的通关。

（三）保税货物的分类

保税货物分为：加工贸易保税货物、仓储保税货物。

1. 加工贸易保税货物

（1）含义

加工贸易保税货物是通常所说的保税加工货物，是指经海关批准未办理纳税手续进境，在境内加工、装配后复运出境的货物。保税加工货物包括专为加工、装配出口产品而从国外进口且海关准予保税的原材料、零部件、元器件、包装物料、辅助材料（简称料件）以及用上述料件生产的成品、半成品。

（2）特点

保税加工货物具有以下特点：

①料件进口时暂缓缴纳进口关税及进口环节海关代征税，成品出口时除国家另有规定外无须缴纳关税。

②料件进口时除国家另有规定外免予交验进口许可证，成品出口时凡属许可证件管理的，必须交验出口许可证件。

③进出境海关办结货物现场放行手续并未结关，受海关监管。

（3）形式

保税加工主要有两种形式：来料加工和进料加工。

来料加工：境外厂商提供原材料，委托境内工厂加工，产品由外方销售，我方收取工缴费。这种方式，我方是不用占用资金的。

进料加工：境内企业付汇从境外购买原材料，完成加工，成品销往境外。

进料加工和来料加工的共同点是"两头在外"，即原料来自国外，成品又销往国外。两者的区别如表6-1所示：

表6-1　来料加工和进料加工的区别

加工形式	原料	货物的所有权	成品去向	特点
来料加工	境外厂商提供，不需要通过外汇购买	在加工过程中均未发生所有权的转移，原料运进和成品运出属于同一笔交易，原料供应者即是成品接受者，是以商品为载体的劳务出口	返还境外厂商（原料件提供者）	境内企业不承担销售风险，不负盈亏，只收取工缴费
进料加工	由境内企业付汇从境外购买	原料进口和成品出口是两笔不同的交易，均发生了所有权的转移，原料供应者和成品购买者之间也没有必然的联系	对外销售	境内企业赚取从原料到成品的附加价值，要自筹资金、自寻销路、自担风险、自负盈亏

2. 仓储保税货物

（1）含义

仓储保税货物是指经海关批准未办理纳税手续进境，在境内储存后复运出境的货物，也称作保税物流货物。已办结海关出口手续尚未离境，经海关批准存放在海关专用监管场所或特殊监管区域的货物，带有保税物流货物的性质。

（2）特点

保税物流货物具有以下特点：

①进境时暂缓纳税，复运出境免税，内销应该缴纳进口关税和进口环节海关代征税，不征收缓税利息。

②进出境时一般免予交验进出口许可证件。

③进境放行未结关，受海关监管。

（3）形式

保税物流货物主要有两种形式：

①储存后复运出境的保税货物

a. 国际转运货物（转口贸易）：境外厂商运入我国境内暂存后再运往其他国家或者复运回国的货物。

b. 供应国际运输工具的货物

c. 免税品

②储存后进入国内市场的保税货物

a. 进口寄售用于维修外国商品的零配件，不包括进口耐用消费品维修用零部件，诸如手表、照相机、电视机等维修用零配件。如果用于保修期内维修，可以免税；如果用于保修期外维修，则要征税。

b. 存入保税仓库的未办结海关手续的一般贸易货物和其他未办结海关手续的货物。

二、保税货物的监管模式

（一）保税加工货物的监管模式

海关对保税加工货物的监管模式有两大类：一类是物理围网的监管模式，包括出口加工区和跨境工业区；另一类是非物理围网的监管模式，采用纸质手册管理或计算机联网监管。

1. 物理围网监管

物理围网监管，是指经国家批准，在关境内或关境线上划出一块地方，采用物理围网，让企业在围网内专门从事保税加工业务，由海关进行封闭的监管。在境内的保税加工封闭式监管模式为出口加工区；在关境线上的保税加工封闭式监管模式为跨境工业区。

2. 非物理围网监管

非物理围网的监管模式主要有以下两种：纸质手册管理和计算机联网监管。

（1）纸质手册管理

纸质手册管理是一种传统的监管方式，主要是用加工贸易纸质登记手册进行加工贸易合同内容的备案，凭以进出口，并记录进口料件出口成品的实际情况，最终凭以办理核销结案手续。这种监管方式在海关对保税加工货物监管中曾经起过相当大的作用，但随着对外贸易和现代科技的调整发展，逐渐被计算机联网监管模式所替代。

（2）计算机联网监管

计算机联网监管是一种高科技的监管方式，主要是应用计算机手段实现海关对加工贸易企业实施联网监管，建立电子账册或电子手册，备案、进口、出口、核销，全部通过计算机进行。海关管理科学严密，企业通关便捷高效，受到普遍欢迎，逐步成为海关对保税加工货物监管的主要模式。这种监管方式又分为两种：一种是针对大型企业的，以建立电子账册为主要标志，以企业为单元进行管理；另一种是针对中小企业的，以建立电子化手册为主要标志，继续以合同为单位进行管理，已逐渐取代纸质手册管理。

（二）保税仓储货物的监管模式

海关对保税物流货物的监管模式同样分为两大类：一类是非物理围网的监管模式，包括保税仓库、出口监管仓库；另一类是物理围网的监管模式，包括保税区、保税物流中心、保税物流园区、保税港区、综合保税区。

表6-2　保税货物的监管模式

分类	监管模式			
保税加工货物	非物理围网监管，须设台账	加工贸易	以合同为单位进行管理	电子化手册
			以企业为单元进行管理	电子账册
	物理围网监管，不设台账	出口加工区、跨境工业区		电子账册
保税仓储货物	非物理围网监管	保税仓库、出口监管仓库		
	物理围网监管	保税区、保税物流中心、保税物流园区、保税港区、综合保税区		

三、保税货物的海关管理

（一）保税加工货物管理

海关保税加工管理主要包括保税加工企业管理、保税加工手册/账册设立管理、加工贸易保证金台账管理、保税加工货物进出境通关管理、保税加工中后期核查管理、保税加工核销结案管理等几个方面。

1. 保税加工企业管理

保税加工企业，包括保税加工经营企业和加工企业。

经营企业，是指负责对外签定加工贸易进出口合同的各类进出口企业和外商投资企业，以及经批准获得来料加工经营许可的对外加工装配服务公司。

加工企业，是指接受经营企业委托，负责对进口料件进行加工或者装配，且具有法人资格的生产企业，以及由经营企业设立的虽不具有法人资格，但实行相对独立核算并已经办理工商营业证（执照）的工厂。

开展保税加工业务，经营企业和加工企业必须向海关办理注册登记手续；除另有规定外，经营企业按规定办理海关事物担保。

2. 保税加工手册/账册设立管理

企业开展保税加工须经商务主管部门审批。商务主管部门审批后，保税加工经营企业须通过设立保税货物手册/账册等形式向海关报备，报备的内容主要包括进口料件、出口成品、加工单耗等数据。目前，海关对保税加工备案分为以合同为单元和以企业为单元两种管理形式。

3. 加工贸易保证金台账管理

加工贸易银行保证金台账是国家对加工贸易业务管理的一项制度，是指经营加工贸易单位或企业在加工贸易合同签订后，经外经贸主管部门和海关批准，按合同备案料件金额向指定银行申请设立加工贸易进口料件保证金台账。加工成品在规定的加工期限内全部出口，经海关核销后，由银行核销保证金台账。

4. 保税加工货物进出境通关管理

保税加工货物在进出境通关时，料件进境无须办理缴纳税费手续，货物经海关放行即可提取，需受海关监管。

5. 保税加工中后期核查管理

对进、出、转、存及生产的全过程进行核查。

6. 保税加工核销结案管理

经营企业须在规定的时间内向海关申请报核。

（二）保税加工货物的管理特征

1. 备案保税，核销结关

经营企业只有依法办理保税加工设立手续，料件方能保税进口；同时保税加工货物必须经过海关核销后才能结关。

2. 料件进口"免税免证"

料件进口环节免于交纳进口关税和进口环节增值税。企业不仅可以少占用相当数量的现金流，同时也省去了办理进口许可证件的手续（特别规定的除外）。

3. 海关对保税加工过程实施全程监管

与一般进出口货物相比，海关对保税加工货物的监管无论是时间，还是地点，均需要延伸及海关需要对保税加工全过程实施监管。海关对保税加工货物监管延伸性体现在以下两个方面：

（1）时间延伸性

保税加工的料件在进境地被提取，不是海关监管的结束，而是海关保税监管的开始，海关一直要监管到加工/装配后复运出境或办结正式手续为止。在手册结案之日起3年内/账册核销3年内，海关有权对加工贸易企业的会计账簿，会计凭证，保管单证及其他有关资料和有关进出口货物进行稽查。

（2）地点延伸性

保税加工料件提离进境地口岸海关监管场所后，无论是存放还是加工/装配，应当在经海关备案的场所并须专料专放，海关有权进入相关场所实施保税核查或稽查。

（三）保税仓储货物的管理特征

保税仓储货物监管制度具有"设立审批、准入保税、纳税暂缓、监管延伸、运离结关"的特点。

1. 设立审批

保税物流货物必须存放在经过法定程序审批设立的保税监管场所，或者特殊监管区域。保税仓库、出口监管仓库、保税物流中心（A 型、B 型），要经过海关审批，并核发批准证书，凭批准证书设立及存放保税物流货物；保税物流园区、保税区、保税港区要经过国务院审批，凭国务院同意设立的批复设立，并经海关等部门验收合格才能进行保税物流货物的运作。未经法定程序审批同意设立的任何场所或者区域都不得存放保税物流货物。

2. 准入保税

保税物流货物通过准予进入监管场所或监管区域来实现批准保税。这样，"准入保税"就成为海关保税物流货物监管的特点之一。海关对于保税物流货物的监管通过对保税监管场所或者特殊监管区域的监管来实现。以保税监管场所或者特殊监管区域实施监管成为海关对保税物流货物监管的重要职责，海关应当依法监管场所或者区域，按批准存放范围准予货物进入保税监管场所或者区域，不符合规定存放范围的货物不准进入。

3. 纳税暂缓

凡是进境进入保税物流监管场所或特殊监管区域的保税物流货物在进境时都可以暂不办理进口纳税手续，等到运离海关保税监管场所或特殊监管区域时才办理纳税手续，或者征税，或者免税。在这一点上，保税物流监管制度与保税加工监管制度是一致的，但是保税物流货物在运离海关保税监管场所或特殊监管区域征税时不须同时征收缓税利息，而保税加工货物内销征税（除出口加工区、珠海园区和边角料外）时要征收缓税利息。

4. 监管延伸

这个特点与保税加工货物类似。在时间方面，各种监管模式下的保税物流货物的存储期限及可延长的期限如表6-3所示。

表6-3　各种监管模式下的保税物流货物的管理要点比较

监管场所、区域	存货范围	存储期限	服务功能	审批权限	入区退税	备注
保税仓库	进口	1 年+1 年	储存	直属海关	否	按月报核
出口监管仓库	出口	半年+半年	储存/出口配送/国内结转	直属海关	否	退还货物先入后出
保税区	进出口	无期限	保税物流园区功能+维修/加工	国务院	否	离境退税
保税物流中心	进出口	2 年+1 年	储存/全球采购配送/国内结转/转口/中转	海关总署	是	
保税物流园区	进出口	无期限	储存/国际转口贸易/全球采购配送/中转/展示	国务院	是	按年申报
保税港区	进出口	无期限	保税区功能+港口功能	国务院	是	

5. 运离结关

根据规定，保税物流货物报关同保税加工货物报关一样有报核程序，有关单位应当定期以电子数据和纸质单证向海关申报规定时段保税物流货物的进、出、存、销等情况。但是实际结关的时间，除外发加工和暂准运离（维修、测试、展览等）需要继续监管以外，每一批货物运离保税监管场所或者特殊监管区域，都必须根据货物的实际流向办结海关手续；办结海关手续后，该批货物就不再是运离的保税监管场所或者特殊监管区域范围的保税物流货物。

四、加工贸易保证金台账制度

（一）保证金台账制度的含义

经营加工贸易单位在加工贸易合同签订后，经由境外经贸主管部门和海关批准，按合同备案料件金额向指定银行申请设立加工贸易进口料件保证金台账（即存放等值于进口料件的关税和进口环节增值税税款的保证金）。加工成品在规定的加工期限内全部出口，经海关核销后，由银行核销保证金台账并确定保证金返还及扣除。

若企业在合同规定的加工期内未能及时出口或经批准转内销的，海关将会同税务部门和银行对企业进行税款追缴。对于逾期不向海关办理核销手续的，银行不再为其开设新台账。

（二）保证金台账的开设、变更与核销

企业在首次办理台账开设手续时，应向银行办理台账保证金专用账户的设立手续。企业在申请电子化手册设立时，应在海关手册录入环节选择拟开设台账账户的银行，并在录入端收到海关已开出《银行保证金台账开设联系单》（以下简称《开设联系单》）的回执后，持《企业法人营业执照》《海关注册登记证明》及其他相关材料至所选择的银行办理台账账户设立手续。

1. 台账开设

第一步：经营单位或企业向主管海关申请办理加工贸易手册设立。

第二步：经主管海关审核符合加工贸易手册设立要求的，海关为企业办理加工贸易手册设立手续，并向银行发送《银行保证金台账开设联系单》（以下简称《开设联系单》）。

第三步：银行按照《开设联系单》注明的保证金金额收取现金保证金或税款保付保函后，为企业办理台账开设，向海关发送《银行保证金台账登记通知单》，系统自动登记。

2. 台账变更

第一步：当加工贸易合同发生变更时，经营单位或企业向主管海关提出变更申请。

第二步：经主管海关审核可以办理手册变更手续的，海关为企业办理加工贸易手册变更手续，并向银行发送《银行保证金台账变更联系单》（以下简称《变更联系单》）。

第三步：银行按照《变更联系单》注明的变更内容办理变更手续后，向海关发送《银行保证金台账变更通知单》，系统自动登记。

注：如涉及增加台账保证金的，企业应按规定补交，但合同变更后减少的台账保证金暂不退还，待合同结案后予以退还。

3. 台账核销

第一步：加工贸易合同执行完毕后，经营单位或企业向主管海关提出核销申请。

第二步：经主管海关审核可以核销结案的，主管海关按规定为企业办理核销结案手续后，向银行发送《银行保证金台账核销联系单》（以下简称《核销联系单》）。

第三步：银行在收到海关发送的《核销联系单》后，为企业办理台账核销手续，向海关

发送《银行保证金台账核销通知单》。海关收到银行发送的《银行保证金台账核销通知单》后，系统自动登记。

注：对需办理台账保证金的退还手续的，银行按活期存款利率计付利息。对在合同规定的加工期限内未能出口或经批准转内销的，海关通知银行将保证金转为税款，并由企业支付缓税利息。

（三）海关与银行的台账管理

海关作为台账业务的主管部门，牵头研究建立银行等金融机构参与台账业务的准入制度，协调与银行的联系配合，负责在加工贸易备案、变更、税款征收、核销等环节与银行共同办理有关台账业务。银行作为台账业务的参与部门，负责根据台账制度要求确定与主管海关对应的分支机构，建立相关业务管理规范，与海关共同办理台账开设、变更、保证金转税、核销等业务。

《开设联系单》《变更联系单》《核销联系单》《登记通知单》《变更通知单》《核销通知单》《银行保证金台账挂账待销通知单》《银行保证金台账停账待销通知单》《关闭通知单》均以电子报文的形式由海关、银行通过电子口岸平台直接发送对方。

海关与银行间所有单证的有效期为自出具之日起80天（含80天），超过80天自动失效。税款保付保函的有效期为海关核定的核销期满后80天。

（四）台账保证金的分类管理

保证金台账的核心内容是将企业和商品分类，按企业及商品类别不同，对加工贸易实行风险管理，对部分企业进口的部分料件，由银行按照海关根据限定计算的金额征收保证金。对于风险较低的加工贸易不设台账，即"不转"；或设台账不付保证金，即"空转"；对于风险较高的加工贸易开设台账并付部分或全部保证金，即"实转"。

表6-4 加工贸易银行保证金台账分类管理的大体内容

企业信用等级	禁止类商品		限制类商品		允许类商品	
	东部	中西部	东部	中西部	东部	中西部
高级认证企业	不准开展加工贸易		空转		不转	
一般认证企业					空转	
一般信用企业			半实转	空转		
失信企业			实转或不准开展加工贸易			
特殊监管区域企业			不转			

注：（1）"不转"指不设台账，"空转"指设台账不付保证金，"实转"指设台账付保证金，"半实转"指设台账减半支付保证金。（2）东部地区包含辽宁、北京、天津、河北、山东、江苏、上海、浙江、福建、广东；中西部地区指中国其余地区。

（五）台账保证金的计算

1. 东部地区一般信用企业从事限制类商品加工贸易

东部地区一般信用企业从事限制类商品加工贸易，其台账保证金计算如下：

（1）进口料件属限制类商品，或进口料件、出口成品均属限制类商品：

台账保证金=（进口限制类料件的关税+进口限制类料件的增值税）×50%

（2）出口成品属限制类商品：

台账保证金=进口物料备案总值×（限制类成品备案总值÷全部出口成品备案总值）×

22%×50%

2. 失信企业从事限制类商品加工贸易

失信企业从事限制类商品加工贸易，其台账保证金计算公式为：

台账保证金＝（进口全部料件的关税+进口全部料件的增值税）×100%

【小思考】

1. 北京纺织品进出口公司从韩国进口尼龙面料，制成滑雪裤出口到德国，请分析一下尼龙面料属何种监管类型的货物，在进口时国家对其有何种政策？

2. 天津某加工贸易经营企业（一般信用信息企业）进口 12 590 美元的涤纶长丝，委托河北廊坊某加工企业（一般认证企业）加工袜子后返销出口。该异地加工贸易的银行保证金台账应如何办理？

3. 山东某国际物流有限公司 A（一般认证企业）受山东某进出口有限公司 B（一般信用企业）的委托，凭 C 字头备案号的登记手册向青岛海关申报进口未缝制整张狐皮 1000 张及辅料一批，以履行狐皮大衣的出口合同。货物进口后，交由山东某服饰有限公司 C（一般信用企业）。合同执行期间，因加工企业生产规模有限，经与境外订货商协商后更改出口合同，故狐皮耗用数量减为 600 张。经批准，剩余的 400 张狐皮中的 300 张结转至另一加工贸易合同项下；100 张售给山东某服饰有限公司 D（一般信用企业）用以生产内销产品。那么：（1）1000 张进口狐皮是否应设台账并缴付保证金？（2）300 张狐皮结转至另一加工贸易合同项下应该符合什么规定？（3）在加工过程中产生的边角料，企业应如何处理？

任务二　电子手册管理下的保税加工货物报关

一、电子化手册认知

（一）电子化手册的含义

电子化手册是海关适应当前加工贸易新形势、新发展的需要，运用现代信息技术和先进的管理理念，以加工贸易手册为管理对象，在加工贸易手册备案、通关、核销等环节采用"电子化手册+自动核算"的模式取代纸质手册，并逐步通过与相关部委的联网取消纸质单证作业，最终实现"电子申报、网上备案、无纸通关、无纸报核"的新监管模式。

在海关注册备案的所有加工贸易企业（实施电子账册管理的企业以及海关特殊监管区域内企业和保税场所除外）均需实施电子化手册管理模式。

（二）电子化手册改革的核心内容

1. 取消纸质手册：以电子数据取代纸质《加工贸易手册》，以企业 IC 卡或 I-Key 卡作为系统操作的身份认证。

2. 网上作业：若采用企业端录入方式，企业的备案资料库数据、电子化手册数据、报核数据通过网络办理，在企业本地即可完成，仅当企业需要提交资料、样品或领取相关单证时，才需要到海关业务现场。

3. 备案资料库管理：改革现有的加工贸易备案模式，通过对加工贸易料件及成品进行预归类，建立企业备案资料库，企业在进行通关手册备案时可直接调用备案资料库数据，以此减少企业在办理电子化手册时的审批时间。

（三）电子化手册模式与纸质手册模式比较

电子手册与传统纸质手册管理的差别，如表6-5所示。

表6-5　电子手册与传统纸质手册管理的差别

环节类别	纸质手册电子化模式	现有的纸质手册模式
身份认证	通过企业操作员 IC 卡或 I-KEY 卡进行身份认证，安全性强	无身份认证，安全性差
备案（变更）	若采用企业端录入方式，实行联网作业，企业到海关的次数减少	企业到海关次数较多
备案（变更）	备案资料库管理，一次预归类审核	逐本合同进行审核
备案（变更）	不核发纸质手册	需核发纸质手册，企业负有保管职责（企业如遗失纸质手册，需移交缉私部门）
货物进出口	企业在各地口岸报关时无需提供纸质手册，通过授权，可同时履行报关手续，海关不再进行手册核注	企业报关需要提供纸质手册，不可在多个口岸同时履行报关手续，异地邮递纸质手册易发生遗失，企业办事效率低
报核、核销	若采用企业端录入方式，实行联网作业，企业到海关的次数减少	企业到海关次数较多
报核、核销	自动核对核算，准确快速	人工核对核算，耗时费力，容易出错
报核、核销	计算机二十四小时电子审核	人工审批，八小时工作

（四）电子化手册管理的特点

1. 以合同（订单）为单元进行管理。商务主管部门审批每份加工贸易合同（订单），海关根据合同（订单）建立电子底账，企业根据合同（订单）的数量建立多本电子化手册。

2. 企业通过计算机网络向商务主管部门和海关申请办理合同审批和合同备案、变更等手续。

3. 纳入加工贸易银行保证金台账制度管理。

4. 纳入电子化手册的加工贸易货物进口时全额保税。

5. 无须调度手册，凭身份认证卡实现全国口岸的报关。

（五）电子化手册基本业务流程

1. 备案资料库备案

加工贸易企业通过代理或自理录入模式录入企业料件、成品等数据信息，建立备案资料库，用于今后企业备案电子化手册时调用有关数据资料。料件、成品等数据信息包括货号、商品编码、商品名称、计量单位、是否主料等数据。海关审批通过后，向企业返回备案资料库编号。企业备案资料库可办理数据变更手续。

为确保备案资料库料件及成品商品编码的准确性，企业对商品编码不确定的，可向海关归类部门咨询办理预归类手续。

2. 电子化手册备案

企业建立备案资料库后，可依据签订的加工贸易合同和有关部门的批准文件向海关申请备案电子化手册。企业通过代理或自理录入模式，录入电子化手册表头信息，表体料件和成品的货号、商品编码、商品名称、计量单位等信息调用备案资料库数据，进出口数量、价格、单损耗等信息依据合同录入。海关审核通过后系统生成电子化手册。

3. 通关数据申报

企业通过自理或代理录入报关单通关数据，办理电子化手册货物的通关手续。

4. 电子化手册报核

企业加工贸易合同执行完成后，通过代理或自理录入模式录入电子化手册报核数据，向海关办理核销手续。

说明：企业向海关申请备案资料库无须提供任何部门的批准文件，一家企业只需备案一个资料库，可以依据合同申请备案多个电子化手册；备案资料库可备案商品项数没有限制，即可以无限大；电子化手册中申请备案的料件、成品项数均不能超过 9999 项。

二、电子手册管理下保税加工货物报关

电子化手册管理下，海关为联网企业建立电子底账。一个加工贸易合同建立一个电子化手册。电子化手册管理下保税加工货物的报关作业，分为手册设立、进出口申报和手册核销三个阶段。

（一）手册设立

1. 办理条件

负责对外签订加工贸易进出口合同的各类进出口企业、外商投资企业以及经批准获得来料加工经营许可的对外加工装配服务公司，取得海关注册登记编码或者临时注册登记编码，即可向海关申请办理加工贸易电子化手册。

有下列情形之一的，不得办理手册设立手续：

（1）进口料件或者出口成品属于国家禁止进出口的。

（2）加工产品属于国家禁止在我国境内加工生产的。

（3）进口料件不宜实行保税监管的。

（4）经营企业或者加工企业属于国家规定不允许开展加工贸易的。

（5）经营企业未在规定期限内向海关报核已到期的加工贸易手册，又重新申报设立手册的。

2. 办理材料

根据商务部、海关总署公告的 2016 年第 45 号令，自 2016 年 9 月起，在全国范围内取消加工贸易业务审批，建立健全事中事后监管机制。开展加工贸易业务的企业，凭商务主管部门或海关特殊监管区域管委会出具的有效期内的《加工贸易企业经营状况和生产能力证明》到海关办理加工贸易手（账）册设立（变更）手续，海关不再验核相关许可证件，并按《加工贸易企业经营状况和生产能力证明》中列名的税目范围（即商品编码前 4 位）进行手册设立（变更）。涉及禁止或限制开展加工贸易商品的，企业应在取得商务部批准文件后到海关办理有关业务。

3. 办理流程

企业预录入→海关审核→发送台账电子信息→接收银行回执电子信息→生成手册编号。

（1）企业通过中国电子口岸企业端系统中"通关手册备案"功能，预录入电子化手册设立数据，选择台账银行和单耗申报环节，如实申报贸易方式、单耗、进出口口岸，以及进口料件和出口成品的商品名称、商品编号、规格型号、价格和原产地等情况，向海关发送或由代理报关公司录入并发送至海关。

（2）企业向主管海关办理加工贸易电子化手册设立手续。企业可现场递交有关单证或运

用"无纸化系统"上传有关单证电子数据。

（3）主管海关对企业提交的资料进行审核，符合规定的签发《银行保证金台账开设联系单》并发送至企业指定的台账银行。

（4）企业到指定的台账银行办理保证金台账手续。

（5）台账银行自动将回执发送至海关系统。企业完成保证金台账登记后，海关自动核发电子化手册。

（二）进出口申报

电子化手册管理下的保税加工货物申报，分三种情形：保税加工货物进出境申报、深加工结转申报、其他保税加工货物申报（如余料、边角料、残次品、副产品、受灾保税货物申报等）。

1. 保税加工货物进出境申报

保税加工货物进出境由加工贸易经营企业或其代理人向海关申报。保税加工货物进出境必须凭电子化手册编号申报。

保税加工货物进出境的报关程序与一般进出口货物一样，也有四个环节，其中进出口申报、配合查验、提取货物或装运货物三个环节与一般进出口货物基本一致。有区别的是，保税加工货物进境的报关程序第三个环节不是缴纳税费，而是暂缓纳税，即保税。除此以外，还有以下区别：加工贸易企业在主管海关备案的情况下在计算机系统中已生成电子底账，有关电子数据通过网络传输到相应的口岸海关。因此，企业在口岸海关报关时提供的有关单证内容必须与电子底账的数据相一致。也就是说，报关数据必须与备案数据一致。一种商品报关的商品编号、商品名称、规格型号、计量单位、数量、币制等与备案数据无论在字面上还是在格式上都必须完全一致。若不一致，报关就不能通过。

2. 深加工结转申报

深加工结转是指加工贸易企业将保税进口料件加工的产品转至另一加工贸易企业进一步加工后复出口的经营活动。对转出企业而言，深加工结转视同出口，应办理出口报关手续；对转入企业而言，深加工结转视同进口，应办理进口报关手续。

（1）申报流程

转入、转出企业均应使用中国电子口岸"深加工结转"子系统完成电子数据申报。办理流程如下：

①转出企业通过电子口岸预录入系统（QP系统）的"深加工结转"子系统，预录入《中华人民共和国海关加工贸易保税货物深加工结转申报表》（如表6-6所示）拟转出数据，申报成功后将结转申报表电子口岸统一编号通知转入企业。

②转入企业通过"深加工结转"子系统，根据转出企业提供的结转申报表电子口岸统一编号下载转出企业申报的"结转申报表"，然后录入结转申报表转入方数据并申报。

③转入企业录入数据申报后系统会将转出、转入企业申报的数据同时向海关发送，转出、转入海关分别审核通过结转申报表，生成正式《申报表》编号。可进行收发货操作。

④转出、转入企业之间实际收发货物。发货企业在系统内录入登记发货单，收货企业在系统中录入登记收、退货单，分别生成单号。

⑤转入企业向转入地海关办理结转进口报关手续。

⑥转出企业向转出地海关办理结转出口报关手续。

表 6-6　中华人民共和国海关加工贸易保税货物深加工结转申请表

申请表编号：

| 海关： |
| 我_____公司（企业）需与_____公司（企业）结转保税货物，特向你关申请，并保证遵守海关法律和有关监管规定。 |

	项号	商品编号	品名	规格型号	数量	单位	转出手册号
结转出口货物情况	1						
	2						
	3						
说明							
	项号	商品编号	品名	规格型号	数量	单位	转入手册号
结转进口货物情况	1						
	2						
	3						

转出企业法定代表：　电话：	转入企业法定代表：　电话：
报关员：　电话：	报关员：　电话：
（企业盖章）　年　月　日	（企业盖章）　年　月　日
转出地海关：　（海关盖章）	转入地海关审批意见：　（海关盖章）
（有效期至：　年　月　日）　年　月　日	（有效期至：　年　月　日）　年　月　日
海关批注	

（2）注意事项

①企业应在办理结转计划申请后才能开展实际送货。

②企业向海关提交的深加工结转申报表只能对应一本转出手册（包括联网监管电子账册、电子化手册、纸质手册等，下同）和一本转入手册；《申报表》有效期不得超过手册有效期或核销截止日期，且最长不得超过 1 年。其中，涉及联网监管企业的，《申报表》有效期可跨核销周期，但不得超过下一个核销周期，并最长不得超过 1 年。

③企业向海关提交的结转申报表中的商品编码、数量、计量单位应当一致。如果企业申报的计量单位不一致而法定计量单位一致，经折算并确定法定单位对应的数量一致的，可以办理结转手续。深加工结转双方的商品编码前 8 位应保持一致。

④企业办理结转业务中，应注意遵守的几个时限要求：

转出、转入企业应当分别在每批实际发货及收货后 10 天内通过 QP 系统向海关申报《收发货单》或《退货单》电子数据。因技术原因导致无法在规定时限内申报《收发货单》及《退货单》的，经主管海关批准，可适当延长申报时限，但最长不超过 20 天。上述规定时限内同一《申报表》项下发生的多次收、发货可累加成一次录入申报。

企业可分批或集中报关，但转出、转入企业应当在实际收发货的次月底前办结该批货物的报关手续，其中电子化手册企业不得超过电子化手册有效期，联网监管企业报关可以跨核销周期。

转出企业自转入企业申报结转进口报关单之日起 10 日内，向转出地海关办理结转出口报关手续。

⑤深加工结转企业应先办理转入报关手续，再办理转出报关手续。若深加工结转报关单需删除的，应先删除转出报关单，再删除转入报关单。

3. 其他保税加工货物的申报

（1）种类

其他保税加工货物，是指加工贸易保税进口料件在加工过程中产生的边角料、剩余料件、残次品、副产品和受灾保税货物。

边角料，是指加工贸易企业从事加工复出口业务，在海关核定的单位耗料量内（以下简称单耗）、加工过程中产生的、无法再用于加工该合同项下出口制成品的数量合理的废、碎料及下脚料。

剩余料件，是指加工贸易企业在从事加工复出口业务过程中剩余的、可以继续用于加工制成品的加工贸易进口料件。

残次品，是指加工贸易企业从事加工复出口业务，在生产过程中产生的有严重缺陷或者达不到出口合同标准，无法复出口的制品（包括完成品和未完成品）。

副产品，是指加工贸易企业从事加工复出口业务，在加工生产出口合同规定的制成品（即主产品）过程中同时产生的，并且出口合同未规定应当复出口的一个或者一个以上的其他产品。

受灾保税货物，是指加工贸易企业从事加工出口业务中，由于不可抗力原因或者其他经海关审核认可的正当理由造成灭失、短少、损毁等导致无法复出口的保税进口料件和制品。

（2）处理方式

对于履行加工贸易合同中产生的上述剩余料件、边角料、残次品、副产品、受灾保税货物，企业必须在手册有效期内处理完毕。处理的方式有内销、结转、退运、放弃、销毁等。除销毁处理外，其他处理方式都必须填制报关单报关。有关报关单是企业报核的必要单证。

①内销

a. 申请时应提交的资料

• 《加工贸易货物内销征税联系单》，使用电子口岸的 QP 系统录入"内销申报单"的无须向海关提交《加工贸易货物内销征税联系单》。

• 按规定需交验的各种许可证件。

• 海关认为需要提供的其他资料。

b. 办理流程

• 企业通过电子口岸的 QP 系统录入"内销申报单"，发送至海关 H2010 系统，并运用"无纸化系统"上传有关单证电子数据，向海关申请内销征税。

• 海关加工贸易主管现场审核通过后，生成对应的"内销联系单"。

• 企业凭审核通过的内销联系单号，通过电子口岸申报内销征税报关单（报关单录入表头后，随附单证栏填入"c"，随附单证编号栏填入内销联系单号，在弹出的列表中选择需进行内销申报的商品项），并办理相关的征税手续。

• 保税加工货物后续补税（9700）的，无须通过电子口岸的 QP 系统录入"内销申报单"，直接通过"无纸化系统"上传《加工贸易货物内销征税联系单》及其他有关单证。海关审核通过后，企业凭经审核的《加工贸易货物内销征税联系单》向通关部门办理内销报关征补税手续。

②结转

加工贸易企业可以向海关申请将剩余料件结转至另一个加工贸易合同项下生产出口，但应当在同一经营单位、同一加工厂、同样的进口料件和同一加工贸易方式的情况下结转。

a. 申请时应提交的资料

- 《加工贸易剩余料件结转联系单》。
- 海关认为需要提供的其他资料。

b. 办理流程

- 企业可现场递交有关单证或运用"无纸化系统"上传有关单证电子数据，向海关申请余料结转。
- 海关审核通过。
- 在加工贸易手册有效期内办理报关手续。

c. 注意事项

加工贸易企业申请将剩余料件结转到另一个加工贸易合同使用，限同一经营单位、同一加工厂、同样进口料件和同一加工贸易方式。

加工贸易企业申报剩余料件结转有下列情形之一的，企业缴纳不超过结转保税料件应缴纳税款金额的风险担保金后，海关予以办理：

- 同一经营企业申报将剩余料件结转到另一加工企业的。
- 剩余料件转出金额达到该加工贸易合同项下实际进口料件总额50%及以上的。
- 剩余料件所属加工贸易合同办理两次以及两次以上延期手续的。

剩余料件结转涉及不同主管海关的，在双方海关办理相关手续，并由转入地海关收取风险担保金。

需缴纳风险担保金的加工贸易企业有下列情形之一的，免于缴纳风险担保金：

- 适用加工贸易 A 类管理的。
- 已实行台账实转的合同，台账实转金额不低于结转保税料件应缴税款金额的。
- 原企业发生搬迁、合并、分立、重组、改制、股权变更等法律规定的情形，且现企业继承原企业主要权利义务或者债权债务关系的，剩余料件结转不受同一经营企业、同一加工企业、同一贸易方式限制。

③退运

加工贸易企业因故申请将剩余料件、边角料、残次品、副产品等保税加工货物退运出境的，应持手册等有关单证向口岸海关报关，办理出口手续，留存有关报关单证，以备报核。

④放弃

企业放弃的剩余料件、边角料、残次品、副产品等，交由海关处理，应及时向海关提交申请。对符合规定的，海关做出准予放弃的决定，开具加工贸易企业放弃加工贸易货物交接单。企业凭以在规定的时间内将放弃的货物运至指定的仓库，并办理货物的报关手续，留存有关报关单证以备报核。

主管海关凭接受放弃货物的部门签章的加工贸易企业放弃加工贸易货物交接单及其他有关单证，核销企业的放弃货物。

经海关核定，有下列情形的，海关将做出不予放弃的决定，并告知企业按规定将有关货物退运、征税内销、在海关或者有关主管部门监督下予以销毁或者进行其他妥善处理：

- 申请放弃的货物属于国家禁止或限制进口的废物的。
- 申请放弃的货物属于对环境造成污染的。
- 法律、行政法规、规章规定不予放弃的其他情形。

但是，企业进口保税料件不属于国家禁止或限制进口的废物，在国内加工过程中产生的边角料、残次品、副产品属国家禁止或限制进口的废物的，海关应当依企业申请做出准予放弃的决定。

⑤销毁

被海关做出不予结转决定或不予放弃决定的加工贸易货物或涉及知识产权等原因企业要求销毁的加工贸易货物，企业可以向海关提出销毁申请，海关经核实同意销毁的，由企业按规定销毁，必要时海关可以派员监督销毁。货物销毁后，企业应当收取有关部门出具的销毁证明材料，以备报核。

a. 申请时应提交的资料

- 《海关加工贸易货物销毁处置申报表》，及销毁处置方案。
- 企业申报销毁处置的加工贸易货物无法内销或退运的说明。
- 销毁处置单位的资质证明，及企业与该单位签订的委托合同。
- 货物所有人的销毁声明（申报销毁处置来料加工货物的）。
- 残次品单耗资料以及根据单耗折算的残次品所耗用的原进口料件清单（申报销毁处置残次品的）。
- 海关认为需要提供的其他资料。

b. 办理流程

- 企业可现场递交有关单证或运用"无纸化系统"上传有关单证电子数据，向海关申请销毁。
- 海关审核通过。
- 在海关明确的销毁处置时限内完成货物销毁处置。
- 在加工贸易手册有效期内办理报关手续。

报关时，企业销毁处置加工贸易货物未获得收入，销毁处置货物为料件、残次品的，报关适用监管方式为"料件销毁（代码0200）"（残次品按照单耗关系折成料件，以料件进行申报）；销毁处置货物为边角料、副产品的，报关适用监管方式为"边角料销毁（代码0400）"。企业销毁处置加工贸易货物获得收入的，按销毁处置后的货物报验状态向海关申报，报关适用的监管方式为"进料边角料内销（代码0844）"或"来料边角料内销（代码0845）"。海关比照边角料内销征税的管理规定办理征税手续。企业应在报关单备注栏内注明"海关加工贸易货物销毁处置申报表编号"。

（三）手册核销

核销，是指加工贸易经营企业加工复出口或者办理内销等海关手续后，凭规定单证向海关报核，海关按照规定进行核查以后办理解除监管手续的行为。经营企业应自加工贸易手册项下最后一批成品出口或者加工贸易手册到期之日起30日内向海关报核。经营企业对外签订的合同提前终止的，应当自合同终止之日起30日内向海关报核。海关自受理报核之日起30日内予以核销。特殊情况需要延长的，经直属海关关长或者其授权的隶属海关关长批准可以延长 30 日。

1. 需向海关提交的文件

（1）经营企业申请核销加工贸易货物的书面材料。

（2）电子化手册核销申请表。

（3）经营企业在生产过程中产生的边角料、剩余料件、残次品、副产品和受灾保税货物，应递交有关处置单证。

（4）备案后因故中止执行、未发生进出口而申请撤销的合同，应提供商务主管部门的批件。

（5）其他海关需要的资料，如排料图、线路图、配方表等。

2. 办理流程

第一步：企业通过企业端系统的数据报核模块录入电子化手册报核数据并向海关发送或由代理报关公司录入并发送至海关。

第二步：企业向主管海关办理加工贸易电子化手册核销手续。企业可现场递交有关单证或运用"无纸化系统"上传有关单证电子数据。

第三步：主管海关对企业提交的资料进行审核，符合规定的签发《银行保证金台账核销联系单》并发送至企业指定的台账银行。

第四步：企业到指定的台账银行办理保证金台账核销手续。

第五步：台账银行自动将核销回执发送至海关系统。

第六步：主管海关签发《核销结案通知书》。

三、QP 系统操作——深加工结转

进入 QP 系统登陆界面，用户将操作员的 Ikey 卡插入电脑的 USB 接口，或将 IC 卡插入连接在电脑上的 IC 卡读卡器中，输入密码口令，进入系统主选单界面（如图 6-1 所示），点击"深加工结转"图标，进入"深加工结转"子系统界面。

图 6-1　QP 系统主界面

（一）结转申请表转出备案

录入结转申请表的转出备案的基本信息和商品明细（如图6-2、图6-3所示）。

申请表备案(1)	收发货单(2)	退货单(3)	外发加工申请表(4)	外发加工收发货单(5)	备案数据下载(6)	综合查询(7)	功能选择(8)

新增(N)　删除(D)　暂存(S)　申报(B)　导入(I)　导出(E)　打印(P)

结转申请表转出备案 —— 新增(申报类型：备案申请)

申报地海关		操作员	王芳	单位	中国电子口岸数据	海关十位编码	4403199997

基本信息	商品明细

申请表编号		电子口岸统一编号	
申请表有效期			

转出企业填写

申请表类型			企业合同号		
转出企业代码/名称	4403199997			转出地	
转入企业代码/名称				目的地	
转出地海关			转出手册/帐册编号		
转出企业内部编号			转出企业批准证编号	人工审批	
转出申报企业	717803521	中国电子口岸数据中心深圳分中心	转出申报日期		
送货距离（公里）			预计运输耗时（天）		
转出企业申报人/联系电话			转出企业法人/联系电话		
备注					

转入企业填写

转入企业内部编号		转入地海关	
转入申报企业		转入企业批准证号	
转入企业申报人/联系电话		转入申报日期	
转入企业法人/联系电话		转入手册/帐册号	
备注			

图6-2　结转申请表转出备案基本信息录入界面

申请表备案(1)	收发货单(2)	退货单(3)	外发加工申请表(4)	外发加工收发货单(5)	备案数据下载(6)	综合查询(7)	功能选择(8)

新增(N)　删除(D)　暂存(S)　申报(B)　导入(I)　导出(E)　打印(P)

结转申请表转出备案 —— 新增(申报类型：备案申请)

申报地海关		操作员	王芳	单位	中国电子口岸数据	海关十位编码	4403199997

基本信息	商品明细

序号	1	转出手册/帐册号		商品项号		商品编码	
商品名称		规格型号		申报单位		申报数量	
法定单位		法定数量		实际发货数量		备注	

转出商品明细

序号	转出手册/帐册号	商品...	商品...	商品...	规格...	计量...	申报...	法定...	法定...	实际发货数量	备注	修改...

转入序号	1	转入手册/帐册号		商品项号		商品编码	
商品名称		规格型号		申报单位		申报数量	
法定单位		法定数量		转出序号		实际收货数量	
备注							

图6-3　结转申请表转出备案商品明细录入界面

　　一份结转申请表对应一个转出企业和一个转入企业。一份结转申请表对应一本转出手册和一本转入手册。申请表有效期不得超过手册有效期或账册核销截止日期。结转双方的商品编号前 8 位应保持一致。一份结转申请表可录入的商品项数系统无限制。

（二）申请表数据下载

　　当转出企业申报的结转申请表转出备案数据状态为"成功入数据中心库"时，转出企业须及时将统一编号通知转入企业，转入企业下载后方可进行结转申请表转入备案（如图 6-4 所示）。

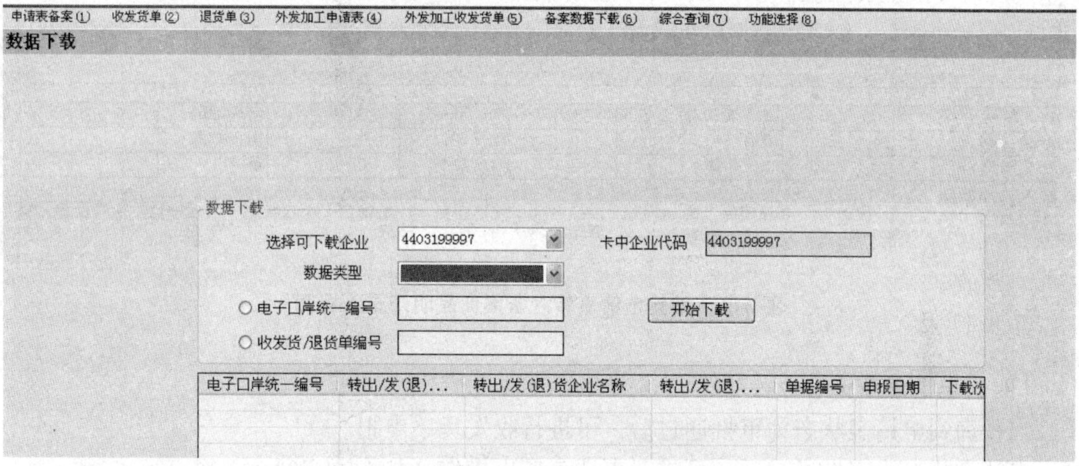

图 6-4　结转申请表备案数据下载界面

（三）结转申请表转入备案

　　输入"电子口岸统一编号"调取结转申请表转出备案信息，继续录入"转入企业填写"部分（如图 6-5、图 6-6 所示）。"基本信息"中转入手册/账册号为必填项，不填申报后海关审批退单。基本信息中的转入手册/账册号必须与商品明细中的转入手册/账册号保持一致。录入完毕后进行申报，申请表备案转出/转入数据直接向海关发送。

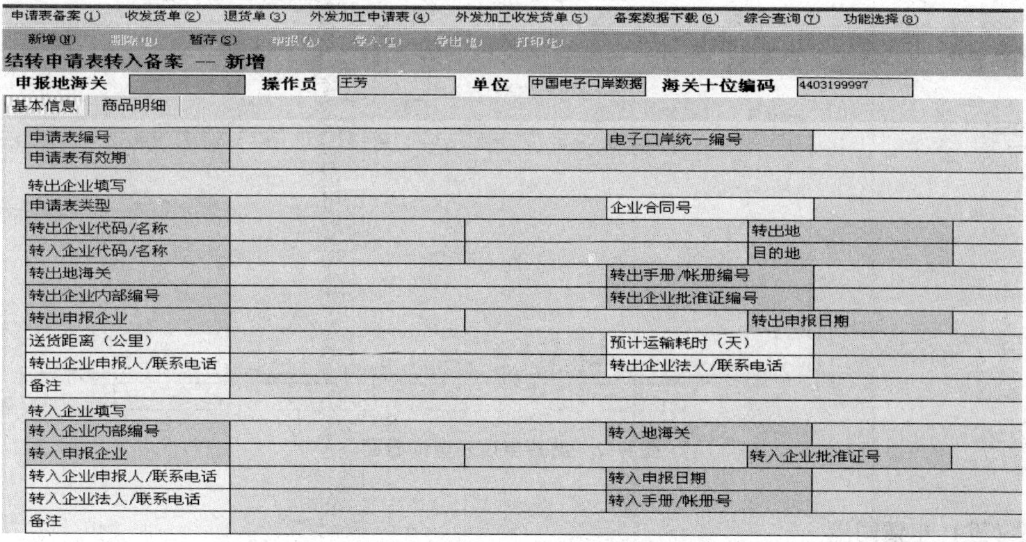

图 6-5　结转申请表转入备案基本信息录入界面

申请表备案(1)　　收发货单(2)　　退货单(3)　　外发加工申请表(4)　　外发加工收发货单(5)　　备案数据下载(6)　　综合查询(7)
系统维护(8)　　功能选择(9)

| 新增(N) | 删除(D) | 暂存(S) | 申报(A) | 导入(C) | 导出(E) | 打印(P) |

结转申请表转入备案 --暂存(申报类型：备案申请)

申报地海关 深关现场　　　录入单位 深圳永宁现代包装　　　操作员 易赣兴

基本信息 | 商品明细

序号	1	转出手册/帐册号	C5305832002	商品项号	2	商品编码	3920300000
商品名称	[深]聚苯乙烯片材	规格型号		申报单位	千克	申报数量	1
法定单位	千克	备用结转商品编码		法定数量	1	备注	

转出商品明细

| 序号 | 转出手册/帐册号 | 商品项号 | 商品编码 | 商品名称 | 规格型号 | 计量单位 | 申报数量 | 法定单位 | 备用... | 法定 |
| 1 | C53058320021 | 2 | 39203... | [深]... | | 千克 | 1 | 千克 | | 1 |

转入序号	2	转入手册/帐册号	C5305832004	商品项号		商品编码	
商品名称		规格型号		申报单位		申报数量	
法定单位		法定数量		转出序号		备注	

转入商品明细

| 转入序号 | 转入手册/帐册号 | 商品项号 | 商品编码 | 商品名称 | 规格型号 | 计量单位 | 申报数量 | 法定单位 | 法定数量 | 转 |
| 1 | C53058320043 | 1 | 39203... | 聚苯... | | 千克 | 1 | 千克 | 1 | 1 |

图6-6　结转申请表转入备案商品明细录入界面

(四) 申请表查询

当查询到申请表状态为审批通过后，可进行收发货单申报。

申请表状态为审批通过后，可进行申请表变更操作（如图6-7所示）。

图6-7　结转申请表查询界面

(五) 申请同步

同步申请功能实现将审批通过的结转申请数据从海关审批系统同步到电子口岸预录入系

统的功能，包括实时的收发货数量。为了保证申请表记录的准确性，需在申请表备案（变更）审批通过后执行该操作（如图6-8所示）。

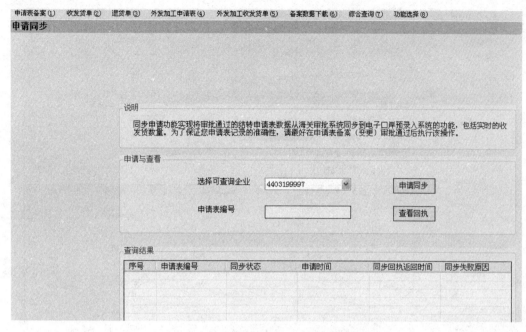

图6-8　结转数据同步申请界面

（六）收发货单（发货）

一票结转申请表可申报多票收发货单。收发货单的货物申报数量不得超过申请表申报数量。一票收发货单可录入的商品项数系统无限制。发货单基本信息、商品明细录入完毕申报后，待海关审批通过可进行收货单录入申报（如图6-9所示）。

申请表备案①	收发货单②	退货单③	外发加工申请表④	外发加工收发货单⑤	备案数据下载⑥	综合查询⑦	功能选择⑧

新增(N)	删除(D)	暂存(S)	申报(E)	撤销(C)	录入(I)	导出(T)	打印(P)

发货 -- 新增

申报地海关		操作员	王芳	单位	中国电子口岸数据	海关十位编码	4403199997

基本信息	商品明细	归并后信息

收发货单编号		电子口岸统一编号	
申请表编号		转出企业手册/账册号	
转出企业编码		转出企业名称	
转入企业编码		转入企业名称	

转出企业填写

转出企业内部编号		申报日期	
申报人		发货日期	
合同号		运输工具类别	
运输工具编号		备注	

转入企业填写

转入企业内部编号		申报日期	
申报人		收货日期	
备注			

图6-9　收发货单—发货录入界面

（七）发货单下载

发货单海关审批通过后，通知收货方在"备案数据下载"下载发货单（如图 6-10 所示）。

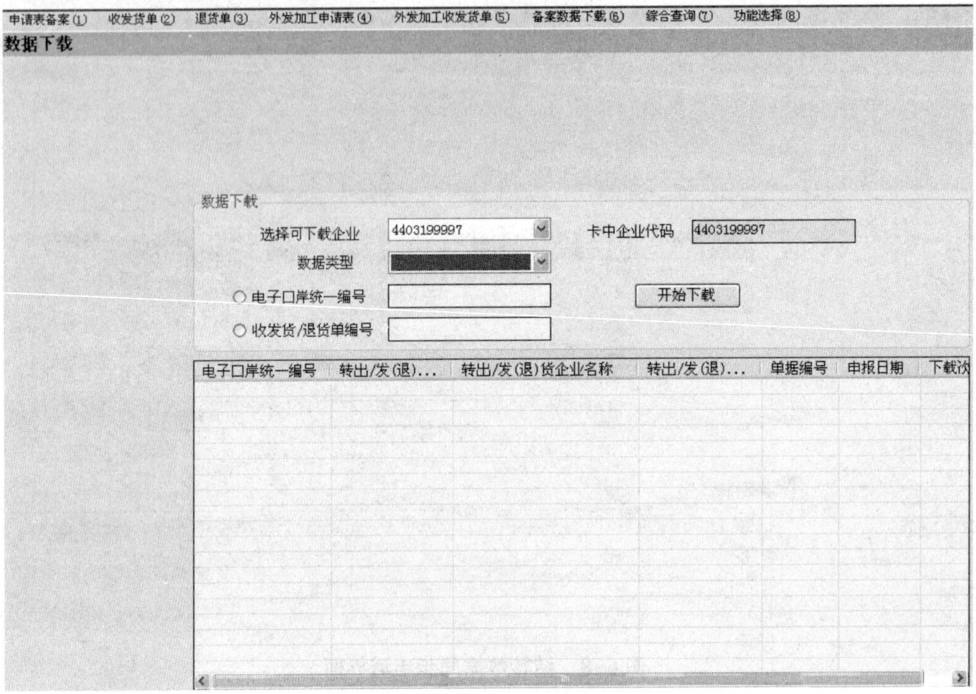

图 6-10　发货单下载界面

（八）收发货单（收货）

转入企业需要完成发货单下载后方可进行收货单录入。通过收发货单编号调取表头和转出企业信息，继续录入转入企业填写部分。完成基本信息、商品明细数据录入后暂存申报（如图 6-11 所示）。

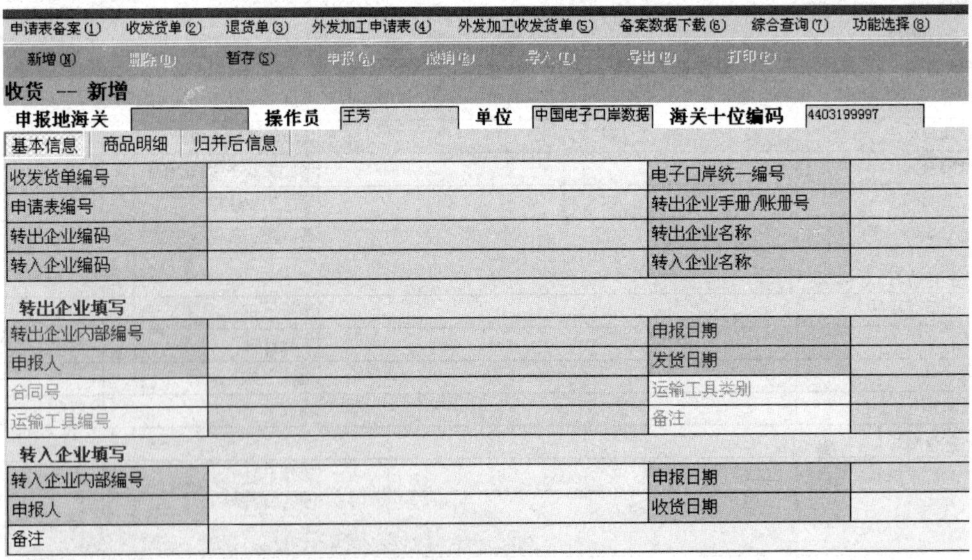

图 6-11　收发货单—收货录入界面

（九）收发货单查询

当完成所有收发货单申报并经海关审批通过后（如图 6-12 所示），即可进行报关单录入申报。发货单审批通过后，未申报收货单前，转出企业需取消发货的可直接撤销发货单。

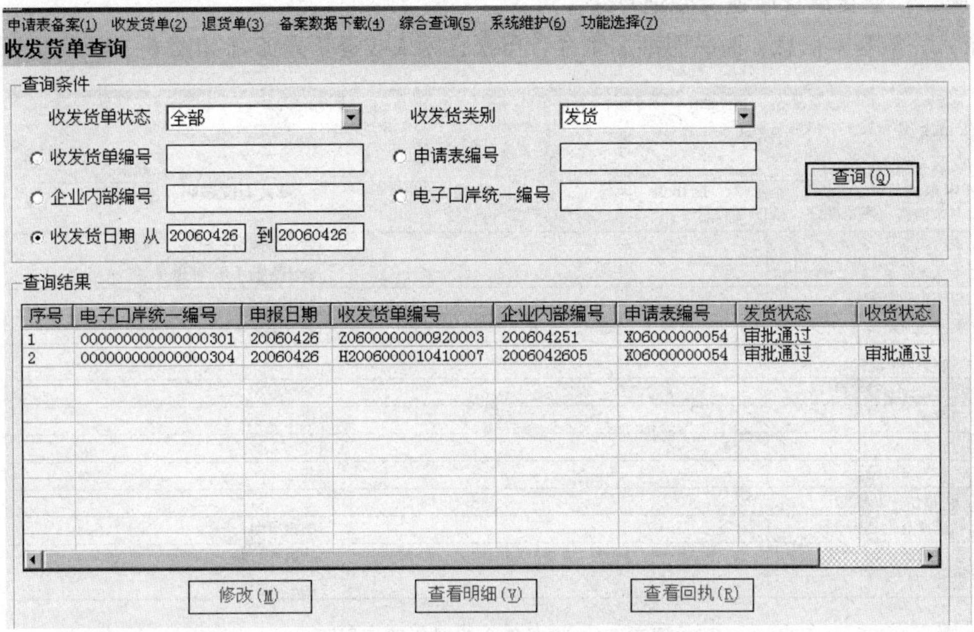

图 6-12　收发货单查询界面

（十）退货单（退货登记）

收发货单双方均审批通过后，才能申报退货单（如图 6-13 所示）。退货单与收发货单无对应关系。一票退货单可录入多项商品，最多可与手册备案项数一致。退货单的货物申报数量不得超过收发货单申报数量。

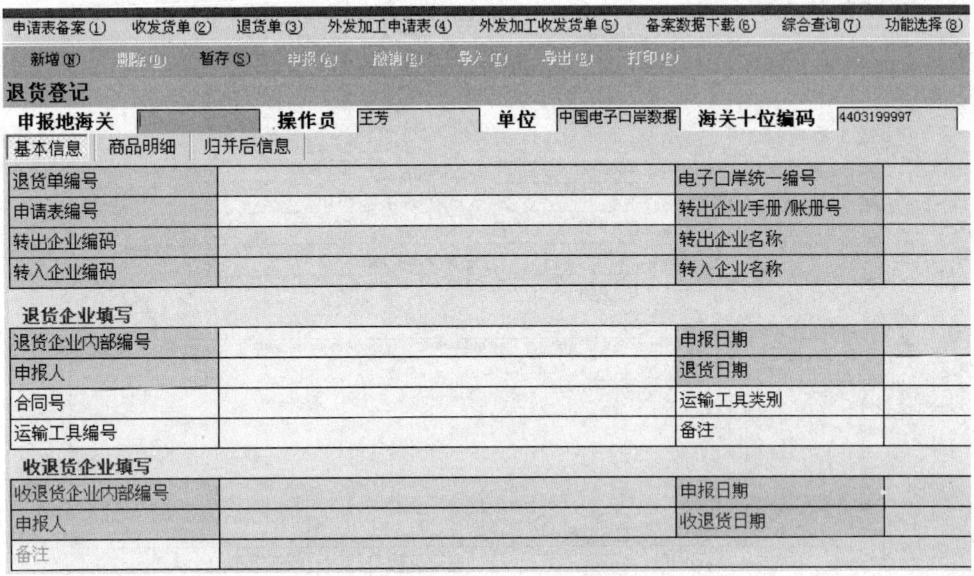

图 6-13　退货企业退货登记界面

（十一）退货单下载

当退货单状态为海关审批通过后，通知转出企业在"备案数据下载"下载退货单后进行收退货登记。

（十二）退货单（收退货登记）

录入完成基本信息、商品明细后暂存、申报，完成收退货业务（如图6-14所示）。

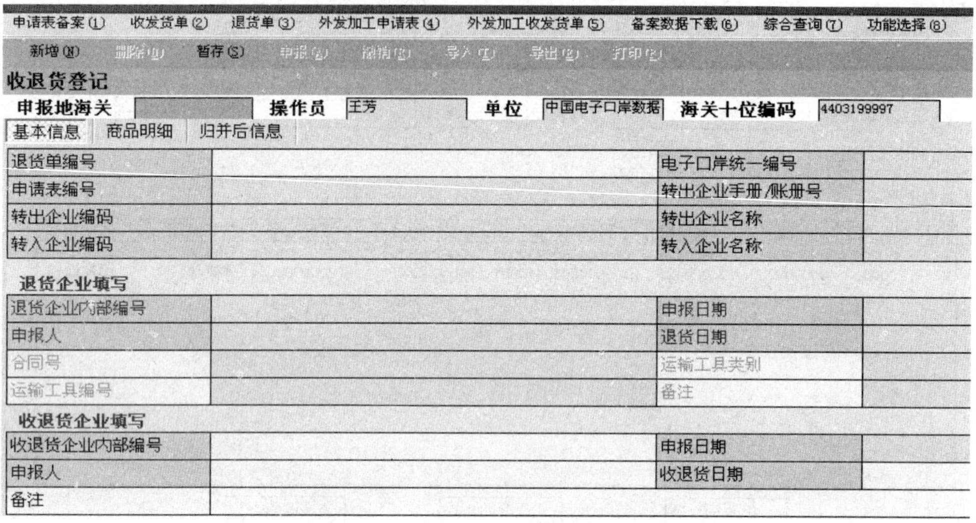

图6-14 收退货企业退货登记界面

（十三）退货单查询

当退货状态及收退货状态均为海关审批通过后，即完成收退货业务（如图6-15所示）。退货单海关审批通过后，收退货单申报前，企业需要取消退运货物的，可直接操作退货单撤销。接下来，转入、转出企业采用预录入申报系统进行货物进口、出口报关的操作，不重复介绍。

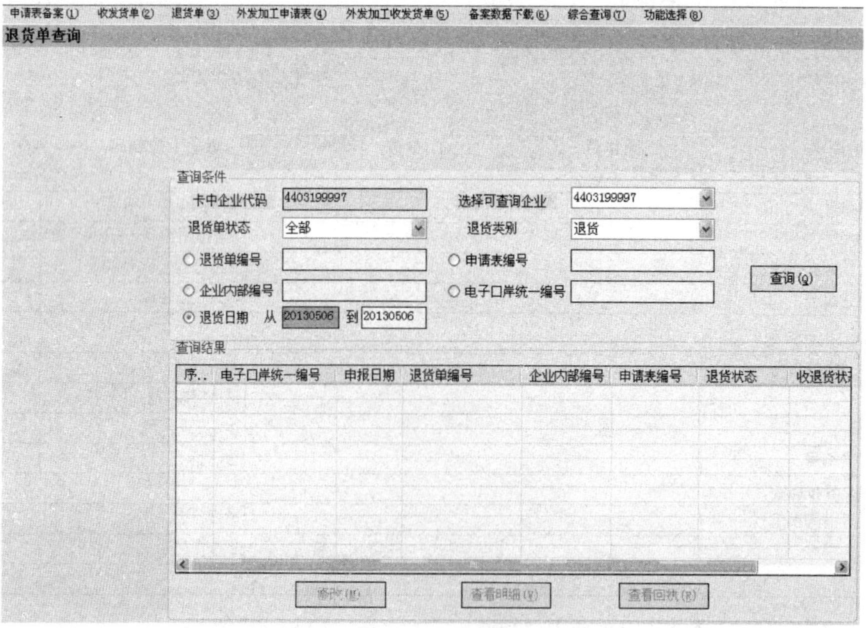

图6-15 退货单查询界面

【小思考】

上海申华进出口公司（一般认证企业）从境外购进价值100 000美元的涤纶长丝（限制类）一批，委托浙江嘉兴嘉顺针织公司（一般信用企业）加工出口袜子。该加工合同履行期间，因境外发货有误，部分原料未能及时到货。为确保履行成品出口合同，申华公司报经主管部门核准，使用本企业其他进口非保税料件进行内部串换。合同执行完毕，剩余料件，拟结转加工。

讨论：

1. 本案涉及的委托加工在海关管理中称为什么？

2. 本案例涉及的加工贸易合同备案手续应如何办理？

3. 该加工贸易合同备案时，其银行保证金台账应如何处理？

4. 该加工贸易合同执行期间所发生的料件串换，应如何处理？

5. 本案例剩余料件的结转应符合什么规定？

任务三 电子账册管理下的保税加工货物报关

电子账册管理是加工贸易联网监管中海关以加工贸易企业的整体加工贸易业务为单元对保税加工货物实施监管的另一种方式（企业不能同时使用电子化手册和电子账册两种监管方式）。海关为联网企业建立电子底账，联网企业只设立一个电子账册。电子账册管理的适用对象是加工贸易进出口较为频繁、规模较大、原料和产品较为复杂、管理信息化程度较高和较完善的生产型企业。

电子账册管理下的加工贸易企业，主要的海关工作内容包括电子账册的设立（变更）、进出口申报、电子账册定期核销。

一、电子账册设立

已获取主管海关核发的加工贸易联网监管通知书，具备联网监管资格的加工贸易企业可申请办理电子账册设立。

（一）需提交的材料

企业申请设立电子账册时需上传电子文本的随附单证类型包括：

1.《海关实施联网监管通知书》（办理电子账册设立业务需要）。

2. 有效期内的《加工贸易经营企业经营状况及生产能力证明》（实现海关与商务主管部门数据联网前需要）。

3. 按规定应提供的许可证件或批准文件。

4.《代理报关委托协议书》（委托报关企业办理账册设立时需要）。

5. 申请备案消耗性物料的，需要上传《加工贸易项下进口消耗性物料申报表》、消耗性物料的属性和用途说明、消耗性物料在加工过程中的化学反应或物理变化原理、化学反应式、耗用量以及与成品的匹配关系等书面材料。

6. 如涉及特殊的单耗构成、加工贸易许可证件管理、禁限类商品、风险担保金、出口应税商品、消耗性物料及其他特殊情况，企业可以自行选择是否上传相关文字说明以帮助海关提高审核进度。

7. 海关认为需要审核的其他单证。

（二）办理流程

1. 企业通过联网监管辅助平台客户端录入电子账册设立的表头、表体（料件、成品、单耗等）电子数据。

2. 企业通过联网监管辅助平台客户端上传办理本次电子账册设立业务所需随附单证的电子文本（PDF 格式），并连同表头表体电子数据一并发送至联网监管辅助平台海关端，接收平台的入库成功电子回执。

3. 企业新增或变更限制类商品时，在办理电子账册设立手续的同时需办理台账专用手册设立手续。

4. 电子账册设立电子数据海关退单或审核通过后，系统会向企业客户端反馈审核结果。

5. 海关在电子账册设立电子数据审核通过后，即时进行电子口岸（QP 系统）数据同步，海关计算机系统建立便捷通关电子账册。

联网监管企业申报电子账册设立的电子数据格式，应当符合以下规范：

● 备案商品属于加工贸易禁止类商品且全部为深加工结转商品或进出特殊监管区域的，应当在"规格型号"栏后加填"/结转"或"/区域"。

● 备案商品属于加工贸易限制类商品的，应当在"商品名称"栏首字节加"［深］"（注：中括号为半角字符）。

● 企业在申报消耗性物料时应当进行标识，在"商品名称"栏首字节起注明"［消］"（注：中括号为半角字符），在"单耗/净耗"栏目内如实申报耗用量。

● 电子账册新增料件为国内购料的，应在料件的规格型号栏标注清楚为"国内购料"。

● 出口成品含国产料件且属加工贸易项下出口应税商品的，应在办理电子账册设立（最迟在成品出口前）时，向海关如实申报出口成品中使用的国产料件占全部料件的价值比例，并在"电子账册"成品项中备注。

● 其他根据规定应当遵守的规范。

（三）进出口商品归并规则

1. 电子账册备案时，联网企业应以内部管理的料号级商品为基础，按照《中华人民共和国进出口税则》规定的目录条文和归类总规则、类注、章注、子目注释以及其他归类注释，进行商品归类，并归入相应的税则号列，经海关审核确定后，在企业内部管理的料号级商品与电子账册备案的项号级商品之间建立一一对应关系。

2. 电子账册备案时，受海关监管资源限制无法实现料号级商品与项号级商品一一对应、需要建立多对一归并关系的，进口料件根据实际情况分别按第（3）、（4）、（5）项处理；出口成品按第（6）项处理。

3. 联网企业的计算机系统能够按照进口料件重要程度实施分类管理，并且经主管海关认定其进口料件可以区分主料与非主料实施监管的，主料建立一一对应关系，非主料可建立多对一归并关系。

4. 海关运用加工贸易信息化管理辅助平台实现料号级核销核算的，可建立多对一归并关系。

5. 料号级料件同时满足以下条件的，可予以归并：①10 位商品编码相同；②申报计量单位相同；③中文商品名称相同；④符合规范申报的要求。其中，根据相关规定可予保税的消耗性物料与其他保税料件不得归并；因管理需要，海关或企业认为需要单列的商品不得归并。

6. 出口成品采用成品版本号进行备案和申报，如同时满足以下条件的可予以归并：①10 位商品编码相同；②申报计量单位相同；③中文商品名称相同；④符合规范申报的要求。其中，涉及单耗标准与不涉及单耗标准的料号级成品不得归并；因管理需要，海关或企业认为需要单列的商品不得归并。

二、进出口申报

电子账册管理下联网监管企业的保税加工货物的报关与电子化手册管理下一样，分三种情形：保税加工货物进出境申报、深加工结转申报、其他保税加工货物申报。

（一）保税加工货物进出境申报

1. 报关清单的生成

使用便捷通关电子账册办理报关手续，企业应先根据实际进出口情况，从企业系统导出"料号级"数据生成归并前的报关清单，通过互联网发送到电子口岸。报关清单应按照加工贸易合同填报监管方式，进口报关清单填报的总金额不得超过电子账册最大周转金额的剩余值，剩余项目参照报关单的填报规范填报。

2. 报关单的生成

联网企业进出口保税加工货物，采用计算机原始数据形成报关清单，报送电子口岸。电子口岸将企业报送的报关清单根据归并原则进行归并，并分拆成报关单后发送回企业，由企业填报完整的报关单内容后，通过 QP 系统向海关正式申报。

3. 报关单的修改、撤销

不涉及报关清单的报关单内容可直接进行修改；涉及报关清单的报关单内容的修改，必须先修改报关清单，再重新进行归并。

报关单经海关审核通过后，一律不得修改，必须撤销重报。带报关清单的报关单撤销后，报关清单一并撤销，不得重复使用。

报关单放行前修改，内容不涉及报关单表体内容的，企业经海关同意可直接修改报关单。涉及报关单表体内容的，企业必须撤销报关单，重新申报。

4. 报关单的填报要求

联网企业备案的进口料件和出口成品等内容，是货物进出口时与企业实际申报货物进行核对的电子底账。因此，申报数据与备案数据应当一致。

企业按实际进出口的"货号"（料件号和成品号）填报报关单，并按照加工贸易货物的实际性质填报监管方式。

海关按照规定审核申报数据，进口货物报关单的总金额不得超过电子账册最大周转金额的剩余值，如果电子账册对某项下料件的数量进行限制，那么报关单上该项商品的申报数量不得超过其最大周转量的剩余值。

（二）深加工结转申报

电子账册管理下联网企业深加工结转申报与电子化手册管理下的深加工结转申报一样。

（三）其他保税加工货物申报

经主管海关批准，联网监管企业可按月度集中办理内销征税手续。

按月度集中办理内销征税手续的联网企业，在每个核销周期结束前，必须办结本期所有的内销征税手续。

联网企业以内销、结转、退运、放弃、销毁等方式处理保税进口料件、成品、副产品、残次品、边角料和受灾保税货物的报关手续，参照电子化手册管理。后续缴纳税费时，缓税利息计息日为电子账册上期核销之日（未核销过的为便捷通关电子账册记录首次进口料件之日）的次日至海关开具税款缴纳证之日。

三、电子账册定期报核

电子账册采用的是以企业为单位的管理方式，一个企业只有一个电子账册。因此，对电子账册管理下的核销实行滚动式定期核销的方式，即对电子账册按照时间段进行核销，将某个确定的时间段内企业加工贸易进出口情况进行平衡核算。

联网监管企业电子账册核销周期，由海关按实际监管需要确定，最长不得超过一年，其间海关开展盘库核查的，报核时段为上期报核结束日次日起至盘库核查截止日。其他特殊情况的，以海关通知的报核日期为准。

企业应当在海关确定的核销期结束之日起 30 日内完成报核。如海关开展盘库核查的，需在盘库核查结束之日起 30 日内向海关办理报核。

（一）需提交的材料

企业定期报核时需上传电子文本的随附单证类型包括：

1. 无法纳入系统自动核算、需人工核算核销的报关单列表。

2. 在本报核期内有销毁处置的，应当提交：《海关加工贸易货物销毁处置申报表》、销毁处置单位出具的接收单据、《加工贸易货物销毁处置证明》等。

3. 在本报核期内有处置边角料的，应当提交报核期内边角料处置情况报告。

4. 由于加工工艺需要使用非保税料件的，企业应当提交有关使用非保税料件的比例、品种、规格、型号、数量的情况说明。

5. 企业可以自行选择是否提供更为详细的电子账册定期报核情况说明，如本报核期内保税料件串料情况说明、非保税料件使用情况、库存差异情况说明、涉及出口关税商品出口情况等，并附相关报关单列表和库存核算表。提交该说明可能有助于海关提高审核进度，但该说明非必须提交的材料。

6. 海关认为需要提交的其他证明文件和材料。

（二）办理流程

1. 企业通过联网监管辅助平台客户端录入电子账册定期报核电子数据。

2. 企业通过联网监管辅助平台客户端上传办理本次电子账册定期报核业务所需随附单证的电子文本（PDF 格式），并连同表头表体电子数据一并发送至联网监管辅助平台海关端，接收平台的入库成功电子回执。

3. 电子账册定期报核电子数据海关退单或审核通过后，系统会向企业客户端反馈审核结果。

四、QP 系统操作——"电子账册"

电子账册系统，又称为加工贸易联网监管系统。该系统通过公共网络以中国电子口岸为平台，通过以企业为单元建立电子账册，相关政府管理部门实行联网审批的方式，实现对企业加工贸易活动的实时监管与分段核销。通过该系统，用户可以方便、快捷地办理加工贸易联网监管相关的前期、中期、后期业务及通关报关业务，在提高企业整体通关业务效率的同时也实现了海关及相关政府部门对企业监管的加强。

(一) 登陆"电子账册"系统

进入 QP 系统登陆界面，用户将操作员的 Ikey 卡插入电脑的 USB 接口，或将 IC 卡插入连接在电脑上的 IC 卡读卡器中，输入密码口令，进入系统主选单界面（如图 6-16 所示），点击"电子账册"图标，进入"电子账册"子系统界面。

图 6-16　QP 系统主界面

(二) 经营范围

1. 经营范围备案

录入界面分为表头、表体两部分。表头部分录入企业的基本信息；表体部分录入料件及成品的备案信息（如图 6-17 所示）。当鼠标光标停留在各项时，界面底部有系统提示。"经营单位名称"在输入"经营单位代码"后由系统自动调出。"账册类型"、"申报日期"由系统自动生成。其他底色为灰色的项目不可填。输入完表头按回车键即"暂存"，进入表体的输入界面。"货物序号"、"处理标志"由系统自动生成。"商品编码"栏只需录入税则商品编码的前 4 位；"商品名称"在输入"商品编码"后由系统自动调出，用户可以对其进行修改。表头、表体资料录入完后，先点击"暂存"，再点击"生成报文"，经营范围备案申请全流程完成。

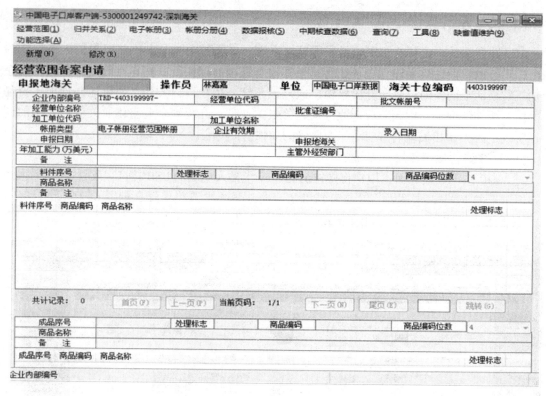

图 6-17　经营范围备案申请界面

2. 经营范围查询

录入企业相关信息，点击申报按钮，完成企业备案的申请操作。申报后，企业可通过"企业查询"功能查询海关审核状态（如图 6-18 所示）。用户若想对"申报状态"为"未生成报文"或"退单"的数据进行修改，可点击查看数据，进入查询数据的明细界面，在该界面下点击修改，即可对数据进行修改。对已生成报文而海关还未审批的数据（"查询条件"是"未审批数据"，"申报状态"是"已生成报文"或"入库成功"），用户不能进行修改。

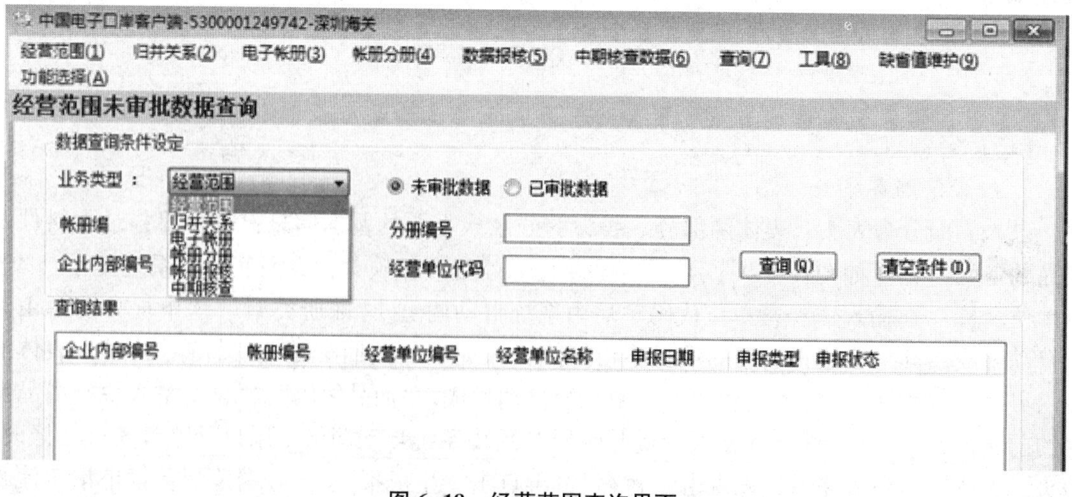

图 6-18　经营范围查询界面

3. 经营范围变更申请

若企业需要修改海关审批通过后的经营范围备案数据，则需进行变更申请。点击"经营范围"，进入"变更申请"界面。修改完毕后点击"暂存"、"生成报文"（如图6-19）。

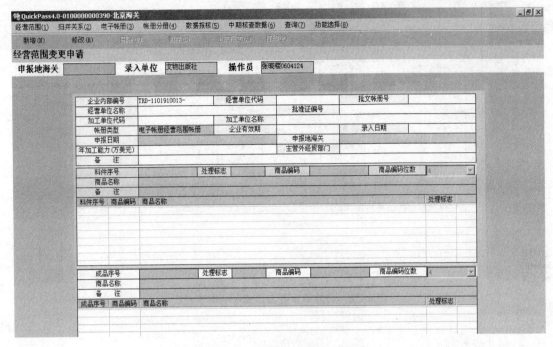

图6-19　经营范围变更申请界面

（三）归并关系

在归并关系界面下，用户可进行归并关系的备案申请和变更申请。归并关系录入界面包括"申请表头"、"归并后料件"、"归并前料件"、"归并后成品"、"归并前成品"、"BOM表"六个表。

1. 申请表头

申请表头中（如图6-20所示），"企业内部编号"、"经营单位代码"、"加工单位代码"、"批文账册号"、"批准证编号"、"外商公司"、"进口合同号"、"出口合同号"、"协议号"、"录入员"、"结束有效期"、"仓库体积"、"仓库面积"、"生产能力"、"最大周转金额"、"成本率"、"备注"，当鼠标光标停留在各项时，界面底部有系统提示。"经营单位名称"在输入"经营单位代码"后由系统自动调出。"加工单位名称"在输入"加工单位代码"后由系统自动调出。"账册类型"、"录入日期"、"申报日期"由系统自动生成。"监管方式"、"征免规定"、"加工种类"、"保税方式"、"损耗率模式"、"进出口岸"敲空格键即可调出相应代码，选中代码即可显示相关内容。其他底色为灰色项目不可填。

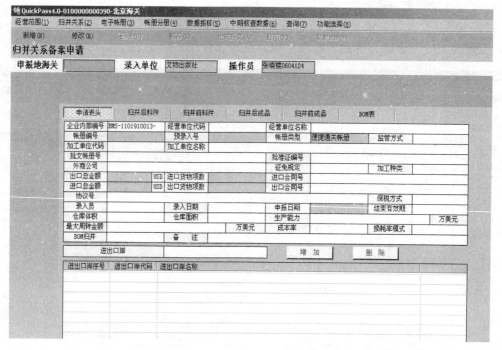

图 6-20　归并关系备案申请——申请表头

2. 归并后料件

归并后料件中（如图 6-21 所示），"料件序号"、"处理标志"由系统自动生成。输入"货号"、"商品编码"、"商品规格型号"、"申报单价"、"申报单价人民币"、"申报数量"、"批准最大余量"、"初始数量"、"第二单位比例"、"重量比例因子"、"备注"。"商品名称"、"计量单位"、"法定单位"、"法定单位比例"在输入"商品编码"后由系统自动调出。也可先输入"商品名称"，调出相应的"商品编码"、"计量单位"、"法定单位"、"法定单位比例"。"第二单位"不可填。"产终地"、"币制"、"征免方式"各项敲空格键即可调出相应代码，选中代码即可显示相关内容。

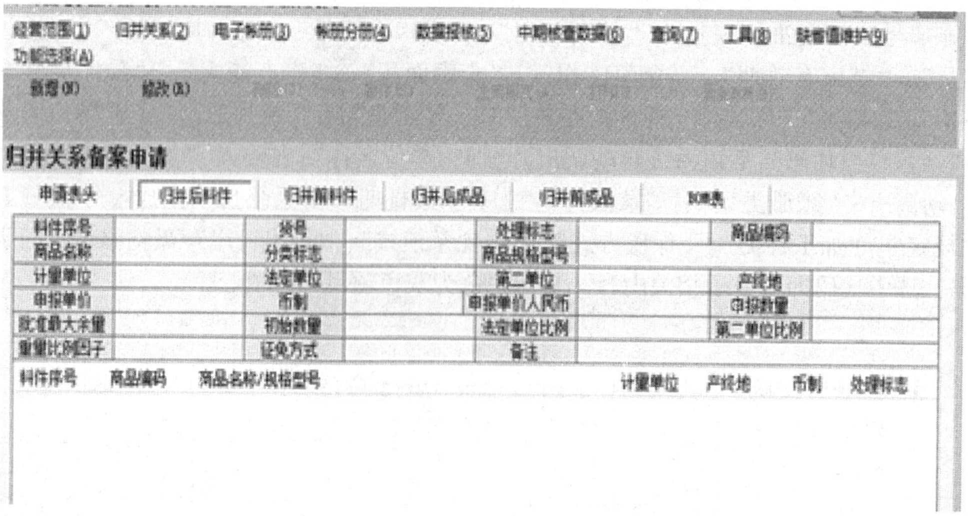

图 6-21　归并关系备案申请——归并后料件

3. 归并前料件

归并前料件又分为"归并前"和"归并后"两部分内容（如图6-22）。归并前部分中："处理标志"由系统自动生成。在"归并后序号"中输入归并后料件表中的"料件序号"之后，归并后料件表中已录入的内容将被调出，且自动填入归并前部分中的相应项目中。但不是调出所有录入数据，"申报单价"、"申报数量"等不调出，由用户自己录入。用户也可以修改调出的数据。"货号"、"归并后序号"、"商品编码"、"中文规格型号"、"英文品名"、"英文规格型号"、"企业自编计量单位"、"申报单价"、"申报单价人民币"、"申报数量"、"最大余量"、"初始数量"、"企业自编单位比例"、"第二单位比例"、"重量比例因子"、"备注"、"归类说明"，当鼠标光标停留在各项时，界面底部有系统提示。"中文品名"、"计量单位"、"法定单位"、"法定单位比例"在输入"商品编码"后由系统自动调出。也可先输入"中文品名"，调出相应的"商品编码"、"计量单位"、"法定单位"、"法定单位比例"。"第二单位"不可填。"产终地"、"币制"、"征免方式"敲空格键即可调出相应代码，选中代码即可显示相关内容。

图6-22 归并关系备案申请——归并前料件

4. 归并后成品

归并后成品（如图6-23所示）："成品序号"、"处理标志"由系统自动生成。"货号"、"商品编码"、"商品规格型号"、"申报单价"、"申报单价人民币"、"申报数量"、"批准最大余量"、"初始数量"、"第二单位比例"、"重量比例因子"、"备注"，当鼠标光标停留在各项时，界面底部有系统提示。"商品名称"、"计量单位"、"法定单位"、"法定单位比例"在输入"商品编码"后由系统自动调出。也可先输入"商品名称"，调出相应的"商品编码"、"计量单位"、"法定单位"、"法定单位比例"。"第二单位"不可填。"产终地"、"币制"、"征免方式"敲空格键即可调出相应代码，选中代码即可显示相关内容。

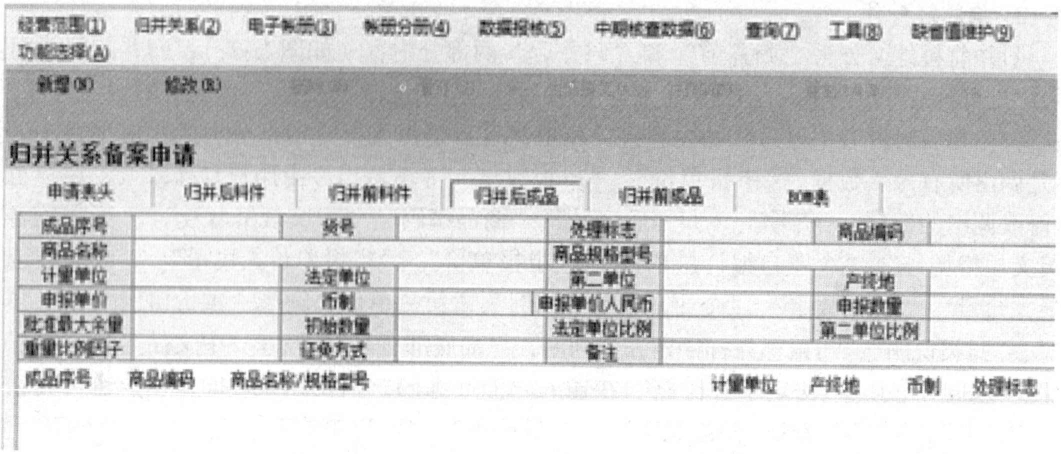

图 6-23　归并关系备案申请——归并后成品

5. 归并前成品

归并前成品又分为归并前和归并后两部分内容（如图 6-24 所示）。归并前部分中：

"处理标志"由系统自动生成。在"归并后序号"中输入归并后成品表中的"成品序号"之后，归并后成品表中已录入的内容将被调出，且自动填入归并前部分中的相应项目中。但不是调出所有录入数据，"申报单价"、"申报数量"等不调出，由用户自己录入。用户也可以修改调出的数据。"货号"、"归并后序号"、"商品编码"、"中文规格型号"、"英文品名"、"英文规格型号"、"企业自编计量单位"、"申报单价"、"申报单价人民币"、"申报数量"、"最大余量"、"初始数量"、"企业自编单位比例"、"第二单位比例"、"重量比例因子"、"备注"、"归类说明"当鼠标光标停留在各项时，界面底部有系统提示。

图 6-24　归并关系备案申请——归并前成品

6. BOM 表

BOM 表中（如图 6-25 所示），输入"成品货号"、"料件货号"，即可调出相应数据。"开始日期"由系统自动调出。输入"结束日期"、"净耗"、"损耗率"、"备注"。

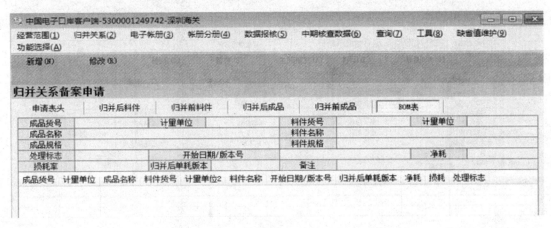

图 6-25　归并关系备案申请——BOM 表

备案申请录入及申报完成后，用户可通过查询菜单查询到该备案的明细数据、申报状态和回执内容（如图 6-26 所示）。

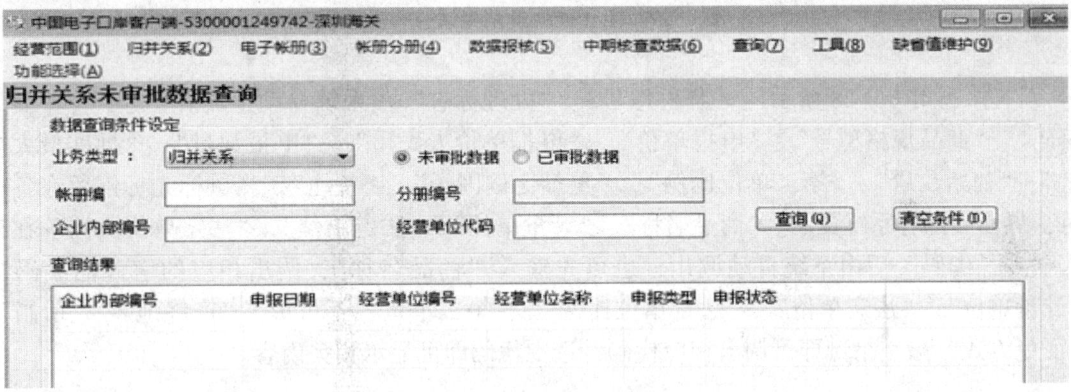

图 6-26　归并关系备案数据查询

（四）电子账册备案

点击"电子账册"的"备案申请"，录入界面分为"表头"、"料件"、"成品"、"单损耗"。

表头（如图 6-27 所示）：当光标停留在各项时，界面底部系统有提示。"经营单位名称"在输入"经营单位代码"后由系统自动调出，"录入日期"、"申报日期"由系统自动生成，"账册类型"、"监管方式"、"征免规定"、"加工种类"、"保税方式"、"进出口岸"可直接输入代码调出相应内容，或敲空格键调出相应代码，选中代码即可显示相关内容。其他底色为灰色的项目不可填。

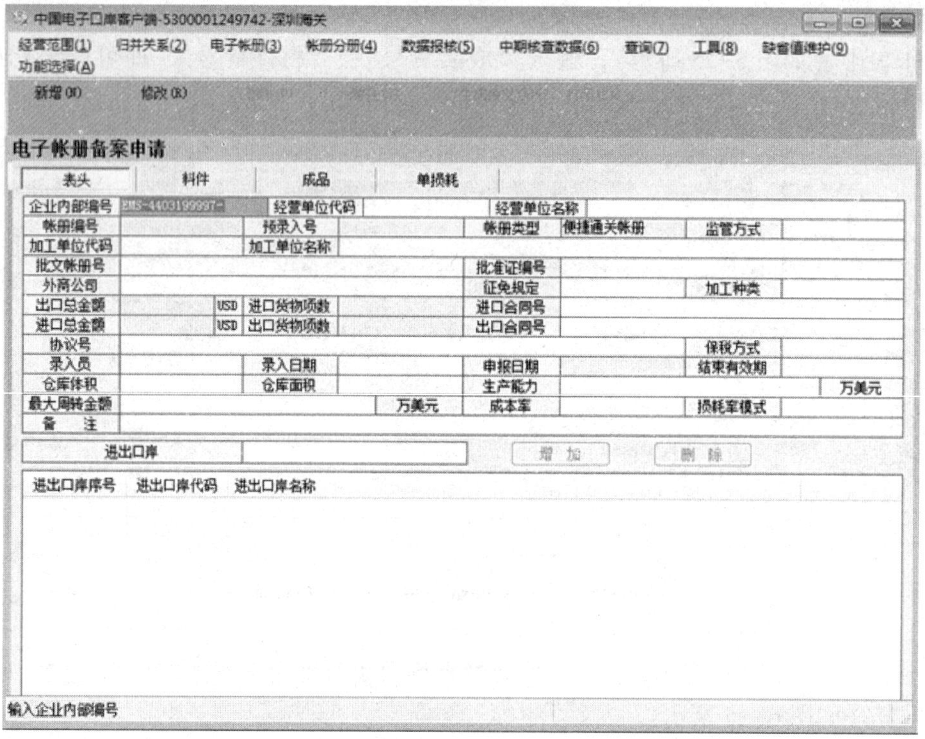

图 6-27　电子账册备案申请——表头

料件（如图 6-28 所示）："料件序号"、"处理标志"由系统自动生成。"货号"、"商品编码"、"商品规格型号"、"申报单价"、"申报单价人民币"、"申报数量"、"批准最大余量"、"初始数量"、"第二单位比例"、"重量比例因子"、"备注"，当鼠标光标停留在各项时，界面底部有系统提示。"商品名称"、"计量单位"、"法定单位"、"法定单位比例"在输入"商品编码"后由系统自动调出，也可先输入"商品名称"，调出相应的"商品编码"、"计量单位"、"法定单位"、"法定单位比例"。"第二单位"不可填。"产终地"、"币制"、"征免方式"敲空格键即可调出相应代码，选中代码即可显示相关内容。

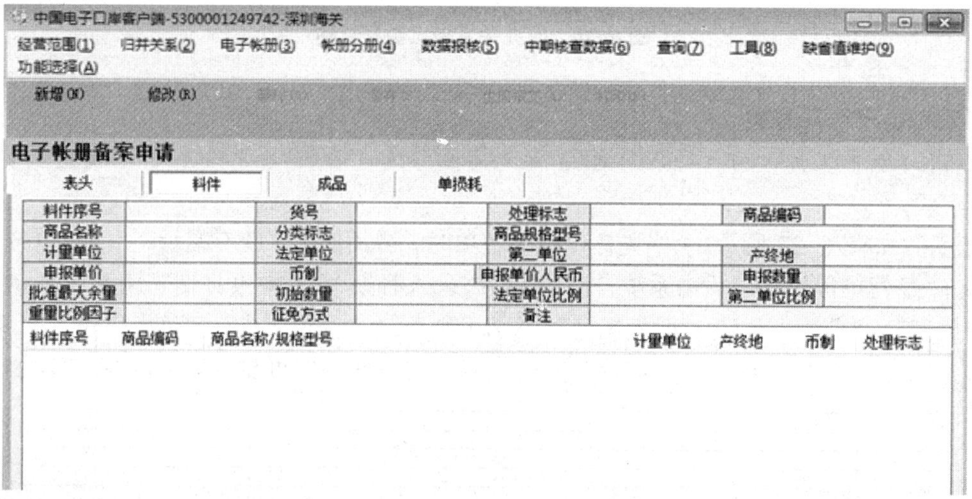

图 6-28　电子账册备案申请——料件

成品（如图 6-29 所示）："成品序号"、"处理标志"由系统自动生成。"货号"、"商品编码"、"商品规格型号"、"申报单价"、"申报单价人民币"、"申报数量"、"批准最大余量"、"初始数量"、"第二单位比例"、"重量比例因子"、"备注"，当鼠标光标停留在各项时，界面底部有系统提示。"商品名称"、"计量单位"、"法定单位"、"法定单位比例"在输入"商品编码"后由系统自动调出，也可先输入"商品名称"，调出相应的"商品编码"、"计量单位"、"法定单位"、"法定单位比例"。"第二单位"不可填。"产终地"、"币制"、"征免方式"敲空格键即可调出相应代码，选中代码即可显示相关内容。

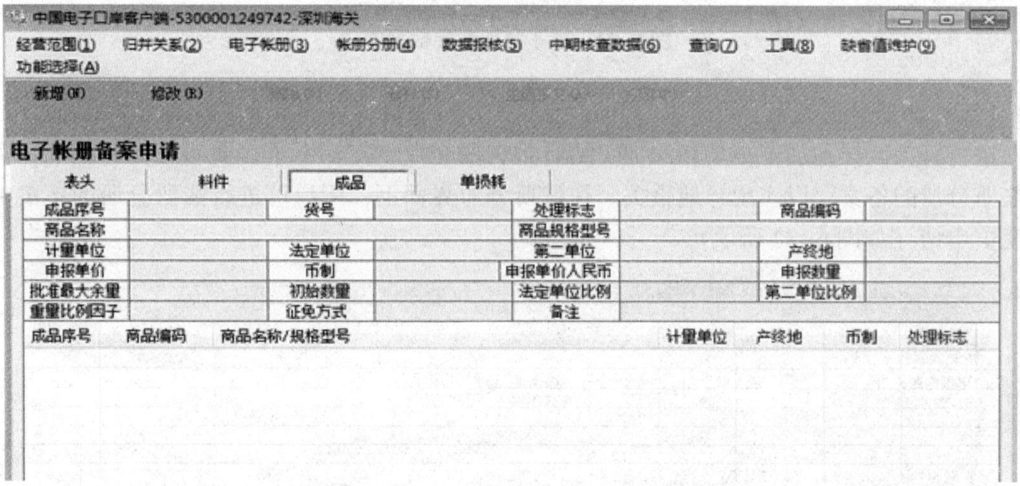

图 6-29　电子账册备案申请——成品

单损耗（如图 6-30 所示）：输入"成品序号"、"料件序号"，即可调出相应数据。输入"成品版本"、"净耗"、"损耗率"、"备注"、"处理标志"由系统自动调出。

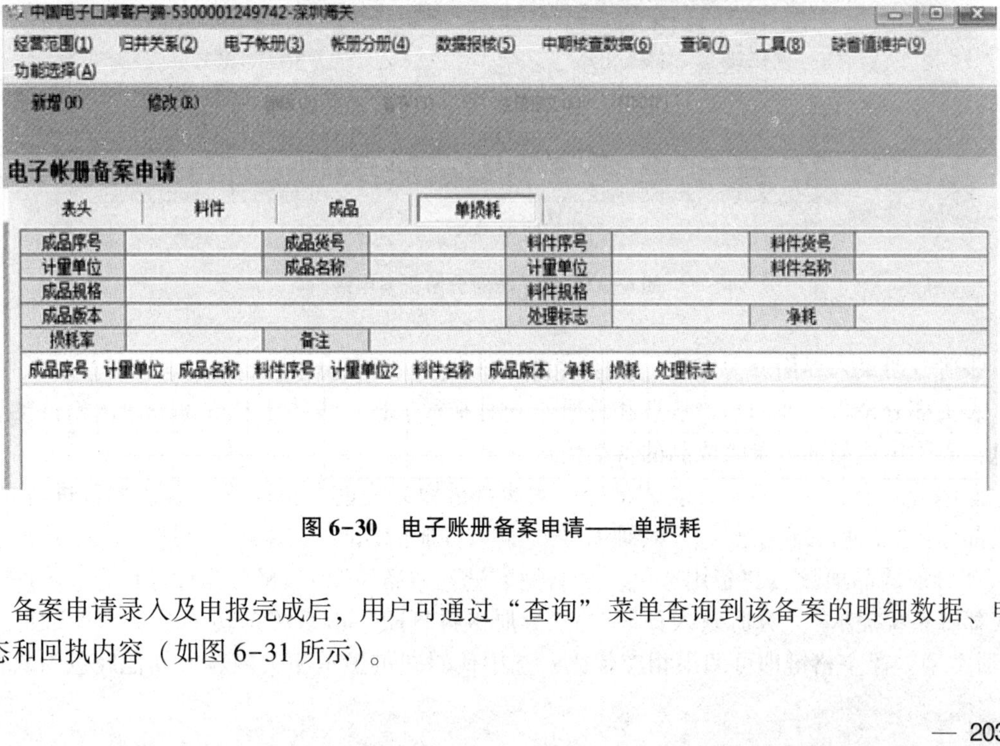

图 6-30　电子账册备案申请——单损耗

备案申请录入及申报完成后，用户可通过"查询"菜单查询到该备案的明细数据、申报状态和回执内容（如图 6-31 所示）。

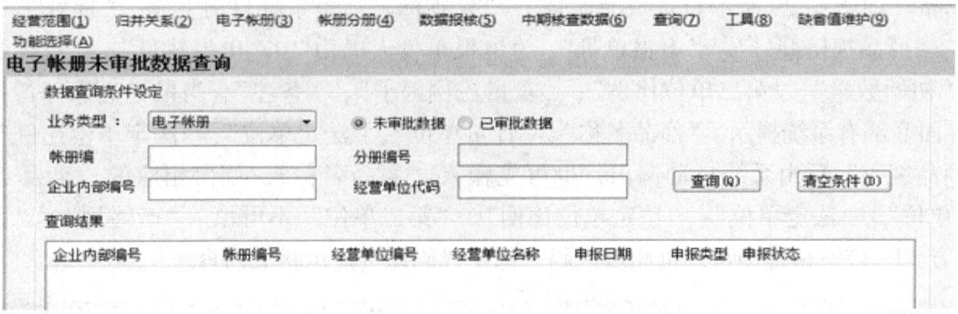

图 6-31　电子账册备案数据查询

（五）账册分册备案

进行跨关区异地加工报关和深加工结转报关的企业，需在电子账册备案的基础上，再进行账册分册的备案，以实现异地报关。在账册分册界面下，用户可进行账册分册的备案申请和变更申请（如图 6-32 所示）。

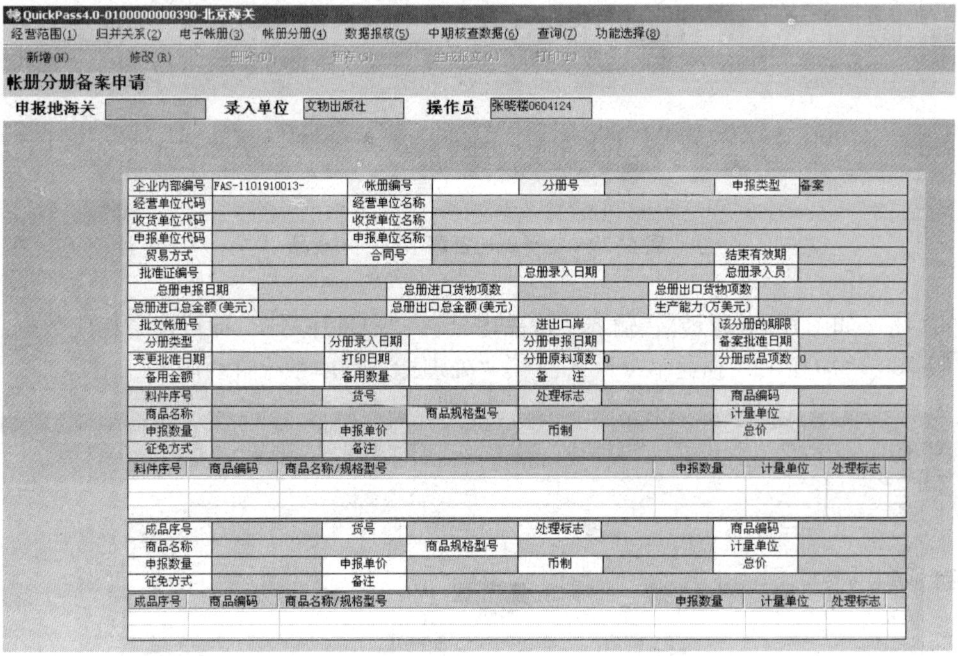

图 6-32　电子账册分册备案申请

账册分册录入界面分为表头、表体（料件和成品）两部分。

表头部分录入企业的基本信息和总册、分册基本信息；表体中料件部分录入料件的备案信息；表体中成品部分录入成品的备案信息。

操作员需依次录入表头、表体部分。表头部分没录完时，不能进入表体部分进行录入。表头部分："企业内部编号"、"账册编号"、"该分册的期限"、"打印日期"、"分册原料项数"、"分册成品项数"、"备用金额"、"备用数量"、"备注"，当鼠标光标停留在各项时，界面底部有系统提示。"分册录入日期"、"分册申报日期"由系统自动生成。"审批部门"、"分册类型"敲空格键即可调出相应代码，选中代码即可显示相关内容。其他底色为灰色的项目不可填。

（六）登陆"一次申报"系统

　　企业在电子账册或分册的备案完成后，如需进行报关申报，需进入 QP 系统中的"一次申报"子系统（如图 6-33 所示）。在"备案号"录入电子账册或分册号，调出账册报关单基本信息。录入完剩余各项后，点击菜单上方的"申报"按钮，即实现向海关进行报关单申报（如图 6-34 所示）。

图 6-33　QP 系统主界面

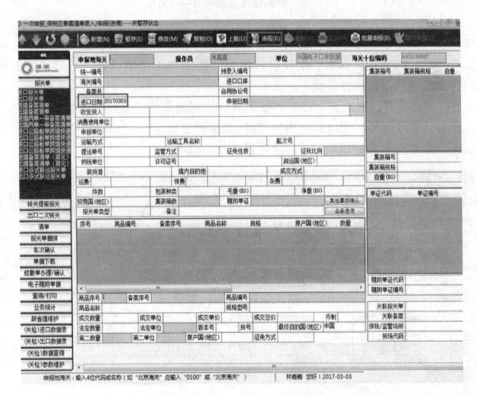

图 6-34　"一次申报"系统

（七）数据报核

企业报完关后，应回到"电子账册"子系统，进行报核备案申请。在电子账册子系统的"数据报核"界面下完成。数据报核录入界面包括"表头"、"报核料件"、"报核成品"、"报关单"、"核算料件"、"核算成品"六个表。

表头（如图6-35所示）："账册编号"、"报核截至日期"、"报核料件总项数"、"报核成品总项数"、"备注"，当鼠标光标停留在各项时，界面底部有系统提示。"企业内部编号"、"报核次数"在输入"账册编号"后由系统自动调出。"报核开始日期"、"进口报关单总数"、"出口报关单总数"、"录入日期"、"报核申报日期"由系统自动生成。"报核类型"输入代码直接调出，或敲空格键即可调出相应代码，选中代码即可显示相关内容。

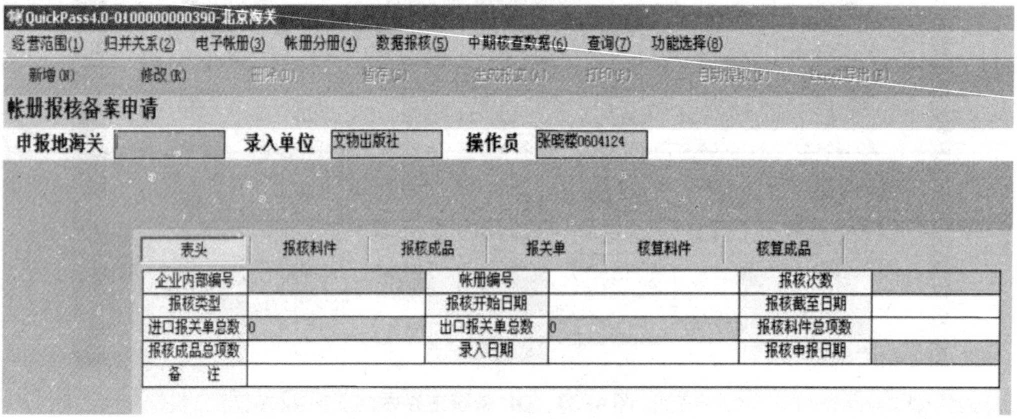

图 6-35 账册报核备案申请——表头

报核材料（如图6-36所示）：此时若表头中的"报核类型"填的是"预报核"，则直接进入报关单界面，因为预报核时，报核料件和报核成品都不用填；若"报核类型"填的是"正式报核"，则进入报核料件界面。

企业进行预报核时，只需填写表头和报关单。填完表头后，直接进入报关单界面。正式报核时，输入"料件序号"即可调出相应项目。"应剩余数量"、"消耗总数量"、"边角料数量"、"实际剩余数量"为必填项目。其他项目为非必填项。

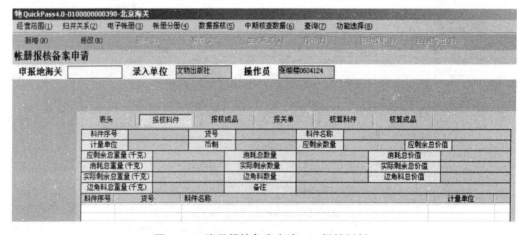

图 6-36 账册报核备案申请——报核材料

报核成品（如图 6-37 所示）：正式报核时，输入"成品序号"即可调出相应项目。"应剩余数量"、"消耗总数量"、"实际剩余数量"为必填项目。其他项目为非必填项。

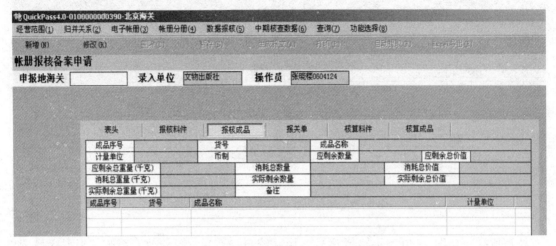

图 6-37 账册报核备案申请——报核成品

报关单（如图 6-38 所示）："报关单号"、"申报日期"、"进出日期"，当鼠标光标停留在各项时，界面底部有系统提示。"申报地海关"、"申报方式"敲空格键即可调出相应代码，选中代码即可显示相关内容。"进出口标志"在输入"报关单号"后由系统自动调出。也可点击自动提取按钮，可自动从服务器上提取出该报核时间段内的报关单数据，并填写进报关单表体中。

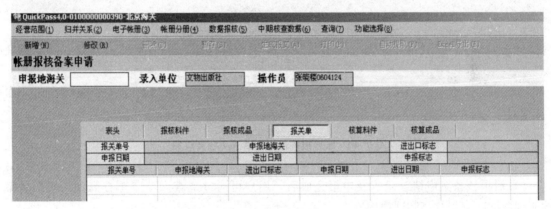

图 6-38 账册报核备案申请——报关单

核算料件（如图 6-39 所示）："序号"由系统自动产生，可修改。系统会根据序号调出"货号"、"商品名称"、"计量单位"、"币制"。"核扣方式"、"数量"为必填项，其他项目为非必填项。

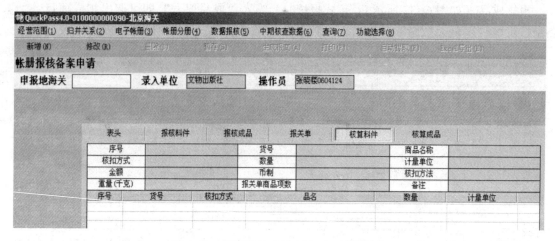

图 6-39　账册报核备案申请——核算料件

核算成品（如图 6-40 所示）："序号"由系统自动产生，可修改。系统会根据序号调出"货号"、"商品名称"、"计量单位"、"币制"。"核扣方式"、"数量"为必填项，其他项目为非必填项。

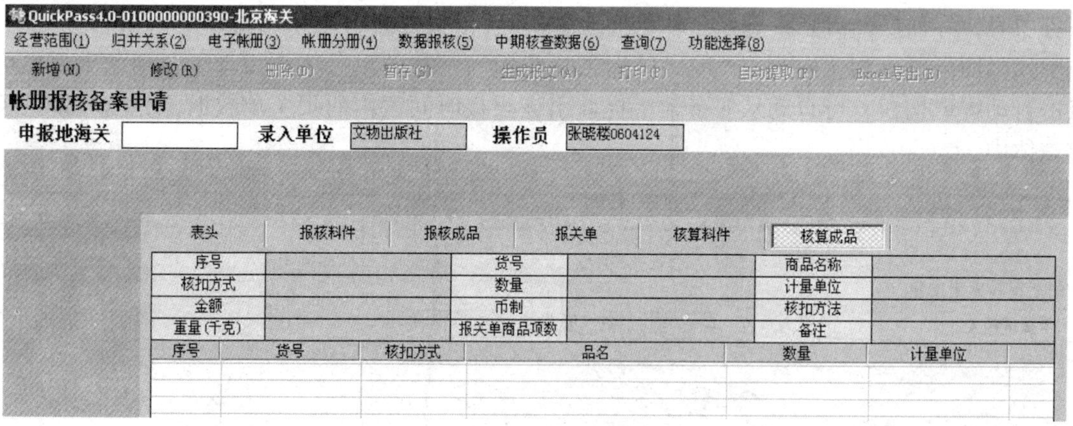

图 6-40　账册报核备案申请——核算成品

"账册报核备案申请"录入及申报完成后，用户可通过"查询"菜单查询到该报核备案的明细数据、申报状态和回执内容。

任务四　出口加工区货物报关

一、出口加工区认知

（一）出口加工区的含义

出口加工区又称加工出口区，指某一国家或地区为利用外资，发展出口导向工业，扩大对外贸易，专为制造、加工、装配出口商品而开辟的特殊区域，其产品的全部或大部分供出口。加工区内，鼓励和准许外商投资于产品具有国际市场竞争能力的加工企业，并提供多种方便和给予关税等优惠待遇。

出口加工区的特殊性在于，它是海关特殊监管区域，是中华人民共和国境内，中华人民共和国海关之外的特殊区域，俗称"境内关外"。"境内"是指公司所在的出口加工区在中华人民共和国境内，适用中国的所有法律法规；"关外"是指在中华人民共和国海关监管之外，即对海关而言，出口加工区视作境外。

出口加工区实行"境内关外、进口免税、进料保税、入区退税"的特殊优惠政策，具体概括为"四不、四免、二退、一保"。

1. "四不"

（1）开展加工贸易业务不实行加工贸易银行保证金台账制度。

（2）海关不实行《登记手册》管理。

（3）国家对区内加工的出口产品不征收增值税、消费税。

（4）与境外之间进出的货物，不实行进出口配额、许可证件管理，收汇、付汇不需办理核销手续。

2. "四免"

（1）生产所需进境的机器、设备、模具及其维修用零配件，予以免税。

（2）生产性基础设施建设项目所需进境的机器、设备和建设生产厂房、仓储设施所需进境的基建物资，予以免税。

（3）企业和行政管理机构进境的自用合理数量的办公用品，予以免税。

（4）区内企业加工的制成品及其在加工生产过程中的边角料、余料、残次品、废品等销往境外的，免征出口关税。

3. "二退"

（1）从区外入区的货物视同出口，可办理出口退税。

（2）区内企业使用水、电、气实行退税。

4. "一保"

为加工出口产品所需进境的原材料、包装对象及消耗材料，全额保税。

（二）出口加工区的功能

出口加工区内设置出口加工企业、仓储物流企业，以及经海关核准专门从事区内货物进出的运输企业。

具备从事保税加工、仓储、物流、配送、研发、检测、维修、国际贸易和转口贸易、国际物流分拨配送、国际商品展示、售后服务等业务的功能。

（三）出口加工区的特点

出口加工区是实行全封闭、卡口管理的海关特殊监管区。出口加工区的基本政策是按照"境内关外"的思路进行设计的。其主要特点有五个方面。

1. 硬件建设规范、统一，设施先进，为高效、快捷运行和有效管理提供了良好条件

比如在货物进、出通道卡口安装集装箱和车牌识别系统、电子地磅及电子闸门放行系统，大大提高了卡口通关效率。实行计算机联网管理和无纸化报关，手续简化，监管严密。

2. 实行一系列税收、外汇管理等优惠政策，有利于入区企业降低成本

出口加工区实行进口税收优惠政策。这些政策的要点是：

（1）区内生产性的基础设施建设项目所需的机器、设备和建设生产厂房、仓储设施所需的基建物资，予以免税。

（2）区内企业生产所需的机器、设备、模具及其维修用零配件，予以免税。

（3）区内企业为加工出口产品所需的原材料、零配件、元器件、包装物料及消耗性材料，予以保税。

（4）区内企业和行政管理机构自用合理数量的办公用品，予以免税。

（5）国家对区内加工产品不征收增值税。

（6）从区外进入加工区的货物视同出口，区外企业可凭有关单证申请出口退税。

（7）区内企业收付汇手续较区外企业简便。区内机构的所有的外汇收入均可以存入外汇账户，所有外汇支出均可以从外汇账户支付。出口收汇和进口付汇均不需办理核销手续。这些政策使得区内生产的出口产品不含有任何税赋。

3. 货物通关快捷，对企业的管理手续简便，提高企业在国际市场上的竞争力

货物进出出口加工区，企业只需在加工区海关"一次申报"，海关"一次审单、一次查验"即可放行。有的出口加工区卡口，在货物进出上，已实现了视同于口岸的延伸（如上海松江、大连等出口加工区）。区内企业免设保证金台账，适用电子账册管理，实现无纸报关。

4. 有特定功能，进区企业需具备一定条件

入区的企业必须具备两个条件：企业类型必须是生产加工型的（或为其服务的仓储企业、运输企业）；企业生产的产品必须是面向国际市场、以出口为主的。主要有以下几类：

（1）产品在国际市场竞争激烈、接到订单后要求在很短期间内交货的企业。

（2）原材料、零部件品种繁多，单耗核定复杂的企业。

（3）出口产品龙头企业，即我们说的下游企业，产品总装在加工区，配套在区外的企业。

5. 企业加工产品可部分内销

在出口加工区监管办法中，没有不允许内销的规定，也没有内外销比例的限制。

由出口加工区运往区外的货物即为进口，要按规定办理进口报关手续，按进口状态征税，如属许可证管理商品还应向海关出具有效证件。

这样的规定是合理的，因为出口加工区享受"境内关外"的政策，区内所有生产要素（厂房、设备、材料等）都是不含税的，从进出口税收角度讲，与在海关关境之外生产的产品是一样的，内销时理所当然要像进口一样征税和管理。

表 6-9 出口加工区与综合保税区功能政策比较

	出口加工区	综合保税区
功能	加工、仓储、研发、检测、维修、售后服务	加工、贸易、仓储、售后服务，商品展示，研发、口岸（虚拟）作业
允许企业注册类型	生产、物流公司，物流公司可开展进出口贸易业务，不能开展一般贸易	生产、物流公司，物流公司可开展进出口贸易业务，不能开展一般贸易
海关管理	港口与区域分属两个海关监管，以直通式或转关方式实行监管衔接	港口与区域分属两个海关监管，以直通式或转关方式实行监管衔接
国内税收政策	国家对区内加工出口的产品和应税劳务免征增值税、消费税	国家对区内加工出口的产品和应税劳务免征增值税、消费税
出口退税政策	国内货物入区视同出口，进入出口加工区就可以办理退税	国内货物入区视同出口，进入综合保税区就可以办理退税

续表

	出口加工区	综合保税区
成品内销政策	加工区内企业销往境内区外的货物,按制成品征税	区内企业销往境内区外的货物,按制成品征税
管理方式	采取全封闭、卡口式管理,海关在围网及卡口设置闭路电视监控系统,并实行24小时工作制度	采取全封闭、卡口式管理,海关在围网及卡口设置闭路电视监控系统,并实行24小时工作制度
允许企业注册类型	生产、物流公司,物流公司可开展进出口贸易业务,不能开展一般贸易	生产、物流公司,物流公司可开展进出口贸易业务,不能开展一般贸易
审批手续	不实行银行保证金台账制度,合同备案只需管委会审批。审批手续简化为一个环节、一道手续	不实行银行保证金台账制度,合同备案只需管委会审批。审批手续简化为一个环节、一道手续
监管模式	取消手册,实行电子底账管理,企业通过电子口岸客户端申报电子数据,经海关审核后,自动存入电子底账	取消手册,实行电子底账管理,企业通过电子口岸客户端申报电子数据,经海关审核后,自动存入电子底账
通道模式	货物进出口采取"一次申报、一次审单、一次查验"的新通关模式;实行"集中报关,分批出区"的通关模式	货物进出口采取"一次申报、一次审单、一次查验"的新通关模式;实行"集中报关,分批出区"的通关模式
监管手段	充分利用现代高科技技术、企业-主管海关-口岸海关实行计算机联网管理	充分利用现代高科技技术、企业-主管海关-口岸海关实行计算机联网管理
深加工结转	加工区之间、加工区与保税区之间,区内企业与区外企业之间可以开展深加工结转	综合保税区之间、加工区与综合保税区之间,区内企业与区外企业之间可开展深加工结转
合同变更	合同变更手续较简化,直接可以办理	合同变更手续较简化,直接可以办理
核销管理	计算机不滚动核销。每半年核销一次	计算机不滚动核销。每半年核销一次

二、报关程序

出口加工区内企业在进出口货物之前,应向出口加工区主管海关申请建立电子账册,包括"加工贸易电子账册(H账册)"和"企业设备电子账册"。

(一) 与境外之间进出境货物的报关

出口加工区内企业从境外运进货物或运出货物到境外,由收发货人或其代理人填写"进出境货物备案清单",向出口加工区海关报关。

对于跨关区进出境的加工贸易区货物,按"转关运输"中的直转转关方式办理转关。对于同一直属海关的关区内进出境的出口加工区货物,可按直通式报关。

按"转关运输"中的直转转关方式办理转关的程序如下:

1. 境外货物运入出口加工区

货物到港后,收货人或其代理人向口岸海关录入转关申报数据,并持进口转关货物申报单、汽车载货登记簿向口岸海关物流监控部门办理转关手续;口岸海关审核同意企业转关申请后,向出口加工区海关发送转关申报电子数据,并对运输车辆进行加封。

货物运抵出口加工区后,收货人或其代理人向出口加工区海关办理转关核销手续,出口加工区海关物流监控部门核销汽车载货登记簿,并向口岸海关发送转关核销电子回执;收货人或其代理人录入出口加工区进境货物备案清单,向出口加工区海关提交运单、发票、装箱单、电子账册编号、相应的许可证件等单证办理进境报关手续；出口加工区海关审核有关报关单证，确定是否查验，对无须查验的货物予以放行，对需要查验的货物，由海关实施查验后，再办理放行手续，签发有关备案清单证明联。

2. 出口加工区货物运往境外

发货人或其代理人录入出口加工区出境货物备案清单，向出口加工区海关提交运单、发票、装箱单、电子账册编号等单证，办理出口报关手续，同时向出口加工区海关录入转关申报数据，并持出口加工区出境货物备案清单、汽车载货登记簿向出口加工区海关物流监控部门办理出口转关手续；出口加工区海关审核同意企业转关申请后，向口岸海关发送转关申报电子数据，并对运输车辆进行加封。

货物运抵出境地海关后，发货人或其代理人向出境地海关办理转关核销手续，出境地海关核销汽车载货登记簿，并向出口加工区海关发送转关核销电子回执；货物实际离境后，出境地海关核销清洁载货清单并反馈给出口加工区海关，出口加工区海关凭以签发有关备案清单证明联。

(二) 与境内区外其他地区之间进出货物报关

1. 出口加工区货物运往境内区外

出口加工区运往境内区外的货物，按照对进口货物的有关规定办理报关手续。由区外企业录入进口货物报关单，凭发单、装箱单、相应的许可证件等单证向出口加工区海关办理进口报关手续。进口报关结束后，区内企业填制出口加工区出境货物备案清单，凭发票、装箱单、电子账册编号等向出口加工区海关办理出区报关手续。

出口加工区海关放行货物后，向区外企业签发进口货物报关单付汇证明联，向区内企业签发出口加工区出境货物备案清单收汇证明联。

出口加工区区内企业产生边角料、废品、残次品等，原则上应复运出境。如出区内销应按照对区外其他加工贸易货物内销的相关规定办理。

2. 境内区外货物进入出口加工区

境内区外运入出口加工区的货物，按照对出口货物的有关规定办理报关手续。由区外企业录入出口货物报关单，凭购销合同（协议）、发票、装箱单等单证向出口加工区海关办理出口报关手续。出口报关结束后，区内企业填制出口加工区进境货物备案清单，凭购销发票、装箱单、电子账册等单证向出口加工区海关办理进区报关手续。

出口加工区海关查验、放行货物后，向区外企业签发出口货物报关单收汇证明联和出口退税证明联，向区内企业签发出口加工区进境货物备案清单付汇证明联。

三、QP 系统操作——出口加工区

点击"中国电子口岸客户端"图标，进入中国电子口岸通关系统（QP 系统）登陆界面。用户将操作员的 Ikey 卡插入电脑的 USB 接口，或将 IC 卡插入连接在电脑上的 IC 卡读卡器中，输入密码口令，进入系统主选单界面（图 6-42 所示），点击"出口加工区"图标，进入"出口加工区"子系统界面。

图 6-42 QP 系统主界面

（一）电子账册备案申请

点击"出口加工区"的"备案申请"。备案申请的录入分为表头、料件表、成品表、单损耗四部分。

先录入表头信息（如图 6-43 所示）。当鼠标光标停留在各项时，界面底部有系统提示。"经营单位名称"、"加工单位名称"在输入海关编码后由系统自动调出。"录入日期"、"申报日期"由系统自动生成。"账册类型"、"监管方式"、"征免规定"、"加工种类"、"保税方式"、"损耗率模式"、"进出口岸"可直接输入代码调出相应内容，或敲空格键调出相应代码，选中代码即可显示相关内容。其他底色为灰色的项目不可填。

电子账册 ①	物流账册 ②	账册分册 ③	数据报核 ④	查询 ⑤	功能选择 ⑥		
新增 (N)	修改 (R)	删除 (U)	暂存 (C)	生成报关单	打印 (P)		

电子帐册备案申请

申报地海关		操作员	王芳	单位	中国电子口岸数据	海关十位编码	4403199997

表头	料件	成品	单损耗			
企业内部编号	EMS-4403199997-	经营单位代码		经营单位名称		
帐册编号		预录入号		帐册类型	出口加工区加工企业	监管方式
加工单位代码		加工单位名称				
批文帐册号				批准证编号		
外商公司				征免规定		加工种类
出口总金额	USD	进口货物项数		进口合同号		
进口总金额	USD	出口货物项数		出口合同号		
协议号						保税方式
录入员		录入日期		申报日期		结束有效期
仓库体积		仓库面积		生产能力		万美元
最大周转金额	万美元	成本率			损耗率模式	
备注						

进出口岸		增加	删除

进出口岸序号	进出口岸代码	进出口岸名称	

图 6-43 出口加工系统——表头信息录入界面

录入完毕表头数据后，点击"暂存"，进入料件表录入料件信息（如图6-44所示）。当鼠标光标停留在各项时，界面底部有系统提示。"商品名称"、"计量单位"、"法定单位"、"法定单位比例"在输入"商品编码"后由系统自动调出。也可先输入"商品名称"，调出相应的"商品编码"、"计量单位"、"法定单位"、"法定单位比例"。"第二单位"不可填。"产终地"、"币制"、"征免方式"敲空格键即可调出相应代码，选中代码即可显示相关内容。

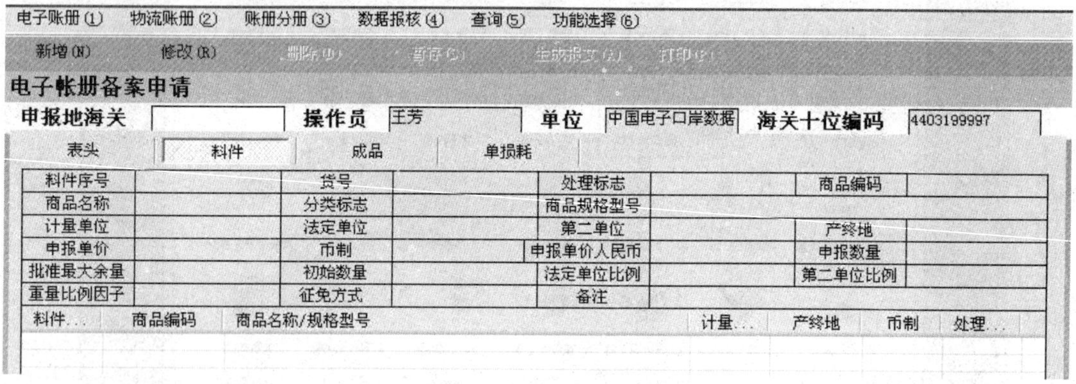

图6-44 料件信息录入界面

录入完毕料件数据后，点击"暂存"，进入成品表录入成品信息（如图6-45所示）。当鼠标光标停留在各项时，界面底部有系统提示。"商品名称"、"计量单位"、"法定单位"、"法定单位比例"在输入"商品编码"后由系统自动调出。也可先输入"商品名称"，调出相应的"商品编码"、"计量单位"、"法定单位"、"法定单位比例"。"第二单位"不可填。"产终地"、"币制"、"征免方式"敲空格键即可调出相应代码，选中代码即可显示相关内容。

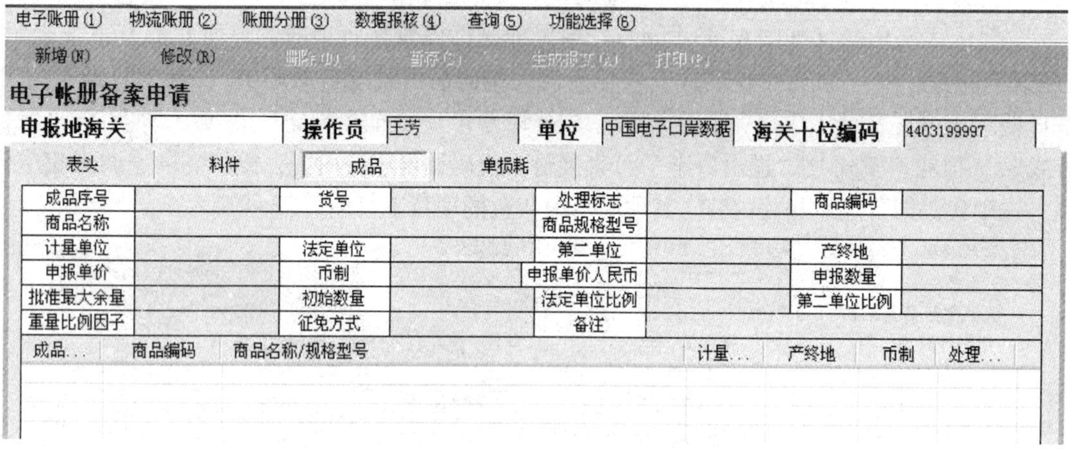

图6-45 成品信息录入界面

录入完毕成品数据后，点击"暂存"，进入单损耗表录入信息（如图6-46所示）。输入"成品序号"、"料件序号"，即可调出相应料件和成品的数据。输入"成品版本"、"净耗"、"损耗率"、"备注"，"处理标志"由系统自动调出。单损耗表的项目填写完成后，点击上方菜单"生成报文"按钮，即实现申报。

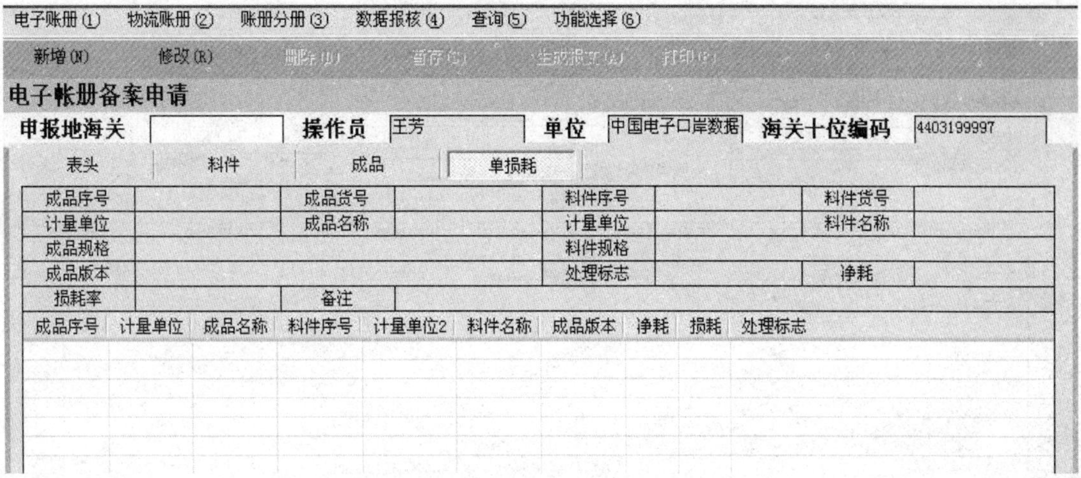

图 6-46 单损耗信息录入界面

(二) 数据变更或修改

若企业想修改海关审批通过后的电子账册备案数据，则必须进行变更申请。点击"电子账册"——"变更申请"，界面内容同备案申请。用户录入"账册编号"或"企业内部编号+经营单位代码"，即可调出需修改的电子账册数据进行修改。其中，如"企业内部编号"等背景为灰色的字段不能修改（如图 6-47 所示）。

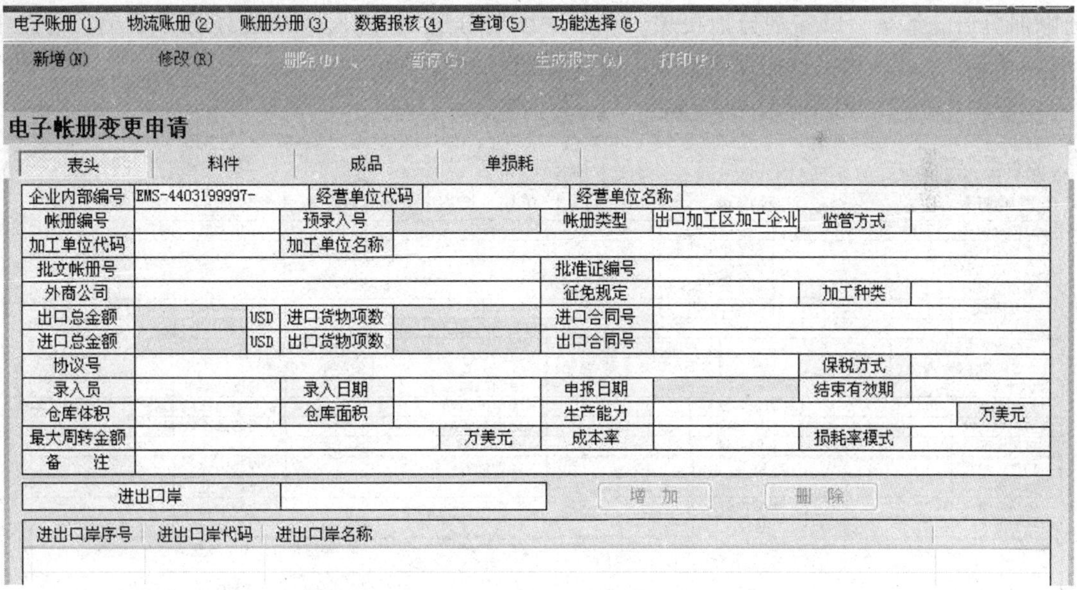

图 6-47 电子账册数据变更申请界面

用户也可先通过"查询"菜单中的数据查询子菜单（如图 6-48 所示），查到该份要修改的数据（"查询条件"必须是"已审批数据"），然后点击"查看数据"，进入查询数据的明细界面，在该界面下点击"修改"，即可对数据进行修改。修改完毕后点击"生成报文"，即实现向海关申报。数据生成报文后，未收到海关"审批通过"的回执时，数据不能再修改。

图 6-48　电子账册数据查询界面

(三) 账册分册备案

进行跨关区异地加工报关和深加工结转报关的企业，需在电子账册备案的基础上，再进行账册分册的备案，以实现异地报关。点击"账册分册"，进入"账册分册"菜单，再点击"备案申请"，录入相关数据并向海关申报（如图 6-49）。

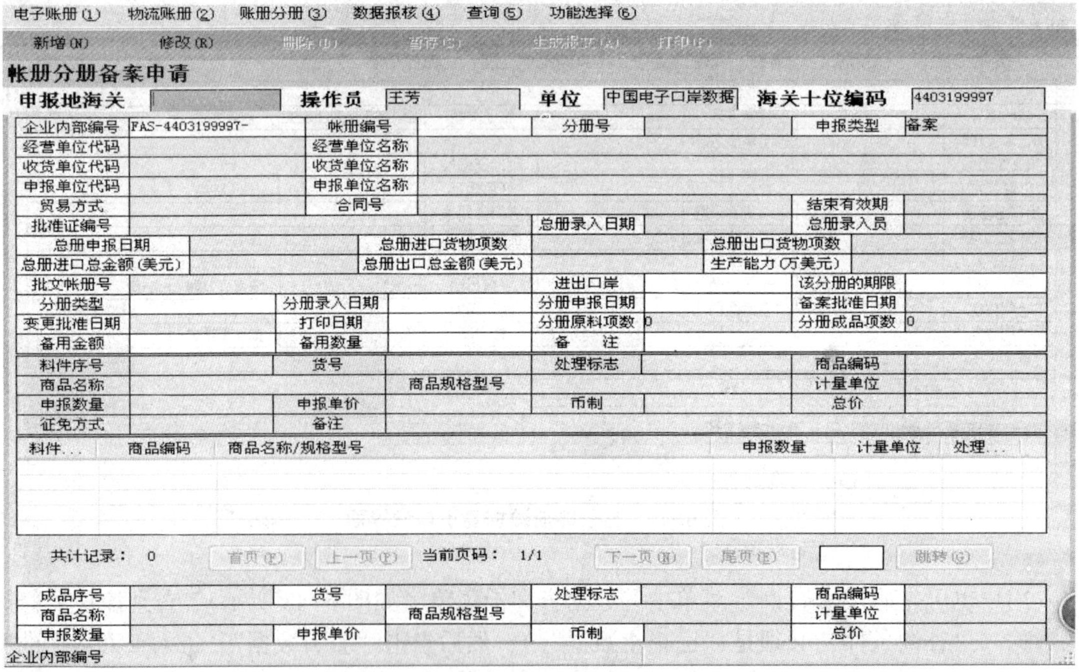

图 6-49　账册分册备案申请界面

（四）报关申报

企业在电子账册或分册的备案完成后，如需进行报关申报，进入"一次申报"系统，在备案号录入账册或分册号，调出账册报关单基本信息。录入完剩余各项后，点击申报，即实现向海关进行报关单电子数据申报（"一次申报"系统的操作，见本书项目四——任务四）。

（五）数据报核

企业报完关后，应回到电子账册系统进行数据报核申请。数据报核录入界面包括表头、报核料件、报核成品、报关单、核算料件、核算成品六个表。表头是录入企业报核的基本信息；报核料件和报核成品是企业定期将料件和成品的消耗、剩余情况等向海关报核；核算料件和核算成品这两个表的一条记录对应了一项料件或成品在一种核扣方式下的累计数量、金额等信息，这两个表的内容一般情况下不需要申报，只有在海关要求对部分料件或成品进行详细核对时，企业才需填报该部分料件和成品的相应内容。

企业进行预报核时，只需填写表头和报关单（如图6-50、图6-51所示）。填完表头后，直接进入报关单界面。当鼠标光标停留在各项时，界面底部有系统提示。"申报地海关"、"进出口标志"在输入"报关单号"后由系统自动调出。"核扣方式"敲空格键即可调出相应代码，选中代码即可显示相关内容。报关单填写完成后，可点击暂存，点击生成报文，即实现预报核。

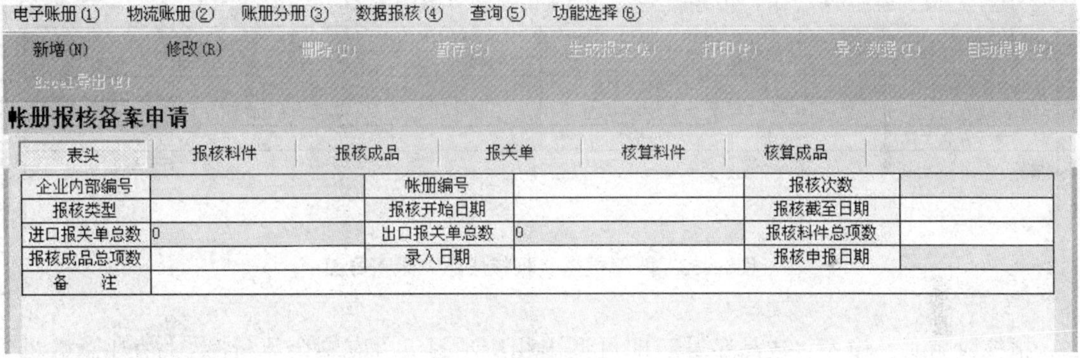

图6-50　账册报核表头录入界面

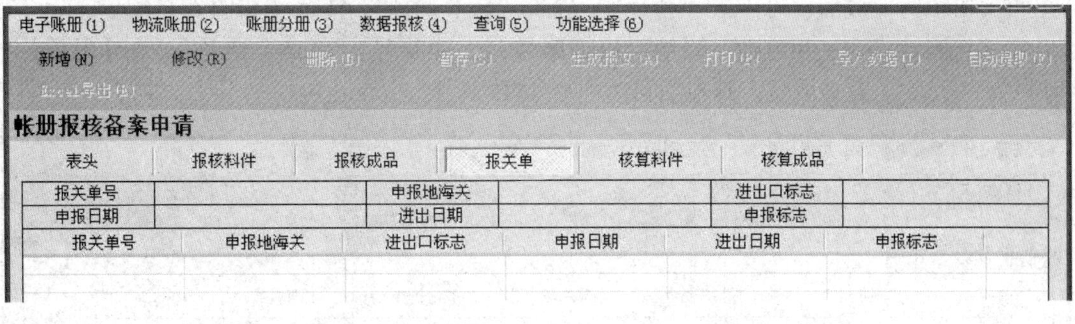

图6-51　账册报核"报关单"录入界面

企业进行正式报核时，填完表头后，进入"报核料件"界面（如图6-52）。"应剩余数量"、"消耗总数量"、"实际剩余数量"为必填项目。其他项目为非必填项。报核料件填写完成后，点击"暂存"，进入"报核成品"界面（如图6-53）。

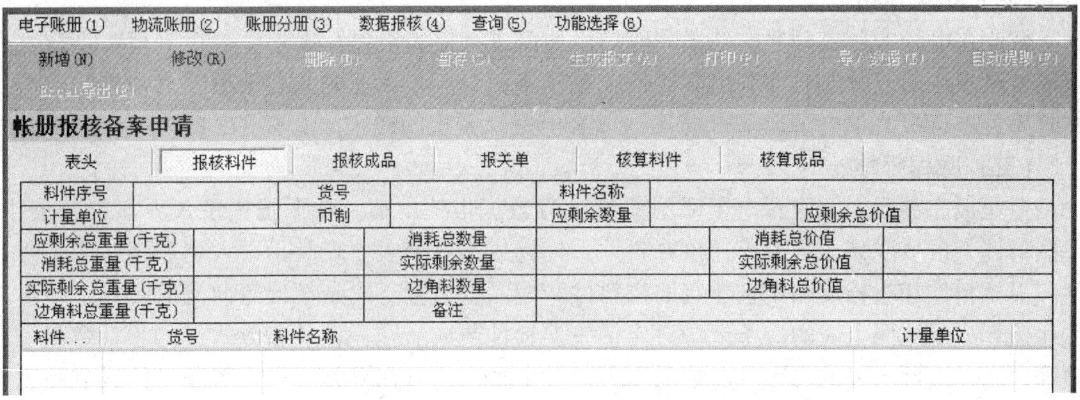

图 6-52　账册报核"报核料件"录入界面

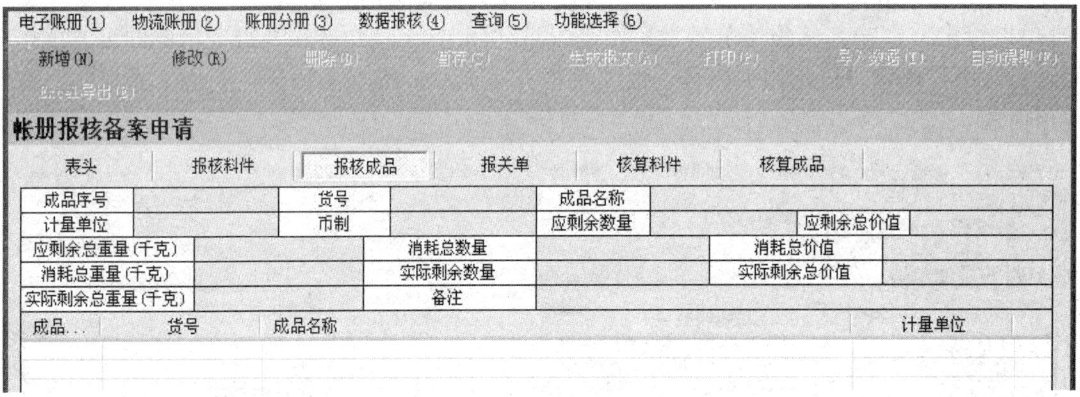

图 6-53　账册报核"报核成品"录入界面

报核成品时，输入"成品序号"即可调出相应项目。"应剩余数量"、"消耗总数量"、"实际剩余数量"为必填项目。其他项目为非必填项。填写完成后，可点击"暂存"，进入"报关单"界面，"报关单"的填写同预报核。

报关单填写完成后，可点击"暂存"，进入"核算料件"界面（如图 6-54 所示）。"序号"由系统自动产生，可修改。系统会根据序号调出"货号"、"商品名称"、"计量单位"、"币制"。"数量"为必填项，其他项目为非必填项。

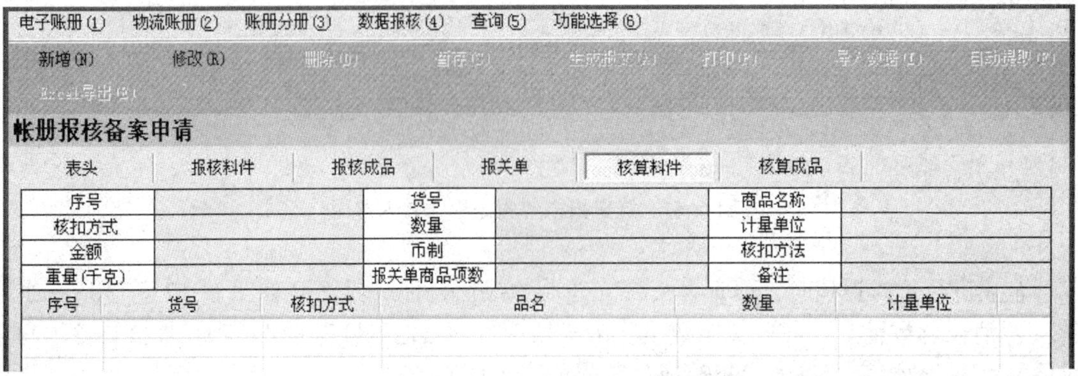

图 6-54　账册报核"核算料件"录入界面

核算料件填写完成后，可点击"暂存"，进入"核算成品"界面（如图6-55所示）。"序号"由系统自动产生，可修改。系统会根据序号调出"货号"、"商品名称"、"计量单位"、"币制"。"数量"为必填项，其他项目为非必填项。最后点击"生成报文"，即实现正式报核。

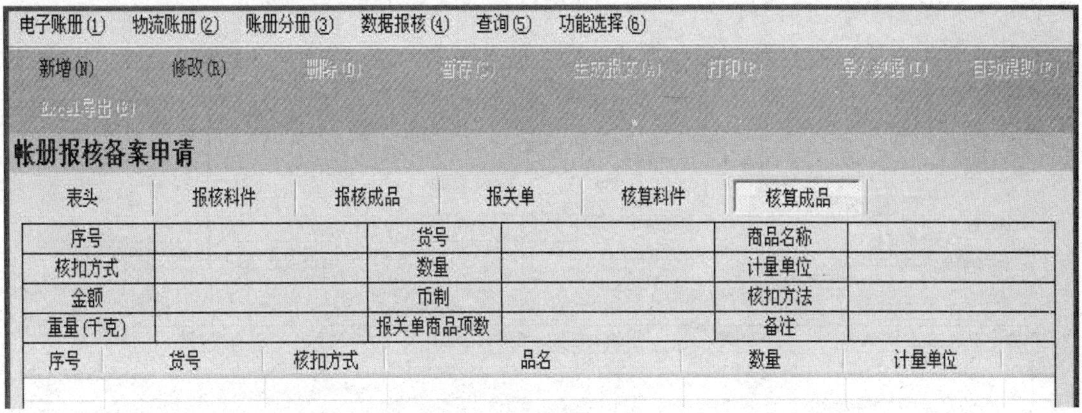

图6-55　账册报核"核算成品"录入界面

（六）查询

1. 数据查询

进入"数据查询"界面，设定查询条件进行查询（如图6-56所示）。

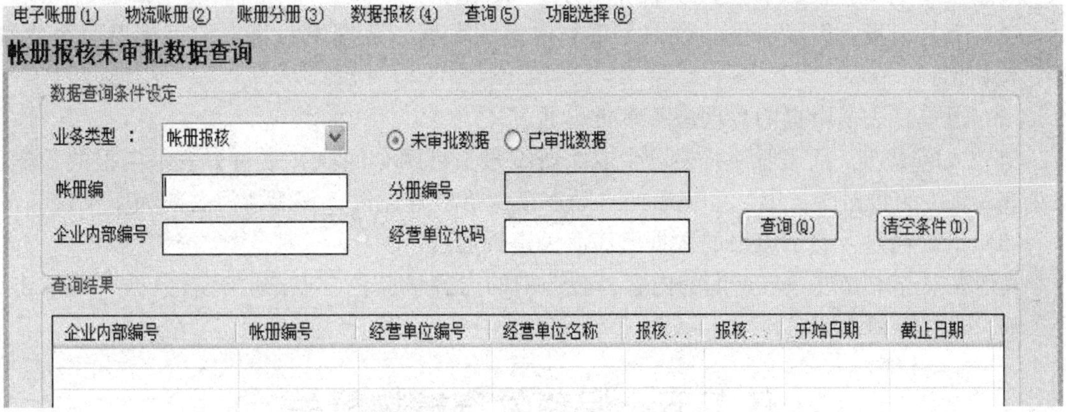

图6-56　电子账册数据查询界面

查询条件若为"未审批数据"，则显示"申报状态"栏，"申报状态"包括：

（1）未生成报文：表示企业端数据已暂存，而没有上载到数据中心，也没有生成报文向海关申报。

（2）已生成报文：表示企业端数据已生成报文，正在向数据中心传输，但数据还没进入数据中心的数据库，海关也还没审批。

（3）入库成功：表示申报的数据已成功进入数据中心的数据库，正等待海关审批。

（4）重复申报：表示申报的数据为重复申报的数据，数据中心将申请直接退回企业端，海关不审批。

（5）退单：表示申报的数据海关审批不通过。

查询条件若为"已审批数据"，则不显示"申报状态"栏，因为"申报状态"都为审批通过，即申报的数据已经海关审批通过。

2. 回执查询

进入"回执查询"界面，设定查询条件进行查询（如图6-57所示）。

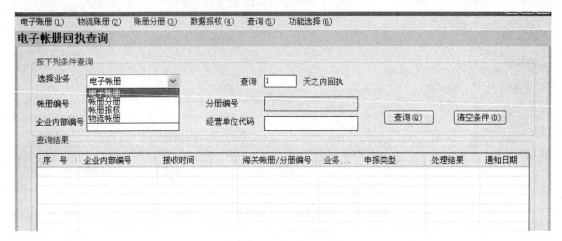

图6-57　回执查询界面

"处理结果"包括：

（1）入库成功：表示申报的数据已成功进入数据中心的数据库，并转发给海关。

（2）重复申报：表示申报的数据为重复申报的数据，数据中心将申请直接退回企业端，海关不审批。

（3）退单：表示申报的数据海关审批不通过。

（4）入库成功，且账册编号栏已生成账册编号：有两个回执，第一个表示申报的数据已成功进入海关的数据库，第二个表示经自动审核逻辑检查通过，正等待海关的人工审核。

（5）审批通过：表示申报的数据已经海关审批通过。

从列表中选中要进一步查询的内容，被选中的内容呈蓝色，点击"查看数据"或双击蓝色区域，即可看到详细内容。

任务五　保税物流货物报关

保税物流货物是指经海关批准未办理纳税手续进境，在境内储存后复运出境的货物，也称作保税仓储货物。已办结海关出口手续尚未离境，经海关批准存放在海关专用监管场所或特殊监管区域的货物，带有保税物流货物的性质。

一、保税物流货物的范围

以下货物属于保税物流货物的范围：

第一，经批准进境存入海关保税监管场所，存储后转口境外的货物。

第二，已办理海关出口手续尚未离境，海关批准存放在海关保税监管场所或特殊监管区域的货物。

第三，海关批准存放在海关保税监管场所或特殊监管区域的加工贸易货物，供应国际航行船舶和航空器的油料、物料和维修用零部件，供维修外国产品所进口寄售的零配件，外商进境暂存货物。

第四，海关批准存放在海关保税监管场所或特殊监管区域的其他未办结海关手续的进境货物。

二、保税物流货物的监管场所

（一）保税仓库

保税仓库是指经海关批准设立的专门存放保税货物及其他未办结海关手续货物的仓库。

经海关批准可以存入保税仓库的货物有：

1. 加工贸易进口货物。

2. 转口货物。

3. 供应国际航行船舶和航空器的油料、物料和维修用零部件。

4. 供维修外国产品所进口寄售的零配件。

5. 外商进境暂存货物。

6. 未办结海关手续的一般贸易进口货物。

7. 经海关批准的其他未办结海关手续的进境货物。

中国大体上有三种保税仓库：

一是公用型保税仓库。"公用型"保税仓库由主营仓储业务的中国境内独立企业法人经营，专门向社会提供保税仓储服务。

二是自用型保税仓库。"自用型"保税仓库由特定的中国境内独立企业法人经营，仅存储本企业自用的保税货物。

三是专用型保税仓库。专门用来存储具有特定用途或特殊种类商品的保税仓库，称为"专用型"保税仓库。专用型保税仓库包括液体危险品保税仓库、备案保税仓库、寄售维修保税仓库和其他专用保税仓库。

（二）出口监管仓库

出口监管仓库，是指经海关批准设立，对已办结海关出口手续的货物进行存储、保税货物配送、提供流通性增值服务的海关专用监管仓库。

出口监管仓库分为出口配送型仓库和国内结转型仓库。出口配送型仓库是指存储以实际离境为目的的出口货物的仓库。国内结转型仓库是指存储用于国内结转的出口货物的仓库。

经海关批准可以存入出口监管仓库的货物有：

1. 一般贸易出口货物。

2. 加工贸易出口货物。

3. 从其他海关特殊监管区域、场所转入的出口货物。

4. 其他已办结海关出口手续的货物。

5. 出口配送型仓库还可以存放为拼装出口货物而进口的货物。

（三）保税物流中心

保税物流中心，是指封闭的海关监管区域并且具备口岸功能，分 A 型和 B 型两种。

A 型保税物流中心，是指经海关批准，由中国境内企业法人经营、专门从事保税仓储物流业务的海关监管场所。保税物流中心（A 型）按照服务范围分为公用型物流中心和自用型物流中心。公用型物流中心是指由专门从事仓储物流业务的中国境内企业法人经营，向社会提供保税仓储物流综合服务的海关监管场所。自用型物流中心是指由中国境内企业法人经营，仅向本企业或者本企业集团内部成员提供保税仓储物流服务的海关监管场所。

B 型保税物流中心，是指经海关批准，由中国境内一家企业法人经营，多家企业进入并从事保税仓储物流业务的海关集中监管场所。

经海关批准可以存入保税物流中心的货物有：

1. 国内出口货物。

2. 转口货物和国际中转货物。

3. 外商暂存货物。

4. 加工贸易进出口货物。

5. 供应国际航行船舶和航空器的物料、维修用零部件。

6. 供维修外国产品所进口寄售的零配件。

7. 未办结海关手续的一般贸易进口货物。

8. 经海关批准的其他未办结海关手续的货物。

（四）保税物流园区

保税物流园区，是指经国务院批准，在保税区规划面积或者毗邻保税区的特定港区内设立的、专门发展现代国际物流业的海关特殊监管区域。

保税物流园区其实在于区港联动，是在保税区与港区之间划出专门的区域，并赋予特殊的功能政策，专门发展仓储和物流产业，达到吸引外资、推动区域经济发展、增强国际竞争力和扩大外贸出口的目的。

保税物流园区可以开展的业务有：

1. 存储进出口货物及其他未办结海关手续货物。

2. 对所存货物开展流通性简单加工和增值服务。

3. 进出口贸易，包括转口贸易。

4. 国际采购、分销和配送。

5. 国际中转。

6. 检测、维修。

7. 商品展示。

8. 经海关批准的其他国际物流业务。

园区内不得开展商业零售、加工制造、翻新、拆解及其他与园区无关的业务。

（五）保税区

保税区，是指经国务院批准设立的受海关监督和管理的可以较长时间存储商品的特殊区域。保税区的功能定位为"保税加工、转口贸易、仓储和展示"三大功能。

（六）保税港区

保税港区，是指经国务院批准，设立在国家对外开放的口岸港区和与之相连的特定区域内，具有口岸、物流、加工等功能的海关特殊监管区域。

保税港区的功能具体包括仓储物流，对外贸易，国际采购、分销和配送，国际中转，检测和售后服务维修，商品展示，研发、加工、制造，港口作业等九项功能。

（七）综合保税区

综合保税区是设立在内陆地区的具有保税港区功能的海关特殊监管区域，由海关参照有关规定对综合保税区进行管理，执行保税港区的税收和外汇政策，集保税区、出口加工区、保税物流区、港口的功能于一身，可以发展国际中转、配送、采购、转口贸易和出口加工等业务。综合保税区具有五大主要功能：保税加工、保税物流、货物贸易、服务贸易、虚拟口岸。

综合保税区和保税港区一样，是我国开放层次最高、优惠政策最多、功能最齐全、手续最简化的特殊开放区域。与保税区一词之差，功能却更为齐全，它整合原来保税区、保税物流园区、出口加工区等多种外向型功能区后，成为更为开放的一种形态，也更符合国际惯例。企业在综合保税区开展口岸作业业务，海关、商检等部门在园区内查验货物后，可在任何口岸（海港或空港）转关出口，无须再开箱查验。

国务院办公厅于 2015 年 9 月印发了《加快海关特殊监管区域整合优化方案》，按照要求，现有出口加工区、保税物流园区、跨境工业区、保税港区及符合条件的保税区将逐步整合为"综合保税区"，逐步统一海关特殊监管区域信息化管理系统，统一监管模式。新设立的海关特殊监管区域统一命名为"综合保税区"，实施与"保税+"等新型贸易业态相适应的保税监管模式，以及"入区申报、出区核销"的检验检疫贸易便利化措施。

三、保税物流货物报关

保税物流货物的报关，以保税仓库货物为例，报关的监管要求如表 6-10 所示。

表 6-10　保税仓库货物报关的监管要求

进仓报关	进口报关	在保税仓库所在地入境	办理进口报关手续，除国家另有规定的外，免领进口许可证件
		在保税仓库所在地之外的口岸入境	按照进口货物转关运输办理异地传输报关手续
			在口岸海关办理异地传输报关手续
出仓报关	进口报关 （进入国内市场）	出库用于加工贸易	按加工贸易货物报关程序办理手续
		出库用于特定减免税用途	按特定减免税货物报关程序办理手续
		出库用于国内市场或其他方面	按一般进口货物报关程序办理手续
	出口报关 （复运出口）	转口	按一般进口货物报关程序办理手续，可免缴纳出口关税，免交验出口许可证件
		退运	
	集中报关	保税货物出库批量少、批次频繁的，经海关批准可以办理定期集中报关手续	
流转报关	保税仓库与海关特殊监管区域或其他海关保税监管场所往来流转的货物，按转关运输的有关规定办理相关手续； 保税仓库与海关特殊监管区域或其他海关保税监管场所在同一直属关区内的，经直属海关批准，可不按转关运输方式办理； 保税仓库货物转往其他保税仓库的，应当向各自的仓库主管海关报关，报关时应先办理进口报关手续，再办理出口报关手续		

四、"保税物流"系统操作

为了构建统一的保税场所管理系统，整合监管资源和技术资源，提高海关监管效能，促进海关统一执法、规范管理，中国电子口岸数据中心以现有的"保税仓库"系统为基础，综合考虑保税物流中心、出口监管仓库的业务特点和监管特性，按照整合、优化、统一的思路，通过对原有"保税仓库"系统功能进行优化、拓展和升级，开发了"保税物流系统"（如图 6-58 所示）。

图 6-58　电子口岸系统客户端主界面

电子口岸"保税物流系统"能够实现账册的录入、申报及查询；核增/核扣表的新增、录入、修改、删除、查询、生成报关单等功能。仓储企业在货物入仓时填写核增表，出仓时填写核扣表，实现申报数据的规范管理。

（一）电子账册

点击左侧栏中"电子账册——电子账册备案"菜单项，点击"新增"，新增一票电子账册数据（如图 6-59 所示）。界面上方申报地海关无须填写，操作员、单位及海关十位编码自动读取 Ikey 或 IC 卡内信息，不可修改。

1. 电子账册修改/变更

点击界面上方"修改"按钮，界面自动跳转至查询界面（如图 6-60 所示）。在查询结果中选中任意一条暂存、申报失败或退单状态的数据，界面下方"修改"按钮变亮，点击"修改"按钮，界面自动跳转至电子账册表头界面，此时可对该票数据进行修改。

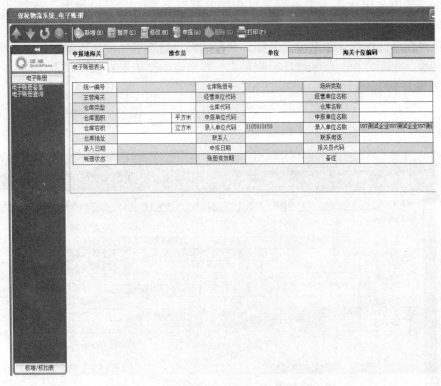

图 6-59　保税物流系统——电子账册备案

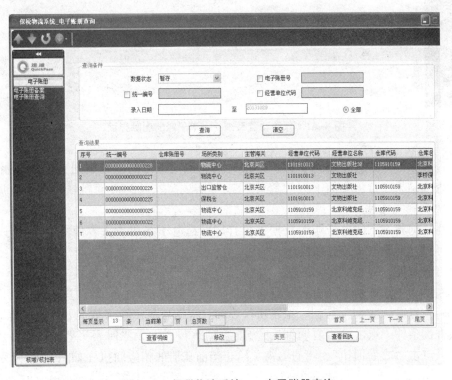

图 6-60　保税物流系统——电子账册查询

在查询结果中选中任意一条审批通过状态的数据，界面下方"变更"按钮变亮。点击"变更"按钮，界面自动跳转至电子账册表头界面，此时可对该票数据进行变更。可变更的字段包括：经营单位代码、经营单位名称、仓库代码、仓库名称、仓库面积、申报单位代码、申报单位名称、仓库容积、仓库地址、联系人、联系电话、账册有效期及备注。

2. 电子账册删除/打印

数据一旦暂存成功，即可在当前录入界面，点击上方"删除"按钮，界面给予提示（如图 6-61 所示）。

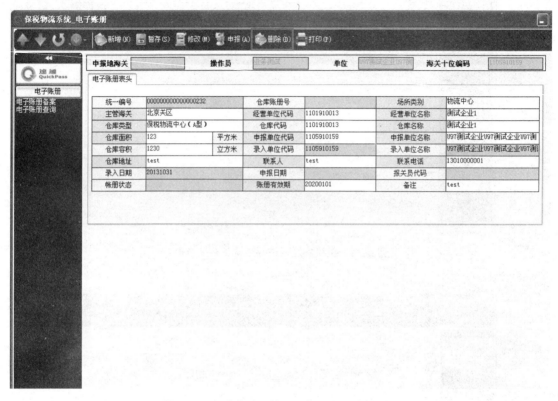

图 6-61　保税物流系统——电子账册删除界面

在查询界面，对数据状态为暂存、申报失败、海关退单的电子账册，可进行删除操作。选中一条查询结果，点击界面下方"修改"或"变更"按钮，界面跳转至电子账册表头界面，点击"删除"按钮。

可对在任何状态下的电子账册数据进行打印。在电子账册表头界面，点击上方"打印"按钮，即可对当前数据进行打印操作。

3. 电子账册查询

点击左侧"电子账册——电子账册查询"菜单（如图 6-60 所示），进入查询界面。输入查询条件后，点击"查询"按钮，系统执行查询，将结果显示在屏幕下方，或点击" 清空"重新输入查询条件。点击"查看明细"，界面自动跳转至电子账册表头界面，允许用户查看当前数据。点击"查看回执"，可查看海关给予当前账册的相应回执（如图 6-62 所示）。

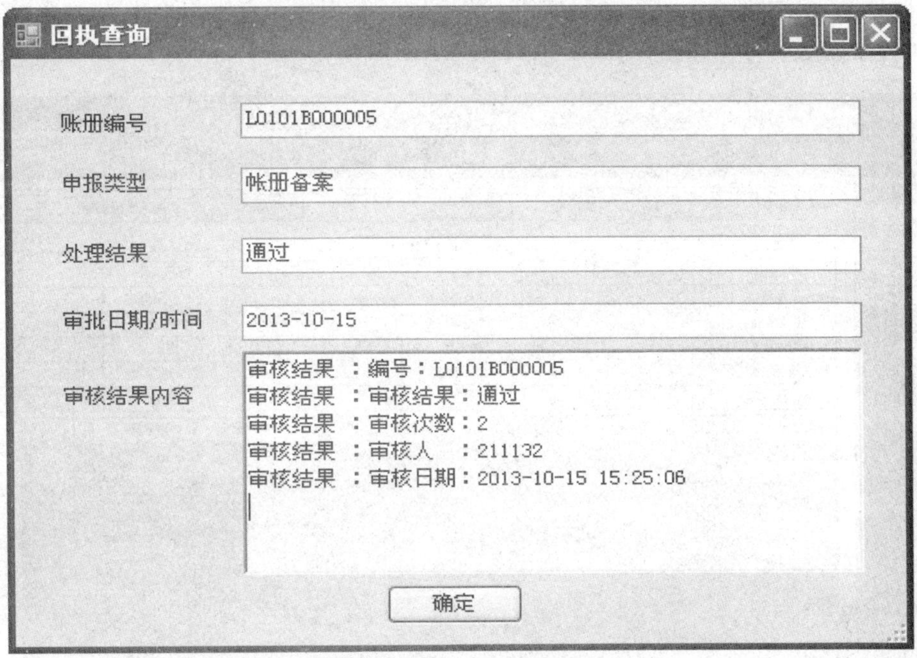

图 6-62 保税物流系统——电子账册删除界面

注意：当前操作员 IC/IKEY 卡内海关十位编码与电子账册经营单位、仓库单位、申报单位或录入单位任意匹配，或在加贸授权管理系统中授予相应权限，才能查询相应保税物流电子账册信息。

（二）核增/核扣表

1. 核增表录入/申报

点击左侧栏中"核增/核扣表——核增表申报"菜单项，点击"新增"按钮，新增一票核增表数据。

"核增表表头"：界面上方"申报地海关"无须填写，操作员、单位及海关十位编码自动读取 Ikey 或 IC 卡内信息，不可修改（如图 6-63 所示）。

图 6-63 核增表申报——表头

"货物"：点击界面上方"货物"按钮，界面跳转至表体，点击界面上方"新增"按钮，激活表体各项以便填写（如图6-64所示）。

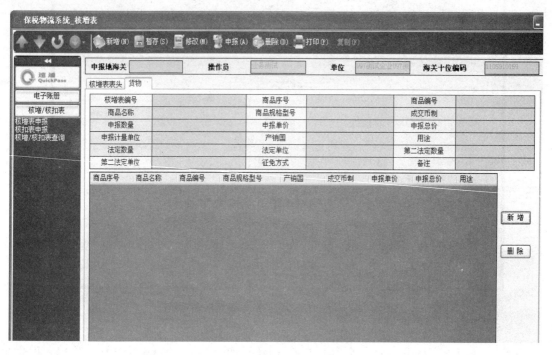

图6-64 核增表申报——货物

2. 核扣表录入/申报

点击左侧栏中"核增/核扣表——核扣表申报"菜单项，点击"新增"按钮，新增一票核扣表数据。

"核扣表表头"：界面上方申报地海关无须填写，操作员、单位及海关十位编码自动读取Ikey或IC卡内信息，不可修改（如图6-65所示）。在录入过程中，可点击"暂存"按钮，保存当前页面上的数据，供用户进行修改或申报。

图6-65 核扣表申报——表头

"货物"：点击界面上方"货物"按钮，界面跳转至表体。分为货物关联信息与核扣商品信息两部分（如图 6-66 所示）。点击"原入库核增表编号"字段后的"…"按钮，弹出对话框。输入核增表编号后点击"查询"，系统自动查找并显示该核增表表体信息。将商品项前复选框打勾后，点击"确认"，系统即自动将数据返填至界面相应字段内（如图 6-67 所示）。手工继续录入核扣表商品序号、核扣申报数量后回车，该项商品信息即返填至"核扣商品信息"表体中（如图 6-68 所示）。再选中第二项商品信息，手工录入核扣商品表体序号及核扣申报数量后回车，将第二条表体内容返填至"核扣商品信息"栏内，依此类推。

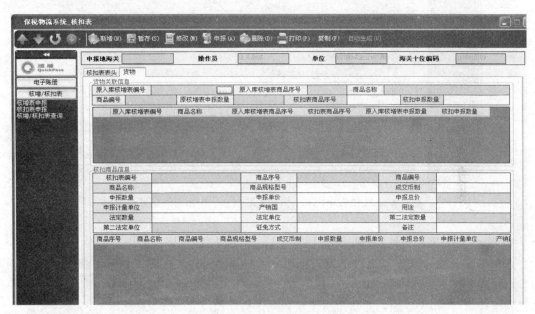

图 6-66 核扣表申报——货物

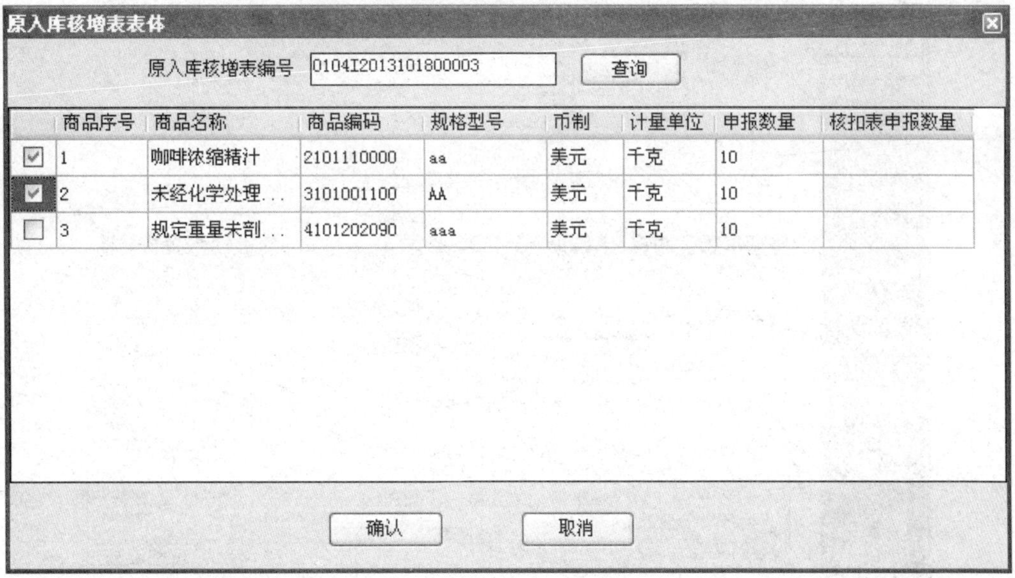

图 6-67 原入库核增表编号查询

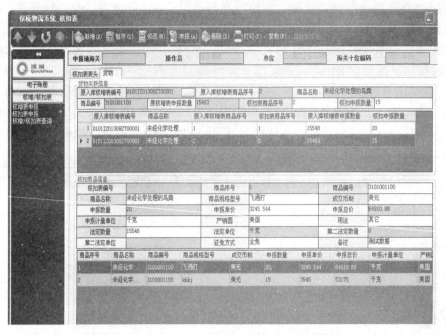

图 6-68　核扣表申报——货物关联信息、核扣商品信息情况

3. 核增/核扣表的修改/删除

点击界面上方"修改"按钮，界面自动跳转至查询界面。在查询结果中选中任意一条暂存、申报失败或退单状态的数据，界面下方"修改"按钮变亮。点击"修改"按钮，界面自动跳转至核增/核扣表界面，此时可对该票数据进行修改（如图 6-69 所示）。

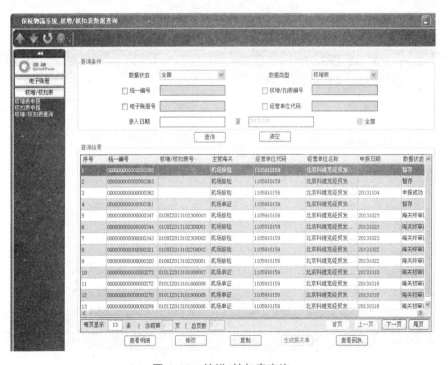

图 6-69　核增/核扣表查询

在查询界面，对数据状态为暂存、申报失败、海关退单的核增/核扣数据，可进行删除操作。选中一条查询结果，点击界面下方"修改"按钮，界面跳转至核增/核扣表界面，点击"删除"按钮。

4. 核增/核扣表的复制/打印/自动生成

点击界面上方"复制"按钮，界面自动跳转至查询界面。在查询结果中选中任意一条数据，界面下方"复制"按钮变亮。点击"复制"按钮，界面跳转至核增/核扣表表头界面，表头及表体部分字段已被复制，此时可对该票数据继续录入或修改。

在核增/核扣表界面，点击上方的"打印"按钮，即可对当前数据进行打印操作。

在核扣表录入界面，当核扣表类型选择为"日游出仓"，并输入已审批通过的"日游入仓"关联核增表编号后回车，此时界面上方的"自动生成"按钮变亮。点击后系统自动返填部分信息，其余字段手工录入即可。

5. 生成报关单

核增/核扣表生成报关单的方式分为自动生成、半自动生成与手工录入三种。

（1）自动生成报关单

录入核增/核扣表时，自动生成报关单字段选择"是"，录入其他信息后进行"申报"。

核增/核扣表海关初审通过后，在查询界面对该数据进行查看明细操作，此时系统已自动生成报关单（如图6-70所示）。使用界面中的报关单统一编号进入"一次申报"子系统进行查询。

进入"一次申报"子系统，使用"报关单统一编号"进行查询。选中查询结果，点击"查看明细"按钮，进入报关单录入界面，系统自动生成部分报关单信息，手工录入其余数据后，申报报关单即可。

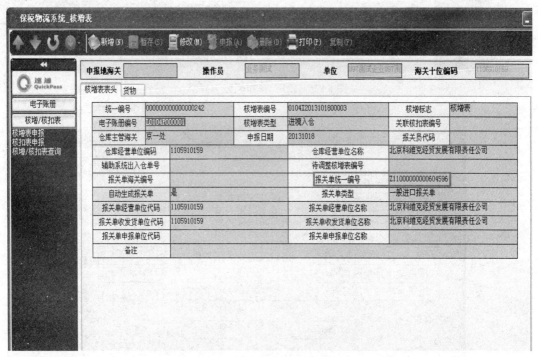

图6-70　自动生成报关单

（2）半自动生成报关单

录入核增/核扣表时，自动生成报关单字段选择"否"，核增/核扣表海关初审通过后，在查询界面进行查询，选中该条数据，界面下方"生成报关单"按钮变亮（如图6-71所示）。点击"生成报关单"后，系统弹出报关单类型对话框（如图6-72、图6-73所示）。如原核增/核扣表表头内未填写报关单类型，此时允许用户选择，否则系统返填原核增/核扣表内的报关单类型，不允许修改。选择完毕后点击"确认"按钮，系统提示生成报关单成功。

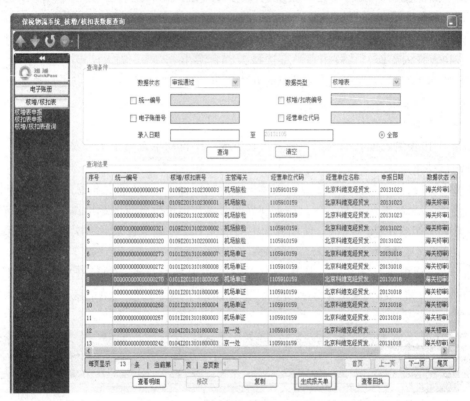

图6-71 核增/核扣表查询界面

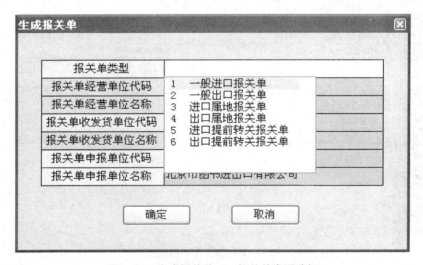

图6-72 生成报关单——报关单类型选择

图 6-73　生成报关单成功界面

使用界面中的报关单统一编号进入"一次申报"子系统进行查询。选中查询结果，点击"查看明细"按钮，进入报关单录入界面，系统自动生成部分报关单信息，手工录入其余数据后，申报报关单即可。

（3）手工录入报关单

进入"一次申报"子系统，新增一票报关单进行录入，在界面右侧随附单证栏内，随附单证代码选择"h 保税物流核增核扣表号"，在随附单证编号栏内填写海关初审通过的核增/核扣表编号，回车。报关单界面"随附单证"栏内返填"h"即关联成功，继续录入其他数据后申报即可。

（三）加贸权限管理

企业间授权：由保税物流账册的管理对象持企业法人卡为其他企业（如报关行）法人卡授予操作权、调用权，账册操作权或报关权。

企业内授权：被授予上述权限的企业（如报关行）法人卡为本企业的操作员授予相关权限，但该法人卡无权再为其他企业授权。

1．企业间授权

保税物流账册的管理对象默认为账册表头所填写的经营单位，因而需持经营单位企业法人卡登录 QP 系统，进入"加贸权限管理"子系统（如图 6-74 所示）。

图 6-74　QP 系统——"加贸权限管理"

点击上方菜单"电子账册——企业间账册授权",进入授权界面。在"账册号"字段输入欲授权的保税物流账册 12 位编号,按回车键。系统自动调出该条账册信息,在账册信息前的复选框内进行勾选(如图 6-75 所示)。填写被授权企业代码后回车,使用空格键调出"授予权限类别"的下拉菜单进行选择,或输入相应数字代码后,按回车键,直至屏幕下方出现授权信息为止(如图 6-76 所示)。点击界面左上方"保存"按钮,系统提示保存成功。

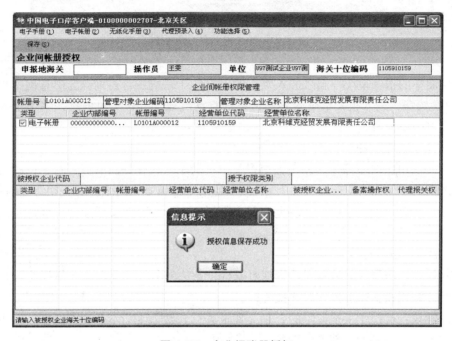

图 6-75　企业间账册授权

图 6-76　企业间账册授权——成功授权界面

2. 企业内授权

持被授权企业的法人卡进入 QP 系统"加贸权限管理"子系统。点击上方菜单"电子账册——企业内账册授权",进入授权界面。"账册编号"字段内输入被经营单位授予权限的保税物流电子账册编号按回车键。系统自动调出该条账册信息。在账册信息前的复选框内进行勾选(如图 6-77 所示)。

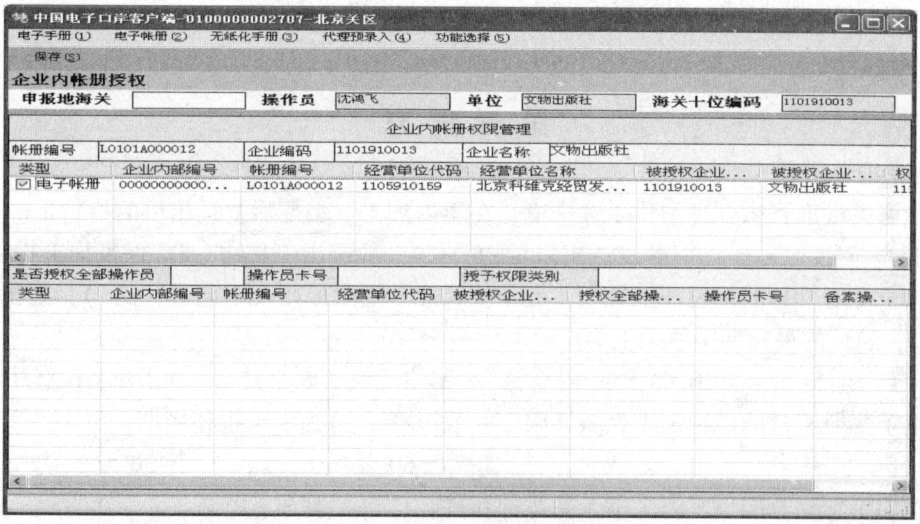

图 6-77　企业内账册授权

使用空格键调出"是否授予全部操作员"的下拉菜单进行选择。如授予部分操作员,则输入操作员卡号。使用空格键调出"授予权限类别"的下拉菜单进行选择,或输入相应数字代码后,按回车键,直至屏幕下方出现授权信息为止(如图 6-78 所示)。点击界面左上方"保存"按钮,系统提示保存成功。

图 6-78　企业内账册授权——成功授权界面

【小思考】

深圳安龙公司需将国内产的充电器和香港的电池组合成一种礼品装后销往欧洲。其国内工厂办理出口报关将充电器交至福田保税区，也可交至盐田保税物流园区，香港的电池则备案入境，可免税也可免证。国内的工人在保税区或盐田保税物流园区将两种物品按要求包装在一起，再装入货柜拖至深圳或香港码头上船。请问，国内企业交货到福田保税区和交货到盐田保税物流区有区别吗？如果你是当事人，你会选择交货到哪里？

单元练习

一、单项选择题

1. 经海关批准，未办理纳税手续进境，在境内加工、装配后复运出境的货物是（　　）。

A. 过境货物　　　B. 暂准进出口货物　　C. 一般进出口货物　　D. 保税加工货物

2. 电子手册管理的保税加工货物，准予保税加工期限原则上不超过（　　），经批准可以申请延长，延长的最长期限原则上为（　　）。

A. 1年；1年　　　B. 6个月；6个月　　C. 3个月；6个月　　D. 1年；6个月

3. 电子账册管理的保税加工报核期限，一般以（　　）为1个报核周期。

A. 1年　　　B. 180天　　　C. 60天　　　D. 30天

4. 在加工贸易合同项下海关准予备案的料件，（　　）保税。

A. 85%料件保税，15%的料件不保税　　　B. 95%料件保税，5%的料件不保税

C. 不予　　　D. 100%

5. 加工贸易剩余料件结转至另一个加工贸易合同出口时，必须符合一定的条件。下列选项中不属于这些条件的是（　　）。

A. 同一经营单位　　B. 同一加工厂　　C. 同样的进口料件　　D. 同样的产品

6. 对于履行加工贸易合同中产生的剩余料件、边角料、残次品、副产品等，在海关规定的下列处理方式中不需要填制报关单向海关申报的是（　　）。

A. 销毁　　　B. 结转　　　C. 退运　　　D. 放弃

7. 联网企业的加工贸易业务由（　　）审批。

A. 所在地海关　　B. 直属海关　　C. 海关总署　　D. 商务主管部门

8. 出口加工区区内开展加工贸易业务，适用电子账册方式管理，实行备案电子账册滚动累扣，核扣，每（　　）核销一次。

A. 3个月　　　B. 6个月　　　C. 9个月　　　D. 12个月

9. 出口加工区区内企业经主管海关批准，运往境内区外维修、测试或检验的机器，应自运出之日起（　　）内运回加工区。

A. 60天　　　B. 90天　　　C. 30天　　　D. 15天

10. 保税仓库由（　　）批准设立。

A. 海关总署　　B. 直属海关　　C. 隶属海关　　D. 国务院

11. 保税仓库所存货物的储存期限为（　　），特殊情况经批准延长期限最长不超过（　　）。

A. 1年；1年　　　B. 6个月；6个月　　C. 6个月；1年　　D. 1年；6个月

12. 出口监管仓库的储存期限为( )，特殊情况经批准可以延长不得超过( )。
A. 3个月；3个月 B. 6个月；3个月 C. 1年；6个月 D. 6个月；6个月

13. 保税物流中心由( )批准设立。
A. 海关总署 B. 直属海关 C. 隶属海关 D. 国务院

14. 保税区须经( )批准建立。
A. 海关总署 B. 国务院 C. 省级人民政府 D. 直属海关

15. 保税区与境外之间进出的货物，属自用的采用( )，填写( )。
A. 备案制，进出境备案清单 B. 报关制，进出口报关单
C. 备案制，进出口报关单 D. 以上答案都不对

16. 电子化手册管理的保税加工货物，报核期限是在手册有效期到期之日起或最后一批成品出运后( )内向海关报核。
A. 15天 B. 25天 C. 30天 D. 60天

17. 采用电子手册管理的保税加工货物，开展加工贸易的货物不需要领取许可证，不需要开设台账，在办理合同备案阶段步骤正确的是( )。
A. 合同内容预录入——海关审核——审批合同——领取加工贸易登记手册
B. 审批合同——合同内容预录入——海关审核——领取加工贸易登记手册
C. 审批合同——海关审核——合同内容预录入——领取加工贸易登记手册
D. 领取加工贸易登记手册——合同内容预录入——海关审核——审批合同

18. 某实行电子手册管理模式的一般信用管理的企业，对外签订进口4000美元棉花（加工贸易限制类商品）生产出口服装垫肩的加工贸易合同，合同备案的手续应当是( )。
A. 不设台账，申领《登记手册》 B. 不设台账，不申领《登记手册》
C. 设台账，实转，申领《登记手册》 D. 设台账，空转，申领《登记手册》

19. 加工贸易企业将保税料件加工的产品转至另一个海关关区内的加工贸易企业进一步加工后复出口的经营活动是( )。
A. 跨关区异地加工 B. 跨关区深加工结转
C. 跨关区委托加工 D. 跨关区外发加工

20. 联网企业凭商务主管部门签发的"联网监管企业加工贸易批准证"向( )申请建立电子手册。
A. 所在地海关 B. 直属海关 C. 海关总署 D. 商务主管部门

二、多选题

1. 下列属于海关对保税货物监管的基本特征的是( )。
A. 备案保税 B. 纳税暂缓 C. 监管延伸 D. 核销结关

2. 加工贸易保税料件和国产料件之间的串换，必须符合( )。
A. 同品种 B. 同规格
C. 同数量 D. 关税税率为零且商品不涉及许可证

3. 对于履行加工贸易合同中产生的剩余料件、边角料、残次品、副产品等，企业必须在规定的期限内处理完毕，处理的方式有( )。
A. 销毁 B. 结转 C. 退运 D. 放弃

4. 保税加工货物内销征税，下列哪些选项需要征收缓税利息( )。
A. 剩余料件 B. 制成品 C. 残次品、副产品 D. 边角料

5. 一般情况下，加工贸易企业应持下列哪些单证向海关报核(　　)。

A. 企业合同核销申请表、核销核算表　　B. 加工贸易登记手册

C. 进出口报关单　　D. 海关缉私部门出具的《行政处罚决定书》

6. 下列关于电子账册项下进出口货物报关单的修改、撤销的表述，说法正确的是(　　)。

A. 报关单经海关审核通过后，一律不得修改，必须进行撤销重报

B. 带报关清单的报关单撤销后，报关清单一并撤销，不得重复使用

C. 报关单在放行前修改，内容不涉及报关单表体内容的，报关单经海关同意可直接修改

D. 报关单在放行前修改，内容涉及报关单表体内容的，企业必须撤销报关单重新申报

7. 下列贸易形式中，属于加工贸易的是(　　)。

A. 来料加工　　B. 来料养殖　　C. 进料加工　　D. 出料加工

8. 加工贸易企业从事加工出口业务中，因不可抗力原因造成损毁导致无法复出口的保税进口料件加工制成品内销，错误的是(　　)。

A. 按受灾货物免税，免纳缓税利息，免予交验许可证件

B. 按原进口货物纳税，缴纳缓税利息，交验相应的许可证件

C. 按受灾货物纳税，缴纳缓税利息，免予交验许可证件

D. 按原进口货物纳税，免纳缓税利息，交验相应的许可证件

9. 联网企业通过网络向海关办理"便捷通关电子账册"备案手续，备案的内容包括(　　)。

A. 加工生产能力　　B. 料件、成品部分　　C. 企业基本情况表　　D. 单耗关系

10. 海关对电子账册备案时，商品应该同时满足以下(　　)条件才可以归入同一个联网监管商品项号。

A. 10 位 HS 编码相同的　　B. 商品名称相同的

C. 申报计量单位相同的　　D. 规格型号虽不同但单价相差不大的

11. 以下属于电子账册模式联网监管的基本管理原则的是(　　)。

A. 一次审批　　B. 分段备案

C. 滚动核销　　D. 控制周转、联网核查

12. 加工贸易剩余料件结转至另一个加工贸易合同出口时，必须符合一定的条件。下列选项中属于这些条件的是(　　)。

A. 同一经营单位　　B. 同一加工厂

C. 同样的进口料件　　D. 同样的产品

13. 目前，我国的保税仓库有(　　)。

A. 公用型保税仓库　　B. 自用型保税仓库

C. 自立保税仓库　　D. 专用型保税仓库

14. 按现行海关规定，下列哪些货物可允许存入保税物流中心(　　)。

A. 国内出口货物　　B. 转口货物和国际中转货物

C. 供应国际航行船舶的燃料和零部件　　D. 加工贸易进出口货物

15. 海关对保税物流货物的管理除监管延伸、纳税暂缓外，还包括(　　)。

A. 设立审批　　B. 准入保税　　C. 复运出境　　D. 运离结关

16. 我国出口加工区内 A 企业的货物销售给我国境内加工区外的企业 B，下列说法正确

的是(　　)。

A. 先由 B 企业办理进口报关手续，再由 A 企业办理出区报关手续

B. B 企业报关时，录入进口货物报关单，向出口加工区海关办理进口报关手续

C. A 企业填制"出口加工区出境货物备案清单"，办理出区报关手续

D. A 企业填制"出口货物报关单"办理出区报关手续

17. 我国出口加工区外的 A 企业将一批原料销售给出口加工贸易区内的 B 企业，下列说法正确的是(　　)。

A. 先由区外 A 企业办理出口报关手续，区内 B 企业再办理进区报关手续

B. 区外 A 企业录入出口货物报关单，向出口加工区海关办出口报关手续

C. 区内 B 企业填制"出口加工区进境货物备案清单"，向出口加工区海关办理进区报关手续

D. 出口加工区海关查验放行后，向区外企业签发"出口货物报关单"收汇证明联，向区内企业签发"出口加工区进境货物备案清单"付汇证明联

18. 关于出口加工区的深加工结转，下列说法正确的是(　　)。

A. 转入企业向转入地主管海关办理备案

B. 转出企业向转出地主管海关办理备案

C. 对转入特殊监管区域的，转出、转入企业分别在自己的主管海关办理结转手续

D. 对转入特殊监管区域外加工贸易企业的，转出、转入企业在出口加工区主管海关办理结转手续

19. 对于已经存入出口监管仓库，因质量原因要求更换的。被更换货物出仓之前，更换货物应当先行入仓，应当与原货物(　　)相同。

A. 商品编码　　　　　B. 品名、规格型号　　C. 数量　　　　　　　　D. 价值

三、判断题

1. 来料加工和进料加工是加工贸易的两种形式。　　　　　　　　　　　　　　(　　)

2. 保税加工货物也就是通常所说的加工贸易保税货物。　　　　　　　　　　(　　)

3. 纳税暂缓是海关对保税加工货物监管的特征之一。　　　　　　　　　　　(　　)

4. 保税加工的料件离开进境地口岸海关监管场所后进行加工、装配的地方，都是海关监管的场所。　　　　　　　　　　　　　　　　　　　　　　　　　　　　　　　　(　　)

5. 针对大型企业的以建立电子账册为主要标志，以合同为单元，执行银行"保证金台账"制度。　　　　　　　　　　　　　　　　　　　　　　　　　　　　　　　　　(　　)

6. 加工贸易合同项下海关准予备案的料件，全额保税。　　　　　　　　　　(　　)

7. 加工贸易登记手册分册可以与原手册分开使用，报核的时候也是分开报核。(　　)

8. 生产成品出口时，全部使用进口料件生产，不征收关税。　　　　　　　　(　　)

9. 联网企业不实行银行"保证金台账"制度。　　　　　　　　　　　　　　(　　)

10. 具备开展保税加工联网管理的加工贸易企业，可以向所在地主管海关申请加工贸易联网监管。　　　　　　　　　　　　　　　　　　　　　　　　　　　　　　　　(　　)

11. 海关对加工贸易联网企业（电子账册模式）进行盘库核对后，发现企业实际库存量少于电子底账核算结果，但企业提供了短缺的正当理由，对短缺部分，海关按照内销处理。

(　　)

12. 保税仓库货物出库内销时保税物流货物需要征收缓税利息。　　　　　　(　　)

13. 企业设立保税仓库应向仓库所在地主管海关提交书面申请，由主管海关初审，报海关总署审批。（　　）

14. 可以在保税仓库内进行实质性加工。（　　）

15. 保税区与境外之间进出境货物，属自用的填写进出境备案清单。（　　）

16. 国家规定开展加工贸易业务应当由经营企业到经营企业所在地直属海关办理加工贸易合同备案手续。（　　）

17. 某中外合资企业被海关核定为失信企业，根据《中华人民共和国海关对企业实施分类管理办法》规定，该企业半年后可以开展加工贸易业务。（　　）

18. 加工贸易企业因自己自身生产工序限制，需将加工过程中的某道工序委托其他加工企业（承揽企业）进行加工后，按期运回本企业并最终出口的行为，叫跨关区异地加工贸易。（　　）

19. 出口加工区的深加工结转，对转入特殊监管区域外加工贸易企业的，在办理备案阶段，转入转出企业都是向各自所在地主管海关办理备案。（　　）

20. 珠海园区既可以从事保税物流，又可以从事保税加工，还可以从事国际贸易，是海关综合保税监管的特殊区域。（　　）

项目七

特定减免税货物报关作业

学习目标

【知识目标】

- 掌握特定减免税货物的概念、特征、范围、监管要求。
- 熟悉减免税证明的申领流程。
- 了解特定减免税货物报关的基本程序。

【技能目标】

- 能够办理《进出口货物减免税证明》申领手续。
- 能办理特定减免税货物的报关手续。
- 能根据规定办理特定减免税货物的后续处置事项。

项目导入

江苏 ABC 有限公司（海关注册编码：320533××××）是一家中外合资公司，因生产需要拟从日本进口 1 台表面粗糙度测量仪（商品编号：9031809001），货物从上海浦东机场海关（关区代码：2233）入境，转关运输到苏州。该货物符合署税［1999］791 号文中的适用范围，属于特定减免税货物。江苏 ABC 有限公司委托上海 YY 报关有限公司办理货物进口报关业务。

工作任务：

1. 江苏 ABC 有限公司办理该商品的减免税审批手续。
2. 上海 YY 报关有限公司办理该商品的进境申报手续。

任务一　特定减免税货物认知

关税减免是关税政策的重要组成部分，减税免税是联系征税对象及其他条件，在一定时期内对某些纳税人给予鼓励和照顾的一种特殊规定。根据《海关法》的规定，关税的减免可分为法定减免、特定减免、临时减免。

法定减免税一般是指《海关法》《关税条例》和《进出口税则》中所规定的给予进出口货物的关税减免。进出口货物属于法定减免税的，进出口收发货人或其代理人无须事先向海关提出申请，海关征税人员可凭有关证明文件和报关单证按规定直接给予减免税，海关对法定减免税货物一般不进行后续管理，也不作减免税统计。

特定减免税是政策性减免税，指由国务院或国务院授权的海关总署、财政部根据国家政治、经济政策的需要，对特定地区、特定用途、特定的资金来源的进出口货物制定的专项减免税规定。在《海关法》《关税条例》和《进出口税则》中虽然已做了法定减免税的规定，但在实际工作中对一些法定减免税规定中没有予以解决的，而根据我国经济发展情况和对外开放政策又很需要的，还需做出进一步的关税优惠规定。

临时减免税是指法定减免税和特定减免税以外的其他减免税，国务院根据某个单位、某类商品、某个时期或某批货物的特殊情况和需要，给予特别的临时性减免税优惠。例如，汶川地震灾后重建进口物资。为支持和帮助汶川地震受灾地区积极开展生产自救，重建家园，自 2008 年 7 月 1 日起，对受灾地区企业、单位，或支援受灾地区重建的企业、单位，进口国内不能满足供应并直接用于灾后重建的大宗物资、设备等，3 年内免征进口关税和进口环节增值税。

一、特定减免税货物的概念

特定减免税货物是指海关根据国家的政策规定准予减税、免税进口使用于特定地区、特定企业和特定用途的货物。

特定地区是指我国关境内由行政法规规定的某一特别限定区域（主要指保税区和出口加工区），享受减免税优惠的进口货物只能在这一特别限定的区域内使用。特定企业是指由国务院制定的行政法规专门规定的企业（主要指中外合资企业、中外合作企业、外商独资企业），享受减免税优惠的进口货物只能由这些专门规定的企业使用。特定用途是指国家规定可以享受减免税优惠的进口货物只能用于行政法规专门规定的用途（主要指国内投资项目、利用外资项目、科教用品项目、残疾人专用品项目等）。

二、特定减免税货物的特征

（一）特定条件下减免进口关税

特定减免税是我国关税优惠政策的重要组成部分，是国家无偿向符合条件的进口货物使用企业提供的关税优惠，其目的是优先发展特定地区经济，鼓励外商在我国的直接投资，保证国有大中型企业和科学、教育、文化、卫生事业的发展。特定减免税是针对特定地区（保税区和出口加工区）、特定企业（主要外商投资企业，包括外资企业、中外合资企业、中外合作企业）、特定用途（国内投资项目、利用外资项目、科教用品项目、残疾人专用品）。因此，这种关税优惠具有鲜明的特定性，只能在国家行政法规规定的特定条件下使用。

（二）进口申报应当提交进口许可证件

特定减免税货物为实际进口货物。按照国家有关进出境管理的法律法规，凡属于进口需要交验许可证件的货物，收货人或其代理人都应当在进口申报时向海关提交进口许可证件。

特定减免税货物一般不豁免进口许可证件，但是对外资企业和香港、澳门、台湾同胞及华侨的投资企业进口本企业自用的机器设备，可以免予交验进口许可证件；外商投资企业在投资总额内进口涉及机电产品自动进口许可管理的，也可以免予交验有关许可证件。

（三）进口后在特定的海关监管期限内接受海关监管

进口货物享受特定减免税的条件之一就是在规定的期限，使用于规定的地区、企业和用途，并接受海关的监管。特定减免税进口货物的海关监管期限按照货物的种类各有不同。以下是特定减免税货物的海关监管期限：

1. 船舶、飞机，8年。
2. 机动车辆，6年。
3. 其他货物，5年。

（四）进口前须申领"进出口货物征免税证明"

纳税义务人必须在货物进出口前办理特定减免税审批手续。减免税货物报关一律申领"进出口货物征免税证明"（除出口加工区凭企业设备电子账册）。进出口货物征免税证明有效期6个月，实行一批一证制，一证一关制。在报关时，备案号一栏填写进出口货物征免税证明上的12位编号。

1. 对于特定企业办理减免税申请，向主管海关备案签发外商投资企业征免税登记手册，凭此申领进出口货物征免税证明。

2. 对于特定用途的（国内投资项目和利用外资项目）办理减免税申请，凭国务院有关部门签发的"国家鼓励发展的内外资项目确认书"办理进出口货物征免税证明。

3. 对于特定用途的（科教用品）办理减免税申请，教育部签发科教用品免税登记手册，办理进出口货物征免税证明。

4. 对于特定用途的（残疾人专用品）办理减免税申请，凭民政部和中国残疾人联合会出具的证明函，办理进出口货物征免税证明。

（五）可以在两个享受同等税收优惠待遇的企业之间进行结转

特定减免税货物可以在两个享受同等税收优惠待遇的企业之间进行结转，转出的报出口，转入的报进口，结转手续应当分别向企业主管海关办理，无须补税。出口加工区企业进口免税的机器设备等应当填制"出口加工区进境备案清单"，保税区企业进口免税的机器设备等应当填制进口货物报关单。

三、特定减免税货物的范围

特定减免税的范围和办法由国务院规定，海关根据国务院的规定单独或会同国务院其他主管部门制定具体实施办法并加以贯彻执行。目前实施特定减免税的项目主要有以下几类：

（一）外商投资项目投资额度内进口自用设备

1. 根据对外商投资的法律法规规定，在中国境内依法设立，并领取中华人民共和国外商投资企业批准证书和外商投资企业营业执照等有关法律文件的中外合资经营企业、中外合作经营企业和外资企业（以下统称外商投资企业），所投资的项目符合《外商投资产业指导目录》中鼓励类或《中西部地区外商投资优势产业目录》的产业条目，在投资总额内进口的自用设备及随设备进口的配套技术、配件、备件（以下简称自用设备），除《外商投资项目不予免税的进口商品目录》《进口不予免税的重大技术装备和产品目录》所列商品外，免征关税，进口环节增值税照章征收。

《外商投资项目不予免税的进口商品目录》主要有电视机、摄像机、录像机、放像机、音响设备、空调器、电冰箱（电冰柜）、洗衣机、照相机、复印机、程控电话交换机、微型计算机及外设、电话机、无线寻呼系统、传真机、电子计算器、打字机及文字处理机、汽车、摩托车及《中华人民共和国进出口税则》中第1章至第83章、第91章至第97章的所有税号商品。

《进口不予免税的重大技术装备和产品目录》主要有非数控机床、数控机床、压力成型机械、农业机械、矿用挖掘机、全断面掘进机、煤炭采掘设备、矿用自卸车、风力发电设备、石化设备、煤化工设备、火电水电设备、输变电设备、连铸设备以及按照合同随上述设备进口的技术及配套件、备件。

中外投资者采取发起或募集方式在境内设立外商投资股份有限公司，或已设立的外商投资有限责任公司转变为外商投资股份有限公司，并且外资股比不低于25%的，在投资总额内进口的自用设备，以及内资有限责任公司和股份有限公司转变为外资股比不低于25%的外商投资股份有限公司，并且同时增资，其增资部分对应的进口自用设备，可享受外商投资项目进口税收优惠政策。

持有外商投资企业批准证书的A股上市公司股权分置改革方案实施后增发新股，或原外资法人股股东出售股份，但外资股比不低于25%，在投资总额内进口的自用设备可享受外商投资项目进口税收优惠政策。

外商投资企业向中西部地区再投资设立的企业或其通过投资控股的公司，注册资本中外资比例不低于25%，并取得外商投资企业批准证书，其在投资总额内进口的自用设备可享受外商投资项目进口税收优惠政策。

2. 下列情况中，所投资项目符合《外商投资产业指导目录》中鼓励类或《中西部地区外商投资优势产业目录》的产业条目，在投资总额内进口的自用设备，除《国内投资项目不予免税的进口商品目录》《进口不予免税的重大技术装备和产品目录》所列商品外，可以免征关税，进口环节增值税照章征收：

（1）外国投资者的投资比例低于25%的外商投资企业。

（2）境内内资企业发行B股或发行海外股（H股、N股、S股、T股或红筹股）转化为外商投资股份有限公司。

（3）外商投资企业向中西部地区再投资设立的外资比例低于25%的企业，以及向中西部以外地区再投资设立的企业。

（二）外商投资企业自有资金项目

属于国家鼓励发展产业的外商投资企业（外国投资者的投资比例不低于25%）、外商研究开发中心、先进技术型、产品出口型的外商投资企业，在企业投资额以外的自有资金（指企业储备基金、发展基金、折旧、税后利润）内，对原有设备更新（不包括成套设备和生产线）和维修进口国内不能生产或性能不能满足需要的设备，以及与上述设备配套的技术、配件、备件，除《国内投资项目不予免税的进口商品目录》《进口不予免税的重大技术装备和产品目录》所列商品外，可以免征进口关税，进口环节增值税照章征收。

（三）国内投资项目进口自用设备

属国家重点鼓励发展产业的国内投资项目，在投资总额内进口的自用设备，以及按照合同随设备进口的技术及配套件、备件，除《国内投资项目不予免税的进口商品目录》《进口不予免税的重大技术装备和产品目录》所列商品外，免征进口关税，进口环节增值税照章征收。

（四）贷款项目进口物资

外国政府贷款和国际金融组织贷款项目，在项目额度或投资总额内进口的自用设备，以及按照合同随设备进口的技术及配套件、备件，除《外商投资项目不予免税的进口商品目录》《进口不予免税的重大技术装备和产品目录》所列商品外，免征进口关税。

对贷款项目进口自用设备，经确认按有关规定增值税进项税额无法抵扣的，除《外商投资项目不予免税的进口商品目录》《进口不予免税的重大技术装备和产品目录》所列商品外，同时免征进口环节增值税。

(五) 贷款中标项目进口零部件

为了鼓励国内机电制造企业积极参与利用国际金融组织贷款和外国政府贷款项目采购设备的国际招标活动，平衡国内外中标设备的税收负担，在利用世界银行贷款、亚洲开发银行贷款、日本国际协力银行贷款以及其赠款的国际招标中，国内中标单位为生产中标机电设备而进口国内不能生产或性能不能满足需要的零部件免征进口关税，照章征收进口环节增值税和消费税。

(六) 重大技术装备

为提高我国企业的核心竞争力及自主创新能力，推动产业结构调整和升级，促进国民经济可持续发展，贯彻落实国务院关于装备制造业振兴规划和加快振兴装备制造业有关调整进口税收优惠政策的决定，自 2009 年 7 月 1 日起，对经认定符合规定条件的国内企业为生产国家支持发展的重大技术装备和产品进口规定范围的关键零部件、原材料商品，除《进口不予免税的重大技术装备和产品目录》所列商品外，免征关税和进口环节增值税。

国家支持发展的重大技术装备和产品，以及重大技术装备和产品进口关键零部件、原材料商品主要是：大型清洁高效发电装备，特高压输变电设备，大型石化设备，大型煤化工设备，大型冶金成套设备，大型煤炭综合设备，大型施工机械及基础设施专用设备，大型、精密、高速数控设备、数控系统、功能部件与基础制造装备（振兴规划），新型纺织机械，新型、大马力农业装备等。

(七) 特定区域物资

保税区、出口加工区等特定区域进口的区内生产性基础设施项目所需的机器、设备和基建物资可以免税；区内企业进口企业自用的生产、管理设备和自用合理数量的办公用品及其所需的维修零配件，生产用燃料，建设生产厂房、仓储设施所需的物资和设备可以免税；行政管理机构自用合理数量的管理设备和办公用品及其所需的维修零配件，可以免税。

(八) 科教用品

为了促进科学研究和教育事业的发展，推动科教兴国战略的实施，国务院规定对国务院部委和直属机构以及省、自治区、直辖市、计划单列市所属专门从事科学研究工作的科学研究机构和国家承认学历的实施专科及以上高等学历教育学校，或财政部会同国务院有关部门核定的其他科学研究机构和学校，以科学研究和教学为目的，在合理数量范围内进口国内不能生产或者性能不能满足需要的科学研究和教学用品，免征进口关税和进口环节增值税、消费税。

(九) 科技开发用品

为了鼓励科学研究和技术开发，促进科技进步，规范科技开发用品的免税进口行为，国务院规定对经国家有关部门核准从事科技开发的科学研究、技术开发机构，在 2010 年 12 月 31 日前，在合理数量范围内进口国内不能生产或者性能不能满足需要的科技开发用品，免征进口关税和进口环节增值税、消费税。

(十) 无偿援助项目进口物资

外国政府、国际组织无偿赠送及我国履行国际条约规定进口物资，其减免税范围包括根据中国与外国政府、国际组织间的协定或协议，由外国政府、国际组织直接无偿赠送的物资或由其提供无偿赠款，由我国受赠单位按照协定或协议规定用途自行采购进口的物资；外国地方政府或民间组织受外国政府委托无偿赠送进口的物资；国际组织成员受国际组织委托无偿赠送进口的物资；我国履行国际条约规定减免税进口的物资。

（十一）救灾捐赠物资

对外国民间团体、企业、友好人士和华侨、港澳居民和台湾同胞无偿向我境内受灾地区（限于新华社对外发布和民政部中国灾情信息公布的受灾地区）捐赠的直接用于救灾的物资，在合理数量范围内，免征关税和进口环节增值税、消费税。

（十二）扶贫慈善捐赠物资

为促进公益事业的健康发展，经国务院批准下发《扶贫、慈善性捐赠物资免征进口税收的暂行办法》，对境外捐赠人（指中华人民共和国关境外的自然人、法人或者其他组织）无偿向受赠人捐赠的直接用于扶贫、慈善事业（指非营利的扶贫济困、慈善救助等社会慈善和福利事业）的物资，免征进口关税和进口环节增值税。

（十三）残疾人专用品

为支持残疾人的康复工作，国务院制定了《残疾人专用品免征进口税收暂行规定》，对民政部直属企事业单位和省、自治区、直辖市民政部门所属福利机构、假肢厂、荣誉军人康复医院等，中国残疾人联合会直属事业单位和省、自治区、直辖市残联所属福利机构和康复机构进口国内不能生产的残疾人专用物品，免征进口关税和进口环节增值税、消费税。

（十四）集成电路项目进口物资

我国对集成电路生产企业进口自用生产性原材料及净化室专用建筑材料等实施税收优惠政策，对在中国境内设立的投资额超过80亿元或集成电路线宽小于0.25微米的集成电路生产企业进口内用生产性原材料、消耗品，净化室专用建筑材料、配套系统，集成电路生产设备零配件，免征进口关税，进口环节增值税照章征收。

（十五）海上石油、砧上石油项目进口物资

国家对在我国内海、领海、大陆架以及其他属于中华人民共和国海洋资源管辖海域（包括浅海滩涂）和陆上特定地区开采石油（天然气）进口物资实施税收优惠政策。凡在我国海洋和特定区域内进行石油和天然气开采作业的项目，进口直接用于开采作业的设备、仪器、零附件、专用工具，依照规定免征进口关税和进口环节增值税。

（十六）进口远洋渔船及船用关键设备和部件

为发展远洋渔业，我国对国内远洋渔业企业和船舶及船用设备制造企业进口的船用关键设备和部件实施了进口税收优惠政策。"十二五"期间，国家继续对在国内订造、改造远洋渔船进口的船用关键设备和部件，进口少量带有入渔配额的二手远洋渔船，以及进口国内尚不能建造的特种渔船，实施进口税收优惠政策。

（十七）远洋渔业项目进口自捕水产品

对经农业部批准获得《农业部远洋渔业企业资格证书》的远洋渔业企业运回的品种及产地符合要求的自捕水产品执行不征进口关税和进口环节增值税的政策。

此外，国家还根据不同时期的需要制定相关的减免税政策。

四、特定减免税货物的报关程序

特定减免税货物的报关程序分为减免税备案和审批、进口报关、后续处置和解除监管三个阶段，下面具体介绍。

任务二　减免税证明申领

减免税备案和审批的工作包括两个环节：办理减免税备案、申领减免税证明。现今，报关单位可在中国电子口岸减免税申报系统办理减免税手续，通过海关审核的，在进口通关环节不用再提交纸质《征免税证明》。

一、减免税备案与审批

减免税申请人按照有关进出口税收优惠政策的规定申请减免税进出口相关货物，海关需要事先对减免税申请人的资格或者投资项目等情况进行确认的，减免税申请人应当在申请办理减免税审批手续前，向主管海关申请办理减免税备案手续。

（一）办理程序

1. 减免税申请人向海关提交减免税备案申请材料。

2. 海关收到减免税申请人的减免税备案申请后，应当审查确认所提交的申请材料是否齐全、有效，填报是否规范。

减免税申请人的申请材料符合规定的，海关应当予以受理，海关收到申请材料之日为受理之日；减免税申请人的申请材料不齐全或者不符合规定的，海关应当一次性告知减免税申请人需要补正的有关材料，海关收到全部补正的申请材料之日为受理之日。

不能按照规定向海关提交齐全、有效材料的，海关不予受理。

3. 海关受理减免税申请人的备案申请后，应当对其主体资格、投资项目等情况进行审核。

经审核符合有关进出口税收优惠政策规定的，应当准予备案；应上报上级海关事前备案管理的减免税备案事项，经上级海关审核同意后，海关按照规定同意减免税备案。经审核不予备案的，应当书面通知减免税申请人。

4. 减免税申请人要求变更或者撤销减免税备案的，应当向主管海关递交申请。经审核符合相关规定的，海关应当予以办理。

（二）办理时限

1. 办理项目备案及征免税证明的时限：企业提供的单证齐全、正确有效后，经海关审核符合国家政策规定起 10 个工作日内办结。

2. 办理减免税货物税款担保及担保延期时限：企业提供的单证齐全、正确有效后 7 个工作日内办结。

二、申领减免税证明

减免税申请人或其代理人在货物进口前向主管海关办理进口货物减免税审批手续，主管海关审核后，确定其所申请货物的免税方式，符合条件的签发《进出口货物征免税证明》。

三、征免税证明无纸化改革

减免税申请人及其主管海关按照《减免税管理办法》及有关进口税收优惠政策办理减免税审核确认手续后，相关《征免税证明》的电子数据已通过 H2010 系统传输至进口口岸的，主管海关无须签发纸质《征免税证明》，减免税申请人或其委托人凭 H2010 系统《征免税证明》电子数据办理进口减免税货物申报手续，进口口岸海关凭 H2010 系统《征免税证明》、报关单及随附单证等电子数据办理通关手续，无须再验核纸质《征免税证明》。

根据海关总署公告，2017 年 4 月 26 日起，对通过中国电子口岸 QP 预录入客户端减免税申报系统申请办理减免税手续并通过海关审核的，收发货人或受委托的报关企业在进口通关环节无须提交纸质《中华人民共和国海关进出口货物征免税证明》（以下简称《征免税证明》）第二联（即送海关凭以减免税联）。《征免税证明》通关无纸化制度的实施，旨在进一步便利减免税申请和货物通关，意味着海关通过"互联网+"同时在减免税业务和通关业务上实现"最多跑一次"的制度创新。

具体来说，收发货人或受委托的报关企业在申报进口上述《征免税证明》所列货物时，无须提交纸质《征免税证明》或其扫描件。如果《征免税证明》电子数据与申报数据不一致，海关需要验核纸质单证的，有关企业应予以提供。

进口货物申报时，收发货人或受委托的报关企业应按规定将《征免税证明》编号填写在进口货物报关单"备案号"栏目中。《征免税证明》编号可通过中国电子口岸 QP 预录入客户端减免税申报系统查询。减免税申请人如需要纸质《征免税证明》留存的（即申请单位留存的第三联），可在该《征免税证明》有效期内向主管海关申请领取。

【小思考】

1. 外商投资企业 A 公司在我国东部地区进行飞机制造项目的投资，经海关审定该项目的减免税额度为 5000 万元。该公司进口一套价值 200 万元的飞机制造设备。2 年后，经批准按折旧价格（100 万元）转让给同样享受减免税待遇的 B 公司（该公司的减免税额度为 3000 万元），在海关办理了有关的结转手续。在本例中：

（1）A 公司的减免税额度为多少？
（2）B 公司的减免税额度为多少？
（3）该套设备海关对其还需监管多少年？

2. 北京某外资企业从美国购进大型机器成套设备，分三批运输进口，其中两批从天津进口，另一批从青岛进口。请问：该公司应向哪个海关办理减免税申请手续？应申请多少份征免税证明？

任务三　进口报关

特定减免税货物进口报关时，应注意以下事项：

1. 减免税申请人或其代理人持减免税证明、许可证等相关证件按一般进出口货物办理报关程序，但无须缴纳进出口关税。

2. 特定减免税货物一般不豁免进口许可证件，但下列情况除外：

（1）外商投资企业进口本企业自用的机器设备。
（2）外商投资企业在投资总额内进口涉及机电产品自动进口许可管理的。

3. 特定减免税货物进口，填制报关单时，报关单上的"备案号"栏目填写"进出口货物征免税证明"的代码 Z 和 12 位编号。

任务四 后续处理与监管

减免税货物的后续处理情形，如图 7-1 所示。

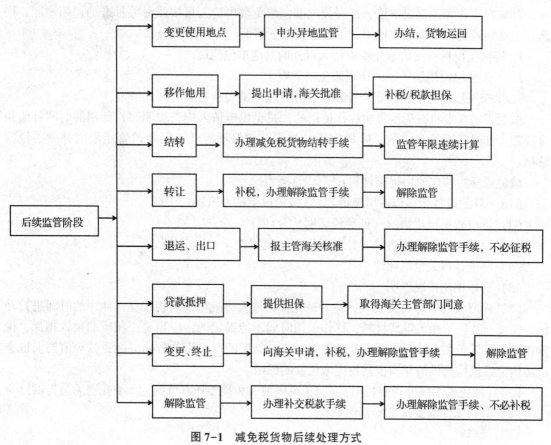

图 7-1 减免税货物后续处理方式

一、后续处理

在进口减免税货物的海关监管年限内，未经海关许可，减免税申请人不能擅自对减免税货物进行处置。如果减免税申请人需要在海关监管年限内将减免税货物转让、移作他用或进行抵押，除需得到海关的许可外，还要办理一些相关手续。

（一）变更使用地点

减免税货物使用地点为主管海关核准的地点。如果变更使用地点，减免税货物申请人应向主管海关提出申请。

（二）转让

擅自销售特定减免税货物，构成走私行为或走私罪。转让企业应按照下列规定办理减免税货物转让手续：

1. 转让人向转出地主管海关提出申请，转出地主管海关审核通知转入地主管海关。
2. 受让人向转入地主管海关办理审批手续，海关签发征免税证明。
3. 转让人、受让人分别向各自主管海关办理减免税货物出口、进口报关手续。

4. 转出地主管海关办理转出减免税货物的解除监管手续（如果受让人不享受减免税待遇，则转出申请人应事先向转出地海关申请办理补缴税款），转入地主管海关在剩余监管年限内继续实施后续监管。

（三）移作他用

首先向主管海关提出申请，经海关批准，减免税申请人可按照海关批准的使用地区、用途、企业将减免税货物移作他用。主要包括以下情形：

1. 将减免税货物交给减免税申请人以外的其他单位使用。

2. 未按照原定用途、地区使用减免税货物。

3. 未按照特定地区、特定企业或特定用途使用减免税货物的其他情形。

按照以上规定将减免税货物移作他用的，减免税申请人应当按照移作他用的时间补缴相应税款；如时间不能确定的，应提交税款担保，担保不得低于剩余监管年限应补缴的税款总额。

减免税货物移作他用提交材料：

（1）《减免税货物移作他用申请表》（减免税申请人填制）。

（2）进口减免税货物的《征免税证明》复印件。

（3）原进口减免税货物的《征免税证明》复印件。

（4）原进口报关单复印件。

（5）移作他用情况说明。

（6）除海关总署另有规定外，应对减免税申请人将减免税货物按移作他用的时间进行补税，需提交补税的相关申请材料；移作他用时间不能确定的，应当提交相应的税款担保，税款担保不得低于剩余监管年限应补缴税款总额，担保的形式为与货物应缴税款等值的保证金或境内金融机构提供的相当于货物应缴税款的保函。

（7）《减免税手续办理委托书》（减免税申请人和被委托方填制，无委托则无须提供）。

（8）海关认为需要提交的其他材料。

（四）结转

在海关监管年限内，减免税申请人将进口减免税货物转让给进口同一货物享受同等减免税优惠待遇的其他单位的，应当按照下列规定办理减免税货物结转手续：

1. 减免税货物的转出申请人持有关单证向转出地主管海关提出申请，转出地主管海关审核同意后，通知转入地主管海关。

2. 减免税货物的转入申请人向转入地主管海关申请办理减免税审批手续。转入地主管海关审核无误后签发《征免税证明》。

3. 转出、转入减免税货物的申请人应当分别向各自的主管海关申请办理减免税货物的出口、进口报关手续。

4. 转出地主管海关办理转出减免税货物的解除监管手续，结转减免税货物的监管年限应当连续计算。转入地主管海关在剩余监管年限内对结转减免税货物继续实施后续监管。

5. 转入地海关和转出地海关为同一海关的，按照本条第一款规定办理。

结转时转出企业需提交如下材料：

（1）《减免税货物结转申请表》（QP 系统生成）。

（2）《减免税货物结转申请表》（减免税申请人填制）（表7-1）。

（3）转让合同复印件。

（4）原进口减免税货物的《征免税证明》复印件。

（5）原进口报关单复印件。

（6）转让货物情况说明等材料（鼓励项目结转应提交转入方的《国家鼓励发展的内外资项目确认书》及附件，自有资金项目结转应提交转入方的《外商投资企业进口更新设备、技术及配件备件证明》及附件或《技术改造项目确认登记证明》及附件）。

（7）《减免税手续办理委托书》（减免税申请人和被委托方填制，无委托则无须提供）。

（8）海关认为需要提交的其他材料。

结转时转入企业需提交如下材料：

（1）转出地海关出具的《减免税货物结转联系函》。

（2）转入地项目单位所在地海关按办理减免税备案、减免税货物审核确认手续的规定提交相应材料。

（3）海关认为需要提交的其他材料。

（五）退运、出口

在海关监管年限内，减免税申请人要求将进口减免税货物退运出境或出口的，应当报主管海关核准。

退运出境或出口后，减免税申请人应当持出境地海关签发的出口货物报关单向主管海关办理原进口减免税货物的解除监管手续。减免税货物退运出境或出口的，海关不再补征相关税款。

减免税货物退运、出口需提交如下材料：

1.《减免税货物退运申请表》（QP 系统生成）。

2.《减免税货物退运申请表》（减免税申请人填制）（见表7-2）。

3. 原进口减免税货物的《征免税证明》复印件。

4. 原进口报关单复印件。

5. 退运情况说明。

6.《减免税手续办理委托书》（减免税申请人和被委托方填制，无委托则无须提供）。

7. 海关认为需要提交的其他材料。

表 7-1　减免税货物结转申请表

转出单位代码		转出单位名称		联系人、联系电话						
转入单位代码		转入单位名称		联系人、联系电话						
转入单位 项目统一编号		转入地海关								
申请结转货物清单										
序号	转出单位 项目统一编号	原征免税 证明编号	原征免税 证明项号	货物名称	规格型号	数量	单位	原货物总价	币制	原进口 放行日期
1										
2										
3										
4										
5										
6										

续表

7									
8									
9									
申请结转理由									
备注									

公司（签章）

年　月　日

表7-2　减免税货物退运申请表

企业代码		企业名称		联系人、联系电话					
申请退运货物清单									
序号	项目统一编号	原征免税证明编号	原征免税证明项号	货物名称	规格型号	数量	单位	原货物总价	币制	原进口放行日期
1									
2									
3									
4									
5									
6									
7									
8									
9									
申请退运理由									
备注									

公司（签章）

年　月　日

二、解除监管

特定减免税货物通关进境后，受海关监管。监管年限自货物进口放行之日起计算，船舶、飞机的监管年限为8年，机动车辆为6年，其他货物为5年。特定减免税货物在解除海关监管后，才算结关。

（一）自动解除监管

监管期届满时，减免税申请人不必向海关申请领取《减免税进口货物解除监管证明》，自动解除监管，可以自行处置。

（二）申请解除监管

1. 期满申请解除监管：减免税申请人需要《减免税进口货物解除监管证明》的，自监管年限届满之日起1年内持有关单证向海关申领。

2. 期内申请解除监管：监管期内，因特殊原因出售、转让、放弃或者企业申请破产清算的，原《进出口货物征免税证明》的申请人在办理有关进出口货物的结关手续后，应当向签发《征免税证明》的原主管海关提出解除监管申请，主管海关审核批准后，签发《减免税进口货物解除监管证明》。

（三）减免税货物解除监管提交材料

1. 《减免税货物解除监管申请表》（QP系统生成）。

2. 《减免税货物解除监管申请表》（减免税申请人填制）。

3. 原进口减免税货物的《征免税证明》复印件。

4. 原进口报关单复印件。

5. 解除监管情况说明。

6. 《减免税手续办理委托书》（减免税申请人和被委托方填制，无委托则无须提供）。

7. 已补税的提交《海关专用缴款书》复印件。

8. 海关认为需要提交的其他材料。

三、"减免税后续"系统操作

进入QP系统登陆界面，用户将操作员的Ikey卡插入电脑的USB接口，或将IC卡插入连接在电脑上的IC卡读卡器中，输入密码口令，进入QP系统主选单界面，点开"减免税后续"子系统（如图7-2所示）。

图7-2　QP系统主菜单

（一）贷款抵押

先录入"征免税证明编号"，系统会反填出免表中的数据到界面上。表体反填出免表中的商品信息后，在"选择"栏目的复选框中打"√"，商品项会变成可修改的状态，但是只允许修改商品编码和数量。"数量"不能超过原免表中相关商品申报数量，调整数量后，"原货物总价"将自动随着数量的变化而变化。在"选择"栏不打钩或者在"数量"栏输入"0"，则表示不选择该商品（如图7-3所示）。

贷款抵押(1)	异地监管(2)	解除监管(3)	货物结转(4)	货物退运(5)	年报管理(6)	主体变更(7)	货物补税(8)	税款担保(9)	查询(0)
系统维护(-)	功能选择(=)								

新增 (N)	修改 (M)	删除 (D)	暂存 (S)	申报 (R)	打印 (P)

贷款抵押未暂存

申报地海关	北京关区		录入单位	北京测试企业1		操作员	徐洋

暂存表编号		中心统一编号		后续管理编号	
企业代码		企业名称		货物进口总金额	万美元
金融机构				申请抵押日期	至
申请事项说明					
备注					

征免税证明编号	

选择	序号	项号	商品编码	货物名称	规格型号	数量	单位	原数量	原货物总价

图7-3　减免税后续系统——贷款抵押

"暂存表编号"：录入暂存后系统自动生成，不可修改。

"中心统一编号"：录入数据中心库后系统自动返填，不可修改。

"后续管理编号"：录入海关库后系统自动返填，不可修改。

"货物进口总金额"：海关初审时系统返填，不可修改。

"企业代码"：系统根据征免表证明编号自动返填，可修改（自理报关企业不能修改）。

"企业名称"：必填，系统根据征免表证明编号自动返填，可修改（自理报关不能修改）。

"征免税证明编号"：必填，手工录入，暂存后不可修改。

"金融机构"：必填，手工录入。

"申请抵押日期"：必填，手工录入格式为 YYMMDD，当前日期≤起始日期≤终止日期。

"申请事项说明"：必填，手工录入。

"备注"：非必填，手工录入。

界面各项录入完成后，点击"暂存"，检查无误后，点击"申报"。

（二）异地监管

输入"征免税证明编号"后，系统自动在表体中反填征免税证明表中的货物信息，表体反填出免表中的商品信息后，在前面的复选框中打"√"，商品项会变成可修改的状态，但是只允许修改商品编码和数量。"数量"不能超过原免表中相关商品申报数量，调整数量后，"原进口总价"将自动随着数量的变化而变化。在"选择"栏不打钩或者在"数量"栏输入"0"，则表示不选择该商品（如图7-4所示）。

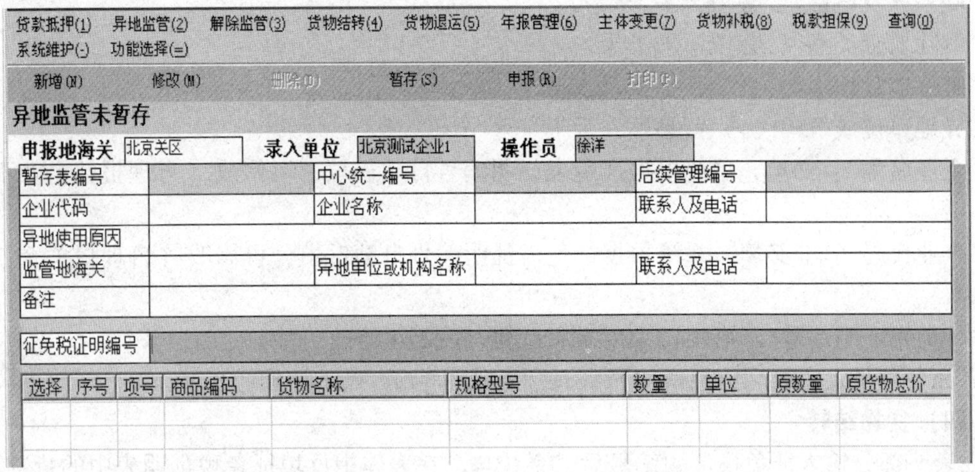

图7-4 减免税后续系统——异地监管

"联系人及电话"：必填，手工录入。

"异地使用原因"：必填，手工录入。

"监管地海关"：必填，手工录入。

"异地单位或机构代码"：必填，手工录入。

"企业名称"：必填，系统根据征免表证明编号自动返填，可修改（自理报关企业不能修改）。

"企业代码"：非必填，系统根据征免表证明编号自动返填，可修改（自理报关企业不能修改）。

"征免税证明编号"：必填，手工录入，暂存后不可修改。

界面各项录入完成后，点击"暂存"，检查无误后，点击"申报"。

（三）解除监管

在表头部分输入征免税证明编号后，系统自动在表体中反填征免税证明表中的货物信息，表体反填出免表中的商品信息后，在前面的复选框中打"√"，商品项会变成可修改的状态，但是只允许修改商品编码和数量。"数量"不能超过原免表中相关商品申报数量，调整数量后，"原进口总价"将自动随着数量的变化而变化。在"选择"栏不打钩或者在"数量"栏输入"0"，则表示不选择该商品（如图7-5所示）。

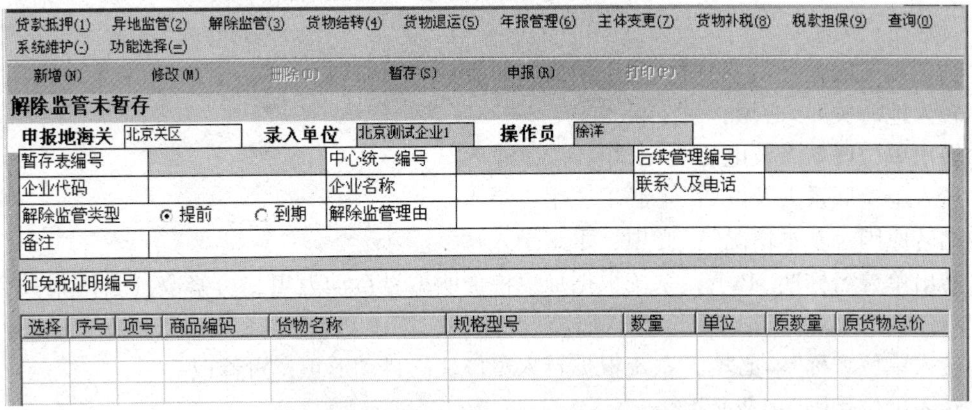

图7-5 减免税后续系统——解除监管

"联系人及电话"：必填，手工录入。

"解除监管类型"：必填，手工录入。

"解除监管理由"：必填，手工录入。

"异地单位或机构代码"：必填，手工录入。

"企业名称"：必填，系统根据征免表证明编号自动返填，可修改（自理报关企业不能修改）。

"企业代码"：非必填，系统根据征免表证明编号自动返填，可修改（自理报关企业不能修改）。

"征免税证明编号"：必填，手工录入，暂存后不可修改。

界面各项录入完成后，点击"暂存"，检查无误后，点击"申报"。

（四）货物结转

在表头部分输入征免税证明编号后，系统自动在表体中反填征免税证明表中的货物信息，表体反填出免表中的商品信息后，在前面的复选框中打"√"，商品项会变成可修改的状态，但是只允许修改商品编码和数量。"数量"不能超过原免表中相关商品申报数量，调整数量后，"原进口总价"将自动随着数量的变化而变化。在"选择"栏不打钩或者在"数量"栏输入"0"，则表示不选择该商品（如图7-6所示）。

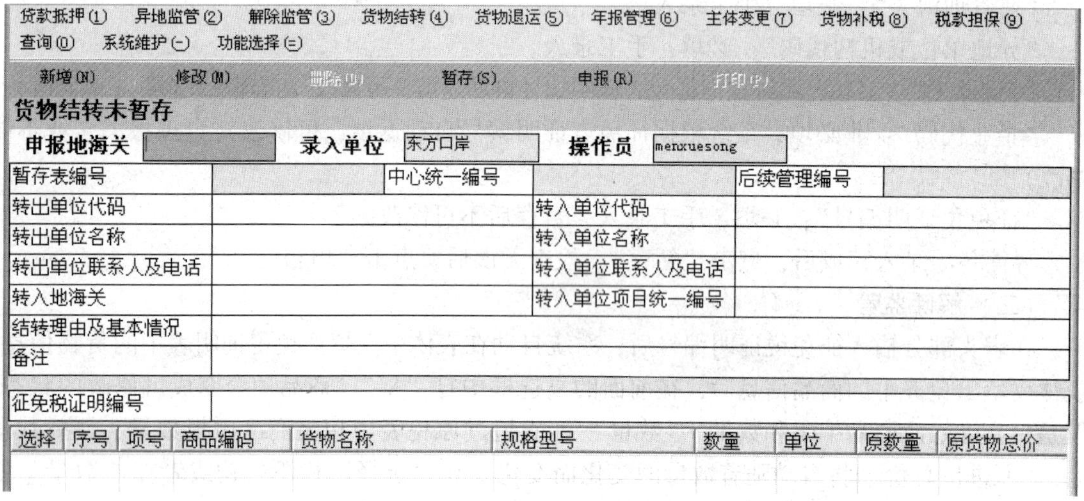

图7-6 减免税后续系统——货物结转

"征免税证明编号"：必填，手工录入，暂存后不可修改。

"转入地海关"：必填，手工录入。

"转出单位联系人及电话"：必填，手工录入。

"转入单位联系人及电话"：必填，手工录入。

"结转原因及基本情况"：必填，手工录入。

"转出单位名称"：必填，系统根据征免税证明编号自动返填，可修改（自理报关企业不能修改）。

"转入单位名称"：必填，系统根据转入单位代码自动返填，可修改。

"转入单位代码"：非必填。

"转入单位项目统一编号"：非必填。

界面各项录入完成后，点击"暂存"，检查无误后，点击"申报"。

数据同步后，转入、转出企业进入"一次申报"系统填写进口、出口货物报关单。减免税货物结转进口（转入），报关单"备案号"栏目应填写《进出口货物征免税证明》的编号；"监管方式"栏目按现行规范填写；"关联备案号"栏目应填写本次减免税货物结转所申请的《减免税进口货物结转联系函》的编号。相应的结转出口（转出），报关单"备案号"栏目应填写《减免税进口货物结转联系函》的编号；"监管方式"栏目应填写 0500（减免设备结转）；"关联备案号"栏目应填写与该出口（转出）报关单相对应的进口（转入）报关单"备案号"栏目所填写的《进出口货物征免税证明》编号；"关联报关单"栏目应填写对应的进口（转入）报关单号。

（五）货物退运

在表头部分输入征免税证明编号后，系统自动在表体中反填征免税证明表中的货物信息，表体反填出免表中的商品信息后，在前面的复选框中打"√"，商品项会变成可修改的状态，但是只允许修改商品编码和数量。"数量"不能超过原免表中相关商品申报数量，调整数量后，"原进口总价"将自动随着数量的变化而变化。在"选择"栏不打钩或者在"数量"栏输入"0"，则表示不选择该商品（如图 7-7 所示）。

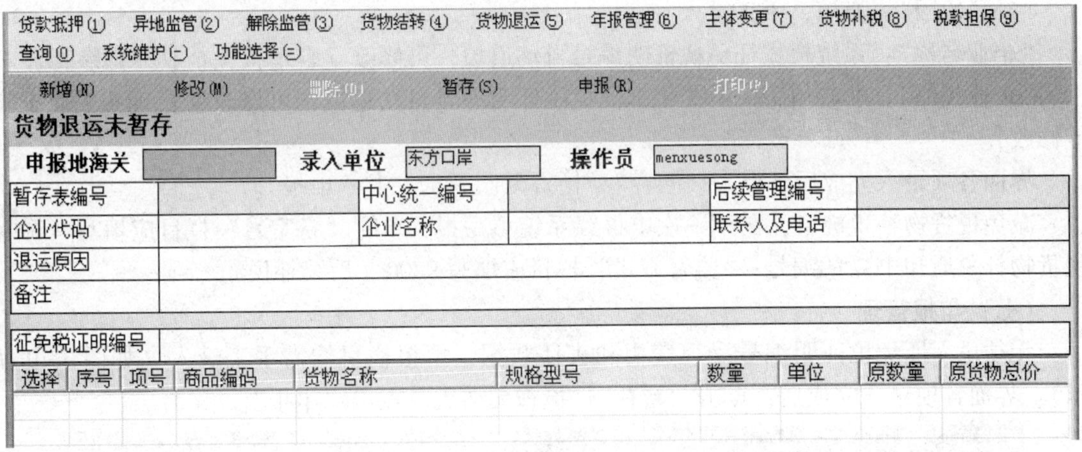

图 7-7　减免税后续系统——货物退运

"征免税证明编号"：必填，手工录入，暂存后不可修改。

"联系人及电话"：必填，手工录入。

"退运原因"：必填，手工录入。

"企业名称"：系统根据征免税证明编号自动返填，可修改（自理报关企业不能修改）。

"企业代码"：非必填，由系统根据征免税证明编号自动返填，可修改（自理报关企业不能修改）。

界面各项录入完成后，点击"暂存"，检查无误后，点击"申报"。

数据同步后，进入"一次申报"系统填写出口货物报关单，"备案号"栏目应填写《减免税进口货物同意退运证明》的编号；"监管方式"栏目应填写 4561（退运货物）。

（六）货物补税

在表头部分输入征免税证明编号后，系统自动在表体中反填征免税证明表中的货物信息，表体反填出免表中的商品信息后，在前面的复选框中打"√"，商品项会变成可修改的状态，但是只允许修改商品编码和数量。"数量"不能超过原免表中相关商品申报数量，调整数量后，"原进口总价"将自动随着数量的变化而变化。在"选择"栏不打钩或者在"数量"栏输入"0"，则表示不选择该商品（如图7-8所示）。

图 7-8　减免税后续系统——货物补税

"征免税证明编号"：必填，手工录入，暂存后不可修改。

"联系人及电话"：必填，手工录入。

"补税原因"：必填，手工录入。

"企业名称"：系统根据征免税证明编号自动返填，可修改（自理报关企业不能修改）。

"企业代码"：非必填，由系统根据征免税证明编号自动返填，可修改（自理报关企业不能修改）。

界面各项录入完成后，点击"暂存"，检查无误后，点击"申报"。

减免税货物补税进口，在"一次申报"系统填写报关单时"备案号"栏目应填写《减免税货物补税通知书》的编号；"监管方式"栏目应填写9700（后续补税）。

（七）年报管理

无须录入征免税证明编号反填表头和表体数据，填报栏目均需手工录入（如图7-9所示）。界面各项录入完成后，点击"暂存"，检查无误后，点击"申报"。

货款抵押(1)	异地监管(2)	解除监管(3)	货物结转(4)	货物退运(5)	年报管理(6)	主体变更(7)	货物补税(8)	税款担保(9)
查询(0)	系统维护(一)	功能选择(三)						

新增(N)	修改(M)	删除(D)	暂存(S)	申报(R)	打印(P)

年报管理未暂存

申报地海关		录入单位	东方口岸	操作员	menxuesong	
暂存表编号		中心统一编号			后续管理编号	
企业代码		企业名称			年报年度	

企业自查内容与自查情况

自查内容	企业自查情况
1、减免税货物安装地点、使用情况	
2、减免税进口货物的调换、抵押、质押、留置、转让、出售、移作他用、退运境外或进行其他处置的情况	
3、减免税进口货物超立项条目范围或未能完全按立项条目要求使用的情况	
4、实际进口的减免税货物的规格、型号和技术参数是否与申报时相同	
5、企业改制、转型、股权转让或合并、分立及其他资产重组情况	
6、减免税设备是否已入本单位固定资产账	
7、其他需向海关说明的情况	
备注	

图 7-9　减免税后续系统——年报管理

（八）税款担保

无须录入征免税证明编号反填表头和表体数据，填报栏目均需手工录入。"减免税依据""审批文件""担保起始时间""担保终止时间"栏为灰色，无法录入，由海关在审核时输入，不可修改（如图7-10所示）。

图 7-10　减免税后续系统——税款担保

【小思考】

外商投资A企业因故宣告破产，在清算过程中A企业打算将仍在海关监管年限内的减免税进口的机动车辆转给合营中方公司所有。请问：

1. 外商投资A企业应办理什么手续？

2. 合营中方公司应办理什么手续？

任务五　"减免税申报"系统操作

进入QP系统登陆界面，用户将操作员的Ikey卡插入电脑的USB接口，或将IC卡插入连接在电脑上的IC卡读卡器中，输入密码口令，进入QP系统主选单界面，点开"减免税申报"子系统（如图7-11所示）。

图 7-11　电子口岸预录入系统主菜单

一、征免税备案申请

（一）备案申请的录入/申报

点击系统上方菜单"征免税备案申请"，录入征免税备案申请各项，录完后点击"申报"，即实现向海关申报，等待海关审批（如图 7-12 所示）。红色框字段为表头必填项。

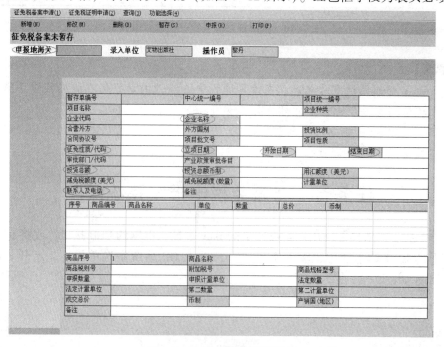

图 7-12　征免税备案申请界面

(二) 备案申请的查询/打印

征免税备案申请申报成功后，可以点击上方菜单"查询"按钮，进行"数据查询"及"回执查询"（如图 7-13、图 7-14 所示）。当查询到状态为海关入库时，可以打印"进出口货物征免税备案登记表"，并提供其他相关资料，联系海关人工审单。

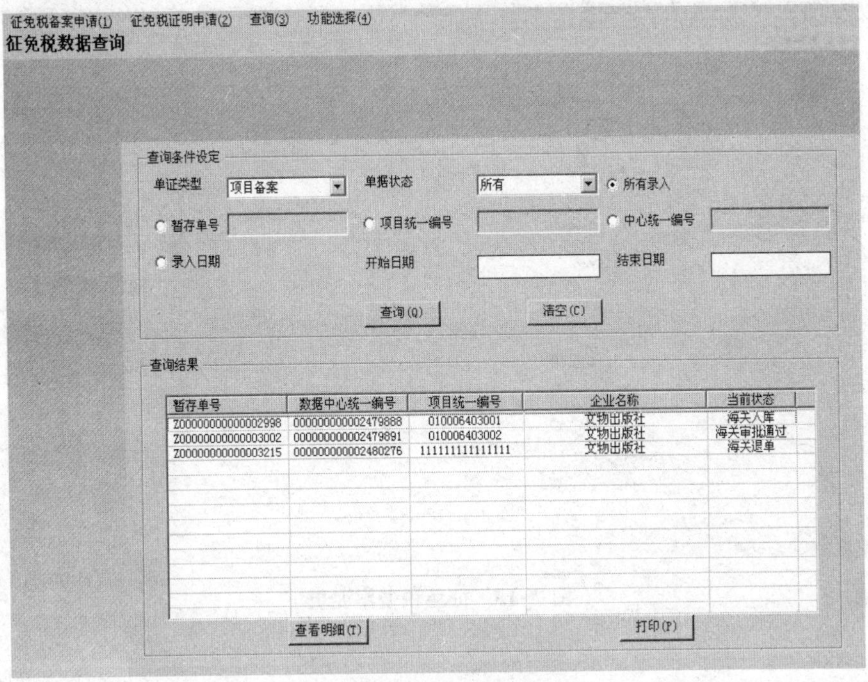

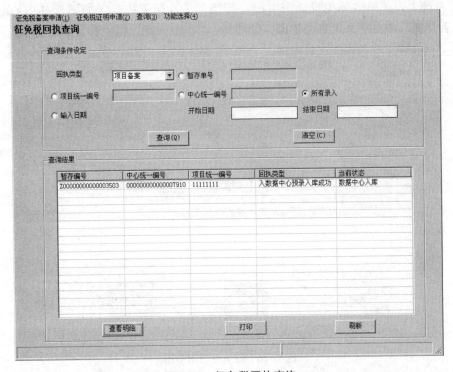

图 7-13　征免税数据查询

图 7-14　征免税回执查询

（三）征免税备案变更

项目备案申请经海关审批通过后，需要变更项目备案时，在经过海关同意变更之后，可以通过本系统对该项目备案数据进行变更操作（如图7-15所示）。变更操作的申报/打印的流程同备案申报时的申报/打印流程一样。

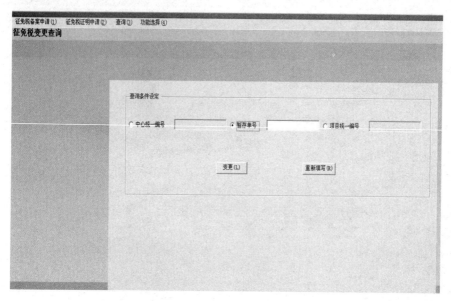

图7-15 征免税备案变更

二、征免税证明申请

点击系统上方菜单"征免税证明申请"按钮，录入相关数据（如图7-16所示）。需注意，"免表类型"项是由系统自动生成，分两种："一证一表"和"有备案无清单"。

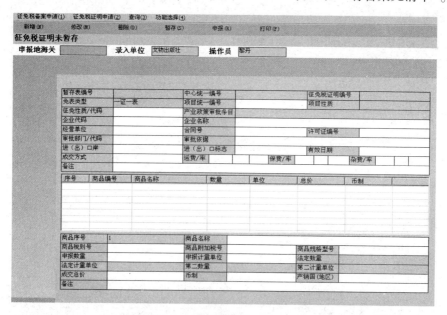

图7-16 征免税证明申请

一证一表（如图 7-17 所示）："征免性质/代码"，按空格键或输入 1 位数字，可调出《征免性质代码表》，然后用上下键选择相应代码；"企业代码"，输入货主单位在海关备案的 10 位编码（无进出口资格的，不录入）；"企业名称"，填货主单位名称，最长 15 个汉字（30 个字符）；"经营单位"，输入经营单位在海关备案的 10 位编码；"审批依据"，输入相应的审批依据文件号；"进（出）口岸"，输入 4 位口岸代码（4 位数字）；"进（出）口标志"，进口——输入字母 I，出口——输入字母 E。

暂存表编号	Z00000000100131131	中心统一编号	000000000014201914	征免税证明编号	Z53210800478
免表类型	一证一表	项目统一编号		项目性质	
征免性质/代码	外资企业	产业政策审批条目			
企业代码	4403447663	企业名称	日立环球存储科技(深圳)有限公司		
经营单位	日立环球存储科技(深圳)	合同号		许可证编号	
审批部门/代码		审批依据	署监(1997)594号文		
进（出）口岸	福保税关	进（出）口标志	进口	有效日期	20080724
成交方式		运费/率		保费/率		杂费/率	
备注	免税,限福田保税区内使用				

| 序号 | 商品编号 | 商品名称 | 数量 | 单位 | 总价 | 币制 | |
| 1 | 90118000 | 光学显微镜 | 1 | 台 | 31066 | 美元 | |

商品序号	1	商品名称	光学显微镜		
商品税则号	90118000	商品附加税号	00	商品规格型号	OLYMPUS/MX61
申报数量	1	申报计量单位	台	法定数量	1
法定计量单位	台	第二数量		第二计量单位	
成交总价	31066	币制	美元	产销国(地区)	日本
备注					

图 7-17 征免税证明申请——一证一表

有备案无清单（如图 7-18 所示）：录入项目统一编号，回车，会自动带出以下备案数据，如免表类型、征免性质/代码、产业政策审批条目、企业代码、企业名称、审批部门/代码等。

暂存表编号	Z00000000100156857	中心统一编号	000000000014229323	征免税证明编号	000014229323
免表类型	有备案无清单	项目统一编号	C39545322176	项目性质	外商独资
征免性质/代码	鼓励项目	产业政策审批条目	新型电子元器件(片式元器件、敏感元器件及传感器、频率控制与选择
企业代码	4403947003	企业名称	深圳光星电子有限公司		
经营单位	深圳光星电子有限公司	合同号		许可证编号	
审批部门/代码	深圳市贸易工业局	审批依据	署税(1997)1062号文		
进（出）口岸	深圳海关	进（出）口标志	进口	有效日期	20080825
成交方式	CIF	运费/率		保费/率		杂费/率	
备注					

序号	商品编号	商品名称	数量	单位	总价	币制	
1	90304090	频谱分析仪	1	台	23545	美元	
2	85044014	三组输出DC电源供应器	6	台	7890	美元	

商品序号	2	商品名称	三组输出DC电源供应器		
商品税则号	85044014	商品附加税号	00	商品规格型号	E3631A
申报数量	6	申报计量单位	台	法定数量	6
法定计量单位	个	第二数量		第二计量单位	
成交总价	7890	币制	美元	产销国(地区)	马来西亚
备注					

图 7-18 征免税证明申请——有备案无清单

"征免税证明申请"数据录入完成后，点击"申报"。申报成功后，可对数据进行查询，当查询到状态为海关入库时，可以打印"进出口货物征免税证明申请表"，并提供其他相关资料联系海关人工审单（如图7-19所示）。

图7-19 征免税证明查询

三、免表的下载

海关完成审单后，海关系统同步数据后，可以下载免表。免表（Tax exemption certificate）即海关免税证明。在QP系统主菜单界面，进入"备案数据下载"子系统→"减免税免表"，可自行下载（如图7-20所示）。

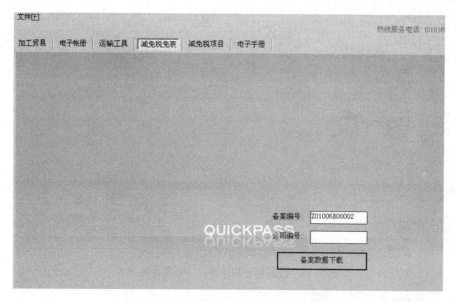

图7-20 备案数据下载——减免税免表

四、减免税缺省值设置

可以通过 QP 系统中的"系统维护"子系统进入减免税申报系统的维护界面，设置一部分默认值，你所设置的默认值只针对您所使用的当前机器，每台计算机都可以使用不同的默认值设置（如图 7-21 所示）。

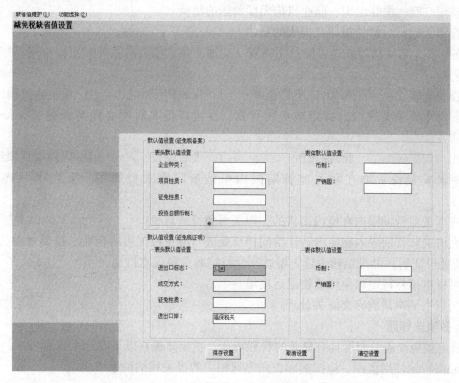

图 7-21　系统维护——减免税缺省值设置

单 元 练 习

一、单项选择题

1. 特定减免税进口货物的海关监管期限按照货物的种类各有不同。以下特定减免税货物的正确海关监管期限是(　　)。

A. 船舶、飞机、建材，8 年；机动车辆，6 年；其他货物，5 年

B. 船舶、飞机，8 年；机动车辆，6 年；其他货物，5 年

C. 船舶、飞机、建材，8 年；机动车辆，家用电器，6 年；其他货物，5 年

D. 船舶、飞机，8 年；机动车辆，6 年；其他货物，3 年

2. 北京某外资企业从美国购进大型机器成套设备，分三批运输进口，其中两批从天津进口，另一批从青岛进口。该企业在向海关申请办理该套设备的减免税手续过程中，下列做法正确的是(　　)。

A. 向北京海关分别申领两份征免税证明

B. 向北京海关分别申领三份征免税证明

C. 向天津海关申领一份征免税证明，向青岛海关申领一份征免税证明

D. 向天津海关申领两份征免税证明，向青岛海关申领一份征免税证明

3. 下列进出口货物中，属于法定减免税范围的是(　　)。

A. 关税完税价格在人民币50元以下的一票货物

B. 无商业价值的货样、广告品

C. 外国政府、国际组织、商业机构无偿赠送的物资

D. 在海关放行后遭受损坏或损失的货物

4. 下列哪一选项从境外进口的自用物资（交通工具、消费品除外）可以享受特定减免税的优惠待遇(　　)。

A. 保税仓库　　　　B. 出口监管仓库　　　　C. 保税物流中心　　　　D. 保税物流园区

5. 下列哪一选项进口的特定减免税货物，在进口报关时不必向海关提交《征免税证明》(　　)。

A. 出口加工区　　　B. 保税区　　　C. 大专院校　　　D. 国内投资项目

6. 特定减免税货物在海关监管期限内申请解除海关监管的，下列哪一选项不正确(　　)。

A. 在海关监管期限内在境内出售的，海关可免征进口税

B. 在海关监管期限内在境内转让给同样享受进口减免税优惠的企业，接受货物的企业可以凭《征免税证明》办理结转手续，继续享受特定减免税优惠待遇

C. 可以申请将特定减免税货物退运出境

D. 可以书面申请放弃交海关处理

二、多项选择题

1. 特定减免税通关制度具有显著的管理特征，主要体现在以下哪几个方面(　　)。

A. 脱离特定使用范围，应按实际去向办理相应的报关和纳税手续

B. 在特定条件和规定范围内使用可减免进口税费

C. 原则上免予交验进出口许可证件

D. 货物进口验放后仍需受海关监管

2. 下列关于特定减免税货物管理的表述正确的是(　　)。

A. 特定减免税的申请，首先是减免税资格确认，然后是《进出口货物征免税证明》申领

B. 国内投资项目和利用外资项目减免税资格确认的依据是由国务院有关部门或省市人民政府签订的《国家鼓励发展的内外资项目确认书》

C. 民政部门或中国残疾人联合会所属单位专用品、专用仪器、专用生产设备的减免税，海关凭民政部门或中国残疾人联合会的批准文件签发《进出口货物征免税证明》

D. 《进出口货物征免税证明》的有效期为6个月，且不得延期

3. 下列哪些选项中的进口的特定减免税货物，应在进口报关时向海关提交《征免税证明》(　　)。

A. 出口加工区　　　B. 保税区　　　　C. 大专院校　　　　D. 国内投资项目

三、判断题

1. 进口的特定减免税机器设备只能在本企业自用，不可以在两个享受特定减免税优惠的企业之间结转。　　　　　　　　　　　　　　　　　　　　　　　　(　　)

2. 特定减免税进口货物，除另有规定外，一般不豁免进口许可证件。　　（　　）

3. 某外商投资企业经批准进口享受特定减免税旧设备一套，进口时可以免于申领《自动进口许可证》。　　（　　）

4. 企业破产清算时仍在海关监管期限内的特定减免税货物，应在破产清算之前，向海关申请办理解除海关监管手续，有关货物才能进入破产清算、变卖、拍卖程序。对进入法律程序的特定减免税货物，如属于进口许可证管理的货物，原进口时未向海关提交进口许可证件的，海关可凭人民法院的判决和国家仲裁机关的仲裁证明免交进口许可证件。　　（　　）

5. 特定减免税货物在进口之前，进口货物收发货人或其代理人应当办理加工贸易备案和登记手册的手续。　　（　　）

四、实务题

南开大学邀请境外某学术代表团来华进行学术交流，通过货运渠道从天津国际机场口岸运进一批教学必需的设备，其中有一个先进的智能机器人是国内所没有的。货物进口时，南开大学作为收货人委托天津某报关企业在机场海关办理该批设备的进口手续。交流结束后，天津大学同国外代表团协商决定留购该机器人以备研究，并以科教用品的名义办妥减免税手续，其余测试设备在规定期限内经北京国际机场复运出口。那么，天津报关企业申报教学设备进口时，应按何种管理性质的货物申报？办理机器人留购手续时，应注意哪些问题？

项目八

暂准进出境货物报关作业

学习目标

【知识目标】
- 掌握暂准进出口货物的概念、范围、特征、监管时间。
- 熟悉 ATA 单证册的申领及 ATA 单证册下暂准进出境货物的报关流程。
- 了解非 ATA 单证册下的展览品进境申报程序。

【技能目标】
- 能够办理 ATA 单证册，并正确使用 ATA 单证册办理报关手续。
- 能够办理非 ATA 单证册下展览品的备案、进口/复出口手续。

项目导入

2016 年 8 月 18 日，武汉举办了电子加工机械展销会，日本三菱公司应邀参加展览，展览的货物包括电子机械、宣传印刷品、说明书、演示消耗品等，三菱公司在参加展会前，先向日本国内相关机构申领了一份"ATA 单证册"，装运货物的运输工具于 7 月 25 日由集装箱装运进境，8 月 16 日，该批货物的收货人持"ATA 单证册"向武汉海关办理了货物暂时进口申报。

展览期间，三菱公司向观众分发了许多免费的宣传印刷品和说明书等资料，期间还进行过电子机械的现场演示，使用了部分演示消耗品。

8 月 20 日展览结束，应广州某主办方要求，电子机械将于 2017 年 2 月 21 日赴广州展出，在这期间，电子机械展品一直保存在国内。2017 年 2 月 21 日，电子机械按时转关运输至广州参展，期间被国内某公司购买，剩下的演示消耗品不复运出境。2017 年 2 月 25 日，展出结束，当事方向海关办理相关手续。

工作任务：

1. 为该批电子机械（包括参展所需的演示消耗品、文字说明资料等）办理暂准进境手续。

2. 由于 ATA 单证册的有效期为 6 个月，该批货物入境时间超过了 6 个月，日本三菱公司应该如何处理？

3. 电子机械展品从武汉转关运输至广州，应该办理哪些手续？

4. 电子机械在广州被购买，此时期性质发生了改变，由原来的暂准进境货物变为一般进口货物，应该如何处理？

5. 不复运出境的演示消耗品，应办理哪些手续？

任务一 暂准进出境货物认知

一、暂准进出境货物的概念

暂准进出境货物是暂准进境货物和暂准出境货物的合称。暂准进境货物是指进口货物收货人为了特定的目的，经海关批准暂时进境，并在规定的期限内保证按原状复运出境的货物。暂准出境货物是指为了特定的目的，经海关批准暂时出境，并在规定的期限内复运进境的货物。

二、暂准进出境货物的特征

1. 暂时免予缴纳税费。
2. 免予提交进出口许可证件。
3. 在规定期限内（一般是 6 个月）按原状复运出境或者进境。
4. 按货物实际使用情况办理核销结关手续。

三、暂准进出境货物的范围

暂准进出境货物具有非贸易性，适用范围包括两大类：第一类（全部免税）是指经海关批准暂时进境或者出境，缴纳保证金，在规定的期限内，复运出境或者复运进境的货物。第二类（部分免税）是指第一类以外的暂准进出境货物，如工程施工中使用的设备、仪器及用品，应当按货物的完税价格和其在境内滞留时间与折旧时间的比例计算，按月或者在规定期限内货物复运出境或者复运进境时征收进出口税的暂准进出境货物。本书主要讲解的是第一类，主要包括：

1. 在展览会、交易会、会议及类似活动中展示或者使用的货物。
2. 文化、体育交流活动中使用的表演、比赛用品。
3. 进行新闻报道或者摄制电影、电视节目使用的仪器、设备及用品。
4. 开展科研、教学、医疗活动使用的仪器、设备和用品。
5. 上述 4 项所列活动中使用的交通工具及特种车辆。
6. 暂时进出境的货样。
7. 供安装、调试、检测、修理设备时使用的仪器及工具。
8. 盛装货物的容器。
9. 暂时进出境用于非商业目的货物。

从监管方式的角度看，第一类暂准进出境货物分为四种：

（1）用 ATA 单证册报关的暂准进出境货物。
（2）不使用 ATA 单证册报关的进出境展览品。
（3）装箱箱体。
（4）暂时进出口货物。

任务二 ATA 单证册下暂准进出境货物报关

一、ATA 单证册概述

（一）含义

ATA 单证册（ATA Carnet）是"暂准进口单证册"的简称，是用于替代各缔约方海关暂准进出口货物报关单和税费担保的国际性通关文件。

ATA 由法文 Admission Temporaire 与英文 Temporary Admission 的首字母组成，表示暂准进口。从其字面可知，使用 ATA 单证册的货物有别于普通进口货物，这类货物在国际间流转时，其所有权不发生转移。

ATA 单证册制度为暂准进口货物建立了世界统一的通关手续，使暂准进口货物可以凭 ATA 单证册，在各国海关享受免税进口和免予填写国内报关文件等通关便利。因此，ATA 单证册又被国际经贸界称之为货物护照和货物免税通关证。

（二）格式

我国海关只接受中文或者英文填写的 ATA 单证册。一份 ATA 单证册一般由 8 页 ATA 单证组成：一页绿色封面单证、一页黄色出口单证、一页白色进口单证、一页白色复出口单证、两页蓝色过境单证、一页黄色复进口单证、一页绿色封底。

（三）适用

仅限于上述 9 项内容的第 1 种情况：展览会、交易会会议及类似活动的货物。除此之外，我国不接受持 ATA 单证册办理进出口申报手续。

（四）管理

1. 出证担保机构：ATA 单证册的担保协会和出证协会一般是国际商会国际局和各国海关批准的各国国际商会。中国国际商会是我国 ATA 单证册的担保协会和出证协会。

2. 管理机构：我国是海关总署在北京海关设立 ATA 核销中心。

3. 延期审批：自货物进出境之日起 6 个月，超过 6 个月的，向海关申请延期，延期最多不超过 3 次，每次延长期限不超过 6 个月。

在规定期限届满 30 个工作日前向货物暂时进出境申请核准地海关提出延期申请，直属海关受理延期申请的，于受理申请之日起 20 个工作日内制发"中华人民共和国海关货物暂时进/出境延期申请批准决定书"（或不批准决定书）。

参展期在 24 个月以上的，在 18 个月的延长期届满后仍需要延期的，由主管地直属海关报海关总署审批。

4. 追索：ATA 单证册下暂时进境货物未能按规定复运出境或过境的，ATA 核销中心向中国国际商会提出追索。在 9 个月内，中国国际商会提供货物已复运出境或已办理进口手续证明的，ATA 核销中心可撤销追索；9 个月期满后未能提供证明的，中国国际商会向海关支付关税和罚款。

（五）使用

1. 正常使用

使用 ATA 单证册，首先要向出证协会提出申请，缴纳一定的手续费，并按出证协会的规定提供担保，出证协会审核后签发 ATA 单证册。持证人凭 ATA 单证册将货物在出境国（地区）暂时出境，又暂时进境到进境国（地区），进境国（地区）海关经查验签章放行。货物完成暂时进境的特定使用后，从进境国（地区）复运出境，又复运进境到原出境国（地区）。持证人将使用过的、经各海关签注的 ATA 单证册交还给原出证协会。ATA 单证册的整个使用过程到此结束。

2. 未正常使用

未正常使用一般可能有两种情况：一是货物未按规定期限复运出境，产生了暂时进境国（地区）海关对货物征税的问题；二是 ATA 单证册持证人未遵守暂时进境国（地区）海关的有关规定，产生了暂时进境国（地区）海关对持证人罚款的问题。在这两种情况下，暂时进境国（地区）海关可以向本国担保协会提出索赔；暂时进境国（地区）担保协会垫付税款、罚款等款项后，可以向暂时出境国（地区）担保协会进行追偿；暂时出境国（地区）担保协会垫付款项后，可以向持证人追偿，持证人偿付款项后，ATA 单证册的整个使用过程到此结束。如果持证人拒绝偿付款项，则担保协会或出证协会要求持证人的担保银行或保险公司偿付款项。如果后者也拒付，则采取法律行动。

二、ATA 单证册报关的优点

（一）简化通关手续

持证人使用 ATA 单证册后，可无须填写各国国内报关文件，并免交货物进口各税的担保，从而极大地简化了货物通关手续。

（二）节约通关费用和时间

ATA 单证册由持证人在本国申请，从而使持证人在出国前就预先安排好去一个或多个国家的海关手续，无须在外国海关办理其他手续或交纳费用，并可确保快捷通关。

（三）降低持证人风险

使用 ATA 单证册，持证人无须为向外国海关交纳进口各税的担保而携带高额外汇出国。

（四）ATA 单证册可重复使用

ATA 单证册项下的货物可以在有效期内凭同一单证册在本国多次进出口，去多个国家办理暂准进口货物的进出口报关，并在多个国家过境通关。

（五）适用对象广泛

从事商务活动人员、各行专业人士以及从事贸易、教育、科学技术、文化体育交流活动的机构，均可受益于 ATA 单证册。例如，会议代表、销售人员、参展厂家、广播电视台、演艺团体、记者、医生、科研人员、旅游者等各界人士及相关机构均可为其所使用的货物或物品申办 ATA 单证册。

（六）报关灵活

持证人本人或持证人的职员，以及有持证人授权委托书的国内外报关代理、外国贸易伙伴或其他人员均可持 ATA 单证册在国内外海关办理报关手续。

三、ATA 单证册的申办

（一）申办主体

需具备以下条件：①申请人为居住地或注册地在中华人民共和国境内的自然人、法人、常驻代表机构或其他组织；②申请人为货物所有人或对货物具有独立自由处分权的人。

（二）申办条件

在我国申请 ATA 单证册时，其项下货物应满足以下各项要求：①货物除使用中正常损耗外能按原状复进口；②货物用途（指展览会和交易会货物、商业样品、专业设备等）符合临时进口国/地区加入的国际公约或相关国内法的规定。

（三）申请材料

①申请表（如表 8-1 所示）；②货物总清单（如表 8-2 所示）；③申请人身份证明文件（按申请人性质，提交企业法人营业执照、事业单位法人证书、组织机构代码证、社会团体法人登记证书、常驻代表机构登记证等）。申请表和货物总清单可在 www.atachina.org 上下载。

表 8-1　ATA 单证册申请表

一、申请人基本情况
1. 申请人名称：_____
Applicant's Name：_____
申请人法定地址：_____
Applicant's Legal Address：_____
2. 申请人身份证明文件名称：_____　号码：_____
3. 授权报关代表：_____
Authorized Representatives：_____
4. 申请人代表：_____　邮箱：____@____　电话/手机：___-_____/_____
申办联系人：_____　邮箱：____@____　电话/手机：___-_____/_____
二、单证册基本情况
1. 货物用途：展览会和交易会货物　具体描述：_____
2. 出境报关口岸：_____　报关日期：____年__月__日　运输方式：_____
3. 临时进口国/地区：_____　过境国/地区：_____
4. 计划行程：_____
_____预计返回日期：____年__月__日
三、担保
货物总值（人民币）：_____　担保金额：_____　担保形式：_____
我同意向中国国际贸易促进委员会/中国国际商会（简称中国贸促会）授权签证机构提交担保。在我使用书面保证作为担保情形下，接受中国贸促会或其授权的机构对本次使用 ATA 单证册的风险进行评估，按其规定交纳用于风险评估的费用。我确认，中国国际贸易促进委员会商事法律服务中心作为中国贸促会 ATA 单证册出证、担保的管理部门和受益人，有权执行我所提交的担保和处理所涉事务。
四、保证
我将严格遵守《关于货物暂准进口的 ATA 单证册海关公约》《货物暂准进口公约》等与 ATA 单证册制度相关的国际公约，暂准进出、过境国/地区法律法规，以及 ATA 单证册申请和使用的各项规定。如违反上述规定造成该单证册被任何海关索赔，我将在接到中国贸促会的缴款通知后十个工作日内无条件支付索赔款，并同意我所提交的担保直接用以赔付索赔款。我对中国贸促会为此同有关商会、海关或其他组织进行协商或处理的结果承担全部责任。
我保证，我提交的申请表和货物总清单内容真实、完整，我对清单项下的货物具有独立自由处分权，且货物本身不侵犯第三方权利。如有违反，一切后果和责任由我承担。
我承诺，在 ATA 单证册使用完毕后十五天内，将其退还至该单证册的签证机构办理核销手续。我接受中国贸促会做出的核销意见和对我所提交担保的调整结果，担保调整后该单证册发生海关追索，我承担支付索赔款项义务。
取证方式：_____　邮寄信息：_____　申请人签章：_____
申请日期：____年__月__日

表 8-2　货物总清单

Item No. / 项号	Trade description of goods and marks and numbers, if any/货物品名、标记及号码	Number of Pieces/ 件数	Weight or Volume/ 重量或体积	Value * / 价值 *	* * Country of origin/ * * 原产国	For Customs Use/由海关填写 Identification marks/鉴别标记
1	2	3	4	5	6	7
1				CNY		
TOTAL or CARRIED OVER/总计或转下页						

A. T. A. CARNET　　　　　GENERAL LIST/总清单　　　　　ATA 单证册

＊Commercial value in country/Customs territory of issue and in its currency, unless stated differently. /

＊指以单证册签发国/关境货币表示的商业价值，除非标明为他国货币

＊＊Show country of origin if different from country/Customs territory of issue of the Carnet，using ISO country codes. /

＊＊如果原产国非单证册签发国/关境，请用国际标准化组织的国家编码标明原产国

（四）办理程序

1. 登录 www. atachina. org 网站的"ATA 单证申办系统"进行网上预审。

2. 预审通过后，按通知提交担保。

3. 凭担保的支付凭证及纸面申请材料（需签字、盖公章/个人申请签字按手印）领取 ATA 单证册（如图 8-1 所示）。

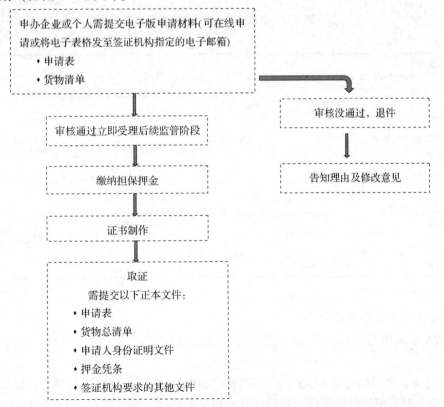

图 8-1　ATA 单证册申请流程

（五）办理时限

网上申请材料预审 2 个工作日，经审核符合规定 3 个工作日签发 ATA 单证册。

四、ATA 单证册的备案

（一）相关规定

根据中国海关规定，所有进口 ATA 单证册均需由中国国际贸易促进委员会/中国国际商会进行电子备案，并向口岸海关发送电子数据后，单证册持证人或其代理人方可向中国海关进行申报。

例如进口 ATA 单证册项下货物为随身携带入境，办理电子备案手续时，单证册持证人或其代理人需要向中国国际贸易促进委员会/中国国际商会提交 ATA 单证册正本。例如进口 ATA 单证册项下货物由货运渠道入境，单证册持证人或其代理人需要向中国国际贸易促进委员会/中国国际商会提交 ATA 单证册正本或者该 ATA 单证册封面、进口凭证页、货物总清单的复印件以及在海关预录入过的提运单上的号码、件数和重量。

为方便进口 ATA 单证册持证人及其代理人办理电子备案，中国国际贸易促进委员会/中国国际商会已在我国各主要口岸城市授权 ATA 签证机构受理电子备案业务，并在首都国际机场 2 号和 3 号航站楼设立了 ATA 单证册受理处。单证册持证人及其代理人可咨询当地签证机构了解电子备案详情（可在网站 http：//www.atachina.org/查询）。

（二）备案

由中国国际贸易促进委员会/中国国际商会填写"进境 ATA 单证册备案信息表"（如表 8-3 所示）进行备案，并向口岸海关发送电子数据。

表 8-3　进境 ATA 单证册备案信息表

年　月　日

ATA 单证册号			
进 境 凭 证 号		进境口岸	
运输方式	☐航空运输　☐水路运输　☐公路运输　☐其他运输＿＿＿＿		
＊请自行确认是否已在海关备案运单信息。按备案的"运单"填写右边内容	主运单号		
	分运单号		
	数　　量 ＿＿＿件　/　重　　量 ＿＿＿公斤		
报关代理名称		联系人及电话	
发票抬头			
货物中文品名			

填表人签字：

填写要求及要点如下：

1. ATA 单证册号：以国家/地区的二位代码开始，可以使用/ -字符，中间不可以有空格。

2. 进境凭证号：根据正本 ATA 单证册内存根和凭证的使用情况进行填写。例如单证册内编号为 1 的一对存根已经被签注，且凭证已经被海关留存，则填写 2，依此类推。

3. 进境口岸（代码）：进境报关口岸的名称及四位代码。

4. 运输方式：根据货物的实际情况，勾选航空运输、水路运输、公路运输或其他运输。

5. 主运单号/分运单号/件数/重量：根据海关舱单系统信息准确填写。

6. 报关代理名称：实际进行海关申报活动的授权报关代理公司全称。

7. 联系人及电话：前来办理 ATA 单证册进境备案的人员的名字及电话。

8. 发票抬头：承担此项费用支出的公司全称。

9. 货物中文品名：货物中文名称要与英文货物描述一一对应。

五、ATA 单证册的报关作业

目前中国海关只接受用途为展览展示的货物使用 ATA 单证册报关。持 ATA 单证册向海关申报进出境货物，无须向海关提交进出口许可证件，也不需要另外再提供担保。需提前做好如下准备工作：

1. 申请并收到 ATA 单证册后，请查看单证册各栏目是否填写正确，特别注意绿色封面 A、B 栏的填注，绿色封面和货物清单是否加盖了出证机构的印章。

2. 持证人或其授权人需在绿色封面右下方"持证人签字处"签字和/或盖章。

3. 持证人代表是指报关代理，如与单证册绿色封面 B 栏列明的不一致，请为变更后的报关代理准备授权委托书。进出我国口岸时需使用中文授权委托书，格式可参考中国海关规定的报关委托书；进出外国口岸时需使用英文授权委托书，范本可从 ATA 网站下载（www. atachina. org）。

4. 根据货物通关次数，单证册中包括了相应数量的"黄色"、"白色"和"蓝色"报关单（包括存根和凭证），请按签发序号正确使用各种颜色报关单。

5. 在每次报关前，请填妥凭证上 D~F 栏。F 栏详细说明了每次报关时货物的状况，请仔细填写。持证人代表在报关时需在凭证右下方签字。

6. 随身携带的货物可以在离开或到达口岸时，现场办理海关手续。货运的货物请在当地海关的正常办公时间内办理相关手续。

7. 在使用过程中请妥善保管单证册，以免损毁或丢失。单证册在使用完毕后，请尽快退还出证机构核销。

8. 进口报关前，需携带单证册前往中国国际贸易促进委员会/中国国际商会的授权签证机构或当地贸促分支机构办理进口 ATA 单证册电子备案手续。如果单证册项下货物运输方式为航空运输或水路运输，请同时提供空运或海运提单，并确认运单信息（运单号、船名、航次、运单上的件数和重量）已在海关备案。复出口报关时无须再次办理电子备案手续。

（一）暂准出境货物的出境/复进境报关作业

1. 出境申报

（1）使用 ATA 单证册黄色出口凭证进行出口申报。

（2）在凭证 D 栏填入运输方式，凭证 E 栏填入包装情况，凭证 F 栏填入从中国出境货物的项号。

（3）持证人代表在凭证右下方签字。

（4）将单证册交给出境地海关。单证册第一次出境时，必须由出境地海关关员在绿色封面左下方签注盖章，此时单证册才正式生效。

（5）出境地海关关员在黄色出口存根第 1 栏填入所有出境货物的项号。

（6）出境地海关关员在存根和凭证上分别签注盖章，并撕下凭证留存。

（7）如果您的货物在国内需要联运，需在最终出境地口岸海关办理出口申报手续。

2. 复进境申报与结关

（1）使用 ATA 单证册黄色复进口凭证进行复进口申报。

（2）在凭证 D 栏填入运输方式，凭证 E 栏填入包装情况；在凭证 F（a）栏列明复进口货物的项号和相应出口凭证的号码。如有必要，填写 F（b，c）栏。

（3）持证人代表在凭证右下方签字。

（4）将单证册交给复进境地海关。

（5）复进境地海关关员在黄色复进口存根第 1 栏填入所有复进口货物的项号，并在第 1 栏第二部分注明相应出口凭证的号码。

（6）复进境地海关关员在存根和凭证上分别签证盖章，撕下凭证与出口凭证核对，以核销单证册，并结关。

（二）暂准进境货物的进境/复出境报关作业

1. 进境申报

（1）使用 ATA 单证册白色进口凭证进行进口申报（同时需提交国家主管部门的批准文件、装货单等单证）。

（2）在凭证 D 栏填入运输方式，凭证 E 栏填入包装情况；在凭证 F（a）栏填入进口货物的项号，在 F（b）栏填入货物预定使用地。

（3）持证人代表在凭证右下方签字。

（4）将单证册交给进境地海关。

（5）进境地海关关员在白色进口存根第 1 栏填入所有进境货物的项号。

（6）进境地海关关员有权对单证册复出口期限加以限制。请遵守进口存根第 2 栏规定的货物复出口期限，单证册项下货物应确保在进境地海关规定的复出口期限前（白色进口存根中标明）原状复运出境，否则单证册将引起索赔。如果进境地海关关员没有规定复出口期限，单证册项下货物最迟应在封面所示单证册有效期之前复出口。

（7）进境地海关关员在存根和凭证上分别签注盖章，并撕下凭证留存。

2. 复出境申报与结关

（1）使用 ATA 单证册白色复出口凭证进行复出口申报。

（2）在凭证 D 栏填入运输方式，凭证 E 栏填入包装情况；在凭证 F（a）栏列明复出口货物的项号和相应进口凭证的号码。如有必要，填写 F（b，c，d）栏。

（3）持证人代表在凭证右下方签字。

（4）将单证册交给复出境地海关。

（5）复出境地海关关员在白色复出口存根第 1 栏填入所有复出口货物的项号，并在第 1 栏第二部分注明相应进口凭证的号码。

（6）如果有部分货物没有复出口，且已交纳了进口关税，您必须取得当地海关出具的调整货物性质的证明（如完税证明），并要求出境地海关关员在单证册上签注对货物的调整情况。海关证明上需注明未复出口的货物（与总清单一致）和单证册号码，并随单证册一同退还出证机构。

（7）因丢失、被盗、毁坏或捐赠而不能复出口的货物，通常情况下也应交纳进口关税。

（8）如果货物在暂准进口地因不可抗力灭失，请及时取得当地海关或警方的证明，以便办理货物免税手续，否则，仍需交纳进口关税。

（9）复出境地海关关员在存根和凭证上分别签证盖章，撕下凭证与进口凭证核对，以核销单证册，并结关。

（三）ATA 单证册过境报关作业

过境指货物在离开一个国家去往另一个国家的途中，经过其他国家或地区海关转关但不改变其货物性质的情况。例如，货物离开中国前往美国，途经日本。日本为过境国，需使用两张蓝色的过境凭证进行申报。

1. 进境申报

（1）在两张凭证的 F（a）栏注明从过境国出境的海关口岸和过境货物的项号。

（2）持证人代表在凭证右下方签字。

（3）将单证册交给进境地海关。

（4）进境地海关关员在两张存根的上半部分和凭证 H 栏 a~e 项签注盖章。

（5）进境地海关关员撕下第一张凭证。

2. 出境申报与结关

（1）持证人代表在第二张凭证右下方签字。

（2）将单证册交给出境地海关。

（3）出境地海关关员在第二张存根下半部分和第二张凭证 H 栏的 f 和 g 项签注盖章。

（4）出境地海关关员撕下第二张凭证，与第一张凭证核对，并核销结关。

请注意，在正常情况下，各色存根第 1 栏、凭证 F（a）栏与货物总清单中所填写的货物项号必须一致。请严格遵守上述手续报关，否则将导致暂准进口地海关对 ATA 单证册提起进口关税和/或其他税费的索赔。

六、ATA 单证册通关注意事项

1. 货物从中国出口时，请核对出口地海关在 ATA 单证册绿色封面的左下角"海关验证"栏内是否已经签字盖章。如果没有中国海关的签字盖章，单证册无效。

2. 单证册内黄色出口/复进口存根以及黄色出口报关凭证和复进口报关凭证均由中国海关签注填写；白色进口/复出口存根以及白色进口报关凭证和复出口报关凭证由国外海关签证填写；蓝色过境存根和过境报关凭证由过境国或地区海关或国内转关地海关签注填写。所有凭证在由海关签注完毕后，将被海关撕下留存；所有存根在经海关签证后，仍需保留在单证册内。

3. 持证人在进出各个口岸海关时，应主动出示单证册，办理海关手续。如果单证册上海关的签注不完整，或将因此而引起索赔而无法及时核销和办理退保手续。

4. 中国海关一般给予出口单证册项下货物 6 个月的复进口有效期。如果货物无法在规定期限内复运回国，请在复进口有效期到期前至少 1 个月内向出口地海关申请延长复进口期限至单证册有效期。如果货物在单证册有效期内无法复运回国，需向签证机构申请续签单证册。未经海关许可超期复出口，中国海关将全额征收进口关税。

5. 中国海关允许出口单证册项下货物异地、分批复进口。

6. 单证册项下货物在国外旅行时需遵守当地法律法规，并按照临时进口国或地区海关规定的复出口期限（由海关在单证册白色进口存根处标明）将货物原状复出口，否则将会引起索赔。如果需要延长复出口期限，请征得临时进口国或地区海关许可。

7. 每次办理海关签注手续后，请及时核对海关在存根联上的签注与实际申报是否一致。如有填写含糊或不正确的地方，请及时向海关提出更正，以免事后引起争议或索赔。

8. 如果单证册项下货物在国外发生留购、赠送、放弃或被盗等情况，请及时向当地海关申报，办理相应海关手续，并要求海关在复出口存根联上签注对货物的处理意见。

9. 由于中国海关允许进口单证册项下货物异地复出口，因而进口单证册项下货物一般情况下不要转关运输。如确需转关，请使用蓝色过境报关凭证进行转关申报。中国海关允许进口单证册项下货物分批复出口，但不接受分批进口。分批复出口时需使用凭证号相同的复出口报关凭证申报。

10. 请在使用过程中妥善保管单证册，以免损毁或丢失。如果单证册丢失，请及时联系签证机构申请补签单证册。

【小思考】

企业为参加在国内举办的国际糖酒博览会，从境外进口供散发的纪念品、在展览会期间使用的烟酒及为布置和装饰展台所使用的壁纸。请问：企业进口的这些小商品中，哪些可以免税进口？哪些不属于免税进口范畴？

任务三　非 ATA 单证册下暂时进出境展览品报关

进出境展览品的海关监管有使用 ATA 单证册的，也有不使用 ATA 单证册直接按展览品填制进出口货物报关单报关的。以下介绍不使用 ATA 单证册报关的展览品。

一、进出境展览品的范围

（一）进境展览品

进境展览品包含在展览会中展示或示范用的货物、物品，为示范展出的机器或器具所需用的物品，展览者设置临时展台的建筑材料及装饰材料，供展览品作示范宣传用的电影片、幻灯片、录像带、录音带、说明书、广告、光盘、显示器材等。

下列在境内展览会期间供消耗、散发的用品（以下简称展览用品），由海关根据展览会性质、参展商规模、观众人数等情况，对其数量和总值进行核定，在合理范围内的，按照有关规定免征进口关税和进口环节税：

1. 在展览活动中的小件样品，包括原装进口的或者在展览期间用进口的散装原料制成的食品或者饮料的样品。

2. 展出的机器或者器件进行操作示范被消耗或者损坏的物料。

3. 布置、装饰临时展台消耗的低值货物。

4. 展览期间免费向观众散发的有关宣传品。

5. 供展览会使用的档案、表格及其他文件。

上述货物、物品应当符合下列条件：

1. 参展人员免费提供并在展览期间专供免费分送给观众使用或者消费的。

2. 单价较低，作广告样品用的。

3. 不适用于商业用途，并且单位容量明显小于最小零售包装容量的。

4. 食品及饮料的样品虽未包装分发，但确实在活动中消耗掉的。

展览用品中的酒精饮料、烟草制品及燃料不适用有关免税的规定。展览会期间出售的小卖品，属于一般进口货物范围，进口时应当缴纳进口关税和进口环节海关代征税，属于许可证件管理的商品，应当交验许可证件。

（二）出境展览品

出境展览品包含国内单位赴国外举办展览会或参加外国博览会、展览会而运出的展览品，以及与展览活动有关的宣传品、布置品、招待品，其他公用物品。

与展览活动有关的小卖品、展卖品，可以按展览品报关出境；不按规定期限复运进境的办理一般出口手续，交验出口许可证件，缴纳出口关税。

二、展览品的暂准进出境期限

进境展览品的暂准进境期限是 6 个月（与 ATA 单证册一样），即自展览品进境之日起 6 个月内复运出境。出境展览品的暂准出境期限为自展览品出境之日起 6 个月内复运进境。超过 6 个月的，进出境展览品的收发货人可以向海关申请延期。延期最多不超过 3 次，每次延长期限不超过 6 个月。延长期届满应当复运出境、进境或者办理进出口手续。

展览品申请延长复运出境、进境期限的，展览品收发货人应当在规定期限届满 30 个工作日前向货物暂准进出境申请核准地海关提出延期申请，并提交"货物暂时进/出境延期申请书"及相关申请材料。

直属海关受理延期申请的，应当于受理申请之日起 20 个工作日内制发"中华人民共和国海关货物暂时进/出境延期申请批准决定书"或者"中华人民共和国海关货物暂时进/出境延期申请不予批准决定书"。

参加展期在 24 个月以上展览会的展览品，在 18 个月延长期届满后仍需要延期的，由主管地直属海关报海关总署审批。

三、展览品的进出境申报

暂时进境展览品的申报与暂时出境展览品的申报程序一样。以展览品暂时进境为例，报关流程如下：

（一）备案

境内展览会的办展人或者参加展览会的办展人、参展人（以下简称办展人、参展人）应当在展览品进境 20 日前，向主管地海关提交有关部门备案证明或者批准文件及展览品清单等相关单证办理备案手续。展览会不属于有关部门行政许可项目的，办展人、参展人应当向主管地海关提交展览会邀请函、展位确认书等其他证明文件及展览品清单办理备案手续。可运用 QP 系统中"展览品"子系统进行网上备案及行政许可审批。

（二）进境申报

1. 流程

（1）办展人、参展人凭经海关审核的《保证函》或《关税保付保函》、展品清单及报关资料到已在海关注册的具备进出境展览品系统操作权的报关公司录入、发送电子报关数据至主管海关审单处。

（2）报关公司持经审单处审核的报关单进行报关数据与载货清单捆绑操作、打印。办展人、参展人持上述资料到入境口岸办理转关手续。

（3）车辆到达展馆或海关指定地点后，办展人、参展人持进口报关单、《保证函》或《关税保付保函》、展品清单、司机登记簿、入境汽车载货清单及入境通关单等资料到展览品科办理报关资料审核。

（4）展览品科派员到展馆或指定地点进行查验。货物所有人或代理人必须在场协助海关实施查验，并填写相关单证。

2. 注意事项

展览品进境申报手续可以在展出地海关办理。从非展出地海关进境的，可以申请在进境地海关办理转关运输手续，将展览品在海关监管下从进境口岸转运至展览会举办地主管海关办理申报手续。

展览会主办单位或其代理人应当向海关提交报关单、展览品清单、提货单、发票、装箱单等。展览品中涉及检验检疫等管制的，还应当向海关提交有关许可证件。

展览会主办单位或其代理人应当向海关提供担保。在海关指定场所或者海关派专人监管的场所举办展览会的，经主管地直属海关批准，参展的展览品可免予向海关提供担保。海关一般在展览会举办地对展览品进行开箱查验。展览品开箱前，展览会主办单位或其代理人应当通知海关。海关查验时，展览品所有人或其代理人应当到场，并负责搬移、开拆、封装货物。

（三）复出境申报

1. 办展人、参展人提供符合转关运输条件车辆的司机登记簿，并持原进口报关单及复出口展览品清单到已在海关注册的具备进出境展览品系统操作权的报关公司根据复出境、留购、巡展（关区内外的转关）、转保税区域、消耗、放弃、灭失等不同情况生成相应的核销清单，发送出口报关单电子数据（报关单的备注栏内须打印原进口报关单号码），经审单处审核后，打印出口报关单及出境汽车载货清单。

2. 办展人、参展人持《保证函》或《关税保付保函》、司机登记簿、出境汽车载货清单、出口报关单、《展览会及展览品核销申请表》等资料，到展览品科办理纸质报关文件审核手续，购买关锁，缴纳区域外监管手续费。

3. 展览品科派员到展馆或指定地点进行查验。货物所有人或代理人必须在场协助海关实施查验，并填写相关单证。

4. 展览品科进行转关操作后，办展人、参展人持现场业务处关封到出境地口岸办理出境手续。

5. 办展人、参展人应当于进境展览品办结海关手续后30日内向展览品科申请展览会结案。

四、进出境展览品的核销结关

（一）复运进出境

进境展览品按规定期限复运出境，出境展览品按规定期限复运进境后，海关分别签发报关单证明联，展览品所有人或其代理人凭以向主管海关办理核销结关手续。

异地复运出境、进境的展览品，进出境展览品的收发货人应当持主管地海关签章的海关单证向复运出境、进境地海关办理手续。货物复运出境、进境后，主管地海关凭复运出境、进境地海关签章的海关单证办理核销结案手续。

展览品未能按规定期限复运进出境的，展览会主办单位或出国举办展览会的单位应当向主管海关申请延期，在延长期内办理复运进出境手续。

（二）转为正式进出口

进境展览品在展览期间被人购买的，由展览会主办单位或其代理人向海关办理进口申报、纳税手续，其中属于许可证件管理的，还应当提交进口许可证件。出口展览品在境外参加展览会后被销售的，由海关核对展览品清单后要求企业补办有关正式出口手续。

（三）展览品放弃或赠送

展览会结束后，进口展览品的所有人决定将展览品放弃交由海关处理的，由海关依法变卖后将款项上缴国库。展览品的所有人决定将展览品赠送的，受赠人应当向海关办理进口手续，海关根据进口礼品或经贸往来赠送品的规定办理。

（四）展览品毁坏、丢失、被窃

进境展览品因毁坏、丢失、被窃等原因不能复运出境的，展览会主办单位或其代理人应当向海关报告。对于毁坏的展览品，海关根据毁坏程度估价征税；对于丢失或被窃的展览品，海关按照进口同类货物征收进口税。

进出境展览品因不可抗力的原因受损，无法原状复运出境、进境的，进出境展览品的收发货人应当及时向主管地海关报告，可以凭有关部门出具的证明材料办理复运出境、进境手续；因不可抗力的原因灭失或者失去使用价值的，经海关核实后可以视为该货物已经复运出境、进境。

进出境展览品因不可抗力以外其他原因灭失或者受损的，进出境展览品的收发货人应当按照货物进出口的有关规定办理海关手续。

单元练习

一、单项选择题

1. 使用 ATA 单证册报关的展览品，暂准进出境期限为自进出境之日起（　　）。超过期限的，ATA 单证册持证人可以向海关申请延期。参加展期的 24 个月以上展览会的展览品，在 18 个月延长期届满后仍需要延期的，由（　　）审批。

A.6 个月；主管地直属海关　　　　　　　　B.6 个月；海关总署

C.12 个月；主管地直属海关　　　　　　　D.12 个月；海关总署

2. 请指出下列哪一项货物或物品不适用暂准进出口通关制度（　　）。

A. 展览会期间出售的小卖品

B. 在展览会中展示或示范用的进口货物、物品

C. 承装一般进口货物进境的外国集装箱

D. 进行新闻报道使用的设备、仪器

3. 我国 ATA 单证册的签发机构是（　　）。

A. 海关总署　　　　　B. 中国国际商会　　　C. 国务院　　　　　　D. 商务部

4. 在我国 ATA 单证册项下货物暂时进出境期限为货物进出境之日起（　　），如果有特殊情况需要延期的，延期最多不超过（　　），每次延长的期限不超过（　　）。

A.6 个月；3 次；6 个月　　　　　　　　　　B.1 年；1 次；1 年

C.1 年；1 次；6 个月　　　　　　　　　　　D.1 年；3 次；1 年

二、多项选择题

1. 下列关于暂准进出境货物期限的表述正确的是( )。

A. 实用 ATA 单证册报关的货物暂时进出境期限为自货物进出境之日起 6 个月,超过 6 个月的,可以向海关申请延期,延期最多不超过 3 次,每次不超过 6 个月

B. 参加展期在 24 个月以上展览会的展览品,在 18 个月延长期届满后仍需要延期的,由海关总署审批

C. 境外集装箱箱体暂准进境,应当自入境之日起 6 个月内复运出境,特殊情况经海关核准可以延期,延长期最长不超过 3 个月

D. 国家重点工程,国家科研项目使用的暂时进出境货物,在 18 个月延长期届满后仍需要延期的,由海关总署审批

2. 下列关于进境快件适用报关单证的表述,正确的是( )。

A. 文件类应当适用 KJ1 报关单

B. 个人物品类应当适用快件个人物品报关单

C. 海关规定准予免税的货样、广告品应当适用 KJ2 报关单

D. 其他货物类应当适用 KJ3 报关单

3. 已进境展览品在( )情形下不需要缴纳进口税

A. 展览品复运出境的   B. 展览品放弃交由海关处理的

C. 展览品被窃的   D. 展览品因不可抗力原因灭失的

4. 下列属于暂准进出境货物范围的是( )。

A. 在展览会、交易会、会议及类似活动展示的货物

B. 文化、体育交流活动中使用的表演、比赛用品

C. 货样

D. 盛装货物的容器

5. 下列关于 ATA 单证册说法正确的是( )。

A. 海关总署在北京海关设立 ATA 核销中心是我国 ATA 单证册的担保协会和出证协会

B. ATA 单证册下暂时进境货物未能按规定复运出境或过境的,ATA 核销中心向中国国际商会提出追索

C. 我国海关只接受中文或英文填写的 ATA 单证册

D. 一般情况下,持 ATA 单证册向海关申报进出境展览品,需要向海关提交进出口许可证件,并向海关提供担保金

6. 下列哪个选项货物与展出活动有关,但不是展览品,不按展览品申报进境( )。

A. 展览会期间出售的小卖品

B. 展览会期间使用的含酒精的饮料、烟叶制品、燃料

C. 参展商随身携带进境的含酒精饮料、烟叶制品

D. 供各种国际会议使用或与其有关的档案、记录、表格及其他文件

7. 下列暂准进出境货物应当按"暂时进出口货物"申报的是( )。

A. 体育比赛用的比赛用品

B. 安装设备时使用的工具

C. 集装箱箱体

D. 来华进行文艺演出而暂时运进的器材、道具、服装等

三、判断题

1. 暂准进出境货物在向海关申报进出境时，暂不缴纳进出口税费，但收发货人需向海关担保。　　　　　　　　　　　　　　　　　　　　　　　　　　　　　　　（　　）

2. 对于因毁坏而不能复运出境的进境展览品，海关根据毁坏程度估价征税；对于丢失或被窃的进境展览品，海关按照进口同类货物征收进口税。　　　　　　　　　　　（　　）

3. 对货物类快件中海关规定准予免税的货样、广告品，报关时应提交进出境快件 KJ1 报关单。　　　　　　　　　　　　　　　　　　　　　　　　　　　　　　　　（　　）

4. 目前，我国 ATA 单证册的适用范围仅限于展览会、交易会会议及类似活动项下的货物。　　　　　　　　　　　　　　　　　　　　　　　　　　　　　　　　　　　（　　）

5. 持 ATA 单证册向海关申报进出境展览品，不需要向海关提交进出口许可证，也不需要另外再提供担保。　　　　　　　　　　　　　　　　　　　　　　　　　　　（　　）

6. 展览会期间使用的含酒精的饮料、烟叶制品、燃料，海关对这些商品不征收关税。　　　　　　　　　　　　　　　　　　　　　　　　　　　　　　　　　　　（　　）

7. 展览会期间出售的小卖品，属于一般进出口货物范围。　　　　　　　　（　　）

8. 境内生产的集装箱及我国营运人购买进口的集装箱投入国际运输前，营运人应当向其所在地海关办理登记手续。　　　　　　　　　　　　　　　　　　　　　　　（　　）

9. 暂准进境或出境的集装箱箱体无论是否装载货物，承运人或其代理人应当就箱体单独向海关申报。　　　　　　　　　　　　　　　　　　　　　　　　　　　　　（　　）

项目九

其他进出境货物报关作业

学习目标

【知识目标】

- 熟悉进出境快件、退运货物、无代价抵偿货物、转关运输、跨境电商货物等的基本概念。
- 掌握进出境快件、退运货物、转关运输货物、无代价抵偿货物等的报关程序。
- 了解跨境电子商务货物的基本报关流程。

【技能目标】

- 能办理进出境快件、退运货物、转关运输货物、无代价抵偿货物报关的基本手续。
- 能够根据业务情境设计合适的报关方式。

项目导入

秋华国际贸易集团以 CFR 广州每公吨 USD3500 从德国进口 GR328CB 型低密度聚氯乙烯 200 吨，按我国目前政策，该商品属于法检商品目录，且属自动进口许可管理范畴，实行"一批一证"制度，买卖双方签订合同规定数量机动幅度为正负 5%。

该批货物于 2017 年 7 月 20 日由"清云"轮载运进境。收货单位在申报前看货取样时，发现实际到货 210 吨，且其中混装型号为 GR333FB 的同类商品 20 吨。秋华集团即与外商交涉，外商同意补偿 GR328CB 型货物 10 吨，并要求将 GR333FB 型货物留在境内，但秋华集团未接受。

工作任务：

1. 外商后来补偿进口的 10 吨 GR328CB 型货物是否属于无代价抵偿货物？请为该批货物办理进口报关手续。

2. 错发的货物有哪些处理方式？收货单位若打算退运，请办理出口退运手续。

任务一　进出境快件报关

一、进出境快件认知

（一）含义

海关监管的进出境"快件"和大家平时"发快件、收快递"说的快件有所不同，专指进出境快件运营人以向客户承诺的快速商业运作方式承揽、承运的进出境货物、物品。

进出境快件运营人是指在我国境内依法注册，在海关备案登记的从事进出境快件运营业务的国际货物运输代理企业。

进出境快件目前基本上由国际知名快递企业（即进出境快件运营人）承运。虽然运输成本较高，但因其可提前报关、快速验放，承运方便灵活，收发货时间有保证，现已成为空运的重要选择。

（二）类型

进出境快件（拼音为"kuài jiàn"，缩写为"KJ"），主要可分为三种：文件类进出境快件（以下简称 A 类快件）、个人物品类进出境快件（以下简称 B 类快件）和低值货物类进出境快件（以下简称 C 类快件）。

A 类快件：是指无商业价值的文件、单证、票据和资料（依照法律、行政法规以及国家有关规定应当予以征税的除外）。

B 类快件：是指境内收寄件人（自然人）收取或者交寄的个人自用物品（旅客分离运输行李物品除外）。

C 类快件：是指价值在 5000 元人民币（不包括运、保、杂费等）及以下的货物（涉及许可证件管制的，需要办理出口退税、出口收汇或者进口付汇的除外）。

（三）申报地点及时限

进出境快件的报关和查验应当在运营人所在地海关办公时间和专门监管场所内进行。如需在海关办公时间以外或专门监管场所以外进行，需事先商得海关同意，并向海关无偿提供必需的办公场所及必备的设施。

进境的快件，应当在运输工具申报入境后 24 小时内向海关办理报关手续；出境的快件，应当在运输工具离境前 4 小时内向海关办理报关手续。

（四）运营人的义务

运营人经营进出境快件业务，应当承担下列义务：

1. 及时向海关呈交快件通关所需的单证、资料，并如实申报所承运的快件。

2. 通知收、发件人缴纳或代理收、发件人缴纳快件的进出口税款，并按规定对进出境快件交纳规费、监管手续费等。

3. 除经海关准许的情况外，应当将监管时限内的快件存放于专门设立的海关监管仓库内，并妥善保管。未经海关许可，不得将监管时限内的快件进行装卸、开拆、重换包装、提取、派送、发运或进行其他作业。"监管时限"是指进境快件自运输工具向海关申报起至办结海关手续止；出境快件自向海关申报起至运输工具离境止。

4. 海关查验快件前，运营人应当对快件进行分类。海关查验快件时，运营人应当派工作人员到场，并负责快件的搬移、开拆、重封包装等。

5. 发现快件中含有禁止出境物品，不得擅自处理，应当立即通知并协助海关进行处理。

二、进出境快件的报关

运营人需按照海关的要求，通过中国电子口岸系统中的"新快件通关系统"办理进出境快件的报关手续。"新快件通过系统"适用于文件类进出境快件（A 类快件）、个人物品类进出境快件（B 类快件）和低值货物类进出境快件（C 类快件）的报关。

运营人应向海关传输或递交进出境快件舱单或清单，海关确认无误后接受申报。运营人需提前报关的，应当提前将进出境快件运输和抵达情况书面通知海关，并向海关传输或递交舱单或清单。

（一）申报时需提交的单证

1. A 类快件报关

快件运营人应当向海关提交：①A 类快件报关单（KJ1 报关单）；②总运单；③海关需要的其他单证。

2. B 类快件报关

快件运营人应当向海关提交：①B 类快件报关单（KJ2 报关单）；②每一进出境快件的分运单；③进境快件收件人或出境快件发件人身份证影印件；④海关需要的其他单证。

B 类快件的限量、限值、税收征管等事项应当符合海关总署关于邮递进出境个人物品相关规定。

3. C 类快件报关

快件运营人应当向海关提交：①C 类快件报关单（KJ3 报关单）；②代理报关委托书或者委托报关协议；③每一进出境快件的分运单；④发票和海关需要的其他单证。

进出境 C 类快件的监管方式为"一般贸易"或者"货样广告品 A"，征免性质为"一般征税"，征减免税方式为"照章征税"，即需按照进出境货物规定缴纳税款。

表 9-1　进出境快件的类别和对应的报关单

进出境快件的类别		使用的报关单	备注
文件类（A 类）		KJ1 报关单	
个人物品类（B 类）		进出境快件个人物品报关单	海关考虑进境目的和停留时间，数量合理和自用的可免税
货物类（C 类）	免税货物，无商业价值货样、广告品	KJ2 报关单	关税税额在人民币 50 元以下的货物免税
	需要征税货样、广告品	KJ3 报关单	不适用于许可证件管理的货物，需进口付汇、出口收汇和退税的货物
	其他货物类快件	进出口货物报关单	

快件报关与一般贸易报关的区别：

（1）快件报关由于税费减免的原因，没有一般贸易报关中的海关关税缴款书和海关代征增值税缴款书，即没有税单和增值税票。

（2）适用货物不同。快件报关主要适用货样、广告品，对每票货的数量、重量甚至尺寸，都有一些限制性规定。因此，如果是大宗货物（如 1 吨以上的货物），就必须分车分批次报关。

（3）快件进口报关方便，手续简化，所需时间短。

（二）"新快件通关系统"操作

第一步：点击"中国电子口岸客户端"图标，进入中国电子口岸通关系统登陆界面。用户将操作员的 Ikey 卡插入电脑的 USB 接口，或将 IC 卡插入连接在电脑上的 IC 卡读卡器中，输入密码口令，进入系统主选单界面（如图 9-1 所示）。

图 9-1 中国电子口岸客户端主选单界面

第二步：进入"新快件通关系统"，点击左侧"快件舱单"按钮，进入"快件舱单申报"的主界面（如图 9-2 所示）。录入界面中，蓝色字段为必填项，灰色录入框为系统反填项。表头"分运单总数"字段数量需要与表体中分运单数量之和保持一致。需将必填项填写完整，系统才允许对录入数据进行暂存。

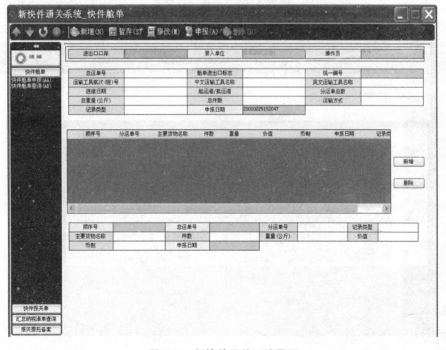

图 9-2 新快件通关系统界面

第三步：可点击"修改"按钮，进行快件舱单数据修改（如图9-3所示）。只有暂存和退单数据可进行修改操作，数据如果进行了申报操作，则不可再修改。对于暂存和退单数据，如不再需要申报，可进行删除操作。可点击左侧"快件舱单查询"，查看快件舱单明细（如图9-4所示）。

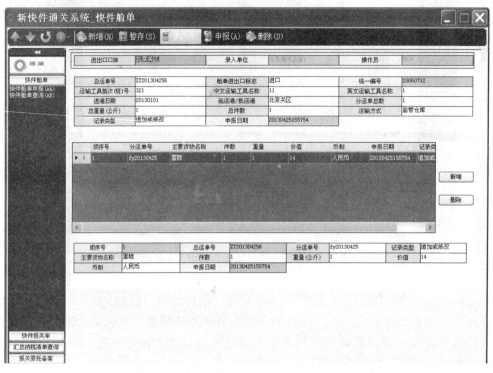

图9-3　快件舱单修改界面

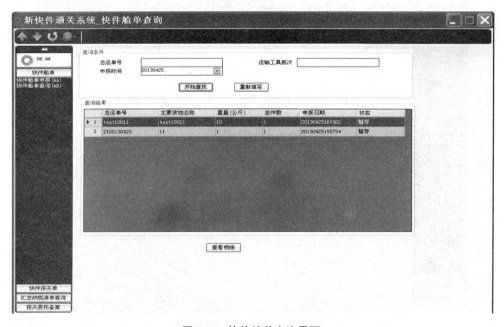

图9-4　快件舱单查询界面

第四步：点击左侧"快件报关单"进行申报（如图9-5所示）。录入界面中，蓝色字段为必填项，灰色录入框为系统反填项（此规则适用于所有快件类型，且各字段颜色标识会随着不同的快件类型而调整）。快件报关单录入界面包含表头字段和表体字段，均需要录入。对于C类报关单表体商品的录入，系统还要求进行规范申报。在表体录入商品名称后回车，如该商品为要求进行规范申报的商品，则系统首先弹出商品列表，从该列表中选择对应的商品名称。商品选择完毕，点击"确定"按钮（如图9-6所示）。系统继续弹出商品规范申报——商品申报要素表（如图9-7所示），在该表中填写该商品对应的规格型号要素（后方"必填"打勾的要素为必填项，未打勾的为选填项），点击"确定"按钮，即完成该商品的规范申报操作，填报的规范申报要素由系统自动返填到"规格型号"字段中。各栏填报完成后，点击上方菜单的"暂存"按钮。检查无误后，点击"申报"按钮。

第五步：报关单申报后可以查看报关单的当前状态和海关审核回执。选择左侧菜单"快件报关单查询"（如图9-8所示），输入查询条件，其中蓝色字段为必填项，点击"开始查找"按钮，系统显示符合查询条件的查询结果列表。

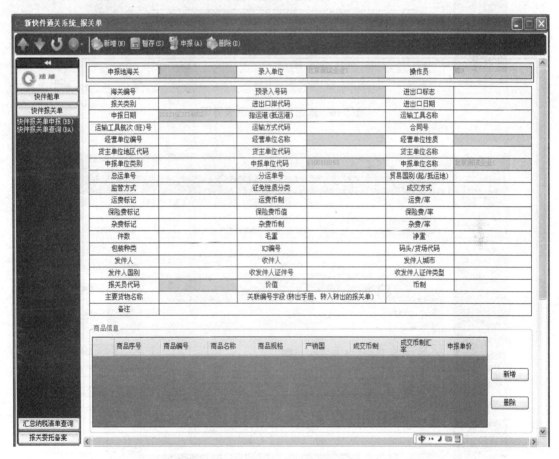

图9-5 快件报关单申报界面

图 9-6　规范申报商品列表界面

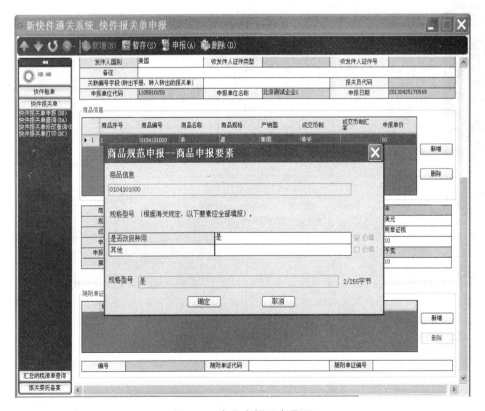

图 9-7　商品申报要素界面

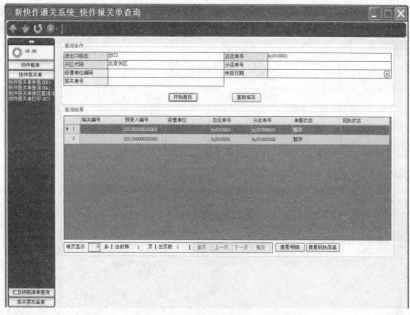

图9-8　快件报关单查询界面

第六步：若需要海关查验进出境快件时，运营人应派员到场，并负责进出境快件的搬移、开拆和重封包装。海关对进出境快件中的个人物品实施开拆查验时，运营人应通知进境快件的收件人或出境快件的发件人到场，收件人或发件人不能到场的，运营人应向海关提交其委托书，代理收/发件人的义务，并承担相应法律责任。海关认为必要时，可对进出境快件予以径行开验、复验或者提取货样。

第七步：需纳税的快件可通过系统查询。点击左侧菜单"汇总纳税清单查询"（如图9-9所示），按相关条件查询。选中某票货物，点击"查看详细"，系统弹出税单详细信息界面，即可查看此票货物的相关税费（如图9-10所示）。按要求在规定期限内缴税。至此，放行结关。

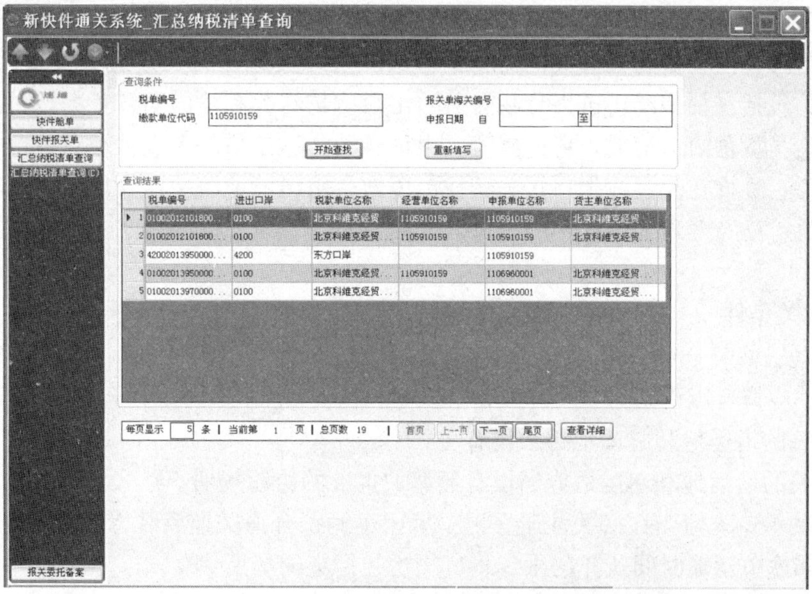

图9-9　汇总纳税清单查询界面

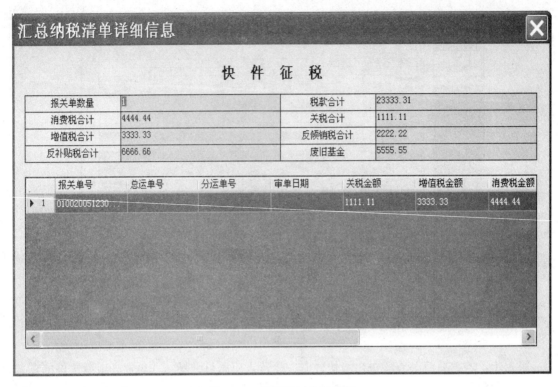

图 9-10　纳税详细信息界面

任务二　转关运输货物报关

一、转关认知

（一）转关含义

转关是指海关监管货物在海关的监管下，从一个海关运至另一个海关办理某项海关手续的行为。转关包括三种情况：进口货物转关、出口货物转关和境内监管货物转关。

进口转关：货物由进境地入境，向海关申请转关，运往另一个设关地点进口报关。

出口转关：货物在起运地出口报关运往出境地，由出境地海关监管出境。

境内转关：已经办理入境手续的海关监管货物从境内一个设关地点运往境内另一个设关地点报关。

（二）转关条件

1. 申请转关应符合的条件

申请转关应符合以下条件：

（1）转关的指运地和起运地必须设有海关。

（2）转关的指运地和起运地应当设有经海关批准的监管场所。

（3）转关承运人应当在海关注册登记，承运车辆符合海关监管要求，并承诺按海关对转关路线范围和途中运输时间所作的限定将货物运往指定的场所。

2. 不得申请转关的货物

下列货物不得申请转关：

（1）进口固体废物（废纸除外）。

（2）进口易制毒化学品、监控化学品、消耗臭氧层物质。

（3）进口汽车整车，包括成套散件和二类底盘。

（4）国家检验检疫部门规定必须在口岸检验检疫的商品。

（三）转关方式

转关的方式包括提前报关转关、直转转关、中转转关三种。

1. 提前报关转关

进口货物提前报关转关：是指在指运地提前以电子数据录入方式申报进口，待计算机自动生成"转关货物申请单"，并在信息传输至进境地海关后，到进境地海关办理进口转关手续。

出口货物提前报关转关：是指在未运抵起运地监管场所前先以电子数据向起运地海关申报录入出口货物报关单，起运地海关提前受理电子报关，货物应于电子数据申报之日起5天内，运抵监管场所后再在起运地海关办理出口转关手续，在出境口岸海关以起运地海关签发的出口货物报关单等单证办理出境手续。

2. 直转转关

进口直转转关：是指进口货物收货人或其代理人在进境地录入转关申报数据办理转关手续，直接在进境地海关办理转关手续，货物运抵指运地再在指运地海关办理申报手续的转关。

出口直转转关：是指出口货物在运抵起运地海关监管场所申报后，先录入出口货物报关单电子数据，在起运地海关办理出口转关手续再在海关监管下运送到出境地海关办理出境报关手续的转关。

3. 中转转关

进口中转转关：是指持全程提运单需换装境内运输工具的进口中转货物由收货人或其代理人先向指运地海关办理进口申报手续，再由境内承运人或其代理人批量向进境地海关办理转关手续的转关。

出口中转转关：是指持全程提运单需换装境内运输工具的出口中转货物由发货人或其代理人先向起运地海关办理出口申报手续，再由境内承运人或其代理人按出境工具分列舱单向起运地海关批量办理转关手续，并到出境地海关办理出境手续的转关。

（四）转关管理

1. 转关运输的期限

（1）直转方式转关的期限

直转方式转关的进口货物应当自运输工具申报进境之日起14日内向进境地海关办理转关手续，在海关限定期限内运抵指运地之日起14日内，向指运地海关办理报关手续。逾期按规定征收滞报金。在进境地办理转关手续逾期的，以自载运进口货物的运输工具申报进境之日起第15日为征收滞报金的起始日；在指运地申报逾期的，以自货物运抵指运地之日起第15日为征收滞报金的起始日。

（2）提前报关方式转关的期限

进口转关货物应在电子数据申报之日起的5日内，向进境地海关办理转关手续；超过期限仍未到进境地海关办理转关手续的，指运地海关撤销提前报关的电子数据。出口转关货物应于电子数据申报之日起5日内，运抵起运地海关监管场所，办理转关和验放等手续；超过期限的，起运地海关撤销提前报关的电子数据。

2. 转关运输申报单证的法律效力

转关货物申报的电子数据与书面单证具有同等的法律效力，对确实因为填报或传输错误的数据，有正当的理由并经海关同意，可作适当的修改或者撤销。对海关已决定查验的转关货物，则不再允许修改或撤销申报内容。

二、进口货物转关程序

（一）进口提前报关转关

进口提前报关转关是指在指运地先申报，再到进境地办理进口转关手续。具体报关操作程序如表9-2所示。

表9-2　进口提前报关转关操作程序

办理海关	操作程序
指运地海关	（1）报关单位向指运地海关录入"进口货物报关单"电子数据
	（2）指运地海关提前受理电子申报
	（3）计算机生成"进口货物转关申报单"
	（4）指运地海关向进境地海关传输数据
进境地海关	（5）进境地海关调阅审核进口转关数据，核销进境舱单
	（6）输入境内运输工具编号及车牌号或船名
	（7）施加关锁，录入关锁号
	（8）在"汽车载货登记簿"或"船舶监管簿"上批注转关申报单号及有关内容
	（9）在提（运）单上加盖放行章，凭以办理提货手续
	（10）在"进口货物转关核放单"上批注、签章后，与"进口货物转关申报单"复印件留存归档
指运地海关（货物运抵指运地海关后）	（11）货物转关运输到指运地海关
	（12）指运地海关签注"汽车载货登记簿"或"船舶监管簿"
	（13）在计算机中核销转关货物和运输工具
	（14）验核关锁
	（15）受理纸质单证的接单、征税、查验、放行等通关全流程

进口货物转关申报单如表9-3所示。

表9-3　中华人民共和国海关进口货物转关申报单

预录入编号：　　　　　　　　　　　　　　　　海关编号：

进境运输工具名称： 转关方式：		航次（航班）号： 境内运输方式：			
提（运）单总数：　　货物总件数：			货物总重量：　　　集装箱总数：		
境内运输工具名称	提（运）单号	集装箱号	货名	件数	重量	起始关锁号/个数

续表

以上申报属实，并承担法律责任，保证在_____日内将上述货物完整运抵海关。 （盖章） 申报人： 　年　月　日	进境地海关批注： （盖章） 经办关员： 　年　月　日	指运地海关批注： （签章） 经办关员： 　年　月　日

在电子数据申报之日起 5 日内，提前报关转关货物收货人或其代理人向进境地海关办理转关手续，办理时应提供进口货物转关申报单编号，并提交下列单证：

1. 进口货物转关核放单（广东省内公路运输的，提交"进境汽车载物清单"）。

2. "汽车载货登记簿"或"船舶监督簿"。

3. 提单。

提前报关转关的进口货物，进境地海关因故无法调阅进口转关数据时，可以按直接转关方式办理转关手续。

（二）进口直接转关

进口直接转关是指进口货物收货人或其代理人自运输工具申报进境之日起 14 天内向进境地海关录入转关申报数据，持有关单证直接办理转关手续。提交的申报单证包括进口货物转关申报单（广东省内公路运输的，提交"进境汽车载物清单"）、"汽车载货登记簿"或"船舶监管簿"。

货物转关运输之后，货物运抵指运地之日起 14 日内，进口货物收货人或其代理人向指运地海关办理报关手续，逾期需缴纳滞报金。进口直接转关操作程序如表 9-4 所示。

表 9-4　进口直转转关操作程序

办理海关	操作程序
进境地海关	（1）报关单位向进境地海关录入转关申报数据
	（2）持一式三份"进口货物转关申报单"向进境地海关办理转关手续
	（3）进境地海关接受转关申报后，将一份"进口货物转关申报单"留存归档，两份封入"关封"随货带交指运地海关
指运地海关（货物运抵指运地海关后）	（4）货物运抵指运地后，填报录入"进口货物报关单"
	（5）向指运地海关办理进口报关手续
	（6）指运地海关收取进境地海关签发的"关封"
	（7）签注"汽车载货登记簿"或"船舶监督簿"
	（8）在计算机中核销转关货物和运输工具
	（9）验核关锁
	（10）受理纸质单证的接单、征税、查验、放行等通关全过程

（三）进口中转转关

进口中转转关是指具有全程提单、需换装境内运输工具的进口中转货物，其收货人或其代理人先向指运地海关办理进口申报手续，在电子数据申报之日起 5 日内，再由境内的承运人或其代理人批量向进境地海关办理转关手续的转关。

承运人办理中转转关手续时，应向进境地海关提交"进口货物转关申报单"、"进口货物中转通知书"、运输工具纸质舱单（空运方式提交联程舱单）。

进口提前报关转关、进口直接转关和进口中转转关的不同点如表9-5所示。

表9-5 三种进口转关方式的比较

转关方式	操作程序			
提前报关转关	（1）向指运地海关提前报关	（2）进境地海关办理转关手续	（3）转关运输	（4）指运地海关结关放行
直接转关	（1）进境地海关办理转关手续	（2）转关运输	（3）向指运地报关	
中转转关	（1）向指运地海关提前报关	（2）进境地海关办理转关手续	（3）转关运输	（4）指运地海关结关放行

三、出口货物转关程序

（一）出口提前报关转关

出口提前报关转关是指出口货物发货人或其代理人在货物运抵起运地海关监管场所前，先向起运地海关传送"出口货物报关单"电子数据，由起运地海关提前受理电子申报，生成"出口货物转关申报单"数据，传输至出境地海关。出口提前报关转关的货物应在电子数据申报之日起5日内运抵起运地海关监管场所，办理转关和验放手续。出口提前报关转关操作程序如表9-6所示。

表9-6 出口提前报关转关操作程序

办理海关	操作程序
起运地海关（货物运抵起运地海关监管场所前）	（1）向起运地海关录入"出口货物报关单"电子数据
	（2）起运地海关提前受理电子申报
	（3）计算机生成"出口货物转关申报单"数据
起运地海关（货物运抵起运地海关监督场所后）	（4）持相关单证向起运地海关办理出口转关手续
	（5）对转关货物或运输工具施加海关关锁，录入关锁号
	（6）批注"汽车载货登记簿"或"船舶监管簿"
	（7）签发转关"关封"，内附两份经海关签章的"出口货物报关单"和一份"出口货物转关申报单"
	（8）数据传输至出境地海关
出境地海关	（9）调阅、审核起运地海关传输的"出口货物转关申报单"数据
	（10）核对关锁
	（11）批注"汽车载货登记簿"或"船舶监管簿"，向起运地海关发送转关核销的电子回执
	（12）在运单（装货单）上加盖海关放行章，交由发货人或其代理人办理货物的装运出境手续
	（13）货物实际离境后，核销清洁舱单，向起运地海关结关反馈

起运地转关申报所需单证包括"出口货物报关单"、"汽车载货登记簿"或"船舶监管簿"（广东省内公路运输的，提交"出境汽车载货清单"）。

出境地办理出境手续需要提交的单证包括起运地海关签发的"出口货物报关单"、"出口货物转关申报单"、"汽车载货登记簿"或"船舶监管簿"。

（二）出口直转转关

出口直转转关是指出口货物发货人或其代理人在货物运抵起运地海关监管场所并申报后，再向起运地海关办理转关手续。

（三）出口中转转关

具有全程提单、需换装境内运输工具的出口中转转关货物，其发货人或其代理人向起运地海关办理出口报关手续后，再由承运人或其代理人向起运地海关传送并提交"出口货物转关申报单"及其他单证，向起运地海关办理货物出口转关手续。

起运地海关核准后，签发"出口货物中转通知书"，承运人或其代理人凭此通知书到出境地海关办理中转货物出境手续。

四、境内监管货物转关

（一）提前报关转关

由转入地货物收货人，向转入地海关提前录入进口货物数据，生成"进口货物转关申报单"，并将电子数据传输到转出地海关。然后，收货人向转出地海关办理转关手续，提交的单证包括"进口货物转关核放单"、"汽车载货登记簿"或"船舶监管簿"。

（二）直转转关

转入地货物收货人在转出地海关录入转关申报数据，直接向转出地海关办理转关手续。货物运抵转入地后，转入地货物收货人向转入地海关办理货物报关手续。

任务三　无代价抵偿货物报关

一、无代价抵偿货物认知

（一）含义

无代价抵偿货物，是指进出口货物在海关放行后，因残损、短少、品质不良或者规格不符等原因，由进出口货物的发货人、承运人或者保险公司免费补偿或者更换的与原货物相同或者与合同规定相符的货物。

收发货人申报进出口的无代价抵偿货物，与退运出境或者退运进境的原货物不完全相同或者与合同规定不完全相符的，经收发货人说明理由，海关审核认为理由正当且税则号列未发生改变的，仍属于无代价抵偿货物范围。

收发货人申报进出口的免税补偿或者更换的货物，其税则号列与原进出口货物的税则号列不一致的，不属于无代价抵偿货物范围，属于一般进出口货物范围。

向海关申报进口无代价抵偿货物应当在原进出口合同规定的索赔期内，而且不超过原货物进出口之日起3年。

（二）特征

1. 执行合同的过程中发生的损害赔偿：买卖双方在执行交易合同中，我方根据货物损害的事实状态向对方请求偿付，而由对方进行的赔偿。对于违反进口管理规定而索赔进口的，不能按无代价抵偿进口货物办理。

2. 已经海关放行后发生的损害赔偿：被抵偿进口的货物已办理了进口手续，并已按规定交纳了关税或者享受减免税的优惠，经海关放行之后，发现损害而索赔进口的。

3. 仅抵偿直接损失部分：根据国际惯例，除合同另有规定者外，抵偿一般只限于在成交商品所发生的直接损失方面（即残损、短少、品质不良等）以及合同规定的有关方面（如对迟交货物罚款等）。对于所发生的间接损失（如因设备问题所发生的延误投产所造成的损失），一般不包括在抵偿的范围内。

4. 抵偿形式。常见的抵偿进口形式有：①补缺，即补足短少部分；②更换错发货物，即退运错发货物，换进应发货物；③更换品质不良货物，即退运品质不良货物，换进口质量合格的货物；④贬值，即因品质不良而削价补偿；⑤补偿备价，即对残损的补偿，由我方自行修理；⑥修理，即因残损，原货退运境外修理后再进口。

5. 免予交验进出口许可证件。

（三）免税界限

无代价抵偿进口货物的征免税界限：

1. 如原进口货物短少，其短少部分已经征税或者原进口货物因质量原因已退运境外或已放弃交由海关处理，原征税款又未退还的，所进口的无代价抵偿货物可以免税。

2. 如原进口货物不退运境外，又未放弃交由海关处理，则应分别按以下办法处理：①对于机器、仪器或其零部件，如因残损或品质不良，需进口同类货物来更换，所进口的无代价抵偿货物可以免税；②对于因残损或品质不良，境外同意削价并补偿部分机器、仪器及其他货物，只要所补偿进口的货物与原货品名、规格相同，价格也不超过削价金额的，所进口的无代价抵偿货物也可以免税；③对于车辆、家用电器、办公室用机器和其他耐用消费品及其零部件的无代价抵偿货物，也可以免税，但其留在国内的原货应视其残损程度估价纳税。

二、无代价抵偿货物的报关程序

无代价抵偿货物大体上可分为两种，一种是短少抵偿，一种是残损、品质不良或规格不符抵偿。两种抵偿引起的两类进出口无代价抵偿货物在报关程序上有所不同。

（一）残损、品质不良或规格不符引起的无代价抵偿货物的报关

进出口无代价抵偿货物之前，应当先办理被更换的原进出口货物中残损、品质不良或规格不符货物的有关海关手续。

1. 退运进出境

原进出口货物的收发货人或其代理人应当办理被更换的原进出口货物中残损、品质不良或规格不符货物的退运出境或退运进境的报关手续。

被更换的原进口货物退运出境时不征收出口关税；被更换的原出口货物退运进境时不征收进口关税和进口代征税。

2. 放弃交由海关处理

被更换的原进口货物中残损、品质不良或规格不符货物不退运出境，但原进口货物的收货人愿意放弃交由海关处理的，海关应当依法处理并向收货人提供依据，凭以申报进口无代价抵偿货物。

3. 不退运也不放弃

被更换的原进口货物中残损、品质不良或规格不符货物不退运出境且不放弃交由海关处理的，或者被更换的原出口货物中残损、品质不良或规格不符的货物不退运进境的，原进出口货物的收发货人应当按照海关接受无代价抵偿货物申报进出口之日适用的有关规定申报出口或进口，按一般进出口货物办理海关手续，并缴纳出口关税或进口关税和进口代征税，属于许可证件管理的商品还应当交验相应的许可证件。

（二）短少引起的无代价抵偿货物的报关

短少引起的无代价抵偿货物，不存在将原货物退运的需要，经营人直接将短少部分运至境外，或直接将短少部分补运进境即可。由于原先已经申报过，故无须征税，也不需要交验许可证件。

三、报关应提交的单证

（一）进口

1. 原进口货物报关单。

2. 原进口货物退运出境的出口货物报关单，或者原进口货物交由海关处理的货物放弃处理证明，或者已经办理纳税手续的单证。

3. 原进口货物税款缴纳书或进出口货物征免税证明。

4. 买卖双方签订的抵偿或索赔协议。

（二）出口

1. 原出口货物报关单。

2. 原出口货物退运进境的进口货物报关单或者已经办理纳税手续的单证（短少抵偿的除外）。

3. 原出口货物税款缴纳书。

4. 买卖双方签订的索赔协议。

海关认为有需要时，纳税义务人还应当提交具有资质的商品检验机构出具的原进出口货物残损、短少、品质不良或者规格不符的检验证明书或者其他有关证明文件。

单 元 练 习

一、单项选择题

1. 从境外起运，在我国境内设立海关的地点换装运输工具，不通过境内陆路运输，继续运往境外的货物是（　　）。

    A. 通运货物　　　　　　B. 转口货物　　　　　　C. 过境货物　　　　　　D. 转运货物

2. 直转方式转关的进口货物应当自运输工具（　　）内向进境地海关办理转关手续，在海关限定期限内运抵指运地海关之日起（　　）内，向指运地海关办理报关手续。

    A. 进境之日起 14 日；14 日　　　　　　B. 申报进境之日起 14 日；14 日

    C. 申报进境之日起 15 日；15 日　　　　　　D. 进境之日起 15 日；15 日

3. 提前报关的进口转关货物应在电子数据申报之日起（　　）内向进境地海关办理转关手续。

    A. 14 天　　　　　　B. 7 天　　　　　　C. 5 天　　　　　　D. 15 天

4. 郑州市某企业使用进口料件加工的成品，在郑州海关办妥出口手续，经天津海关复核放行后装船运往美国。此项加工成品复出口业务，除按规定需办理的出口手续外，同时要办理的手续是（　　）。

    A. 境内转关运输手续　　　　　　B. 货物过境手续

    C. 货物登记备案手续　　　　　　D. 出口转关运输手续

5. 北京某公司进口一批货物，货物从天津进境，经海关批准该外贸公司在运输工具申报进境 18 天后向天津海关办理转关运输手续，并于货物运抵北京海关后第 6 天向该北京海关正式申报。因下列哪种原因申报人必须缴付滞报金(　　)。

A. 未在规定期限向北京海关正式报关

B. 未在规定期限向天津海关办理转关运输手续

C. 未在规定期限向天津海关正式报关

D. 既未在规定期限办理转关运输手续，又未在规定期间正式报关

6. 下列对海关规定的货物报关程序中，不需要在进境前期阶段完成相应工作的是(　　)。

A. 保税加工货物　　　B. 特定减免税货物　　C. 暂时进口货物　　　D. 修理后进境货物

7. 下列对海关监管无代价抵偿货物表述不正确的是(　　)。

A. 无代价抵偿货物进口报关时，应向海关提供原货物进口时的报关单及税款缴纳凭证

B. 无代价抵偿货物进口报关时，不能提供原货物已退运境外或已交由海关处理的相关证明时，海关将对其按一般进口货物监管

C. 对于因残损或品质不良的机器、仪器的零部件，如原货物不退运境外或交由海关处理，其所用来更换的同类进口货物，海关予以免税放行

D. 无代价抵偿货物进口报关时，应向海关提供相关的买卖双方的索赔协议

8. 发货人在得知出口货物未装上运输工具并决定不再出口时，向海关申请办理退关手续的时限是(　　)。

A. 3 日　　　　　　　　B. 5 日　　　　　　　　C. 10 日　　　　　　　　D. 15 日

二、多项选择题

1. 下列关于按租金分期缴纳税款的租赁进口货物的报关手续，正确的是(　　)。

A. 收货人或其代理人在租赁货物进口报关时应当向海关提供租赁合同

B. 收货人或其代理人需要填制两张报关单，按照第一期应当支付的租金填制 1 张报关单用于征税，按照货物的实际价格填制 1 张报关单用于统计

C. 纳税义务人在每次支付租金后的 15 日内（含第 15 日）按支付租金额向海关申报纳税

D. 纳税义务人应当在租期届满之日起 15 日内，申请办结海关手续

2. 出料加工货物按规定期限复进口，海关审定完税价格时，其价格因素包括(　　)。

A. 原出口料件成本价　　　　　　　　B. 境外加工费

C. 境外加工的材料费　　　　　　　　D. 复运进境的运输及其相关费用、保险费

3. 在货物进境后、办结海关放行手续前，特定情形下依法应当退运的，由海关责令当事人直接退运境外。上述特定情形包括(　　)。

A. 因国家贸易管理政策调整，收货人无法提供相关证件的

B. 进口国家禁止进口的货物，经海关依法处理后的

C. 违反国家检验检疫政策法规，经国家检验检疫部门处理并且出具检验检疫处理通知书的

D. 未经许可擅自进口属于限制进口的固体废物用做原料，经海关依法处理后的

4. 下列关于直接退运货物报关手续的表述，正确的是(　　)。

A. 先报出口，再报进口　　　　　　　B. 因发货人错发的，免填报关单

C. 不需要交验进出口许可证件　　　　D. 免予征收各种税费及滞报金

5. 申请转关运输应符合的条件要求是(　　　)。

A. 指运地和启运地设有海关机构

B. 转关的指运地和启运地应当设有经海关批准的监管场所

C. 承运转关运输货物的企业是经海关核准的运输企业

D. 按海关对转关路线范围和途中运输时间所作的限定，将货物运往指定的场所

6. 下列哪些货物不得申请转关运输(　　　)。

A. 易制毒化学品 　　　　　　　　B. 监控化学品

C. 消耗臭氧层物质 　　　　　　　D. 汽车类，包括成套散件和二类底盘

7. 北京某企业将一批机械设备销往南非，该批货物采用出口直转的方式，已向北京海关办理了相关转关手续，并将货物用汽车运至天津口岸，在天津口岸出境时，报关员应该向天津海关出具下列哪些单证资料(　　　)。

A. 北京海关签发的出口货物报关单 　　B. 出口转关货物申报单

C. 出境汽车载货清单 　　　　　　　　D. 汽车载货登记簿

三、判断题

1. 无代价抵偿货物是指进出口货物在海关放行后，因残损、缺少、品质不良或规格不符，由进出口货物的收发货人、承运人或者保险公司免费补偿或更换的与原货物相同或者与合同规定相符的货物。 (　　)

2. 出境修理货物超过海关规定期限复运进境的，海关按一般进口货物计征进口关税和环节海关代征税。 (　　)

3. 出料加工货物未按海关允许期限复运进境的，海关按照一般进出口货物办理。 (　　)

4. 提前报关转关方式是指进口货物在指运地先申报，再到进境地办理进口转关手续，出口货物在货物未运抵起运地监管场所前先申报，货物运抵监管场所后再办理出口转关手续的方式。 (　　)

四、实务题

2016 年鞍山钢铁集团从南非进口一批铁矿石，分两批各 200t 由巴拿马籍轮船运进。2016 年 5 月 10 日，第一批货物进口，正好和合同相符；2016 年 9 月 19 日，第二批由于日本客户不履行合同导致卸在我国港口 250t 优质铁矿石，经我国钢铁集团和南非出口商协商，以正常价格的 80% 收购多出来的 50t 铁矿石。鞍钢集团委托辽宁龙腾报关公司代理报关。

根据案例，回答问题：

1. 对于那 50t 不在合同范围以内的铁矿石我们称之为(　　　)。

A. 通运货物 　　　B. 误卸货物 　　　C. 溢卸货物 　　　D. 转口货物

2. 对于溢卸货物抵补短卸货物(　　　)。

A. 限于同一运输工具、同一种货物

B. 不同运输工具的同一种货物

C. 只要货物相同就可以抵补

D. 如非同一运输工具则限于同一运输公司、同一发货人、同种货物

3. 关于溢卸、误卸货物的处理正确的是(　　　)。

A. 经过正常合理的进口报关手续原收货人可以接受溢卸货物

B. 运往国外的误卸货物，运输工具负责人要求退运境外的，经海关查实可退运境外

C. 运往境内的误卸货物可以由收货人就地报关进口或者办理转关

D. 对于溢卸或者误卸货物，原收货人不接受且不退运的，可以要求在国内销售，由运输工具所有人负责报关

4. 对于溢卸和误卸货物的期限(　　　)。

A. 原运输工具负责人可在 3 个月内向海关申请办理退运

B. 经海关批准可以延期 6 个月办理退运或者进口

C. 该货物的收发货人可以在卸货 6 个月内申报进口

D. 对于危险品或者鲜活、易腐、易贬值等货物，海关可以依法提前提取变卖

参考文献

1. 中华人民共和国海关进出口税则编委员会. 2017 年中华人民共和国海关进出口税则 [M]. 北京：经济日报出版社，2017.

2. 叶红玉，王巾. 报关实务 [M]. 北京：中国人民大学出版社，2016.

3. 许英. 报关实务项目化教程 [M]. 辽宁：东北大学出版社，2015.

4. 肖新梅，高洁. 报关实务 [M]. 湖北：华中科技大学出版社，2015.

5. 周铁. 报关实务 [M]. 湖南：湖南师范大学出版社，2014.

6. 张卉. 报关实务 [M]. 陕西：西北大学出版社，2015.

7. 报关职业能力训练及水平测试系列教材编委会. 报关业务技能 [M]. 北京：中国海关出版社，2016.

8. 姜洪. 报关业务实务 [M]. 北京：高等教育出版社，2015.

9. 闫玉华. 报关业务操作 [M]. 北京：对外经贸大学出版社，2014.